# 沖縄軍人妻の研究

宮西香穂里

京都大学学術出版会

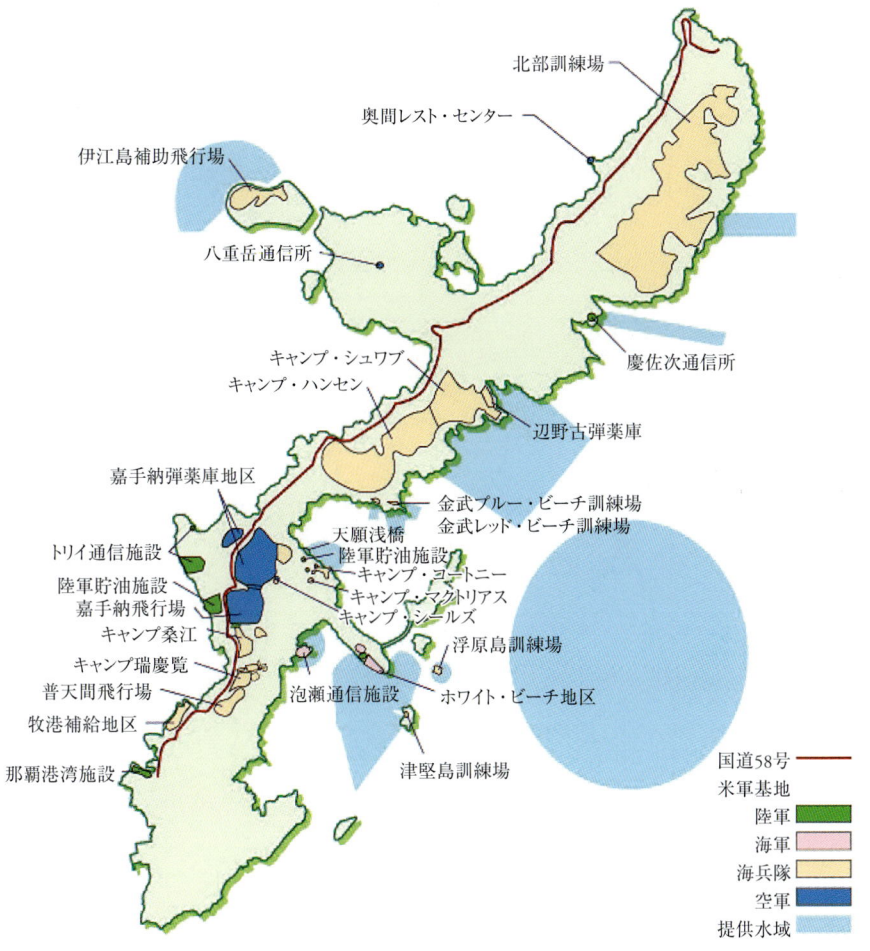

口絵1　沖縄本島の米軍基地

沖縄県知事公室基地対策課提供
注：キャンプ桑江＝キャンプ・レスター，キャンプ瑞慶覧＝キャンプ・フォスター，牧港補給地区＝キャンプ・キンザー

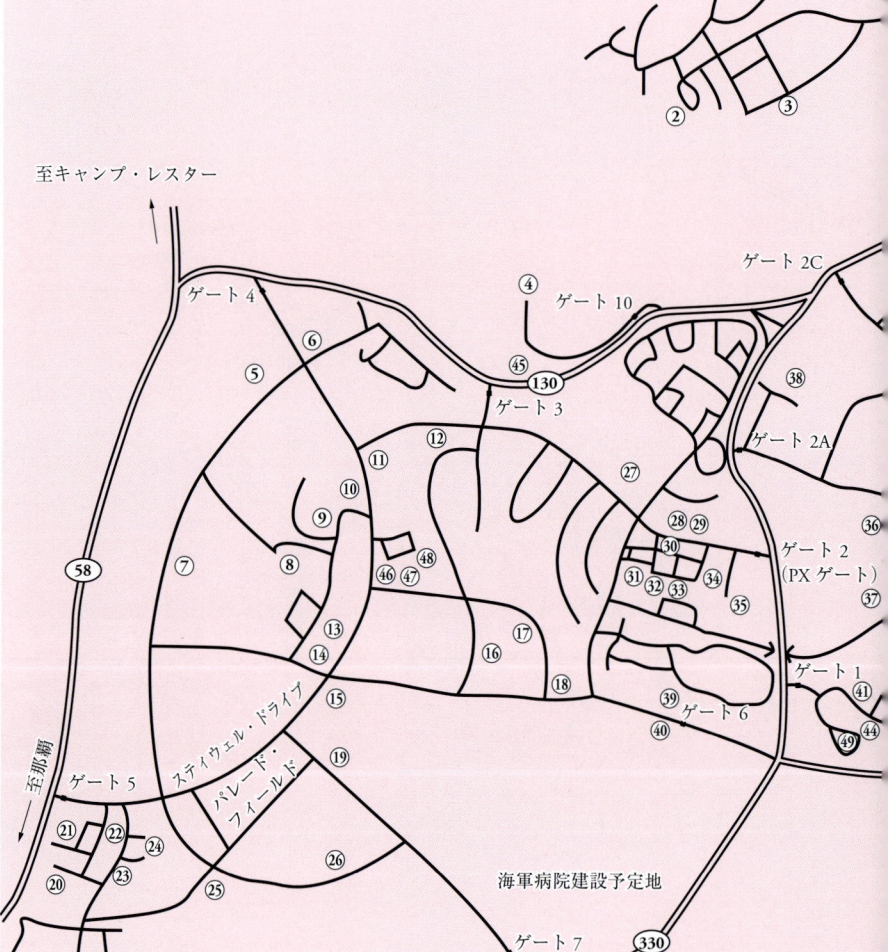

口絵2　キャンプ・

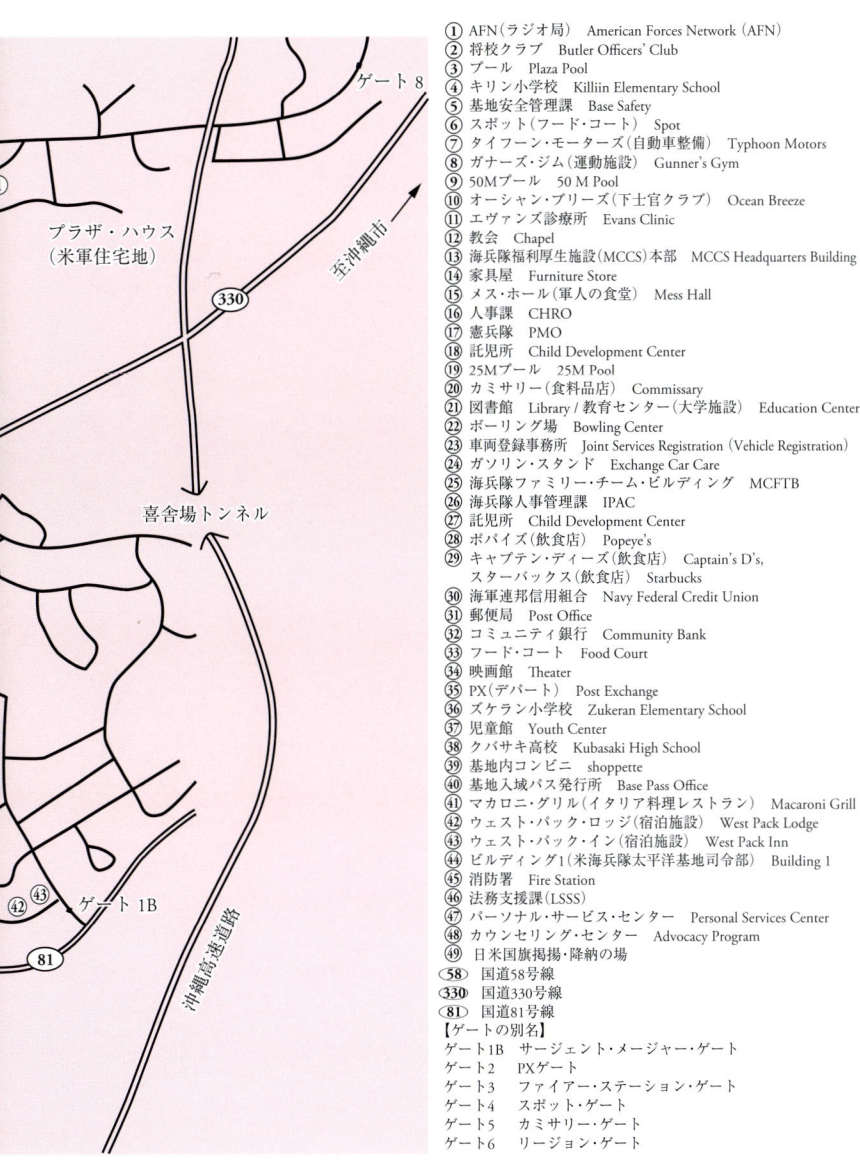

フォスター地図

口絵3　嘉手納飛行

口絵4　退役軍人家族と筆者（結婚式にて）

口絵5　ボランティアで幼稚園児に英語を教える海兵隊員

| 将校・准尉 | | | | | | | | | | | |
|---|---|---|---|---|---|---|---|---|---|---|---|
| 階級名 | 1等准尉 | 2等准尉 | 3等准尉 | 4等准尉 | 5等准尉 | 少尉 | 中尉 | 大尉 | 少佐 | 中佐 | 大佐 | 准将 | 少将 | 中将 | 大将 |
| 略称(英) | WO | CWO2 | CWO3 | CWO4 | CWO5 | 2ndLt | 1stLt | Capt | Maj | LtCol | Col | BrigGen | MajGen | LtGen | Gen・CMC |
| 階級章 | | | | | | | | | | | | | | | |
| 給与等級 | W-1 | W-2 | W-3 | W-4 | W-5 | O-1 | O-2 | O-3 | O-4 | O-5 | O-6 | O-7 | O-8 | O-9 | O-10 |

| 下士官 | | | | | | | | | | |
|---|---|---|---|---|---|---|---|---|---|---|
| 階級名 | 新兵 | 2等兵 | 上等兵 | 伍長 | 3曹 | 2曹 | 1曹 | 曹長 | 先任曹長 | 上級曹長 | 最先任上級曹長 | 海兵隊最先任上級曹長 |
| 略称(英) | Pvt | PFC | LCpl | Cpl | Sgt | SSgt | GySgt | MSgt | 1stSgt | MGySgt | SgtMaj | SgtMajMC |
| 階級章 | なし | | | | | | | | | | | |
| 給与等級 | E-1 | E-2 | E-3 | E-4 | E-5 | E-6 | E-7 | E-8 | E-9 | | | |

口絵6　米海兵隊階級表

| 将校・准尉 | | | | | | | | | | | |
|---|---|---|---|---|---|---|---|---|---|---|---|
| 階級名 | 1等准尉 | 2等准尉 | 3等准尉 | 4等准尉 | 5等准尉 | 少尉 | 中尉 | 大尉 | 少佐 | 中佐 | 大佐 | 准将 | 少将 | 中将 | 大将 |
| 略称(英) | WO1 | CW2 | CW3 | CW4 | CW5 | 2LT | 1LT | CPT | MAJ | LTC | COL | BG | MG | LTG | GEN・ACS |
| 階級章 | | | | | | | | | | | | | | | |
| 給与等級 | W-1 | W-2 | W-3 | W-4 | W-5 | O-1 | O-2 | O-3 | O-4 | O-5 | O-6 | O-7 | O-8 | O-9 | O-10 |

| 下士官 | | | | | | | | | | |
|---|---|---|---|---|---|---|---|---|---|---|
| 階級名 | 新兵 | 2等兵 | 1等兵 | 特技兵 | 伍長 | 3曹 | 2曹 | 1曹 | 曹長 | 先任曹長 | 上級曹長 | 最先任上級曹長 | 陸軍最先任上級曹長 |
| 略称(英) | PVT | PV2 | PFC | SPC | CPL | SGT | SSG | SFC | MSG | 1SG | SGM | CSM | CSA |
| 階級章 | No insig. | | | | | | | | | | | | |
| 給与等級 | E-1 | E-2 | E-3 | E-4 | E-5 | E-6 | E-7 | E-8 | E-9 | | | | |

口絵7　米陸軍階級表

| | 将校 | | | | | | | | | | |
|---|---|---|---|---|---|---|---|---|---|---|---|
| 階級名 | 廃止 | 少尉 | 中尉 | 大尉 | 少佐 | 中佐 | 大佐 | 准将 | 少将 | 中将 | 大将 |
| 略称（英） | WO | 2d Lt | 1st Lt | Capt | Maj | Lt Col | Col | Brig Gen | Maj Gen | Lt Gen | Gen |
| 階級章 | | | | | | | | | | | |
| 給与等級 | W-1-5 | O-1 | O-2 | O-3 | O-4 | O-5 | O-6 | O-7 | O-8 | O-9 | O-10 |

| | 下士官 | | | | | | | | | | |
|---|---|---|---|---|---|---|---|---|---|---|---|
| 階級名 | 新兵 | 2等兵 | 1等兵 | 上等兵 | 3曹 | 2曹 | 1曹 | 先任1曹 | 上級曹長 | 先任上級曹長 | 最上級曹長 | 最先任上級曹長 | 空軍最先任上級曹長 |
| 略称（英） | AB | Amn | A1C | SrA | SSgt | TSgt | MSgt | 1stSgt | SMSgt | 1stSgt | CMSgt | 1stSgt | CCM | CMSAF |
| 階級章 | なし | | | | | | | | | | | | |
| 給与等級 | E-1 | E-2 | E-3 | E-5 | E-5 | E-6 | E-7 | | E-8 | | E-9 | | |

口絵 8　米空軍階級表

| | 将校・准尉 | | | | | | | | | | |
|---|---|---|---|---|---|---|---|---|---|---|---|
| 階級名 | 1等准尉 | 2等准尉 | 3等准尉 | 4等准尉 | 5等准尉 | 少尉 | 中尉 | 大尉 | 少佐 | 中佐 | 大佐 | 准将 | 少将 | 中将 | 大将 |
| 略称（英） | WO1 | CWO2 | CWO3 | CWO4 | CWO5 | ENS | LTJG | LT | LCDR | CDR | CAPT | RDML | RADM | VADM | ADM |
| 階級章 | 廃止 | | | | | | | | | | | | | | |
| 給与等級 | W-1 | W-2 | W-3 | W-4 | W-5 | O-1 | O-2 | O-3 | O-4 | O-5 | O-6 | O-7 | O-8 | O-9 | O-10 |

| | 下士官 | | | | | | | | | |
|---|---|---|---|---|---|---|---|---|---|---|
| 階級名 | 新兵 | 2等兵 | 上等兵 | 3曹 | 2曹 | 1曹 | 曹長 | 上級曹長 | 最上級曹長 | 最先任上級曹長 | 海軍最先任上級曹長 |
| 略称（英） | SR | SA | SN | PO3 | PO2 | PO1 | CPO | SCPO | MCPO | CMC | MCPON |
| 階級章 | なし | | | | | | | | | | |
| 給与等級 | E-1 | E-2 | E-3 | E-4 | E-5 | E-6 | E-7 | E-8 | E-9 | | |

口絵 9　米海軍階級表

註：第5空軍副司令官特別補佐官 Anastasia Moreno 氏作成『在日米軍・自衛隊階級比較表』に基づき、編集・作成した。

## プリミエ・コレクションの創刊にあたって

「プリミエ」とは，初演を意味するフランス語の「première」に由来した「初めて主役を演じる」を意味する英語です．本コレクションのタイトルには，初々しい若い知性のデビュー作という意味が込められています．

いわゆる大学院重点化によって博士学位取得者を増強する計画が始まってから十数年になります．学界，産業界，政界，官界さらには国際機関等に博士学位取得者が歓迎される時代がやがて到来するという当初の見通しは，国内外の諸状況もあって未だ実現せず，そのため，長期の研鑽を積みながら厳しい日々を送っている若手研究者も少なくありません．

しかしながら，多くの優秀な人材を学界に迎えたことで学術研究は新しい活況を呈し，領域によっては，既存の研究には見られなかった潑剌とした視点や方法が，若い人々によってもたらされています．そうした優れた業績を広く公開することは，学界のみならず，歴史の転換点にある 21 世紀の社会全体にとっても，未来を拓く大きな資産になることは間違いありません．

このたび，京都大学では，常にフロンティアに挑戦することで我が国の教育・研究において誉れある幾多の成果をもたらしてきた百有余年の歴史の上に，若手研究者の優れた業績を世に出すための支援制度を設けることに致しました．本コレクションの各巻は，いずれもこの制度のもとに刊行されるモノグラフです．ここでデビューした研究者は，我が国のみならず，国際的な学界において，将来につながる学術研究のリーダーとして活躍が期待される人たちです．関係者，読者の方々ともども，このコレクションが健やかに成長していくことを見守っていきたいと祈念します．

第 25 代　京都大学総長　松本　紘

## はじめに

　本書は，米海兵隊基地内での調査に基づき，沖縄に駐留する米軍兵士と日本人女性の結婚生活の実態に迫り，彼らが直面するさまざまな問題について考察している。米軍兵士と日本人女性との関係は，週刊誌などのマスコミ報道によって取り上げられることはあるが，結婚についてはほとんど知られていない。日本人妻たちは，米軍兵士との結婚を口にすることを躊躇し，沖縄でひっそりと生きている。

　なぜ夫が米軍兵士であることを隠しておく必要があるのだろうか。外国人との結婚は，本土では珍しいことではない。沖縄では，外国人のことを「外人」と呼ぶことが多いが，沖縄での「外人」とは，まさに米軍兵士を意味している。そして，米軍兵士とは，沖縄の人々にとって沖縄戦以後，自分たちを苦しめ痛めつけてきた存在でもある。したがって，そんな「外人」と結婚している女性は自分たちの敵なのである。

　そうだとすれば，「外人」と呼ばれる米軍兵士と結婚している多くの沖縄女性たちは，肩身の狭い思いをして生きているのではないだろうか。沖縄で軍人妻として生きるということはどういうことを意味するのか。一方，米軍兵士や米軍関係者は，どのような生活を沖縄で送っているのだろうか。このような思いがわたしの脳裡をよぎった。

　そもそも軍隊や戦争は，わたしにとって遠い存在であった。だが，沖縄では沖縄戦の体験や米軍基地をめぐるさまざまな問題が沖縄の人々の日常生活のいたるところで認められる。米軍基地内外で，米軍関係者とその家族たちの生活が営まれている。また，米軍兵士と日本人女性との交際や結婚も決して少なくない。しかし，根強い偏見のせいだろうか。あるいは軍隊を独身男性たちの世界と想定してしまいがちなわたしたちの思い込みだろうか。沖縄で生活する米軍関係者や米軍兵士と結婚した日本人女性の姿はなかなか見えてこない。

　本書は，米軍兵士と日本人女性，特に沖縄出身女性との結婚や家族生活を事例とし，米軍兵士やその家族を生活者として位置づけ，彼らの生を記述するように心がけた。そうすることにより，米軍基地が地域社会や個人に与える社会・文化的な影響を考察する。また，軍隊と地域社会の狭間で，さまざまな問題に直面し

悩む彼らの姿を描くことに努めた。それは，ヤマトゥンチュ（本土出身者）として，戦争や軍隊とは関わりをもたずにこれまで生きてきたわたしにとっての，沖縄への関与の1つである。

　米軍兵士と日本人女性との結婚の実態は，十分知られていない。本書は学術書の体裁をとっているが，より多くの人に米軍兵士と日本人女性との結婚について知ってほしいという願いをこめて書いた。本書を読んだ読者の方が，沖縄の基地問題が軍事や政治だけではないことに気づき，少しでも彼らの置かれた状況やその結婚に関心をもっていただければ幸いである。

# 目　次

はじめに　i

序章 ………………………………………………………………… 1
1. 軍隊とは？　1
2. 米軍兵士との交際・結婚　3
3. これまでの研究　5
   3.1. 軍人妻研究　6
   3.2. 国際結婚研究　10
   3.3. 米軍基地の存在を視野に入れた沖縄研究　11
4. 米軍基地調査までの道のり　13
5. 調査方法　14
6. 米軍基地調査の難しさと本土出身者であること　15
7. 用語　21
8. 本書の構成　22

第 1 部　米軍と沖縄社会との接触 ……………………………… 25

第 1 章　米海兵隊の世界 ………………………………………… 27
1. 在沖米軍基地　27
   1.1. 日米地位協定　27
   1.2. 在沖米海兵隊基地　29
2. キャンプ・フォスター　29
   2.1. 米海兵隊福利厚生施設　30
   2.2. 基地の日常と関連設備　30
3. 軍人と軍人妻の日常生活　38
   3.1. 海兵隊員の世界　38
   3.2. 海兵隊員としての生活　40
   3.3. 軍人の公務外外出時間　41
   3.4. 軍人妻の生活　43

4. 軍人とベテランへの補償　47
　4.1. 軍人への手当てと補償　47
　4.2. ベテランへの補償 —— 除隊者と退役軍人の違い　51
5. 軍属と日本人基地内従業員　53
　5.1. 軍属　53
　5.2. 日本人基地内従業員　55
6. 米軍基地と沖縄社会との葛藤 —— 反戦反基地運動の軌跡から　56
　6.1. 復帰前の反戦反基地闘争　57
　6.2. 復帰後の反戦反基地闘争　59

## 第2章　米軍の家族支援制度 …………………………………… 63

1. 家族支援制度の設立まで　63
2. 家族支援センターの設立　64
3. パーソナル・サービス・センターの家族支援活動　65
4. 海兵隊ファミリー・チーム・ビルディングの家族支援活動　67
5. 軍人との結婚への支援活動 —— 結婚前セミナーから　74
　5.1. 結婚前セミナーの歴史　75
　5.2. 現在の結婚前セミナー —— 日本語によるセミナーを中心に　79

## 第3章　米軍基地と地域社会との交流 …………………………… 85

1. 沖縄の地域社会と家族　85
　1.1.「シマ」の概観　86
　1.2. 門中と祖先崇拝　86
　1.3. 女性の結婚後の2つの地位と役割　88
2. 在沖米海兵隊と地域社会との交流　90
　2.1. 在沖米海兵隊の「良き隣人活動」　90
　2.2. 基地の一般公開　92
　2.3. 沖縄の行事に参加する基地関係者　95
3. 辺野古とキャンプ・シュワブ　96
　3.1. 辺野古とキャンプ・シュワブの歴史　98

3.2. 第4回辺野古区民運動会　99
 4. 矛盾を越えて　103

## 第2部　出会い，結婚，葛藤　105

## 第4章　9名の男女の紹介　107
 1. 夏江　107
 2. 加奈子　114
 3. 洋子　116
 4. 美由紀　119
 5. テリー　122
 6. ロドニー　124
 7. リチャード　127
 8. ロバート　129
 9. チャールズ　131

## 第5章　独身時代から出会いまで　135
 1. 出会いの場 ── 基地の街「コザ」　135
 2. 独身時代　143
    2.1. 米軍兵士との交際をめぐる批判的なまなざし　143
    2.2. 妥協の結婚　146
 3. 夫との出会い　149
    3.1. クラブやバーでの出会い　149
    3.2. 友人や知り合いを通じた紹介　151
    3.3. 基地内の職場での出会い　152
    3.4. 基地内での職場以外の出会い　152
    3.5. 基地外の職場での出会い　153
    3.6. 海外での出会い　153
    3.7. その他　154
 4. 妻との出会い　154
    4.1. 基地内での出会い　155

    4.2. 友人や知り合いを通じた紹介　156
    4.3. クラブ　157
    4.4. その他　158
 5. 惹かれた理由　158
    5.1. 日本人女性像とアメリカ人男性像　159
    5.2. アメリカ人男性に惹かれた理由　161
    5.3. 日本人女性に惹かれた理由　163
 6. 米軍兵士との結婚前のさまざまな問題 —— 海外での妊娠・結婚と軍隊との関わり　166
    6.1. 米軍兵士と日本人女性との結婚の過程　166
    6.2. 結婚前の妊娠と赴任期間　168
    6.3. 仕事と結婚　169
    6.4. 結婚の条件 —— 沖縄出身女性と本土出身女性との違い　171
    6.5. 両親からの反対　173

# 第6章　結婚生活 …………………………………………………… 177
 1. 沖縄の家族・親族とのつきあい　177
    1.1. 沖縄の行事と家族　177
    1.2. 宗教とユタ　181
    1.3. 沖縄の家族をめぐる問題　185
 2. 軍隊とのつきあい　190
    2.1. 軍隊用語と公式行事　190
    2.2. 米軍兵士とアメリカ人に対する意識の変化と葛藤　192
    2.3. 米軍基地内施設への不信感　193
    2.4. 軍人と軍属との結婚 —— 「ID カード・マリッジ」への批判　194
    2.5. イラクへの派兵　195
 3. 言語をめぐる問題　197
    3.1. 英語をめぐる夫婦間の違い　197
    3.2. 子供の育児と教育　198
 4. アメリカでの結婚生活　204

    4.1. 妻のアメリカでの生活　204
    4.2. 夫のアメリカでの生活　205
  5. 家計をめぐる問題　206
    5.1. 家計の管理　206
    5.2. 生活費調整手当て　208
    5.3. 金銭の背後にある文化的な価値観の相違　208
  6. 本土出身妻と沖縄出身妻との間にある隔たり　209
    6.1. 本土出身妻の思い　209
    6.2. 沖縄出身の妻の思い　210
  7. 性生活　212
    7.1. 結婚前後における性生活の変化　212
    7.2. 妻の愛情と関心の変化 ── 夫から子供へ　213
    7.3. 仕事のストレス　215
    7.4. 妻の両親による援助　215
    7.5. 解決した事例　215
    7.6. フレッドの事例　216
    7.7. 性生活から見える夫婦の抱える2つの問題　217

第3部　米軍と沖縄社会の間で揺れ動く夫婦 ……………………… 219

第7章　米軍基地と地元の反基地運動との狭間にて ……………… 221
  1. 妻たちの基地問題への思い　221
  2. 米軍ヘリ墜落事故と妻の見解　226
  3. アメリカ人夫から見た基地反対運動　230

第8章　異動をめぐる夫婦の思い
　　　── 沖縄における退役軍人の生活を中心に ── ……………… 233
  1. 異動をめぐる沖縄女性たちの葛藤　233
    1.1. 沖縄女性を沖縄に引き止める理由　233
    1.2. 異動をめぐる沖縄女性たちの思い　236

2. 退役軍人の沖縄での生活　240
　2.1. 米軍の雇用支援制度　241
　2.2. 退役軍人の就職への思い　242
　2.3. 退役後の居住地の選択肢　244
　2.4. 退役後の住居地をめぐる夫の思い　245

## 第9章　離婚 …………………………………………………………… 249
1. 在沖米軍兵士との離婚とその子供にまつわる問題　249
2. 離婚に対する米軍の家族支援制度　251
3. 沖縄女性にとっての離婚　253
4. アメリカ人男性にとっての離婚　258
5. 3つの問題　261

## 第10章　軍人妻たちのネットワーク形成 ……………………… 265
1. 軍人妻による組織　265
　1.1. 将校の妻の会　266
　1.2. 日本人妻の会　267
2. 創価学会インターナショナル　271
　2.1. SGIの概略と組織　272
　2.2. SGIの学会員活動　273
　2.3. 妻たちの入会の動機と利点　276
　2.4. SGIをめぐる葛藤　277

## 終章 ………………………………………………………………………… 281

参考文献　285
沖縄米軍基地関連の用語一覧　297

おわりに　301
索引　305

# 序　章

## *1*　軍隊とは？

　軍隊について，われわれはどれほど知っているのであろうか。軍隊を悪だというのであれば，それは誰の立場から，誰にむかって発している言葉なのであろうか。米軍兵士であれば，弱者ではないのだろうか。軍隊の一員である米軍兵士と結婚した日本人女性は，非難されるべき対象なのだろうか。

　2001年9月のアメリカでの同時多発テロとそれに続く米軍のアフガン侵攻，イラク戦争から現在までの一連の流れは，戦争や軍隊を無視して現代社会を語ることはできないことを示唆している。だが，われわれが軍隊について知っていることは少ない。

　沖縄は，2012年5月15日に日本復帰から40周年を迎えた。日米安全保障条約に基づき，10万人以上もの米軍兵士・軍属とその家族が生活者として，日本でわれわれとともに一般的な暮らしを営んでいる。さらに国土の0.6％に過ぎない沖縄に，陸・海・空・海兵隊の4軍が沖縄に駐留しており，40,000人を超える米軍兵士・軍属とその家族が沖縄で生活をしている。沖縄の米軍基地についてはしばしばマスメディアで取り上げられているが，基地での生活について十分に知られているとはいえない。

　太平洋戦争末期，一般住民を巻き込んだ地上戦が繰り広げられ，沖縄は1945年に米軍の占領下に置かれた。1952年に日本が主権を回復した後も，戦後27年間にわたってアメリカの施政権下に置かれた。その間，広大な米軍基地が沖縄に建設され，1972年の日本復帰から40年が経った現在でも沖縄には多くの米軍基

地が残っている。そして，基地から派生する問題は，「基地問題」と呼ばれる。

　沖縄の基地問題といえば，本島中部宜野湾市に位置する海兵隊普天間飛行場（基地）の代替施設の移転問題がまず思い浮かぶであろう。3人の米軍兵士による少女暴行事件がきっかけとなり，1995年に大規模な県民総決起大会が行なわれた。これまで日本政府は，沖縄の米軍用地の一部の地主が，米軍に用地を貸すことを拒否していることから，駐留軍用地特赦法に基づき，沖縄県知事の代理署名によって，用地の使用権限を取得してきた。しかし，当時の大田昌秀県知事は，この暴行事件を受け代理署名を拒否した。この事件により，沖縄に関する特別行動委員会（Special Action Committee on Okinawa，通称SACO）が発足され，1996年12月のSACO最終報告では日米政府は普天間飛行場を5年から7年以内に返還するという合意に達した。しかし，普天間飛行場返還の条件として代替ヘリポートの建設条件が盛り込まれ，その移設先に，本島北部名護市辺野古沖が挙がった。その後，日米両政府間で協議を重ねてきたが，1996年の普天間飛行場の返還合意から16年が経った現在でも，県外・国外移設を求める沖縄と辺野古への移設を目指す日米両政府との間には大きな溝がある。

　2004年には，普天間飛行場所属の海兵隊のCH-53Dヘリコプターが沖縄国際大学の構内に墜落するという事故が起きた。日米地位協定（後述）の壁にはばまれ，沖縄県警ですら現場に入ることが許されない状況が続いた。この事故により，改めて地位協定の問題点が指摘された。また，普天間飛行場の県外・国外移設を求める声はさらに大きくなった。

　米軍兵士が起こす犯罪や事故も基地問題の代表である。最近では，米軍兵士だけではなく，軍属（米軍基地内で働くアメリカ人）や米軍関係者の子供たちの起こす事件なども注目される。その他にも普天間飛行場や嘉手納空軍基地の航空機騒音問題，射撃訓練による山火事などの環境問題や米軍用地に関する土地をめぐる問題など数多くの問題が挙げられ，沖縄だけではなく国内・国外でも沖縄の基地問題への関心は高い。

　米軍基地や米軍関係者は，常に否定的な視点から報道される傾向にある。しかし，それだけが沖縄の米軍基地や基地関係者の姿ではない。たとえば，去年3月に発生した東日本大震災における米軍の「トモダチ作戦」における災害支援活動には，沖縄に駐留する多くの海兵隊員をはじめ米軍兵士たちが参加している。そこで生まれた海兵隊員と被災地の人々との交流は現在でも続いている。また，沖

縄では米軍関係者による地域社会への関与も数多く見られ，そこで生じた交流は本土では見られないほど深いものがある。しかし，これらについて報道されることはほとんどなく，われわれに示されるのは，否定的な要素としての米軍基地である。

前述したように沖縄には陸・海・空・海兵隊の4軍が駐留している。彼らの多くは，基地の外に住んでおり，われわれと同様ごく一般的な生活を営んでいる。また，米軍関係者の中には，沖縄女性と結婚し家族生活を営んでいる姿も多くみられる。基地問題だけが沖縄ではない。われわれの知らない沖縄や米軍基地の姿がある。本書は，沖縄に米軍が駐留してから半世紀以上経つが未だに明らかになっていない，米軍兵士と沖縄女性との結婚と家族生活に焦点を当て，これまでとは異なる視点から沖縄の米軍基地について考えてみたい。

## 2 米軍兵士との交際・結婚

地球規模で展開している米軍は，その拠点となる在外米軍基地を抱える地域社会との間に，さまざまな関係を創出してきた。その1つは，米軍兵士と現地女性との交際や結婚であろう。米軍兵士と日本人女性との結婚は，戦後に見られた進駐軍兵士と結婚した日本人女性，いわゆる「戦争花嫁」の時代からはじまり，今日まで続いている。戦後から半世紀以上たった現在でも，米軍兵士と日本人女性との結婚は，「戦争花嫁」の時代と同様に性的に放縦な女性[1]，米軍兵士の性欲の犠牲者としての女性や[2]，家庭内暴力などの悲惨な結婚生活や離婚など否定的な側面から語られることが多い[3]。

沖縄でも同様な捉えられ方がされてきている。沖縄における米軍兵士は，1980

---

1) 「連載　ドキュメント　戦後の沖縄・米兵凌辱の記録　少年院で死を迎えた売春少女の悲惨！」(『アサヒ芸能』1972年4月13日)。
2) たとえば，以下のような文章を参照。「〔売春婦たちは〕貧しさから脱却する道としてアメリカ兵と結婚することを夢みる。『結婚』の後ろにあるのはアメリカの『豊かさ』だ。しかし結婚という実生活の中での破局。買春がついてまわる，麻薬，性病そして国際児の問題は，どこでも深刻だ」(『アジアと女性解放』1983年8月No.14, 3頁)。
3) 軍隊による沖縄の女性への暴力という視点については多くの記事がある。([Takazato 2000: 35-38; 高里 1995: 24; 天願 1997: 24-27] を参照)。

年代に社会問題として注目された「無国籍児」の問題[4]から，妻子を遺棄し本国へ異動する無責任な男性という印象を与えてきた［福地 1980; 大城 1985］。現在でも，沖縄では以上のような米軍兵士に対する見方は根強く残っている。

沖縄における国際結婚の特徴として，夫アメリカ人・妻日本人女性という結婚が圧倒的に多い。本土での国際結婚では日本人女性の結婚相手の国籍が多様化しているのと比較すると，大きな違いである。また，米軍基地を抱える青森県（三沢米空軍基地），神奈川県（横須賀米海軍基地，厚木米海軍飛行場，キャンプ座間）や長崎県（佐世保米海軍基地）と比較しても，その数は格段に高いという特徴が見られる［おきなわ女性財団 2000］。

沖縄での日本人女性と米軍関係者との結婚に関する研究は，本土同様に皆無に等しい[5]。日米地位協定のもとで日本に滞在する米軍関係者と日本人女性との結婚についての正確な数値すら存在しない[6]。軍隊，米軍関係者，そして米軍関係者と日本人女性との結婚のすべてが分からないことだらけ，というのが実態といえる。沖縄での米軍兵士と日本人女性との結婚は，本土の米軍基地で見られる結婚と違いがあるのであろうか。

筆者は，修士課程で横須賀米海軍基地に所属する米軍兵士と日本人女性との結婚について調査した［宮西 2003, 2004b］。その研究を通じて沖縄における類似の

---

4) 無国籍児の問題については，第9章第1節で詳しく取り上げる。
5) 澤岻は，戦後，沖縄から「戦争花嫁」としてアメリカに渡った沖縄の女性について論じている。澤岻によると，戦後のごく一時期の結婚は行政機関に登録されているが，沖縄が本土へ復帰する前については資料の所在の有無さえも定かではない。各市町村の集計も，沖縄県全体としての数字も把握されていない状況である［澤岻 2000: 17］。『沖縄大百科事典』によると，沖縄における米軍関係者と沖縄の女性との結婚は，推定年間 400 組を超えるとされる。だが，これらの結婚についての実証的な調査は行なわれておらず，その実態は明らかではないのが現状であると記述されている［沖縄大百科事典刊行事務局（中巻）1983: 99-100］。
6) 国際結婚についての統計は，日本で外国人登録をしている外国人との結婚が，厚生省の『人口動態統計』上の数値に反映されている。そのため，外国人登録をせず，日米地位協定のもとに日本に滞在する米軍関係者は，以上の数値から割り出せられない。また，これらの数値にはグアム，ハワイやアメリカ合衆国本土などで結婚しているカップルの数値も含まれていない。だが，おきなわ女性財団は，沖縄での外国人登録者の米国籍の中には，除隊などによって日米地位協定上の身分を離脱したものが存在するため，米国籍の軍人・軍属（元軍人・軍属を含める）と県内在住の日本国籍女性との婚姻関係の実数を表す統計として適用できると結論づけている［おきなわ女性財団 2000］。日本人女性と米軍兵士との結婚では，米軍兵士がアメリカ本土への異動になると，日本人女性はアメリカで生活するための移民ビザの取得が必要となる。その際の書類の提出先が，本島中部の浦添市にあるアメリカ総領事館となる。このため筆者は，アメリカ総領事館に沖縄での日本人女性と米軍兵士との結婚数について問い合わせをしたが，そういった統計はとっていないという返事であった。

結婚に関心をもつことになった。日本人女性と結婚する米軍兵士側についての調査は皆無に等しい。米軍兵士と結婚することは，沖縄社会と米軍基地内ではどのような意味をもつのだろうか。軍隊とは，単なる暴力集団なのであろうか。こうした問題意識に基づいて，本書では2次資料に頼ることなく，軍隊を家族の側面から捉え，基地内外から米軍兵士と沖縄女性との結婚と家族生活を記述し，その世界を明らかにしていく。それは，別の視点から軍隊を捉え，単なる暴力装置であるという枠組みの限界を指摘し，既存の軍隊の枠組みの再考につながることを意味する。

## *3* これまでの研究

　現代社会には「文化」をめぐる言説が満ちあふれている。しかし，文化について語ることはますます困難になっている。なぜなら人，モノ，情報が大量かつ迅速に移動するグローバリゼーションの世の中において，言語，民族，領土などと連結した慣習やライフスタイルとしての文化を見出すことが難しいからである。文化や民族がかつてわれわれに想起させていた境界は，現代において流動化している。そしてそのような境界を暗に前提としてきた文化人類学もまた，こうした困難な状況に直面し，変化を強いられているといえよう。
　本書で対象とする沖縄における米軍兵士と日本人女性との結婚と家族生活もまた「困難な状況」の1つである。それは2つの文化 —— アメリカ合衆国（以下アメリカ）と沖縄の文化 —— の接触を意味するだけではない。それは，夫が所属する（あるいはしてきた）軍隊（米軍基地）という全世界に展開するトランスナショナルな集団との接触でもある。
　そこで本書では，在沖米海兵隊基地内でのフィールドワークに基づき，米軍兵士と日本人女性との結婚生活における葛藤や対立について，男女双方の視点から考察する。その際に，米軍基地を社会・文化的な文脈から捉え，そこで生きる人々の経験を基地内外から記述・分析する。具体的にいえば，以下の3領域，1) 軍人妻（男性兵士と結婚した女性）研究，2) 国際結婚研究，3) 米軍基地の存在を視野に入れた沖縄研究への貢献を目指す。

## 3.1. 軍人妻研究

軍人妻について論じるということは，軍隊における周辺に位置する存在としての女性に注目するということを意味する。弱者とは考えられにくい軍人と結婚した女性は，軍隊（強者・圧政者）側にいるものと捉えられ，「平和を求める」女性の敵とも思われがちであるし，彼女自身を弱者と捉えることは困難である[7]。

軍人妻が軽視されると，軍隊に関係する軍人以外の男性や，兵士という役割以外の軍人のあり方が無視されることにもなる。前者についていえば，たとえば女性兵士の扶養家族として子供を育てる母親的な役割をする民間人男性夫（Mr. Mom）の存在など，新しい家族形態の出現が見られるが，彼らも忘れられている存在であることを指摘しておきたい。

以上のような軍人妻軽視の背景には，軍隊研究そのものの欠如というさらに大きな問題が認められる。その理由は，人類学がどちらかというと社会の周辺的な位置にいる人々を研究対象にしてきたため，国家組織の一部であり，「抑圧者」である軍隊や警察を研究することを回避してきたからといえよう。しかし，「抑圧者」である兵士はつねに「兵士」として生活しているわけではないし（夫でもあり父でもある），また男性だけではなく女性兵士や，軍属などの兵士以外の人間も存在する。軍人妻の研究は，軍隊とは男性兵士からなる暴力的な抑圧集団であるという単純な図式を再考させる意味をもつ。

軍人妻研究は，大きく以下の3つに分かれる。それらは 1）実用的研究，2）制度的研究，3）民族誌的研究である[8]。実用的研究とは，主として軍人妻を心理学的あるいは社会学的に「問題のある」存在とみなし，その実態を詳述し，原因や解決法について論じている一連の研究である。制度的研究は，妻を対象にしたさまざまな制度やプログラムに注目するものである。最後の民族誌的研究は，制度そのものというよりは，妻の生活に注目し，そこでの夫との関係や制度との葛藤を考察する研究である。

以下では，本書と直接関係する民族誌的研究を検討する。民族誌的研究は，軍

---

7) この周辺性は女性兵士にも当てはまる。この点については佐藤［2004］を参照。
8) これは，筆者が便宜的に名付けて分類したものである。軍人妻についての文献の詳しいレビューや時代的背景については宮西［2004a］を参照。1971年から1978年までの軍隊における女性に関する文献紹介については，[Hunter, Rose and Hamlin 1978] を参照。また，軍人家族についての詳しい文献のレビューは［Hunter 1982］を参照。

人妻一般を扱っている研究とアメリカ人以外の外国人軍人妻について触れている研究との2つに分類できるが，外国人妻を扱った文献についてのみ検討する。外国人軍人妻研究には，「戦争花嫁」研究も含まれるが，ここでは外国人軍人妻が直面する今日的な問題を扱った「戦争花嫁」以外の外国人軍人妻を対象とした研究に限定する[9]。

### 外国人軍人妻研究

　世界中に展開する米軍は，基地周辺地域に多大な影響を与えている。アジア地域，特に日本や韓国においては，戦後から今日に至るまで米軍兵士との交際や結婚が生まれている。また，それに伴い離婚[10]の数も増加している。さらに，米軍兵士との交際には傷害事件などの問題もはらんでおり，基地の周辺社会だけでなく米軍にとっても大きな懸念となっている。

　ところが，外国人軍人妻についてはほとんど研究対象としては捉えられてこなかった [Cottrell 1978; Jensin and Xenakis 1986]。その理由の1つは，外国人軍人妻の数が増加したとはいえ，米軍内では少数であるという事実に由来する。それに加え，軍隊における外国人妻が置かれた周辺的な立場も，研究の少なさと関係性がある。

　本書で取り上げる日本人女性のような外国人軍人妻の置かれた状況は複雑である。なぜなら，日本に住む日本人軍人妻は，軍隊とアメリカとの関係だけではなく，日本社会の中でも困難な状況に立たされているからである。3つの意味で困難な立場に立たされている彼女たちは，「トリプル・アウトサイダー」[宮西 2008][11]とも表現できる状況にある。

　数少ない外国人軍人妻について記述した研究の中には，外国人軍人妻の記述をめぐっていくつかの問題点も認められる。Brancaforteの研究は，一般的な韓国人

---

9)　「戦争花嫁」以外の外国人軍人妻を対象とした研究の多くは，米軍兵士と結婚した韓国人女性の研究である [Lee 1980; Yuh 1999]。ほかに [Yuh 1999; Jeong and Schumm 1990; Yoo 1993; Hong 1982; Brewer 1982] などがある）。

10)　これまで軍隊では，離婚は米軍兵士のキャリアの汚点になると考えられてきたが，最近では，離婚は以前よりも受け入れられるようになった [Martin and McClure 2000: 9]。

11)　外国人軍人妻は，「ダブル・アウトサイダー」（軍隊とアメリカの文化との2つの理解をしなければならない）であると Brancaforte [2000] は定義したが，筆者は，日本などの在外米軍基地において，外国人女性がその地域社会で立たされる困難な立場にも注目し，「トリプル・アウトサイダー」と呼ぶ [宮西 2008]。Brancaforte [2000] については後述する。

軍人妻や「戦争花嫁」以外の外国人軍人妻を扱った人類学的研究である[12]。Brancaforte は，外国生まれの軍人妻（外国人軍人妻）を「ダブル・アウトサイダー」(double-outsider) と呼ぶ。以下問題点を列挙すると，1）外国人軍人妻をおしなべて無力で依存的な存在として記述していること[13]，2）外国人妻の出身国やその社会背景などについては一切考察がなされておらず，妻たちの差異あるいは多様性が無視されていることの 2 点である。Brancaforte 自身が軍人妻（夫は陸軍の将校）であることにより，軍隊内での外国人軍人妻への偏見（たとえば，英語やアメリカ文化への知識が欠如しているなど）に対し自覚的ではない。また，当事者である外国人妻へのインタビューも行なわれていないという問題点も認められる。

同様に，アジア人（日本人，韓国人やフィリピン人など）を，英語も話せず，アメリカ文化も分からない存在とみなし，多くの場合，売春婦と結びつけた記述も見られる。ここでも，アジア系外国人軍人妻の間に見られる差異は一切考慮されていない [Stone and Alt 1990]。

沖縄における米軍兵士と沖縄の女性との結婚生活の研究をした Forgash [2004] によると，沖縄ではアメリカによる占領時代から今日まで，沖縄の女性と米軍兵士との結婚は，「伝統的な」沖縄の家族を形成する上で批判の対象であった。それは，占領時代に見られた米軍兵士の人種にまつわる他者性や売春との関係から非難すべき結婚の典型を象徴してきた。米軍兵士と結婚する女性は，親の意向に反して沖縄の伝統的な価値観と正反対であるアメリカのライフスタイルを受け入れ，沖縄の伝統的で親密な家族との絆を断絶するものであるとされてきた。

Forgash は，沖縄の女性とその米軍兵士夫は，沖縄の伝統的な生活に順応することにより，沖縄社会に受容され，彼ら自身の家族を沖縄で形成しているという。その際に，沖縄の伝統的なジェンダー規範や文化に沿った規範的な「沖縄の家族」という概念を，沖縄の女性たちは戦略的に利用していると指摘している[14]。

---

12) 外国人軍人妻の研究は，従軍牧師 (chaplain) による研究からはじまる [Maxwell 1949; Druss 1965]。彼らの研究は外国人軍人妻の初期の研究として位置づけられる。外国人軍人妻は，無力で依存的な存在として記述されており，外国人軍人妻やその夫をめぐる記述には問題点も多い。従軍牧師とは，軍隊の中で非常に特殊な任務にたずさわる。彼らは，米軍兵士でもあるが，米軍兵士のみならず軍人妻を含め，米軍兵士の家族の問題についても対処する。従軍牧師は米軍兵士やその家族から多くの悩みや相談を直接受ける特権的な立場にある [田中 2004: 147-167]。
13) Reeves も同様に，外国人妻とは明示していないが，従来の若い軍人家族の妻に見られる姿として，小切手の書き方や英語が話せず，夫に依存している妻を描いている [Reeves 1995: 52]。
14) Forgash は，沖縄女性たちの戦略について以下の 4 つの例を挙げている。1．長男が両親の世話をす

Forgashの研究は，沖縄の女性と米軍兵士との結婚生活を最初に取り上げ，アメリカ人の視点から人類学的調査をしたという意味において評価されるべき研究である。現在の沖縄には，占領時代に顕著であった米軍兵士の間にあった人種による差異や売春の問題が人々の記憶に鮮明に残り，その記憶が時代や世代を超えて引きつがれている。そのため，沖縄における米軍兵士との結婚は，本土の大都市に見られる一般外国人との国際結婚とは意味が異なるという視点は，筆者も同感できる点である。

　しかし，Forgashの議論については3つの問題点が認められる。1つは，離婚や家庭内暴力，不倫，退役後の生活など米軍兵士との結婚生活に見られる否定的な側面が無視されている点である。2つ目は，軍隊の結婚・家族生活への影響を考察する視点が欠如していることである。3つ目は，米軍兵士の視点が考慮されていない点である。

　具体的に述べると，米軍兵士は，約3年ごとに異動する生活を営んでいる。また，軍隊からの命令があれば，長期間にわたる戦地への派兵や，訓練のため沖縄を離れることなどが多々ある。つまり，米軍兵士は，沖縄という社会空間を超え，移動する生活を送っているのである。米軍兵士の移動する生活は，夫婦関係に緊張を強いて，離婚や不和の原因につながることもある。

　米軍兵士の移動する生活に注目すると，Forgashが着目する「沖縄の伝統的な家族」という規範に基づいた問題設定ではおさまらない状況に，これらの結婚が置かれていることが分かる。その意味で，夫が沖縄に住み，伝統的な家族像に沿うような生活を営んでいるという議論は，米軍兵士との家族や結婚生活の実情を無視しており不十分であると指摘できる。

　以上から，本書では以下4つの点，1）妻の多様性，2）軍隊の結婚・家族生活への影響，3）離婚などの結婚における否定的な側面，4）米軍兵士の視点につい

---

るという伝統的な沖縄の家族のイメージを戦略的に行使し（長男である兄弟にその責任を押し付けることにより），アメリカ人男性との結婚やその決断を正当化させる。2. トートーメ（位牌）を引き継ぐ沖縄の女性は，アメリカと沖縄とを行ったりきたりの生活を営み，米軍兵士と結婚してアメリカに移住したにも関わらず，沖縄に住む兄弟との間に強い絆を維持し，その結婚の正当性を示している。3. 沖縄の女性とその夫は，家族の集まり，トートーメや墓の世話に積極的に関わることにより，沖縄の拡大家族の中に入り込み，その結婚は沖縄社会の中で受容される。4. 米軍兵士と結婚しアメリカに住んでいた沖縄の女性の父親が病気になり，沖縄に帰らなければならなくなった際に，夫が，沖縄へのチケットを彼女に渡し彼女を沖縄に帰らせた。こうして夫は，沖縄の家族との親密な家族関係を大事にする誇るべき沖縄の家族の一員として受容される。

て明らかにしていく。

### 3.2. 国際結婚研究

　近年，国際結婚についての研究は，社会学，歴史学，教育学などさまざまな学問領域から進められているが，他の学術領域との合意を得た一定のアプローチ方法があるわけではない。国際結婚に関する研究は，社会学からの関心が高い。たとえば，『家族社会学研究』（第8号，1996年）では特集が組まれ，国際結婚をめぐる問題が取り扱われている［吉田 2003: 493］。歴史社会学の視点からは日本の国際結婚の歴史的成立を検証した嘉本［2001，2008ab］と社会学の視点から国際結婚を考察した竹下［2000，2004］がある。歴史学的視点からは，国際結婚の始まりについて論じた小山［1995］もある。

　一方，人類学による国際結婚に関する研究の数は少ない。ハワイにおけるアメリカ人との国際結婚とその子供たちを取り上げた新田［1992］や，BregerとHill［1998］による国際結婚の家族の比較研究を挙げることができる。だが，国際結婚に関する学術的な研究・成果はまだはじまったばかりであるといえる。ここでは詳述しないが，日本人男性と外国人女性との国際結婚に関する研究，国際結婚相談所を通じた国際結婚や女性の主体性をめぐる問題を扱った研究などもある。

　以下，日本人との国際結婚を対象とした研究にしぼり，3点の研究を検討する。竹下［2000］は，夫婦の結婚満足度を，文化的相違（コミュニケーションの問題，習慣，価値観，子供のしつけ方や文化的背景の相違），周囲の寛容性（両親の結婚に対する反対，周囲の偏見による差異）と基本的属性（夫の出身国，結婚年数，夫婦の職業や学歴）から考察している。しかし，国籍（欧米かアジア諸国出身か）や職業（自営業か会社員か）による分析に集中しているため，結婚の実情が見えてこない。

　人類学的な視点から，工藤［2008］は，1980年代中頃以降に増大した「外国人労働者」であるパキスタン人ムスリム男性と結婚した日本人女性の経験に着目し，新たな自己像への創造の過程を考察している。しかし，別居や離婚などの結婚の否定的な側面への考察が欠如しており，外国人労働者との結婚の意味やその全体像が捉えにくいという問題点が認められる。

　以下，国際結婚研究に見られる問題点を2点指摘しておきたい。社会学的な国際結婚研究では，結婚の多様性や当事者の差異に注目する視点が欠如している。

多くの国際結婚研究は妻に焦点があたり，夫の置かれた状況や生活などに対する視点が欠如している［嘉本 1996: 59］。Cottrell は，夫への視点が欠如している理由を2点挙げている。1つは，妻は，私的・個人的関係の中で生活し，男性よりも居住地の文化に密着して生活していること，2つ目は，夫よりも妻のほうがインタビューに応じてくれやすいからだという［Cottrell 1990: 159-160］。だからといって，現状をほうっておくべきではないだろう。

米軍兵士と沖縄の女性との結婚についていえば，米軍兵士という夫の職業を考慮することなく，その結婚生活の全体像を理解することはできない。つまり，米軍兵士との結婚は，軍隊の内部からの研究が不可欠であり，その結婚を軍人妻研究の1つとして捉え，一般の外国人との結婚を対象とする国際結婚研究と区別する必要がある[15]。

本書では，米軍兵士である外国人男性と日本人女性の国際結婚という意味で，国際結婚の中でも特殊な事例と考えられるかもしれないが，そうではなくこれまでの国際結婚研究の問題点を明らかにし，その克服を目指すことが可能であると考えたい。

### 3.3. 米軍基地の存在を視野に入れた沖縄研究

多くの沖縄研究は，文化人類学や民俗学によって宗教や親族，生業などの領域で学術的蓄積があるが[16]，米軍基地に関する調査はほぼ皆無に等しい。沖縄の基地問題についてはジャーナリズムを中心に多くの文献が存在する。そこでは，軍隊と暴力といった視点から女性が論じられている。たとえば，仲山［2001］は，自らが戦後の「基地の町」で暮らした経験から，そこで目にした米軍兵士の売春婦達の姿を描いている。戦後の女性や売春については，狩俣［1991］の研究などもある。また，戦後の「基地の町」やそこで生きた人々の詳細については，沖縄

---

15) 戦後，進駐軍兵士と結婚した女性は「戦争花嫁」と呼ばれ，一般的な国際結婚の一部として分類されることが多い［竹下 2000］。米軍兵士と結婚した「戦争花嫁」たちの結婚後の生活は，夫のエスニシティなどの差異や新しい環境下での適応の問題などの国際結婚研究の視点からのみ考察されている。筆者は，米軍兵士である夫と日本で出会い結婚した「戦争花嫁」たちは，軍隊の中での位置づけや軍人妻としての生活などの視点も含めた考察が必要だと考え，「戦争花嫁」研究を軍人妻研究に分類している。
16) 人類学的な沖縄研究は，都市よりも離島や沖縄本島北部を主な調査地として，自己完結的な集落を対象とする調査が主流を占めてきた［太田 2001: 30］。

国際大学文学部社会学科石原昌家ゼミナール［1994］がある。

その他にも，子供への暴力や人権，基地反対運動や基地がもたらす政治・経済的視点から論じられてものもある。高里［1996］は，女性に対する暴力という視点から軍隊の暴力性について指摘している。那覇市市議会議員であった高里は，「基地・軍隊を許さない行動する女たちの会」の代表として，女性の人権保護や軍隊根絶を目指して積極的に活動を行なう。高里は，1945年に米軍が沖縄に上陸して以来，米兵の起こした女性への性犯罪の記録（「戦後米軍の女性への犯罪年表」）を作成し，軍隊の女性への暴力を糾弾している［高里 2000: 20-21］。

米軍兵士と沖縄の女性の両親をもつ子供たちの研究の多くは，1984年に国籍法が父系主義から父系両系主義に改訂される前に生じた無国籍児の問題や，無国籍児の子供への偏見・差別の問題が中心に記述されている［波平 1980; 福地 1980; 大城 1985］。これらの子供の置かれている状況は，父親としての責任を果たさずに妻子を遺棄した米軍兵士と，アメリカの豊かさや文化への憧れから簡単に結婚し離婚した沖縄の女性に問題があると指摘されている［福地 1980: 6-7］。マーフィー重松［2002］は，米軍兵士の父親をもちアジアに居住する子供だけではなく，アメリカに居住する米軍兵士以外の民間アメリカ人の親をもつ子供も含めて「アメラジアン」と呼び，彼らの多様な生き方を提示している。

これらの研究ではアメラジアンが直面する困難な状況や差別問題が挙げられているが，そこで描かれている米軍兵士（父親）は，妻子を遺棄する冷酷な男性である。米軍兵士と家族との間で悩む男性，軍隊内の分析や男性側の意見を取り入れる視点は見られない。

米軍兵士と沖縄の女性との結婚についていえば，これらの研究は，子供たちの困難な状況を記述する一方，妻子を遺棄する冷酷な米軍兵士像や，アメリカへの憧れから結婚した女性像という偏見を強化している。そこでは，沖縄で結婚・家族生活を営む沖縄の女性や米軍兵士の姿，軍隊と家族との間で悩む米軍兵士の置かれた状況や，軍隊内におけるこれらの結婚の分析や男性側の意見を取り入れる視点は見られない。

米軍兵士との交際や結婚など現代的な問題を視野に入れた沖縄研究はまだはじまったばかりである。前述した Forgash［2004］の研究は，数少ない沖縄における

米軍兵士との結婚を取り上げた人類学的な研究である[17]。

　Inoue［2007］は，1995年の沖縄少女暴行事件[18]以後に興隆する反基地運動に注目し，沖縄の人々のアイデンティティやジレンマを考察している。海兵隊基地キャンプ・シュワブの所在地で，普天間代替施設建設予定地である名護市辺野古で調査し，辺野古の人々の両義的な思いを記述し，分析している。そこでInoueは，辺野古の人々と交流に努めるが，完全に受け入れられることはない海兵隊の孤独な姿に言及している。また彼らについての辺野古の人々の両義的な思いを指摘し，基地反対か賛成かという単純な構図では理解できない人々の気持ちに触れている。

　本書は，両義性をめぐるInoueの議論に共感し，その背後にある彼の問題意識を共有している。筆者は，第3章で辺野古における海兵隊と現地の人々との「親善交流」の行事にも触れるが，それだけでなく，当事者たちの両義的な思いを結婚の分析を通じて明らかにしていきたい。

　以上から，本書は，より抽象的な次元では軍隊を人類学の対象として位置づけ，グローバリゼーションが進行する現代社会における文化人類学の方法や対象の可能性について考察する。より実践的視点からいえば，現代日本社会に認められるさまざまな偏見を是正するだけではなく，国際結婚の当事者たちが直面している諸問題を明らかにすることで，それらの克服の可能性を示唆することになろう。また，米軍を事例に軍隊を家族という別の側面から捉えなおすことにより，軍隊に対する既存の概念を再考することにもつながる。

## *4*　米軍基地調査までの道のり

　調査を目的に，最初に沖縄を訪れたのは，2004年9月であった。基地内見学

---

17）その他には，アメリカ人女性による沖縄の女性9名のインタビュー集がある［Keyso 2000］。インタビューでは，世代ごとに本土，アメリカやアメリカ人についての記憶を9人の女性が語っている。Angst［2001］は，沖縄戦を経験した沖縄の女性の語りに基づき，ジェンダーの視点から彼女たちの記憶や自己を考察している。

18）1995年9月4日に，米海兵隊2人と米海軍兵士1人が基地内で借りたレンタカーを使い，本島北部で買い物帰りの12歳の女子小学生を拉致し強姦した事件。この事件を受けて起こった大規模な反基地運動については後述する。

ということで嘉手納空軍基地の見学，海兵隊基地キャンプ・フォスター内やパーソナル・サービス・センター (Personal Services Center，以下 PSC)[19] を訪れた。PSC とは，米海兵隊員，軍属やその家族を支援する部署であるが，この時に PSC のディレクターと接見する機会を得た。その 1 か月後の 2004 年 10 月末に，調査のために沖縄に移り住み，本島中部の嘉手納町で生活をはじめた。部屋の窓からは，嘉手納空軍基地で離着陸する航空機が見えた。嘉手納町での生活では，騒音被害に苦しむ住民の生活の理解に努めた。嘉手納町には 3 年間住み，2007 年 11 月に本島中部の沖縄市へ移動した。沖縄市は，米軍関係者を対象としたクラブやバーが立ちならび，「基地の街」を形成している。嘉手納町とは異なり，多くの米軍関係者の姿を見ることができる。

2005 年 3 月に当時の米海兵隊基地の外交政策部 (G-5)(現 G-7) へ，基地内での調査許可を申請した。申請してから 5ヵ月後の 2005 年 8 月頃に，基地内の調査許可書が出るという連絡を PSC のディレクターから連絡をもらう。これにより研究者という身分で基地内に入ることが許可された。

その後，2005 年 10 月から，キャンプ・フォスターの PSC のフロント・デスクでボランティア活動を行ないながら，本格的な調査をはじめる。PSC では，電話対応やカスタマー・サービスの全般に関わり，海兵隊基地や米軍兵士・軍属の世界の理解に努めた。これに加え軍人妻や日本人軍人妻を対象にしたクラスやセミナーにも参加した。PSC が提供する結婚前セミナー (Premarital Seminar，後に Marine Corps Family Team Building の管轄になる) や Marine Corps Family Team Building (MCFTB) による軍人妻対象のクラスには毎月参加した。MCFTB が提供するクラスは，Japanese Spouses' Orientation (JSO)，L. I. N. K. S. や Key Volunteer などのクラスである。

## 5　調査方法

調査方法は，参与観察とフォーマルおよびインフォーマルなインタビュー，写

---

[19] PSC は，Personal & Professional Development-Resources に名称が 2012 年 2 月に変更されたが，本書では調査時と同様に PSC (パーソナル・サービス・センター) で統一する。PSC の詳細については，第 2 章を参照。

真とビデオによる記録である。調査言語は、日本語と英語である。

インタビューの対象は、米軍兵士と結婚・離婚した日本人女性やその夫、米軍兵士と交際している女性、基地内就労者や「基地の街」で働く人々（レストランやバーで働く女性や関係者）や退役軍人などである。

米軍兵士と結婚した日本人女性の総計は、50名（沖縄出身女性：35名、本土出身女性：15名）である。50名のうち46名が結婚継続中、2名が離婚、2名が寡婦である【表1】。日本人女性の年齢は、25歳以上80歳以下（80歳が最高齢）である【表2】。彼女たちの配偶者の年齢は、20歳以上80歳未満である【表3】。

日本人女性（沖縄出身女性：20名、本土出身女性：2名）と結婚した米軍兵士の総計は、22名である。22名のうち、20名が結婚継続中で、2名が離婚している【表4】。男性の年齢は、25歳以上90歳以下（87歳が最高齢）である【表5】。配偶者の年齢は、25歳以上70歳未満である【表6】。

その他にも、日本人基地内従業員、アメリカ人軍人妻やフィリピン人女性とアメリカ人男性の夫婦とのインタビューも行なった。

参与観察の対象は、基地内・外で米軍と地域社会が交流するフェスティバルやさまざまなイベント、前述した軍隊による家族支援活動の一環であるクラス、セミナーや教会などである。調査期間は、2005年10月（IDを取得）から2008年12月（IDの失効）までで約3年2ヵ月に及ぶ。

## 6 米軍基地調査の難しさと本土出身者であること

本調査における調査対象との関係性は、本調査の特殊性や軍隊の人類学的研究の難しさにも関わる重要な問題を提示している。ここで簡単に筆者の立場について説明を加えておきたい。

Harrell [2004] が述べていたように、軍隊の人類学的調査には米軍からの調査許可が必要である。筆者も同様に米海兵隊から調査許可を得る必要があった。人類学の米軍基地の調査にとって、最大の難関は米軍基地からの調査許可をもらうことである[20]。

---

20) Forgash も、軍隊からの調査許可取得の過程で、9.11の影響のため軍隊からの調査許可が下りなくなり調査計画を変更した経緯を述べ、軍隊内での調査の難しさを述べている [Forgash 2004: 57-58]。

表 1 調査対象者（妻）の一覧（1）

| | 妻 | 年齢 | 出身地 | 入籍年 | 宗教 | 離婚歴 | 学歴 | 職 | 子供 | 夫 | 年齢 | エスニシティ | 宗教 | 職 | 階級 | 離婚歴 | 学歴 |
|---|---|---|---|---|---|---|---|---|---|---|---|---|---|---|---|---|---|
| 1 | 綾子 | 30代後 | 沖縄 | 1997年 | なし | 1回 | 高 | 基地内 | 1S | トニー | 30代後 | 白人 | なし | 海兵隊 | E7 | 1回 | 高 |
| 2 | 亜樹 | 30代後 | 沖縄 | 2005年 | なし | 1回 | 修 | 基地内 | なし | ケビン | 30代後 | 白人 | なし | Civ | GS7 | 1回 | 高 |
| 3 | 麻美 | 30代前 | 沖縄 | 2004年 | なし | なし | 短 | なし | なし | ジーン | 20代前 | IA | キ | 海兵隊 | E5 | なし | 高 |
| 4 | 京子 | 20代前 | 沖縄 | 2001年 | キ | なし | 大 | なし | 1S1D | ギャルバート | 30代後 | AA | キ | 海兵隊 | E6 | 1回 | 高 |
| 5 | 文美 | 50代前 | 沖縄 | 1980年 | なし | なし | 高 | 学生 | 1S | マイケル | 50代後 | 白人 | キ | 海兵隊 | E8 | なし | 高 |
| 6 | 夏江 | 30代後 | 沖縄 | 2000年 | なし | なし | 短 | 基地内 | 妊 | ミゲル | 30代前 | 白人 | なし | 海兵隊 | E5 | なし | 高 |
| 7 | 博美 | 30代前 | 沖縄 | 2005年 | なし | なし | 大 | なし | 1S1D | ビクター(J)バン | 40代前 | H | キ | 海兵隊 | E5 | なし | 大 |
| 8 | 知恵 | 40代前 | 沖縄 | 2003年 | なし | 2回 | 高 | 基地内 | 1S1D | ジャスティン | 30代前 | H | 不明 | 陸軍 | O4 | 2回 | 高 |
| 9 | 聡子 | 40代前 | 本土 | 1991年 | 仏 | なし | 修 | なし | なし | エイドリアン | 30代前 | 白人 | キ | 海兵隊 | E5 | なし | 高 |
| 10 | 良子 | 30代前 | 本土 | 2002年 | なし | なし | 高 | 基地外 | 1S | ハビエル | 20代前 | 白人 | キ | 海兵隊 | E5 | なし | 高 |
| 11 | 愛 | 20代後 | 沖縄 | 2003年 | なし | なし | 大 | なし | 2D | アレックス | 20代後 | H | キ | 海兵隊 | E7 | なし | 不明 |
| 12 | 加奈子 | 20代前 | 沖縄 | 2000年 | なし | なし | 大 | なし | 1S | ダニエル | 30代前 | 白人 | キ | 海兵隊 | CWO3 | 1回 | 高 |
| 13 | 美由紀 | 30代後 | 本土 | 2003年 | キ | なし | 高 | なし | 2S | アラン | 20代後 | 白人 | なし | 海兵隊 | E5 | なし | 不明 |
| 14 | 雅美 | 30代後 | 沖縄 | 1993年 | なし | なし | 高 | 保母 | なし | 不明 | 30代前 | 他 | キ | 海兵隊 | E6 | なし | 高 |
| 15 | 幸子 | 30代後 | 沖縄 | 2002年 | 仏 | なし | 専 | なし | 2D | ランドン | 40代前 | 白人 | 仏 | 海兵隊 | CWO3 | なし | 不明 |
| 16 | 孝子 | 40代前 | 本土 | 1998年 | キ | なし | 短 | なし | 2S | タイラー | 20代前 | 白人 | キ | 海兵隊 | E4 | なし | 高 |
| 17 | 祥子 | 30代前 | 本土 | 1986年 | なし | なし | 短 | 基地内 | なし | メイソン | 40代前 | 白人 | なし | 海兵隊 | CWO3 | 1回 | 高 |
| 18 | 由香 | 30代前 | 沖縄 | 2003年 | なし | なし | 専 | なし | 1S1D | 不明 | 30代前 | 白人 | キ | 海兵隊 | E6 | なし | 高 |
| 19 | 小百合 | 20代前 | 沖縄 | 1988年 | キ | なし | 大 | なし | 1S | アルフレッド | 40代前 | 白人 | 仏 | 空軍 | E7 | 1回 | 高 |
| 20 | 悦子 | 20代後 | 本土 | 1996年 | キ | なし | 高 | なし | 3S | アンドリュー | 30代前 | 白人 | なし | 空軍 | E6 | なし | 高 |
| 21 | 公子 | 30代後 | 本土 | 2000年 | なし | なし | 大 | なし | 2S妊 | 不明 | 40代前 | 白人 | なし | 空軍 | E5 | 1回 | 高 |
| 22 | 啓子 | 30代前 | 沖縄 | 2003年 | 仏 | なし | 短 | なし | 1S | ニコラス | 20代後 | 白人 | キ | 海兵隊 | E4 | なし | 高 |
| 23 | 美智子 | 30代前 | 沖縄 | 1999年 | なし | なし | 高 | なし | なし | ルーク | 20代前 | 白人 | キ | 海兵隊 | E4 | なし | 高 |
| 24 | 千佳 | 20代前 | 本土 | 2005年 | なし | なし | 大 | なし | 1S | ホセ | 20代後 | 白人 | なし | 海軍 | E6 | なし | 高 |
| 25 | 玲子 | 20代後 | 沖縄 | 2005年 | なし | なし | 短 | 基地内 | 1S | ジェイ | 30代後 | 白人 | キ | 海兵隊 | E5 | なし | 高 |
| 26 | 文子 | 30代後 | 沖縄 | 1999年 | SGI | なし | 高 | なし | 1S | 不明 | 50代前 | 先住民 | なし | Civ | GS14 | 1回 | 高 |
| 27 | 恵 | 30代前 | 本土 | 2000年 | なし | なし | 専 | なし | 3S | スティーブ | 30代前 | 白人 | SGI | Civ | GS12 | 1回 | 大 |
| 28 | 照美 | 50代前 | 本土 | 1971年 | SGI | 1回 | 高 | なし | なし | 不明 | 30代後 | 白人 | SGI | Civ | GS12 | 1回 | 大 |
| 29 | 美穂 | 30代前 | 沖縄 | 2003年 | SGI | なし | 高 | なし | 3S | ハンター | 30代前 | 白人 | キ | 海軍 | O3 | なし | 不明 |
| 30 | 知美 | 30代後 | 沖縄 | 1992年 | SGI | なし | 高 | なし | なし | 不明 | 30代前 | H | キ | 海軍 | E4 | なし | 大 |
| 31 | みどり | 30代後 | 本土 | 2006年 | キ十祖 | なし | 専 | 基地外 | 1S | 不明 | 20代前 | 白人 | キ | 海軍 | E4 | なし | 高 |

| # | 名前 | 年齢 | 出身地 | 入籍年 | 宗教 | 離婚歴 | 学歴 | 職 | 子供 | 夫 | 年齢 | エスニシティ | 宗教 | 職 | ランク | 離婚暦 | 学歴 |
|---|---|---|---|---|---|---|---|---|---|---|---|---|---|---|---|---|---|
| 32 | 裕子 | 20代後 | 沖縄 | 2003年 | なし | なし | 大 | なし | 1D | ジョナサン | 20代後 | 白人 | なし | 海兵隊 | E5 | なし | 高 |
| 33 | 信子 | 50代前 | 沖縄 | 1988年 | なし | 1回 | 高 | 基地内 | 2S1D | 不明 | 50代前 | 白人 | キ | Civ | GS13 | 1回 | 不明 |
| 34 | 直子 | 30代前 | 本土 | 2005年 | 仏 | なし | 短 | なし | 1D | 不明 | 30代前 | AA | キ | 海兵隊 | E6 | なし | 高 |
| 35 | 美香 | 30代前 | 本土 | 2002年 | SGI | なし | 専 | なし | 1D | ジェイク | 20代後 | 白人 | SGI | 海兵隊 | E8 | 1回 | 高 |
| 36 | 君江 | 30代前 | 沖縄 | 2005年 | なし | なし | 短 | 基地内 | 1S | アンソニー | 30代前 | 白人 | なし | 海兵隊 | E5 | なし | 高 |
| 37 | 洋子 | 20代後 | 沖縄 | 2005年 | なし | なし | 短 | 基地内 | 1D | ブルース | 30代前 | 白人 | キ | R | 不明 | 2回 | 修 |
| 38 | 栄子 | 50代前 | 沖縄 | 1977年 | なし | なし | 尊 | 基地内 | 2S | ジャック | 70代前 | 白人 | キ | 不明 | 不明 | なし | 高 |
| 39 | 泉 | 30代後 | 沖縄 | 1993年 | なし | なし | 大 | 基地外 | なし | ザック | 30代前 | 白人 | キ | 空軍 | O4 | なし | 高 |
| 40 | 貴代 | 30代前 | 沖縄 | 2006年 | なし | なし | 大 | なし | 1D | アレハンドロ | 20代前 | H | キ | 海兵隊 | E5 | なし | 修 |
| 41 | 和子 | 30代前 | 沖縄 | 2007年 | なし | なし | 短 | 基地外 | 1S | キース | 20代後 | AA/白人 | キ | 海兵隊 | E5 | なし | 高 |
| 42 | 真理子 | 30代前 | 沖縄 | 2001年 | なし | 1回 | 修 | なし | なし | チャールズ | 50代前 | 白人 | キ | Civ | 不明 | 不明 | 博 |
| 43 | 多恵 | 60代前 | 沖縄 | 1970年 | なし | なし | 尊 | 基地外 | なし | ティモシー | 60代後 | 白人 | キ | Civ | GS12 | 不明 | 博 |
| 44 | 正代 | 50代前 | 本土 | 2005年 | なし | 1回 | 修 | 基地外 | なし | フレッド | 60代後 | 白人 | キ | Civ | GS12 | 1回 | 博 |
| 45 | 麻衣 | 30代前 | 本土 | 2005年 | なし | なし | 尊 | なし | なし | マーク | 60代後 | 白人 | キ | 不明 | 不明 | なし | 高 |
| 46 | 順子 | 50代後 | 沖縄 | 1989年 | なし | なし | 高 | なし | 1D | | | | | | | 1回 | |

寡婦

| # | 名前 | 年齢 | 出身地 | 入籍年 | 宗教 | 離婚歴 | 学歴 | 職 | 子供 | 夫 | 年齢 | エスニシティ | 宗教 | 職 | ランク | 離婚暦 | 学歴 |
|---|---|---|---|---|---|---|---|---|---|---|---|---|---|---|---|---|---|
| 47 | 和美 | 30代後 | 沖縄 | 1990年 | なし | 1回 | 大 | 基地内 | 1S1D | ヘンリー | 30代後 | 白人 | キ | 海兵隊 | 不明 | 1回 | 不明 |
| 48 | 晴美 | 60代後 | 沖縄 | 1966年 | なし | なし | 短 | なし | 2S | | 60代後 | 白人 | なし | 基地外 | 不明 | 1回 | 高 |

軍婦

| # | 名前 | 年齢 | 出身地 | 入籍年 | 宗教 | 離婚歴 | 学歴 | 職 | 子供 | 夫 | 年齢 | エスニシティ | 宗教 | 職 | ランク | 離婚暦 | 学歴 |
|---|---|---|---|---|---|---|---|---|---|---|---|---|---|---|---|---|---|
| 49 | 恒子 | 60代後 | 沖縄 | 1966年 | なし | なし | 大 | 職 | 2D | | 70代後 | 白人 | | Civ | GS6 | 1回 | |
| 50 | 好美 | 80歳前 | 沖縄 | 1967年 | 祖 | 1回 | 博 | | | | 70代後 | 白人 | | | | | |

年齢：前：前半(0-4)　後：後半(5-9)

宗教：キ：キリスト教　仏：仏教　SGI：創価学会　祖：祖先崇拝

学歴：高：高校　専：専門学校　短：短期大学　大：4年生大学　修：修士　博：博士

子供：S：息子　D：娘　妊：妊娠中　数字：子供の数

夫の欄：エスニシティ：AA：アフリカン・アメリカン　IA：イタリアン・アメリカン　H：ヒスパニック

夫の職：Civ：軍属（基地内従業員）　R：退役軍人

階級：GS：軍属　O：将校　E：下士官　CWO：准士官

備考：夫の欄の数字の (1) は、最初の結婚を意味する。

表2 調査対象者(妻)の年齢

|  | 人数 | (％) |
|---|---|---|
| 20-24歳 | 0 | 0 |
| 25-29歳 | 10 | 20 |
| 30-34歳 | 12 | 24 |
| 35-39歳 | 15 | 30 |
| 40-44歳 | 3 | 6 |
| 45-49歳 | 0 | 0 |
| 50-54歳 | 2 | 4 |
| 55-59歳 | 4 | 8 |
| 60-64歳 | 1 | 2 |
| 65-69歳 | 2 | 4 |
| 70-74歳 | 0 | 0 |
| 75-79歳 | 0 | 0 |
| 80-84歳 | 1 | 2 |
| 合計 | 50 | 100 |

表3 調査対象者(妻)の配偶者の年齢

|  | 人数 | (％) |
|---|---|---|
| 20-24歳 | 4 | 8 |
| 25-29歳 | 11 | 22 |
| 30-34歳 | 8 | 16 |
| 35-39歳 | 12 | 24 |
| 40-44歳 | 4 | 8 |
| 45-49歳 | 0 | 0 |
| 50-54歳 | 2 | 4 |
| 55-59歳 | 2 | 4 |
| 60-64歳 | 2 | 4 |
| 65-69歳 | 2 | 4 |
| 70-74歳 | 2 | 4 |
| 75-79歳 | 1 | 2 |
| 80歳以上 | 0 | 0 |
| 合計 | 50 | 100 |

**表4 調査対象者（夫）の一覧**

| | 夫 | 年齢 | 出身地 | エスニシティ | 入籍年 | 宗教 | 離婚歴 | 学歴 | 職 | 階級 | 子供 | 妻 | 年齢 | 出身地 | 宗教 | 離婚暦 | 学歴 | 職 |
|---|---|---|---|---|---|---|---|---|---|---|---|---|---|---|---|---|---|---|
| 前半 (0-4) | | | | | | | | | | | | | | | | | | |
| 1 | ロバート | 40代前 | AL | 白人 | 2003年 | P | 1回 | 高 | Civ | 不明 | 2S | 絵美(1)綾(2) | 30代前 | 沖縄 | なし | なし | 高以下 | 基地外 |
| 2 | ウィリアム | 80代後 | DC | 白人 | 1967年 | SGI | なし | 大 | 死去 | 不明 | なし | 留美 | 50代前 | 沖縄 | SGI | なし | 高 | なし |
| 3 | テリー | 40代後 | OH | 白人 | 1981年 | C | なし | 修 | 海兵隊 | E9 | 2S1D | 節子 | 40代前 | 沖縄 | なし | なし | 高 | なし |
| 4 | グレッグ | 40代前 | NJ | 白人 | 1989年 | なし | 1回 | 修 | Civ | GS7 | なし | 沙織 | 30代前 | 沖縄 | なし | なし | 修 | 基地内 |
| 後半 (5-9) | | | | | | | | | | | | | | | | | | |
| 5 | フレッド | 60代後 | MS | 白人 | 2005年 | 不明 | なし | 博 | Civ | 不明 | なし | 麻衣 | 40代前 | 本土 | C | なし | 専 | 基地内 |
| 6 | ジェイコブ | 40代後 | OH | 白人 | 1992年 | P | 1回 | 修 | Civ | GS13 | 2S1D | 瑠璃子 | 40代前 | 沖縄 | なし | なし | 大 | 基地内 |
| 7 | フランク | 40代後 | TX | 白人 | 1992年 | P | なし | 博 | Civ | O5 | 3S1D | 勝子 | 40代後 | 沖縄 | 不明 | なし | 高以下 | なし |
| 8 | ブライアン | 20代後 | OH | 白人 | 2000年 | P | なし | 専 | Civ | GS9 | 1S1D | 葵 | 20代後 | 沖縄 | なし | なし | 大 | 基地内 |
| 9 | エリン | 60代前 | NY | 先住民 | 1963年 | 不明 | なし | 短 | 無職 | 不明 | 1S | 咲香 | 60代後 | 沖縄 | なし | なし | 短 | なし |
| 10 | ルービン | 30代後 | 外 | カリブ系 | 1995年 | C/S | なし | 大 | 海兵隊 | E6 | 1S | 優香 | 30代後 | 沖縄 | S | 1回 | 大 | なし |
| 11 | スコット | 60代前 | VA | 白人 | 1984年 | なし | 1回 | 高 | Civ | GS11 | 1D | 千代 | 60代前 | 本土 | なし | なし | 高 | なし |
| 12 | リチャード | 30代後 | CT | 白人 | 1993年 | なし | なし | 大 | Con | 不明 | 2D | 優衣 | 30代後 | 沖縄 | なし | 1回 | 短 | なし |
| 13 | ロドニー | 30代後 | FL | 白人 | 2004年 | P | 1回 | 修 | 海軍 | E7 | 2S | 詩織 | 40代前 | 沖縄 | P | なし | 高 | なし |
| 14 | マーク | 60代後 | CA | 白人 | 1989年 | C | なし | 大 | 無職 | 不明 | なし | 順子 | 50代後 | 沖縄 | なし | キリ | 大 | 基地内 |
| 15 | ピーター | 40代後 | 外 | AA | 1993年 | C | なし | 大 | Civ | 不明 | 2S2D | 明子 | 40代前 | 沖縄 | P | なし | 短 | なし |
| 16 | チャールズ | 50代後 | PA | 白人 | 1970年 | 不明 | なし | 博 | Civ | GS | 1S | 多恵 | 60代前 | 沖縄 | なし | なし | 大 | 基地内 |
| 17 | ケビン | 30代後 | AL | 白人 | 2005年 | P | 1回 | 高 | Civ | GS9 | なし | 瞳(1)亜麻(2) | 30代前 | 沖縄 | P | なし | 短 | 基地外 |
| 18 | ポール | 40代後 | NC | 先住民 | 1997年 | P | なし | 修 | 基地外 | 不明 | 3S | 真央 | 30代後 | 沖縄 | P | なし | 専 | なし |
| 19 | ジョージ | 50代前 | WA | 白人 | 1988年 | C | 1回 | 専 | Civ | GS | 1S1D | 香奈 | 40代後 | 沖縄 | なし | なし | 大 | 基地外 |
| 20 | ブルース | 70代前 | NH | 白人 | 1977年 | 不明 | 2回 | 短 | 無職 | 不明 | 1D | 栄子 | 50代前 | 沖縄 | なし | なし | 高以下 | 基地外 |
| 離婚した先夫 | | エスニシティ | 入籍年 | 宗教 | 離婚歴 | 学歴 | 職 | 階級 | 子供 | | 妻 | 年齢 | 出身地 | 宗教 | 離婚暦 | 学歴 | 職 | |
| 21 | ジェイムズ | 30代後 | MI | 白人 | 92/01年 | なし | 2回 | 高 | Civ | NAF | 3S | 美恵(1)晴美(2) | 20代後 | 沖縄 | なし | なし | 高 | 基地外 |
| 22 | ヘンリー | 60代後 | NY | IrA | 1966年 | C | 1回 | 高 | 基地外 | 不明 | 2S | 晴美(1) | 60代後 | 沖縄 | なし | なし | 高 | |

年齢：
前半：30代前半など
後半：30代後半など

エスニシティ：
AA：アフリカン・アメリカン
IrA：アイリッシュ系

出身地：
AL：アラバマ州　NJ：ニュージャージー州　VA：バージニア州　NH：ニューハンプシャー州
DC：ワシントンD.C.　MS：マサチューセッツ州　CT：コネチカット州　MI：ミシガン州
OH：オハイオ州　TX：テキサス州　FL：フロリダ州　外：アメリカ以外の国
NY：ニューヨーク州　NC：ノース・キャロライナ州　CA：カリフォルニア州
PA：ペンシルベニア州　WA：ワシントン州

宗教：　　　　　　　　　　　　　　　　　　　　子供：
P：プロテスタント　　　　　　　　　　　　　　　　S：息子
C：カトリック　　　　　　　　　　　　　　　　　D：娘
SGI：創価学会　　　　　　　　　　　　　　　　　妊：妊娠中
S：祖先崇拝　　　　　　　　　　　　　　　　　数字：子供の数

学歴：
高：高校
専：専門学校
短：短期大学
大：4年生大学
修：修士
博：博士

備考1：妻の欄の数字の（1）は、最初の結婚を示す。（2）は、2度目の結婚で、数字のないものは現在の結婚を意味する。
備考2：学歴、職業と階級は、表1を参照。

表5　調査対象者（夫）の年齢

|  | 人数 | (％) |
|---|---|---|
| 20-24歳 | 0 | 0 |
| 25-29歳 | 1 | 5 |
| 30-34歳 | 1 | 5 |
| 35-39歳 | 4 | 17 |
| 40-44歳 | 2 | 9 |
| 45-49歳 | 5 | 21 |
| 50-54歳 | 1 | 5 |
| 55-59歳 | 1 | 5 |
| 60-64歳 | 2 | 9 |
| 65-69歳 | 3 | 14 |
| 70-74歳 | 1 | 5 |
| 75-79歳 | 0 | 0 |
| 80-84歳 | 0 | 0 |
| 85-89歳 | 1 | 5 |
| 合計 | 22 | 100 |

表6　調査対象者（夫）の配偶者の年齢

|  | 人数 | (％) |
|---|---|---|
| 20-24歳 | 0 | 0 |
| 25-29歳 | 2 | 9 |
| 30-34歳 | 2 | 9 |
| 35-39歳 | 4 | 17 |
| 40-44歳 | 5 | 21 |
| 45-49歳 | 1 | 5 |
| 50-54歳 | 2 | 9 |
| 55-59歳 | 1 | 5 |
| 60-64歳 | 1 | 5 |
| 65-69歳 | 3 | 15 |
| 70-74歳 | 0 | 0 |
| 75-79歳 | 0 | 0 |
| 80歳以上 | 1 | 5 |
| 合計 | 22 | 100 |

この調査許可がなければ，米軍関係者は米軍関係者以外の部外者に軍隊に関することを言及することは禁止されている。米軍関係者とは，米軍関係者と結婚した日本人女性も含まれるため，軍隊から承認された調査者という位置づけは，本調査にとって非常に重要かつ必要な条件でもあった。
　次に，本土出身者という点について述べる。本土出身者である筆者が，沖縄での調査を行なうことは非常に困難であった。沖縄戦を含み，基地問題に対する日本政府による沖縄への対応など，沖縄が抱える社会問題への不満や苛立ちが，本土出身者である筆者に向けられることが非常に多かった。本土出身者である筆者は，日本政府や日本（本土）と同様に信頼できない存在として捉えられていた。このため，娘が筆者のインタビューを受けると分かって，嘘をつくようにと諭した沖縄の母親などからも明らかなように（第6章），筆者の沖縄での調査は困難なものであった。
　他方，筆者が沖縄出身者ではないという点で，沖縄の女性と結婚したアメリカ人男性とは，彼らの視点を共有することができた。沖縄の女性との結婚生活の中で，アメリカ人男性が日頃から感じている不満や問題を沖縄出身者に話すよりは，彼ら同様に部外者である筆者に話すほうが気楽であったからと思われる。また，筆者が女性であるという事実は，沖縄の女性と結婚したアメリカ人男性とのインタビューでは，多くの点で不利な要素ではなかった。逆に，異性であるからこそ，競合関係になることなく気楽に話すことができるという利点があった。

## 7 用　語

　以下，本書で使用する用語について，いくつかことわっておく事柄がある。まず，本書での「沖縄」とは，主に沖縄本島のことを指す。しかし，調査対象者の出身地については，先島諸島などを含めて，広義の意味で使用することもあることをことわっておく。
　次に，本書で取り上げる軍隊とは，米軍を指し，主に在沖米海兵隊を意味する。だが，在沖米軍全体（空軍，陸軍や海軍）を含む場合もあることをことわっておく。米軍兵士とは，原則として現役の軍人を意味する。ただし軍属（米軍基地内で雇用されている米国民間人）や退役軍人などを含め，広義に米軍関係者の意味で用い

る場合もある。

　軍人妻とは，米軍兵士と結婚した民間人女性を意味する。これは米軍兵士と結婚した妻であって，軍隊に属しているという意味ではない。最近では，夫が米軍兵士の配偶者，夫婦ともに米軍兵士である夫婦，シングル・マザーおよびシングル・ファーザーなど，さまざまなかたちの米軍兵士の家族・結婚生活が見られる。本書では，より伝統的かつ一般的とされる米軍兵士と結婚した民間人女性に焦点をあてる。

　本書で取り扱う軍人妻は，沖縄出身の女性が大多数である。ただし，少数ながら米軍兵士と結婚して沖縄に住んでいる本土出身の女性も取り上げる。その場合は，本土出身と明記する。日本人女性（あるいは日本人妻）とは，沖縄出身の女性と本土出身の女性の両方を示す。また，本書で使用する個人名は，プライバシー保護のため仮名を使用する。さらに，本書内のデータは，調査時（2005年10月から2008年12月まで）のものであることをことわっておきたい。ただし，一部の資料については必要に応じて最近の変化などを注に追記している。

## 8　本書の構成

　本書は，3部構成からなる。第1部（第1章から第3章まで）では，米軍と沖縄との接触として，米軍基地の特殊な世界と，沖縄の地域社会で見られる本島北部の辺野古と海兵隊員との交流を中心に地域レベルでの接触について記述する。第2部（第4章から第6章）では，男女の語りを中心に米軍兵士と日本人女性との出会いと結婚生活について記述する。第3部（第7章から第10章）では，第1部と第2部の記述をもとに，米軍兵士と日本人女性との結婚を沖縄の地域社会の文脈で位置づけ，そこで見られる葛藤や衝突に注目する。それは，当事者の置かれた状況やその結婚の特殊性を描き出すことにつながる。また，米軍兵士と結婚する女性たちが形成するネットワークにも注目する。以下，簡単に章ごとの内容について説明しておきたい。

　第1章では，米海兵隊を中心に，軍隊の世界を描く。調査地であるキャンプ・フォスターの概略，米軍兵士や軍人妻の生活や軍隊による補償について述べる。反戦反基地闘争の軌跡から米軍基地と沖縄社会の葛藤にもふれる。

第2章では，米軍による家族支援制度について，海兵隊基地内での家族支援制度を担う2つの機関，Personal Service Center (PSC) と Marine Corps Family Team Building (MCFTB) を取り上げ，その支援活動について描く。

　第3章では，本島北部名護市の海兵隊基地キャンプ・シュワブと辺野古の住民との間に見られる交流を事例に，基地と地域社会との関係について考察する。その際に，これらの交流が行なわれる沖縄の地域社会の特徴や家族についても記述する。これは，後述する米軍兵士と日本人女性との結婚生活が営まれる基盤の理解にもつながる。

　第4章では，海兵隊員と結婚した4人の日本人女性と日本人女性と結婚した5名の米軍兵士を簡単に紹介する。これらの男女9名の事例は，第5章以後の米軍兵士との交際や結婚生活の中でもう一度取り上げ考察する。

　第5章では，独身時代の交際や将来の配偶者との出会いについて述べ，米軍兵士との結婚前に見られる問題についても指摘する。

　第6章では，男女の結婚生活を中心に記述し，沖縄の家族と軍隊との間に見られる緊張関係に注目する。沖縄の女性と家族との間に存在する強い絆が米軍兵士との離婚の原因になり（第9章），沖縄に滞在する退役軍人（第8章）との結婚生活にも強く影響を与えている。

　第7章では，米軍関係者である夫やその妻たちの沖縄の基地反対運動や基地問題についての複雑な思いを記述する。沖縄の家族と米軍との狭間で揺れ動く家族の姿が見られる。第6章で取り上げた沖縄の家族との親密な関係や，第7章で取り上げる基地反対運動は，米軍兵士との交際や結婚に対して否定的に作用しているはずである。しかし，実際には多くの沖縄出身女性は米軍兵士に惹かれて結婚しているといった矛盾が認められる。第6章と第7章は，以上のような米軍兵士との交際・結婚をめぐる沖縄の特殊性や矛盾を記述した重要な章である。

　第8章は，米軍兵士の生活の基本である異動をめぐる沖縄の女性の葛藤と，退役軍人の沖縄での就職や住居地の問題を取り上げる。

　第9章は，女性と男性の双方の語りから離婚の実情を記述する。同時に，沖縄の女性と離婚経験後，沖縄に残るアメリカ人男性が語る子供への強い思いにも注目する。それは，妻子を残しアメリカへ帰る冷酷な米軍兵士像の再考へとつながる。

　第10章は，軍人妻たちが形成するネットワークについて記述する。軍人妻は，

Japanese Wives Club (JWC) というクラブを形成しているが，軍隊の狭いコミュニティの特質や軍人妻同士の衝突も見られる。さらに，創価学会インターナショナル (SGI) の活動や信仰を通じて，軍隊や沖縄を超えたネットワークを形成している妻にも注目する。

　終章では，本書の総括と本研究の意義について述べる。

# 第1部

# 米軍と沖縄社会との接触

辺野古区民運動会のムカデ競争に参加する海兵隊員と筆者

第1部では，沖縄における米軍と沖縄社会との接触の場について描く。米海兵隊を中心として，軍隊がどのような世界であるかについて記述するとともに，米軍と沖縄の地域社会とが出会う場として，本島北部名護市辺野古とキャンプ・シュワブの海兵隊員との交流を例として取り上げる。

　現在，沖縄には陸，海，空，海兵隊の4軍が駐留している。その規模は，在日米軍基地専用施設面積の約73.9％に及び，広大な面積の米軍基地が沖縄に集中している。米軍基地内では，基地の外とは全く異なる軍隊の生活が営まれている。

　第1章では，階級に秩序づけられた軍隊の世界を紹介したい。軍人妻やその家族も，軍隊の規則に従った生活を送っている。また，基地には，軍属という米国市民も働いている。アメリカ人だけではなく，多くの日本人も基地で雇用されている。基地ではどのような人々が生活しているのかについて，まず述べる。

　第2章では，1980年代以降に整った米軍の家族支援制度について説明する。その際に，軍隊による軍人家族への認識の変化を追いながら，支援活動を記述していく。主に，パーソナル・サービス・センターとファミリー・チーム・ビルディングを中心に，両者が提供する支援活動を取り上げる。また，日本人妻たちによる米軍家族支援制度への関与についても注目する。

　第3章では，米軍基地と地域社会の間で見られる交流について記述する。米軍基地による慈善活動をはじめ，その一環である基地の公開や基地関係者が参加する地域社会での行事がある。キャンプ・シュワブの海兵隊員と辺野古の住民との交流やそこに認められる両義的な性格に注目しながら，米軍と沖縄社会との接触の場を分析する。

# 第1章

# 米海兵隊の世界

　まずは，在沖米海兵隊基地を中心に，基地内の施設や軍人・軍人妻について概観し米軍基地全般を記述してみよう。同時に，反戦反基地闘争から見えてくる米軍基地と沖縄社会との葛藤を取り上げ，現在の米軍基地と地域社会との関係を考える上で必要となる歴史的な枠組みを呈示したい。

## *1* 在沖米軍基地

　現在，沖縄には陸，海，空，海兵隊の米軍4軍が駐留している【口絵1】。沖縄県知事公室基地対策課の資料［2011］によると，在日米軍専用施設面積の約73.9％が沖縄に集中している（2010年3月末）。米軍基地は，沖縄県の面積の約10.2％，232,939（千m$^2$）にあたり，沖縄県内には34の米軍施設が所在している。沖縄に駐留する軍人，軍属，家族数は，2009年9月末現在で44,895人である。この数には，洋上展開している軍人の数は含まれていない。そのうち，軍人は24,612人，軍属（米軍基地内で働く米国民間人）は1,381人，家族は18,902人である。これらの軍人，軍属とその家族は，日米地位協定のもとで日本に滞在している。また，沖縄では9,135人の日本人が基地で働いている（2010年3月末）。

### 1.1. 日米地位協定

　日米地位協定の正式名称は，「日本国とアメリカ合衆国との間の相互協力及び安全保障条約第6条に基づく施設及び区域並びに日本国における合衆国軍隊の地

位に関する協定」であるが，通常は日米地位協定や地位協定[1]と呼ばれる。
　地位協定の内容は，大きく3つに分けることができる。1．基地の提供・設定，2．基地の維持と円滑な運営，3．米軍関係者に付与される特権である。ここでは米軍関係者の生活全般に関わる3つ目の特権に注目する。米軍関係者は，関税，国税，都道府県税，市町村税などが免除・軽減される。これには，Yナンバー[2]の米軍関係者の車両の重量税の減額も含まれる。その他にも，入国の際に必要な旅券やビザ，および日本で生活する外国人に義務づけられている外国人登録の免除[3]，さらに基地内発行の運転免許証による日本国内の走行も許可されている。
　しかし，後述するが除隊などによって日米地位協定の身分を失うと，以上のような特権的な生活を沖縄で営むことができなくなり，まさに沖縄社会の中で沖縄の人々とともに生きていくことを意味する。つまり，沖縄の女性と結婚して，除隊後も沖縄で生活しようとする米軍関係者やその結婚生活に大きな影響を与えることになるのである。本書では，米軍基地や日米地位協定のもとで生活する米軍関係者の生活や実態を明らかにすることにより，これまで見えなかった米軍基地

---

1) 英訳は，Agreement under Article VI of the Treaty of Mutual Cooperation and Security between Japan and the United States of America, Regarding Facilities and Areas and the Status of United States Armed Forces in Japanである。(U. S. -Japan) Status of Forces Agreementのそれぞれの頭文字をとり，SOFA（ソーファー）とも呼ばれる。日米地位協定の全文（日英）は，外務省のホームページで見ることができる。(http://www.mofa.go.jp/mofaj/area/usa/sfa/pdfs/fulltext.pdf, 2011年12月1日閲覧）ここでは詳しくは取り上げないが，日米地位協定以外にも日米地位協定合意議事録や日米合同委員会合意も，米軍関係者に関する日本国内での扱いを考える上で重要となる。ちなみに日米合同委員会とは，日本側代表は外務省北米局長，米側代表は在日米軍司令部副司令官などからなる日米地位協定について協議する常設機関である。原則的には2週間に1度日本国内の米軍基地，施設の運用や事件・事故などの取り扱いなどについて協議している。委員会の下には，さらにいくつかの分科委員会や部会が設けられている。
2) 米軍関係車両専用のナンバー・プレートには，平仮名の位置にY（日本国内で購入した私有車両），E（非課税車両），A（オートバイ・軽自動車）などのアルファベットが書かれている。これらすべての車両を通称「Yナンバー」と呼ぶ。
3) アメリカ人の場合は，90日以内の日本滞在であればビザや外国人登録は免除されるが，90日を超えて外国人が日本で生活するためには該当するビザの取得や外国人登録が義務づけられている。入管法では，現在27種類のビザがある。これには，2つの特例がある。1つは，入管特例法によって1945年以前から日本にいる外国人等を対象とした，特別永住者という在留資格である。もう1つは，日米地位協定で，アメリカの軍人・軍属やその家族はビザなしで日本に滞在することができる。この2つの例外を除き，日本で生活する外国人は，27種類のビザのうちのいずれかを取得しなければならない。27種類のビザの1つに，「日本人の配偶者等」というビザがある。これは，配偶者ビザや結婚ビザなどともいわれる。日本人と国際結婚をした外国人がこのビザを取得する。調査対象である日本人女性と結婚した米軍兵士が，除隊した後も日本で生活する際に必要となるビザである。在留期間は1年と3年がある。日本での永住を決めた外国人は，結婚ビザから永住者ビザへの変更申請をすることが多い。

や米軍関係者の生活をあらためて考えてみたい。

## 1.2. 在沖米海兵隊基地

　沖縄にある34の米軍施設のうち海兵隊基地は，15施設ある（2010年3月末）。これは，在沖米軍基地全体の面積の約75.8パーセント［176,681（千$m^2$）］を占めている。また，海兵隊員の数は，沖縄全体の軍人の数の約60パーセントを占めており，この数は日本に駐留する海兵隊の約90パーセントにあたる。沖縄に駐留する海兵隊員は14,958人，軍属は503人，家族は9,035人で，合計24,496人がいる（2009年9月末）。

　沖縄本島にある主な海兵隊基地は，北部からキャンプ・シュワブ，キャンプ・ハンセン，キャンプ・コートニー，キャンプ・フォスター，普天間飛行場，キャンプ・キンザーである（口絵1参照）。

# 2　キャンプ・フォスター

　調査地であるキャンプ・フォスターは，キャンプ瑞慶覧とも呼ばれる。米陸軍基地キャンプ瑞慶覧（ずけらん）が，キャンプ・フォスターの所在地であったため，現在でもキャンプ瑞慶覧と呼ばれることが多い。しかし，米軍関係者の間では，キャンプ・フォスターという名前が一般的であるため，本書ではキャンプ・フォスターで統一する。

　キャンプ・フォスターは，米軍関係施設，兵舎，家族住宅地，小中高校，大学，郵便局，銀行，売店，診療所，運動施設，教会など，日常生活に必要なものが整った複合基地である。本島中部の沖縄市，宜野湾市，北谷町，北中城村の4つの市町村にまたがる広大な地域に位置している。第3海兵遠征軍司令部[4]が置かれて

---

[4]　沖縄に駐留する海兵隊の部隊は，第3海兵遠征軍の指揮下にある。第3海兵遠征軍司令官（中将）は，キャンプ・コートニーに通常いる。沖縄には，陸海空海兵隊の4軍が駐留する。そのため，在沖米軍全体を統括する沖縄地域調整官（Okinawa Area Coordinator: OAC）がおり，第3海兵遠征軍司令官が兼務する。県内では，4軍調整官とも呼ばれる。彼は，必要に応じて第3海兵遠征軍司令官，あるいは4軍を統括する沖縄地域調整官の立場に基づきその任務を果たす。2011年9月末までは，在日米海兵隊基地すべてを統括する在日米海兵隊基地司令官も兼務しており，3つの役職を兼務していた。しかし，

いるキャンプ・コートニーと並ぶ海兵隊の中枢機能を有している。沖縄県知事公室基地対策課［2011］によると，面積は，6,425（千 $m^2$）に及び，2,348 人の日本人従業員が基地内で働いている（2010 年 3 月末）【図 2】。

## 2.1. 米海兵隊福利厚生施設

　米海兵隊福利厚生施設は MCCS（Marine Corps Community Service）と呼ばれる。基地関係者であれば，MCCS[5] という言葉を耳にしない人はいない。それほど，米海兵隊福利厚生施設は，米海兵隊基地内では重要な部署であり，多くの人々の生活と密着している。海兵隊基地内の最大組織である米海兵隊福利厚生施設の本部は，キャンプ・フォスター内にあり，多くの事務所がその管理下に置かれている[6]。軍人，軍属やその家族が沖縄での赴任中に快適に生活できるように支援することを目的とし，その利益は，軍隊のコミュニティに還元される。海兵隊は，米海兵隊福利厚生施設の直接の雇い主ではなく，監督者の立場にあり，海兵隊が公認し規制する組織が米海兵隊福利厚生施設となる。

## 2.2. 基地の日常と関連設備

　米軍基地は，米軍兵士とその家族の生活が基地内ですべて事足りるように日常生活に必要な物や施設を提供している。沖縄にありながら，基地内には全く別の世界が存在する。以下，基地の日常と調査地であるキャンプ・フォスターの関連施設を記述する。

---

　米海兵隊の編成に伴い，同年 10 月 1 日に米海兵隊太平洋基地（Marine Corps Pacific Installation: MCIPAC）が設立され，在日米海兵隊基地司令官としての任務は，米海兵隊太平洋基地司令官に受け渡された。米海兵隊太平洋基地は，キャンプ・スメドリー・D・バトラー，ハワイ基地，岩国航空基地，普天間飛行場，キャンプ富士，韓国のムジュク基地の施設管理を業務としており，その司令官（少将）は，キャンプ・バトラーにいる。彼は，キャンプ・バトラー基地司令官と米海兵隊太平洋基地司令官を兼務している。本書は，2005 年から 2008 年までの沖縄での調査をもとにしているため，記述の一部は当時のままになっている部分があることをここでことわっておきたい。

5）　MCCS は 1999 年に設立された。多くの米軍内の施設や軍隊に関する名称は，短縮されて呼ばれることが多い。たとえば，パーソナル・サービス・センター（Personal Services Center）は，PSC であるし，異動を意味する Permanent Change of Station も PCS と呼ばれる。

6）　筆者が基地内で調査を行なう際の所属先であるパーソナル・サービス・センターも，MCCS の一部である。

基地の朝は早い。朝6時40分のまだ日が昇らない暗闇の中、キャンプ・フォスターと国道330号線をはさんだ向いにあるキャンプ・バトラー[7]内にある住宅地の一角では、子供たち15名ほどがスクール・バス[8]を待っている。

 地下のトンネルを抜けてキャンプ・フォスターに行くと、同じ時間に海兵隊員たちが、カミサリー・ゲート[9]とスポット・ゲートを結ぶスティウェル・ドライブ沿いを走っている。これが基地のメイン・ロードである。まだ、朝早く暗いため海兵隊員たちは、黄色く光る反射体を腰に付け、カーキ色のショート・パンツ[10]とTシャツを着ている。7時前になるとパレード・フィールドでは、40名くらいの海兵隊員たちが、運動を終えて集まっているのが見える。パレード・フィールドは、海兵隊や部隊が式典や運動のために利用される広場である。

 海兵隊員たちの運動する姿は、朝の基地内のあらゆる場所で見られる。30人くらいの海兵隊員たちが、ボールを投げあいながら走る姿も見られる。7時頃に

---

[7] キャンプ・バトラー（正しくは、キャンプ・スメドリー・D・バトラー、Camp Smedley D. Butler）とは、地図上でその場所を確認できる一般的な基地という概念ではなく、すべての在沖米海兵隊と静岡県のキャンプ富士の総称であると同時に、これらのすべての基地を統括する司令部の名称である。キャンプ・バトラー内には、ビルディング1と呼ばれる地下1階、地上2階の白い建物に、沖縄地域調整官の事務所である在日米軍沖縄調整事務所（4軍調整官事務所と呼ばれることが多いが、本部は、横田基地にある在日米軍）や米海兵隊太平洋基地司令官がいる。ビルディング1は、在沖米軍と海兵隊の総本山にあたる。かつて、ビルディング1は、沖縄を統治するための米国高等弁務官府があった場所でもある。ビルディング1の目の前には、星条旗と日の丸が掲げられ、毎日、国旗掲揚と降納が行なわれる。バトラーとは、スメドリー・D・バトラーの名前に由来する。バトラーは、海兵隊員あるいは指揮官として活躍し、受勲に輝いた英雄である。バトラーは、米国の対外侵攻戦争に反対し、『戦争はいかがわしい商売だ』（War is a Racket）という冊子で戦争反対を訴えた人物でもある。バトラーについての詳細は［吉田2005］を参照。

[8] 黄色いバスで、基地内外の住宅地をまわり子供たちをひろい、DoDDS（Department of Defense Dependent School）と呼ばれる国防省が運営する学校と自宅の間を送り迎えする。

[9] フォスターの主要なゲートは、ゲート1からゲート6までである。ゲート1を除いて、多くのゲートは数字ではなく、ゲート近くにある施設の名称でゲート名を呼ぶ米軍関係者が多い。ゲート1は、海兵隊基地司令部のあるキャンプ・バトラーのゲートである。ゲート2からゲート6は、キャンプ・フォスターのゲートとなる。以下、フォスターのゲート名である。ゲート2は、PXゲート、ゲート3は、ファイアー・ステーション・ゲート（Fire Station Gate）あるいはグローブ・アンド・アンカー・ゲート（Globe & Anchor Gate）と呼ばれ、ゲート4は、スポット・ゲート（Spot Gate）、ゲート5は、カミサリー・ゲート（Commissary Gate、北前ゲート）、ゲート6は、リージョン・ゲート（Region Gate）あるいはショペット・ゲート（Shopette Gate）と呼ばれる。その他にも、特定の時間のみ開くフテンマ・ハウジング・ゲートやサージェント・メージャー・ゲート（Sergeant Major Gate）などもある。ちなみにPXはデパート、カミサリーは食料品店である。

[10] 海兵隊の特殊偵察部隊であるRECON（Reconnaissance）の隊員は、緑色ではなく黒色のショート・パンツを着用する。

写真1　メスホール（キャンプ・フォスター）

なると運動を終えた海兵隊員たちは、メス・ホールと呼ばれる軍人の食堂で朝食をとる。食べきれなかったと見られる食べ残した食事を紙の袋に入れ、職場へと急ぐ海兵隊員たちと出会う。

　朝が早い軍人や基地内で働く従業員のために、移動式のトラック[11]が独身の海兵隊員の宿舎[12]の近くで朝食を販売している。そこに海兵隊員たちが列を作っている姿も基地の朝の光景である。

　トラックの横には、100名近い海兵隊員たちが座っている。彼らは、これから海外に派兵される海兵隊員たちである。彼らも朝食をとりながら待機している。

　基地内の事務所の多くは7時30分からはじまるため、7時から7時20分までは、職場に向かう軍人や軍属などでゲートは混雑する。スポット・ゲートには、日本人警備員の男性2人と基地内の警察にあたる憲兵隊の米軍兵士1人が立ち、基地に入る車に一台一台にIDの提示を求めている。将校とその配偶者の車には、将校（オフィサー）の頭文字をとって「O」のシールが貼ってあり、一般の軍人と区別されている。ゲートでは、「O」のシールが張られた将校やその配偶者に、警備員が敬礼する。

　基地内の仕事開始時刻の7時30分を過ぎると、基地内は急に静まりかえる。

---

11) 軍人の間では、このトラックはゴキブリのトラックを意味するローチ・コーチ（Roach Coach）と呼ばれている。
12) E-5以下の独身軍人の宿泊施設は、バラックス（Barracks）と呼ばれる。階級がE-6以上の独身の海兵隊員の宿舎は、BEQ（Bachelor Enlisted Quarters）、独身の将校の宿舎はBOQ（Bachelor Officers Quarters）と呼ばれ、階級によって宿舎が分かれている。

写真2　国旗掲揚

　基地内が静まりかえる時間は他に2回ある。それは,国旗掲揚と降納時である【写真2】。米軍基地では毎日,国旗掲揚と降納（colors）が行なわれる。朝8時に国旗掲揚,日没時には国旗降納となる。国旗掲揚と降納時には,室外にいる軍人・軍属,日本人,移動中か仕事中か問わず,すべての人が国旗掲揚・降納が行なわれている方向を向き,動作を静止し国旗に対して敬意を示さなければならない。基地内が静まりかえる時間である。

　国旗掲揚の5分前の7時55分になると,ファースト・コールと呼ばれるラッパの音が基地内に鳴り響く。これは,国旗掲揚が5分後にはじまることを基地内に知らせるためである。国旗掲揚の際には,アメリカの国歌が最初に流れ,次に日本の国歌が流れる。その間に日米の国旗が米軍兵士2人と日本人警備隊員の男性2人によって掲揚される。

　8時になった。フォスター内のすべてが静止する瞬間である。スティウェル・ドライブの交差点を走っていたアメリカ人男性は,8時のアメリカの国歌が流れると右手を胸にあて静止している。海兵隊員は敬礼の姿勢をとる。各海兵隊基地

写真3　フード・コート（キャンプ・フォスター）

を結ぶグリーン・ライン[13]と呼ばれるバスもハザード・マークを点滅し静止する。スティウェル・ドライブを客を乗せて走っていたタクシーも，停車している。

　アメリカの国歌の後に日本の国歌が流れる。その間も静止している。交差点を渡ったアメリカ人男性は，日本の国歌が流れはじめると，右手を下ろし引き続き静止している。8時5分に，国旗掲揚の終了を知らせるラッパの音が鳴り，基地内がまた動きはじめた。

　午前中に事務所の外で多く見られるのは，犬や子供を連れて散歩をする軍人妻である。8時以降は，基地内はゆったりとした時間が流れる。昼食時の11時30分から13時の間は，フード・コートやレストランには軍人・軍属が多く見られ，基地内に活気が戻る。基地の外で昼食をとる者も多いため，昼食をとりに出かける人と昼食後職場へ戻る人でゲートは再び込み合う。

　16時30分になると，仕事を終え家路へ急ぐ軍人・軍属や日本人基地内従業員たちの車で16時30分から1時間ほどゲートは込み合う。17時30分を過ぎると

---

[13] 2008年10月31日付けの *Okinawa Marine* の記事，"Better than Your Average Bus" によると，グリーン・ラインは海兵隊基地やその他の基地間を結ぶバスで多くの軍人に利用されている。2001年10月に導入され，1日18時間，休みなく運営されている。グリーン・ラインの時刻表は，米軍関係者であればインターネットから閲覧することもできる（http://www.mcbbutler.usmc.mil/default.htm，2011年12月10日閲覧）。

写真4　カミサリー内部（キャンプ・フォスター）

基地内はまた静まり返る。そして，日没時の国旗降納時になると，国旗掲揚時と同様に基地内のすべてが静止するのである。以上が基地の日常生活である。

　米軍関係者と基地内従業員以外の者が米軍基地に入るためには，日米地位協定の範疇にあたる身分をもつ軍人・軍属やその家族（日本人女性も軍人・軍属と結婚していれば含まれる）が保証人となり，ゲートに併設されたパス・オフィスで，時間制限付きの許可書を取得することが必要となる[14]。

　キャンプ・フォスターに入るためには，ゲート5（カミサリー・ゲート）かゲート6（リージョン・ゲート）で手続きを行なう。軍人・軍属やその家族は，米軍から支給されたIDカード[15]をもっており，基地に自由に入ることができる。また，

---

14) 月2回の1日と15日の軍人の給料日の週末には，ガール・フレンドらしき日本人女性を基地内にエスコートするためにゲートで入域許可書の申請をする軍人をよく見かけた。

15) 厳密にはIDカード（military ID Card）は，現役軍人の家族，退役軍人，予備役兵とその家族に支給される。以前は現役軍人もIDカードを保持していたが，現在は後述するCACカードが彼らの身分証明となっている。10歳から21歳（独身）の子供にもカードが支給されるが，就学者や扶養を受けている場合は，23歳まで可能である。また，一定の規定を満たせば，離婚や死別した配偶者にも再婚しなければIDカードが支給される。現役軍人のIDカードには名前，写真，所属する軍隊のロゴ，階級・給与等級，社会保障番号（Social Security Number: SSN），カードの有効期限と署名が記載されている。配偶者のIDカードには，カード保持者の名前，写真や社会保障番号の他に，身元保証人（スポンサー）である配偶者の身分（現役・退役・予備役），階級，社会保障番号やカード保持者との関係（配偶者であれば，SP: Spouse）も記載される。カード保持者の身分は，カードの色によっても特定できる。現役軍人は緑色で，その家族は黄褐色，予備役兵は緑色で，その家族は赤色，退役軍人は青色で，その家族は黄褐色である。IDカード以外にも，米軍関係者が保持する身分証明書はCAC（Common Access Card，通称キャック・カード）と呼ばれるカードがある。このカードには，ICチップが埋め込まれて

写真5　リージョンゲート（ゲート6）

写真6　ガナーズ・ジム（キャンプ・フォスター）

IDカード保持者には，カミサリー（基地内スーパー）やPX[16]（基地内デパート）で

おり，身分証明の目的の他に米国国防総省（米軍基地内など）のコンピューターへのアクセスや，特定の建物へ入るために使用される。CACが支給されるのは，現役軍人，退役軍人，予備役兵，軍属（米軍基地内に働く契約社員も含む）や日本人基地内従業員などの国防総省に雇用されている者である。また，これらの家族も，基地内で働いていればCACが支給される。CACについての詳細は，以下を参照（http://www.cac.mil/index.html 2011年12月10日閲覧）
16) Post Exchangeの頭文字をとっている。キャンプ・フォスター内のデパートは，エイフィース（AAFES: Army and Air Force Exchange Services）と呼ばれる陸軍と空軍の共同組織が運営している。米軍4軍では基地内デパートの呼び名が異なる。空軍と陸軍はPX（Post Exchange），海軍はNEX（Navy Exchange），海兵隊はMCX（Marine Corps Exchange）である。陸軍と空軍のデパートであるAAFESが海兵隊基地フォスター内にあるのは，キャンプ・フォスターの前には米陸軍基地キャンプ瑞慶覧が所在していたためである。そのため，現在でも海兵隊基地キャンプ・フォスターのデパートはPXと呼ばれている。

の買い物も許可されている。基地で働く日本人従業員も許可書をもっており，就労時間内であれば基地内に入ることができるが，フード・コートなどを除き基地内での買い物などは許可されていない。筆者の場合は，基地内の研究者という身分で基地内を出入りしていた。その際に，海兵隊が発行した許可書[17]をゲートで毎回提示し，警備員が有効期限，時間と顔写真とをチェックした上で基地内へ入る。

　キャンプ・フォスター内にある施設のうち，軍人の生活や家族と関わる施設のみ簡単に述べておきたい。まず，基地内の食料品を主に扱うスーパーは，カミサリーと呼ばれ，カミサリー・ゲートを入るとすぐ右手にある。

　ショッピング・エリアは，PX ゲートとリージョン・ゲートにはさまれる形で位置している。そこには，基地内のデパートである PX，フード・コート[18]，映画館，郵便局などが密集している。このエリアは，軍人の給料日である 1 日と 15 日の給料日になると，多くの軍人やその家族でにぎわう。

　基地内を走行する車の制限時速は，細かく規定されている。通常は，時速 40 キロメートルから 50 キロメートル（主要道路であるスティウェル・ドライブは 50 キロメートル）で走行し，住宅地内は，25 キロメートル，学校があるスクール・ゾーンも 25 キロメートルである。一時停止のある四つ角では，必ず一時停止しなければならない[19]。

　スティウェル・ドライブの中腹あたりに，軍人・軍属やその家族にとって重要な事務所が並ぶ。前述した MCCS[20]，キャンプ・サービス[21]，コミュニティ・セン

---

17) 筆者の許可書には，以下の点が記載されていた。許可書の発行番号，発行元，許可された基地名（キャンプ・フォスター），許可された時間（月曜日から日曜日の 7 時から 22 時まで），基地内での身分（研究者），氏名，性別，誕生日，許可書の発行申請日と発効日，許可書の有効期限，保証人として海兵隊福利厚生部の家族支援課と顔写真。許可書は，黄色い色紙がラミネートされており，日本の車の免許書とほぼ同じ大きさである。

18) キャンプ・フォスターにはフード・コートが 2 つある。スポット（Spot）と呼ばれるフード・コートには，アイスクリーム店（Baskin Robbins）やドーナツ屋（Dunkin Donuts），サンドウィッチ店（Subway），ピザ屋（Pizza Hut），ゲーム・センター，コンピューターの部屋，ランドリーがある。スポット内では，ワイヤレスでインターネットに接続することもできる。

19) 筆者は，調査をはじめた頃，グローブ・アンド・アンカー（下士官専用のクラブ）近くの 4 つ角で一時停止（3 秒間停止）することを知らず，そのまま直進したため，基地内の警察にあたる憲兵隊（Provost Marshal Office: PMO）につかまったという苦い経験がある。

20) 地下 1 階，地上 2 階建ての白い建物。

21) 正式名称は，Camp S. D. Butler Headquarters and Services Battalion（海兵隊バトラー基地本部役務大隊）である。海兵隊員の多くが出入りする事務所で，書類の提出など，新しく沖縄に赴任してきた若い海

ター，パーソナル・サービス・センター[22]の2階建ての建物がある。センター正面向かって右側には，法務支援課[23]，左側にはカウンセリングを提供する施設[24]もある。また，近隣には人事部[25]が見える。

# 3 軍人と軍人妻の日常生活

　軍隊の世界は，階級によって秩序づけられている。米軍兵士は，階級によって給料や手当て，さらには車両の駐車場や出入りできるクラブも指定される。軍人妻やその家族もこうした特殊な軍隊の中での生活を送ることになる。ここでは主に海兵隊員とその妻の世界を中心に記述する。

## 3.1. 海兵隊員の世界

　海兵隊員は，ブート・キャンプと呼ばれる13週間に及ぶ新兵入隊訓練を経て，海兵隊員になる。この訓練を通じて，新兵たちは，海兵隊の歴史や精神など海兵隊員になるための基礎を学び，民間人との関係を断ち切り真の海兵隊員となる。

　陸軍，空軍や海軍も同様なブート・キャンプを設置しているが，海兵隊のブート・キャンプが最も厳しく長期にわたる。海兵隊員は，他の軍隊に所属する兵士より海兵隊員であることを誇りに思っている。海兵隊員たちは，自らの海兵隊員であることの誇りをさまざまな言葉で日常的に表している。

　海兵隊員は，「センパー・ファーイ」[26]という言葉で自らの海兵隊員としての誇りを日常的に示す。これは，ラテン語の「センペル・フィデリス」[27]を短縮した

---

　　兵隊員対象のオリエンテーション（Joint Reception Center: JRC）のクラスもここで行なわれる。
22) 筆者のボランティア先，基地内での筆者の身元引き受け（スポンサー）である。詳細は第2章で述べる。
23) LSSS（Legal Service Support Sections, 通称エルトリプルエス）と呼ばれる。詳細は第2章を参照。
24) Substance Abuse Counseling Center（SACC）は，薬物，アルコール中毒，喫煙やギャンブルの問題などの問題を扱う施設である。
25) Civilian Human Resource Office（CHRO）は，日本人基地内従業員（Master Labor Contract: MLC）と軍属（General Schedule: GS）を対象とする。
26) アルファベット表記は，Semper Fi である。
27) アルファベット表記は，Semper Fidelis である。

もので，海兵隊に「常に忠誠を」という意味である。

　また，他にも「一度海兵隊に入隊したなら，一生「海兵隊員」としての「誇り」を失わず，アメリカ国民の模範たれ」[28]もよく聞かれる。

　「選ばれし者，誇り高き者」[29]という表現もある。この言葉は，海兵隊の特徴を端的に表している。つまり，簡単に海兵隊員になれるわけではなく，海兵隊員であることを誇りに思えという意味である。この言葉は，海兵隊の新兵募集のポスターでも使われており，他の軍隊と比較すると非常にプロ意識が強い[30]。

　海兵隊を含めすべての米軍の序列は，階級と給与等級の2本立てで規定されている【口絵6〜9】。階級は大きく2つに分かれる。将校（オフィサー Officer）と下士官（エンリスティッド Enlisted）の2つの階級で構成される[31]。将校は，大卒以上の学歴保持者で，自衛隊でいうと幹部にあたる。将校になるためにはいくつかの方法がある[32]。

　下士官は，大きく3つに分かれる。E-1からE-3までの最も若い海兵隊下士官は，ジュニア・マリーンと呼ばれ，E-4とE-5は，エヌ・シー・オー[33]とE-6からE-9まではスタッフ・エヌ・シー・オー[34]と呼ばれる。

　給与等級は，将校はO-1からO-10まで，下士官はE-1からE-9まである[35]。4軍によっては，同じ階級でも階級名称が必ずしも同一ではないため，給与等級で記載されることが多い。本書でも給与等級を採用する。また，原則として将校と下士官と記載するが，インタビューについてはその限りではない。

---

28) 原語は"Once a Marine, Always a Marine"である。
29) 原語は"The Few, The Proud, The Marines"である。
30) 陸軍は"Go Army. Get a Great Start"（来たれ陸軍へ。素晴らしいスタートを切れ）。空軍は"Aim High. Go Air Force"（飛べ高く。来たれ空軍へ）。海軍は"Join the Navy and See the World."（海軍に入って世界を見よう）である［野中2007］。
31) 将校と下士官との間には，准尉がいる。高校や技術系専門学校の卒業者で，特別な作業資格をもつ。
32) アメリカの大学には予備役将訓練部隊（Reserve Officer Training Corps: ROTC）課程があり，学生はROTCの基礎的な軍事教練に加わることで，学費など政府の援助が得られる。幹部候補生学校（Officer Candidate School: OCS）の卒業生も将校になることができる。他にも，弁護士や医者などの資格保持者は採用されれば即時，将校に任官できる。また，入学の難しい陸軍，海軍，空軍の士官学校卒の将校は，他の大卒の将校とはまた少し異なり軍隊の中でエリートにあたる。士官学校については，後述する。
33) アルファベット表記は，NCO（Non-Commissioned Officer）である。
34) アルファベット表記は，Staff NCOである。
35) 准尉の給与等級は，WO-1, CWO-2, CWO-3, CWO-4, CWO-5である［表4-3］。

## 3.2. 海兵隊員としての生活

　海兵隊員（下士官）を中心に，入隊後から退役までの軍人の生活について記述する。ブート・キャンプを終え，それぞれの専門職種[36]のための学校へ行って訓練を受けた軍人は，最初の任務地へと送られ，契約期間が切れるまで軍務を遂行する。

　軍人は入隊すると最初の任期が決定する。海兵隊員の場合は，4年間の任期契約を海兵隊と結ぶ。厳密には，契約期間は4軍によって異なる。海兵隊と空軍は4年間，陸軍は2年から3年，海軍は3年から4年である。後述するが，最初の任期が切れると，除隊あるいは再任するのかを決断しなければならない。どちらを選択したとしても，最初の契約期間を含めて合計8年間の軍務をどの軍隊でも勤めなければならない。

　海兵隊員の赴任には2種類ある。1つは，2年間の家族なしの単身赴任である。結婚し家族同伴の赴任の際は，赴任期間は3年間となり，単独の赴任期間よりも1年長い。独身の海兵隊員は通常2年間の単独赴任で沖縄に配属される。要件に合致していれば赴任期間を1年延長することもできる[37]。

　以下，契約期間の終了後の米軍兵士に与えられている幾つかの選択肢について，1）再契約，2）除隊，3）退役の順に述べる。

　海兵隊との最初の契約期間が切れ，再任する米軍兵士もいる。軍隊との契約は合計で8年になると述べた。4年間の最初の任期を終了した海兵隊員には，あと4年の任期が残っている。そこで，米軍兵士は2度目の任期の再契約をする。2度目の任期の契約期間は，米軍兵士によって異なり，通常，2年，3年，4年のいずれかの契約をする。2年間の契約を結んだ米軍兵士は，4年のうち残りの2年間は Inactive Reserves として，幾つかの軍務を全うしなければならない。この期間は，基地内での訓練を受け，いつ召集されても良い状況に置かれる。その間，軍隊からは給料が支給されるが，別の仕事に就くこともできる。

　契約が切れて軍隊を離れる，つまり除隊する者もいる。除隊には2種類ある。

---

36) 専門職種の Military Occupational Specialties (MOS) は，4桁の数字による職種コードである。最初の2桁が，職種の分野で，最後の2桁がその分野内での特定の職種になる。たとえば，0311は，03で歩兵（infantry）に属する，11でライフル銃兵（rifleman）を示す。

37) 合計で3年間赴任した海兵隊員が，さらに赴任期間を延長することは可能であるが，所定の手続きをふまなければならない。

1つは，軍人としての軍務を完結した名誉除隊，もう1つは，軍人として不適切な行動をして除隊する不名誉除隊である[38]。軍務経験者のベテラン[39]として得られる補償の多くは，名誉除隊でなければ得ることができない。前述したように再契約者と同様に，除隊者も合計8年になるまでの軍務を果たさなければならない。

再契約を繰り返し，除隊せずに最低20年軍人として勤めると退役軍人となる。退役までの年数制限は，下士官であれば40年，将校には制限はない[40]。退役軍人とその家族には，除隊者とは異なり，現役時代とほぼ同様に基地内の施設などが利用できる。これらの補償についての詳細は後述する。

### 3.3. 軍人の公務外外出時間

海兵隊は，他の軍隊よりも規律が厳しい。海兵隊員は，階級がE-4，21歳以上になるまで自家用車をもつことが許されていない。車を所有していない海兵隊員たちの足になるのは，海兵隊基地を結ぶグリーン・ラインというバスになる。本島北部のキャンプ・シュワブやハンセンに所属する米軍兵士たちは，週末になるとグリーン・ラインに乗って本島中部の北谷町などの繁華街に出てきては週末を過ごす。

海兵隊員の公務外外出規制すなわちリバティ（Liberty）は，在日海兵隊基地・第3海兵遠征軍指令1050.7A リバティ・キャンペーン指令（MCBJ / III MEF Order 1050.7A Liberty Campaign Order）に記されている。この指令は，第3海兵遠征軍および在日海兵隊基地に所属するすべての海兵隊員と海兵隊の部隊に派遣されている海軍兵に適用される[41]。

この指令によれば，海兵隊員は外出の際は必ず，赤か金のリバティ・カード（liberty card）のいずれかを携帯しなければならない。米軍兵士の勤務時間以外の自由時間はカードの色によって分かる。金色のカード（ゴールド・カード）保持者に，外出時間の制限はない。赤色のカード（レッド・カード）保持者は，午前零時

---

38) 除隊するためには，DD Form 214という除隊するための書類を提出するが，名誉除隊なのか不名誉除隊なのかは，そこに記載される。
39) ベテラン（veteran）とは，除隊や退役とは関係なく現役の米軍兵士も含め軍務経験者を指す。
40) 以前は，下士官は30年で退役しなければならなかった。
41) 各軍が独自のシステムをもつが，ここでは海兵隊のリバティ・カードについてのみ取り上げる。

から朝5時まで外出禁止である。赤色カードの保持者たちは，門限の午前零時までに基地に戻らなければならないため，ゲートの前は零時前になると混雑する。

通常，将校や E-4 以上の兵士には，ゴールド・カードが支給される。ただしカードの受給にあたって，日本および沖縄に関する文化セミナーの受講が必要である。

レッド・カード保持者は，基地外での自由時間中の単独行動は許されず，バディと行動しなければならない。バディとは，米軍兵士が自由時間を共に過ごす軍人である。単独行動が許可されていない米軍兵士と日本人女性とのデートには，バディが同伴し3人でのデートになる。自宅を除く基地外での飲酒は，午前零時以降は禁止されている。この他に基地内の兵舎での飲酒についても階級によって細かい規則が定められている[42]。

前述したように，これらのリバティ・カードに関する規定は，在日海兵隊基地・第3海兵遠征軍指令 1050.7A リバティ・キャンペーン指令に記されており，必要に応じて第3海兵遠征軍司令官によって改正される[43]。最近の改正では，2011

---

42) 基地内兵舎に住む E-3 と E-3 以下の階級の兵士（20歳以上）は，360 ml (12 oz) のワインベースのカクテル，麦芽酒を6缶以上，あるいはワイン1瓶以上を所有することができない。アルコール量が15パーセント以上のハード・リカーは，E-3 とそれ以下の軍人は年齢に関係なく所持および飲酒するとはできない。これは出張や休暇中の E-3 とそれ以下の階級の軍人にも該当する。兵舎に住む E-4 と E-5 の軍人は，1ℓ 以上のハード・リカー，360 ml (12 oz) のビール，ワインベースのカクテル，麦芽酒を 12 缶以上，あるいはワイン2瓶以上を所有することができない。ハード・リカーは，飲酒する以外は常時鍵をして保管しておく。酒の空瓶や空缶を兵舎内に飾ることも禁止されている (http://www.marines.mil/unit/mcbjapan/Pages/2010/100611-liberty.aspx，2011年12月27日閲覧)。

43) 2008年2月10日に沖縄県中部本島中部北谷町で米兵女子中学生暴行事件が起きた。この事件や一連の事件受けて，リバティ・カードについての規定が改正された。当時の沖縄地域調整官リチャード・ジルマー中将（第3海兵遠征軍および在日海兵隊基地司令官）は，「反省の期間」として在沖米軍の軍関係者（軍人・軍属，その家族）に外出禁止令を一定期間発令した。その間，米軍関係者は自宅と勤務地の往復以外の外出は禁止された。軍人については，基地内と自宅以外での飲酒も禁じられた。2008年4月からすべての海兵隊と海軍兵士は午前零時以後の外出が禁じられた。同年10月には，これまでのゴールド・カード保持者については午前零時以降の外出禁止令は解除されたが，レッド・カード保持者については午前零時から午前5時までの外出禁止は継続された。また，新しい指令によって，リバティ・カードの色に関係なくすべての軍人は，午前2時以降の飲酒および基地外のバーやクラブへの立ち入りが禁止された。"New Liberty Order Signed: III MEF CG Consolidates Initiatives into Single Liberty Campaign Order" (*Okinawa Marine*, 2008年10月3日付け) を参照。そして，2010年3月末に沖縄県内で多発した米兵による当て逃げや飲酒運転の容疑で逮捕される事件が続発したのを受け，当時の沖縄地域調整官テリー・ロブリング中将（第3海兵遠征軍および在日海兵隊基地司令官）が 2010年6月に沖縄に駐留する陸海空軍と海兵隊の全軍人を対象に，午前零時以降に基地外のバーやクラブに出入りすることを禁止した。また，米軍による巡回指導の地域を拡大することも決定した (http://www.marines.mil/unit/mcbjapan/Pages/2010/100611-liberty.aspx，2011年12月27日閲覧

年9月に沖縄地域調整官ケネス・J・グラック・ジュニア海兵隊中将（第3海兵遠征軍および在日海兵隊基地司令官）[44]によって行なわれた[45]。これにより，午前零時以後の基地外のバーやクラブでの飲酒が階級やリバティ・カードの色に関係なく禁止された[46]。また，改正前はE-4以上しか認められていなかったゴールド・カードの支給が，この改正によりE-3から認められるようになった[47]。

以上のように米軍兵士は，勤務時間だけではなく勤務時間以外の時間にも，軍隊と階級に基づく規則に従った生活を基地外で営んでいる。

### 3.4. 軍人妻の生活

軍人妻は，軍隊のコミュニティ内では，かつては，扶養家族と位置づけられ，常にそれを意識させられてきた。現在では，妻のIDカードには配偶者（Spouse）と記載されているが，かつては扶養家族（Dependent）と記載されていた[48]。他方，子供のIDカード[49]には，今でも扶養家族と記載されている。主体性に欠ける妻というイメージを払拭するため，現在では配偶者や家族と呼ばれるようになったが，まだ一般には完全に浸透していない[50]。また，呼称が変わっても軍人妻が置かれている状況はさほど変わっていない。

夫が妻の身元保証人であり，妻の言動はすべて夫の責任となる。妻が軍隊のコミュニティや施設や権利を享受できるのは軍人である夫あってのことである。基地内の図書館で本を借りる際や他の施設を使用する場合には，妻自身の名前だけではなく，身元保証人である夫の所属（部隊名）や階級を書くように求められる。妻が軍規に違反する行動をした場合，その責任はスポンサーである夫にあり，夫

---

44) 2011年10月以降。在日米海兵隊基地司令官としての任務は，米海兵隊太平洋基地司令官に引き継がれた。詳細は本章注4を参照。

45) http://www.marines.mil/unit/mcbjapan/Pages/2011/110902-liberty.aspx（2011年12月27日閲覧）

46) http://www.marines.mil/unit/mcbjapan/Pages/2011/110909-liberty.aspx（2011年12月27日閲覧）

47) http://www.marines.mil/unit/mcbjapan/Pages/2011/110923-liberty.aspx（2011年12月27日閲覧）

48) カナダでは，つい最近まで，すべての軍人妻のIDカードには，D/W（Dependent Wife）と書かれていた。だが，それは軍隊のスラングでは，Dumb Woman（ばかな女性）を意味していた［Harrison and Laliberté 1997: 36］。

49) 10歳になったら子供もIDカードを保持しなければならない。米軍関係者のIDカードの詳細については本章注15)を参照。

50) spouseには，女性兵士の民間人夫も含まれる。民間人夫と民間人妻の両方を意味する言葉としてspouseという言葉が重宝されたことも，この言葉が一般的になった理由の1つと考えられる。

の階級や昇進に影響を及ぼす。妻は、この点で文字通り夫に「依存」(dependent)しているともいえる。

　軍人妻は、夫の階級が軍のコミュニティ内での彼女の地位となり、その階級に応じた役割を果たさなければならない[51]。夫が部下の軍人を統率するように彼女も妻たちを統率することが期待されている。司令官の妻なら、夫の部下の妻たちのリーダーとして良き軍人の妻の見本となるように行動することが求められる。このような関係は、「影の指揮命令系統」[52]とも呼ばれる [Durand 2000: 80]。その意味で Enloe は妻が2つの父権的権威に従属していると指摘する。1つは家庭内での夫の権威、もう1つは司令官の権威である [Enloe 1983: 46-47]。

　だが、常に従順で依存的な女性は軍隊にとっては重荷となる。夫が軍務で頻繁に家をあけるため、妻は1人で家を守り子供を育てていかなければならないからである。夫が不在のときは夫の役割も妻が負わなければならない[53]。つまり、妻は相反する二重の役割を軍から求められている。1つは女性的な受容性や従順さであり、男性に依存的であることと、もう1つはリーダーとして決定力をもち、より男性的に振る舞うことである[54]。

　このように、軍人妻は、軍隊と家族との2つの制度の間で生活することを強いられている。Segal [1988] は、Coser [1974] に言及しつつ、そのような要求の多い制度である軍隊と家族を「貪欲な制度」だと指摘していた[55]。

　軍隊特有のスタイルとして定期的な異動が挙げられる。軍人である夫の勤務地

---

51) 高い階級の夫をもつ妻は、養母や若い軍人妻を世話する大隊や旅団の「母」としての役割が期待されている [Brancaforte 2000: 156]。在英米軍基地の軍人妻は、このような状況に満足していた。Enloeによると、在外米軍基地で軍人を満足させるためには、軍人妻を満足させなければならない [Enloe 2000: 71]。そのために、軍隊はアメリカ製の洗濯機や電気製品を在外基地に送り軍人妻を満足させようとした。Enloe は、軍人妻が以上のような特権に満足し、また夫の階級が軍人妻の階級とみなし、軍隊の敵が彼女たちの敵であるといった軍隊の考え方に適応していると指摘している [Enloe 2000: 72]。
52) 原語は chain of command である。また、陸軍の中では軍隊による家族への支援は、「関心の連鎖」(chain of concern) という [Norwood et. al 1996: 181]。
53) Nice [1978] は、夫が不在の間父親と母親の双方の役割を妻が担う点に注目し、夫の不在中妻の意識は微妙に変化することを指摘している。妻ははじめのうち、父親としての役割を引き受けることについて抵抗するが、不在期間が長引くにつれてその役割に慣れ、夫が帰宅した直後は、その父親としての役割を夫に明け渡すことに対して抵抗するのだという。これは、より積極的に妻の視点から論じているといえる。
54) Brancaforete も軍隊が求める軍人妻像を同様に述べている [Brancaforte 2000: 55]。他にも同様な軍人妻像が記述されている [Weinstein 1997: xiii-xix]。
55) 軍人の配偶者の雇用問題について研究した Russo たち [2000] も、軍隊の特徴を「貪欲な制度」として指摘し分析している。

の異動命令が下りれば，軍人妻は夫ともに新しい勤務地へと移り住むことになる。夫が不在の時に妻が1人で引越しを行なうこともまれではない。妻は，不平をもらすのではなく，変化に富んだ生活により，新しい人との出会いや文化に触れ合うことができるといった肯定的な姿勢が求められる。それは，軍人である夫のキャリアへの支援を意味する[56]。こうして，軍人妻たちは「ミリタリー・ファミリー」の1員に組み込まれていく。

　軍人妻の位置づけは，「軍隊は1つの家族である」という言葉で示されるが，この言葉は20世紀終わりに女性を理想の軍人妻のモデルに順応させるために利用されているという [Enloe 2000: 161]。つまり，軍人である夫は，男らしさが重要な意味をもつ軍隊の制度[57]にとって，必要不可欠な部分を担っており，また国家の安全にとってきわめて重大だと考えられている。それに対して，軍人妻は，軍隊の維持にとって制度上必要不可欠な存在であるにもかかわらず，女であるがゆえに，孤立や疎外を強いられ根本的に周辺的な位置にある。だが，軍隊を「1つの家族」であると強調することで，軍人妻の疎外感を軽減し，さまざまな分野での労働力の提供を呼びかけることができる。そして，ボランティア活動[58]を通じて軍隊に包含され一体感を増すという。

　「軍隊は1つの家族」という言葉のもとで軍人妻は，軍隊や軍隊のコミュニティのためにボランティア活動を行ない，夫が所属する部隊の会合に積極的に参加する。夫が軍務で家を空けるときは，1人で家庭を守る良き妻であり良き母親である[59]。このような理想的な軍人妻像は，下士官の妻より将校の妻によって継承されると考えられている。将校の妻たちは，将校の妻の会[60]に所属し，さまざまなボランティア活動を行ない，下士官の妻たちの見本となることが期待される。そ

---

56) 同様な軍人妻像や母親像について，ミリタリー・ブラット（military brat: 軍人の子供）自身が語っている [Wertsch 1996: 82]。
57) 米軍を男性中心の1つの家族とみなす実践的側面については，軍隊への「通過儀礼」(ratline) を考察した Adams [1997] を参照。
58) Lehr [1996] も，ボランティア活動にふれ，軍人妻が軍隊の中に制度化され，軍人妻という存在が制度の中に組み込まれ，目立たない形で奉仕に利用されてきたこと，また，それがいかに軍隊の迅速な活動に貢献してきたかを指摘している。妻を軍隊への統合を正当化する観念には，夫婦間の愛情だけでなく「軍体は1つの家族である」というイデオロギーが認められる。家族ゆえにボランティアが当然とされるのである。
59) このような理想の妻を想定しているマニュアル本には，[Shea 1941; Cline 1998; Starvidis 1997] がある。
60) Officers' Wives Club (OWC) については，第10章を参照。

のような軍人妻のイメージは依然として強いと思われる[61]。

しかし，妻の軍隊への関わり方には，軍隊との一体感を強めるとか一般的な意味での夫婦の助け合いとかだけで説明しきれない側面もある。それが夫婦共同キャリアあるいは夫婦で1つのキャリアという現象である [Papanek 1973][62]。これは，夫婦のどちらか，通常夫が軍隊（大学や大規模な民間財団などのさまざまな機関にも当てはまる）のような制度に雇われると，その制度からの要望は妻へものしかかってくる。そのため，夫婦は夫のキャリアを夫婦2人で担うことになる。妻の協力を得てはじめて夫はキャリアを積むことが可能となる。

以上は，従来から軍人妻に課されてきた使命であるが，最近では少しずつ状況の変化が見られる。今日では，奉仕活動を行ない，夫のキャリアのために多くの責任を負う軍人妻は少なくなってきており，妻たちはより独立しているといえる[63]。それは，民間人の妻同様に軍人妻たちも家庭の外に仕事を見つける機会が増加しているからである [Martin and McClure 2000: 8]。また，軍人妻の多くは，彼女たちの行動と軍隊とは別であると感じているが[64]，同時に，軍隊は制度あるいは雇用主として，彼女たちや家族を支援するべきだとも考えている。つまり，これは軍務が，より職業的な意味をもち，配偶者たちに自己犠牲を伴う国防の使命感というものが減ってきていることを表している[65]。

さらに，これまでは夫が軍人で妻が民間女性という夫婦しか目にすることはなかったが，最近は女性の入隊が認められ[66]，新しい軍人家族の形態が生まれてい

---

61) Brancaforte [2000: 125] も同様に，陸軍人妻の伝統的なイメージについて記述している。他にも，具体的な伝統的な将校の妻の生活については Durand [2000: 73] が彼女自身の夫が現役軍人だった頃の生活を記述している。
62) 夫婦共同キャリア（two-person career）についての事例は，[Weinstein and Mederer 1997] がある。また，Durand は，夫婦共同キャリアという概念に言及し，Durand 自身の人生がいかに軍人である夫のキャリアを支援することに費やしてきたのかを語っている [Durand 2000]。これは，これまで軍人である夫のキャリアのみを考えて行動してきた伝統的な軍人妻から，より現代的な妻の存在を指摘しているともいえる。
63) このような伝統的な妻が減少していることは他の研究でも指摘されている [Norwood et al. 1996: 169; Russo et al. 2000]。
64) Kohen によると，依存的（dependent）と呼ばれることに反感をもつ軍人妻は *LADYCOM* (September, 1977) という雑誌の中で以下のように語っている。「はっきりいえば，夫が私に依存しているのよ！」 (If anything my husband is dependent on me!) [Kohen 1984: 403]。
65) 軍人配偶者雇用優遇制度（Military Spouse Preference: MSP）などの軍人の配偶者の雇用を援助する制度にも現れている。MSP やベテランのための雇用優遇制度については，第8章で述べる。
66) アフリカ系アメリカ人女性兵士については [Moore 1991] を参照。

る。たとえば，夫が民間男性で妻が軍人であるという夫婦やシングル・ペアレントもいる[67]。

## 4 軍人とベテランへの補償

　米軍兵士とその家族は，軍隊からさまざまな補償を受けている。米軍兵士やベテラン（除隊者と退役軍人）が受け取る補償や手当てのしくみを理解することは，軍隊内部からの視点を組み入れ，米軍兵士との結婚・家族生活の基盤を理解することにつながる。また，日本人女性と結婚し，除隊あるいは退役した軍人の沖縄での生活は，軍隊からの補償や基地とのつながりがあるかによって，その結婚生活は大きく変化する。

### 4.1. 軍人への手当てと補償

　米軍兵士は，安定した給料の他にも数多くの手当てがつく。そのほとんどが非課税である。前述した通り現在の軍隊は既婚者によって構成されており，そのため米軍兵士やその家族のための福利厚生や，リタイアメント・プラン（退役後の計画）なども提供されている。これは，米軍兵士とその家族が退役まで安心して生活できるようにという軍隊の配慮である。

　米軍兵士に与えられる主要な補償や手当てを以下の順に述べておく。1) 給料，2) 手当て，3) 医療保険，4) 生命保険，5) 教育に関する資金援助，6) リタイアメント・プラン，7) 住宅ローン。

　手当ての支給額やその他の補償に対する支払額は，階級と扶養家族数によって決まる。階級や扶養家族の数が増えるほど支給額も増加する。補償によっては，現役の米軍兵士だけではなく除隊・退役軍人にも該当するものがあることをことわっておく。

---

67) 女性兵士であり母親であることに関する問題や状況について［Thomas and Thomas 1993］を参照。

## 1）給料

現役の米軍兵士には，当然のことながら給与（基本給）が支給される。基本給は，軍人の階級と勤続年数によって決まる[68]。

## 2）手当て

給料の他に米軍兵士に支給される手当ては数多くある[69]。これらの手当ては非課税である。ここでは，以下 3 つの海外勤務の米軍兵士とその家族に関係ある主要な手当てのみを取り上げたい。2-1）海外住宅手当て，2-2）生活費調整手当て，2-3）特別手当てである。

## 2-1）海外住宅手当て

海外住宅手当て[70]は，海外赴任地で基地の外に住む現役の米軍兵士に支払われる手当てを指す。海外住宅手当てには，家賃，共益費，敷金を含む。海外住宅手当てが支給されれば家賃の自己負担がなくなるため，海外住宅手当てが支給されるかどうかは，軍人・軍属の海外基地での生活にとって大きな関心の 1 つでもある。

## 2-2）生活費調整手当て

英語の頭文字をとって通称コーラと呼ばれる生活費調整手当て[71]は，高額な生活費が必要である場所に赴任する米軍兵士がアメリカでの生活水準を保持できるようにするために支給される[72]。

---

68) http://www.dfas.mil/index.html（2012 年 2 月 1 日閲覧）を参照。Defense Finance and Accounting Service（DFAS）（通称，ディーファス）には，軍人・軍属・予備役や政府に雇用されている契約社員の給料明細書のほか，米軍関係者に関係するお金に関する情報がある。また，登録すれば個人で給料明細書の管理もできる（myPay）。

69) 手当てについては，http://www.defenselink.mil/militarypay/benefits/militaryben.html（2012 年 2 月 1 日閲覧）を参照。

70) OHA（Overseas Housing Allowance）と呼ばれ，アメリカ本土で基地の外に住む場合には，BHA（Basic Housing Allowance）という。BAH の額は，http://www.military.com/BAH（2012 年 2 月 1 日閲覧）を参照。

71) 原語は COLA（Cost of Living Allowance）。http://perdiem.hqda.pentagon.mil/perdiem/ocform.html（2012 年 2 月 1 日閲覧）を参照。軍属（アメリカ・現地採用）にも生活費調整手当てが支給されるが，名称が異なり Post Allowance と呼ばれる。

72) 厳密には，アメリカ本土用（COLA）と海外用（Overseas Cost of Living Allowance: O-COLA）とに分類される。海外基地への赴任にしか支給されていないと誤解されていることが多い生活費調整手当てであるが，アメリカ本土用の COLA もある。また，海外基地でもアメリカでの生活費よりも低い場所に

## 2-3）特別手当て

　以上の手当て以外にも米軍兵士の軍務や能力によって特別手当てが支払われる。特別手当ては課税対象である。危険任務や海上勤務に関する手当てなどがある。

## 3）医療保険

　米軍兵士とその家族は，軍隊が提供するトライケア[73]と呼ばれる格安の医療保険に加入することができる。軍隊は，米軍兵士とその家族に歯科医療保険[74]も提供している。ただし，現役の米軍兵士は，米軍病院内で無料の歯科医療を受けられるので保険は必要ない。

## 4）生命保険

　SGLI[75]と呼ばれる生命保険が割引料金で米軍兵士に販売されており，米軍兵士が死亡した際に残された妻や子供に支払われる。月額 27 ドル保険料支払いで，最高補償額 400,000 ドルがもらえる［Webber and Webber 2008: 88-91］。

## 5）教育費援助

　米軍にはいくつかの教育費の援助があるが，ここではモンゴメリー復員軍人擁護法（以下 MGIB）[76]について取り上げる。MGIB は，現役の米軍兵士とベテランに支払われる学費援助である。最高 37,000 ドルまでの学費を受け取ることができる。MGIB 希望者は，入隊後の最初の 12 ヵ月の間毎月 100 ドルを給料から天引きされ，合計 1,200 ドルを前金として支払う。除隊や退役で軍隊を離れて 10 年以内に MGIB を使わなければ，その権利を失う。

---

　　赴任している場合は，COLA は支給されない。
73) 米軍の医療保険のトライケア（TRICARE）については，http://www.tricare.mil/mybenefit/（2012 年 2 月 1 日閲覧）を参照。トライケアの前身は，1966 年に設立されたチャンプス（CHAMPUS: Civilian Health and Medical Program for the Uniformed Services）である。
74) 軍隊が提供する歯科医療保険は，United Condordia という民間の保険会社によって運営されている。トライケアの歯科医療保険については http://www.tricaredentalprogram.com/tdptws/home.jsp，（2012 年 2 月 1 日閲覧）を参照。
75) SGLI とは，Serviceman's Group Life Insurance の頭文字をとっている。
76) Montgomery GI Bill の略である。

MGIB に替わり、2009 年 8 月 1 日から Post 9/11 GI Bill[77]という新しいプログラムが執行され、軍人やベテランが利用していない場合はその学費援助を配偶者や子供に与えることができるようになった。

その他にも、TA[78]と呼ばれる授業料の援助がある。これは、現役の米軍兵士が支払った授業料の全額（年間 4,500 ドルが最高）を軍隊が支払う援助である。現役の米軍兵士である際に、TA を利用して授業をとり、除隊や退役後に MGIB を使うのが得策である[79]。米軍兵士の教育関係の援助は充実している。それには、軍隊の入隊理由が関係していると思われる[80]。

### 6) 貯蓄・投資プラン

軍隊が提供する退役後の生活のための貯蓄・投資プラン[81]を TSP[82]という[83]。TSP とは、2001 年にはじまったアメリカ政府による軍人の恩給（後述する）の補足を目的とした貯蓄・投資プランである[84]。軍人用の TSP を簡単に説明したい。米軍兵士の給料（基本給）は課税対象である。TSP は、毎月の基本給から税金がかかる前に、あらかじめ決定した拠出額が TSP 内の個人で決めた 6 つの資金口座[85]のいくつかに移動される。TSP の利点は、この拠出額に対して、年金を受け

---

77) 詳しくは、米国退役軍人省（VA）のホームページ（http://www.gibill.va.gov/post-911/post-911-gi-bill-summary/transfer-of-benefits.html、2011 年 12 月 27 日閲覧）を参照。
78) Military Tuition Assistance の略である。
79) Michel [2006] を参照。
80) 各軍隊には、リクルーター（recruiter）と呼ばれる軍人がいる。その任務は、入隊希望者を見つけ、彼らの疑問や質問に答え不安を消し去り、入隊させることである。リクルーターが勧誘の際に提示する条件は、大きく 5 つある。1) 大学の学費を国防総省が負担する、2) 好きな職種を選ぶことができ、入隊中に職業訓練も同時に受けられる、3) 信念と異なると感じた場合は除隊願いを申請できる（「良心的兵役拒否権」が行使できる）、4) 戦地に行きたくない場合は予備役登録が可能、5) 入隊すれば兵士用の医療保険に加入できる。実際軍人の入隊希望理由の 8 割から 9 割は学費免除である［堤 2008: 102］。インタビューからも、入隊理由として大学への進学が多く聞かれた。
81) アメリカで一般企業に勤務者への年金積み立てプランの 401（k）と同等である。
82) Thrift Saving Plan の略である。
83) TSP のホームページ（http://www.tsp.gov、2012 年 2 月 12 日閲覧）、[Michel 2006; Webber and Webber 2008] を参照。
84) 軍人用の TSP は、1986 年に連邦政府職員（軍属）のための貯蓄・投資プラン（TSP）をもとに導入された。軍人用と軍属用の TSP の違いは、軍属用の TSP には、割り増し制度（matching）があるという点である。
85) G, F, C, S, I, L の 6 つ種類のファンドがあり、それぞれがさらに分かれ、合計 10 のファンドになる。リスクが最も低いのは、G で、最も高いのは L である。詳細は、TSP のホームページ（http://www.tsp.gov、2012 年 2 月 1 日閲覧）を参照。

取るまでの期間は（実際に引き出すまでの期間），課税対象とならないことである。つまり，収入の一部を非課税にすることで通常の場合は課税されてしまっていた税金分を運用して増やし，節税および投資できるという仕組みである。

7) 住宅ローン

　米軍の住宅ローン[86]は，現役の米軍兵士をはじめ，除隊者や退役軍人などのベテランやその配偶者が，銀行などで住宅ローンを組みやすくするために設立されている制度である。ただし，この制度を利用できるのはアメリカ合衆国本土とその属領（グアムなど）における住宅のみである。そのため沖縄の女性と結婚し沖縄で退役する多くのベテランは，この制度を利用することはできない［Webber and Webber 2008: 279-285; Michel 1996: 20-28］。

## 4.2. ベテランへの補償 —— 除隊者と退役軍人の違い

　広義の意味では，ベテランとは，現役の米軍兵士や除隊者，退役軍人を総称する軍務経験者を指す。しかし，軍隊の手当てや補償についての文脈では，狭義の意味で除隊者と退役軍人を限定してベテランという。本節では，後者の除隊者と退役軍人を指すことをことわっておく。

　ベテランへの補償は，米国退役軍人省[87]によって管理されている。ここでは，除隊者と退役軍人との補償をめぐる違いに注目し，主要な補償のみの説明にとどめておく。

　除隊者と退役軍人とでは，基地へのアクセスをめぐって大きな差がある。前述したように除隊した後も，米軍兵士は合計8年間の軍隊との契約を全うしなければならない。この間は，多少の差があるが現役時代と同様に基地内の施設や，その他の補償が家族を含めて支給される。だが，8年が過ぎると，これらの補償は一切なくなる。沖縄の女性と結婚した後も沖縄に住む除隊者にとって，銀行やデパートなど基地内の施設が一切利用できなくなるため，その結婚生活に大きな変

---

86) VA (Veteran Affairs) Home Loan の詳細は，VA のホームページである（http://www.homeloans.va.gov/index.htm，2012年2月1日閲覧），［Garrett and Hoppin 2009: 118, 142-143, 314; Webber and Webber 2008: 280-285］を参照。

87) 原語は U.S. Department of Veterans Affairs (VA) である。

化を引き起こす。

　ただし、除隊者が軍属などの職に就き、日米地位協定が認める身分を得た場合のみ、家族も含めて現役時代とほぼ変わらず基地内への出入りや施設の利用が許される。しかし、退職すると、日米地位協定の身分を失い、施設の利用など一切できなくなる。

　退役軍人とその家族は、退役後に基地内での職に就こうが就くまいが、IDカードが支給され、現役時代とほぼ変わらず基地内への出入りや施設を利用することができる。

　退役軍人にとって現役時代と異なる点は、退役すると基地内の郵便局で私書箱[88]を使用したりYナンバーの車両を所有することができないことである。つまり、日米地位協定の身分があるかないかによって沖縄での除隊者の生活は大きく作用されるが、退役軍人は日米地位協定とは関係なく現役時代とほぼ同様に基地内の施設を利用できる。

　除隊者と退役軍人との補償をめぐる最大の違いは、退役軍人には恩給が毎月支給されることである。退役軍人が受け取る恩給額は、退役する最後3年間における最高階級の平均の給料（基本給）の50パーセントである[89]。ただし、現役の米軍兵士として何年勤めたかによって[90]、この比率は変動する。20年以降は、毎年2.5パーセントが上乗せされる[91]。つまり、20年で退役した軍人は、基本給の50％であるが、40年の退役ならば、現役時代と同じ額の基本給を得ることができる[92]。

　以下、ベテランが得られる主な補償について述べる[93]。ベテランへの補償で一

---

88) 米軍基地内の私書箱（PSC Box）の住所は以下のようになる。PSC 557 Box XXXX, FPO AP, 96379 (-XXXX) である。PSC（Post Service Center）の後には、郵便局の番号を示す。Boxの後の数が個人の私書箱の番号を指す。住所は、海軍と海兵隊基地の郵便局を指すFPO（Fleet Post Office）からはじまる。陸軍と空軍の郵便局の場合は、どちらもAPO（Army Post Office / Air Force Post Office）である。次に、地域として太平洋地区を意味するAP（American Pacific）が続く。郵便番号は、963が沖縄に所在する基地で、そのあとの2桁が特定のキャンプを指す。79は、キャンプ・フォスターを意味する。最後の4桁は私書箱の番号が表示されることもある。
89) 軍属の場合は、退職する最後の3年間の平均階級の基本給のうち20％が恩給として支給される。基本給の50％の退役軍人と比較すると大きな差がある。
90) 下士官は、30年で退役しなければならなかったが、現在は40年まで軍人でいられる。将校には、年限はない。
91) 軍属の場合は、毎年1％のみが上乗せされる。62歳以降に退職した場合は、1.1％になる。
92) 通常将校の退役の平均年数は、20年から35年、下士官は20年から30年である。
93) VAのホームページ（http://www.vba.va.gov/VBA/、2012年2月12日閲覧）とMichel [2006] を参照。

般的なものは，月額支給される補償金[94]である。これは，現役時代の軍務によって生じた怪我に対して支払われる。その他にも，医療保険，学費援助の復員軍人擁護法[95]，住宅ローン，生命保険や遺族への補償や埋葬などの費用の援助である。これらの補償を受けるためには，名誉除隊であることが条件である。

## 5 軍属と日本人基地内従業員

　米軍基地内には，さまざまな雇用形態が見られる。基地内で就労する米国市民を軍属という。彼らは，日米地位協定に基づき日本に滞在する。また，基地内では日本人も雇用されている。後述する退役軍人夫の就職や，軍人妻でもあり基地内従業員である沖縄の女性の置かれた状況の理解につながるため，基地内就労についても簡単に述べておく。

### 5.1. 軍属

　基地内で就労する米国市民を一般に軍属と呼ぶが，給与体系の地位の違いから以下2つのカテゴリーに分類することができる。1つは，APF（Appropriated Fund）である。これは，米議会により通常毎年行なわれる，国防歳出権限法（Defense Appropriation Act）からその給与が賄われており，連邦公務員諸法の体系の下に管理されている。2つ目は，NAF（Non-Appropriated Fund）[96]である。これは，販売代金，料金，手数料から生じる資金から給与の支払を受ける［小塚 2006: 26-27］。
　以上の給与体系に基づき，一般に基地内の軍属は，連邦公務員共通の人事管理制度にあたる一般職俸給表基本給与システムの GS（General Schedule）[97]と NAF 職

---

94) 正式には VA Disability Compensation という。
95) 授業料の援助である TA は現役軍人には支給されるが，ベテランには支給されない。
96) NAF は，NAFI（Non-Appropriated Fund Instrumental）とも呼ばれる。
97) 連邦政府職員の9つの雇用形態は，以下の通りである。1. General Schedule (GS), 2. Postal Services, 3. Prevailing Rate Schedule Wage Grade (WG), 4. Executive Schedule, 5. National Security Personnel System (NSPS), 6. Foreign Service, 7. Special Salary Rates, 8. Non-Appropriated Fund Instrumental (NAFI), 9. Veteran Health Administration (VA). GS には，国防省が運営する米軍基地内の小学校，中学校，高校（Department of Defense Dependent School: DoDDS）も含まれる。これらの学校で働く職員は，GS の職種に入るが，彼らの給与体系は別のものである。

員に分かれる。前者は，APFから給料が支払われ連邦公務員に近い。いわゆる日本でいう国家公務員的な立場にある。後者は，自ら収益を作りだし，まかなっていかなければならない。NAF職員の大部分が，クラブ，ゲストハウス，保育所，民芸店，ボーリング場，水泳プール，ジムなどの生活関連施設や福利厚生に関わる事務所で働く。そこには，基地内のデパート（PXなど）を運営するエイフィース（Army and Air Force Exchange System: AAFES）[98]も含まれる。

その他として，契約職員という雇用形態も軍属に含まれる。これは，軍隊と契約した民間の会社の職員である。たとえば，基地内大学の教員などは契約職員にあたる[99]。これらの職種は，軍属ではあるが，連邦政府職員にはあたらない。

GSもNAFも，米軍兵士と同様に給与階級によって給与が定められている[100]。以下，GSについて簡単に述べておく。GSは，給与階級[101]，職種番号と号俸[102]が割り当てられ，それらによって給料が決まる。号俸とは，同じ職種に勤務した年数を示す。GSの職種は441の職種から構成され，職種番号はGS-000からGS-2100まで細かく分かれる[103]。

また，GSは2年間の契約からなる。つまり，2年ごとに契約を延長か，あるいは別の場所に異動になる[104]。延長は，通常は1年から2年である。同じ場所での勤務年数の上限は，通常は5年間が最高である。以前は15年くらい同じ場所に滞在することができたが，1998年頃からは5年間が基本となっている。しかし，

---

98) AAFESは，基地内にあるデパートの職員である。彼らは軍隊が雇用主で自ら収益をつくる。AAFESの収益のうち数パーセントはMCCSに寄付される。
99) 契約職員の給与体系は連邦政府の職員（GS）ではないが，給与階級の名称はGS-11eとなる。階級の後にequivalent（同等）を意味するeが付く。
100) ただしNAFの場合には，給与等級ではなく1から6までのレベルによって，最低時給額と最高自給額が定められ，その範囲内で給料が決定される。レベル1であれば，最低時給額が6.55ドルで最高時給額が13.66ドルである。レベル6であれば，最高時給額が定められておらず，最低時給額が50.79ドルである。https://www.mccsokinawa.com/jobws/index.asp（2012年2月1日閲覧）を参照。
101) GSの階級は，GS-1からGS-15までである。NAFの階級は，NAF-1からNAF-6までである。
102) 号俸は，step1からstep10まである。step3までは，1年ごとに1つ上がる。step4から6は，2年ごとに1つ上がり，step7からstep10は，3年ごとに1つ上がる。数が多いほど給料が上がる。
103) たとえば，GS-510-11（step 3）は，階級がGS-11で，職種が510＝Accounting Series（会計関係），ステップが3年なので，3年間同じ職種にいたことになる。
104) 異動となった場合は，Priority Placement Program（PPP）が適用される。これは，連邦政府が同じ階級の職を見つけてくれるシステムである。ただし，一度しか政府が提供する職をことわることはできない。2度目に提供された職は必ず受けなければならない。受けなければ職を失うことになる。また，PPPはNAFには適用されない。

職種などの状況によっては多くの例外が見られる。

前述した NAF の職種に就いたものは，一般に退職まで沖縄に住み続けることができる[105]。だが，連邦政府の職員である GS や契約職員の場合は，いずれは沖縄を離れて他の基地に転勤することになる可能性が高い。軍属と結婚した沖縄出身の妻にとって，このような職種に見られる差異は，後述するがその後の結婚生活に大きな違いを生むため重要な問題である。

GS も含め，以上のすべての軍属の雇用には，沖縄での現地採用とアメリカ本土での 2 つの採用がある。その大きな違いは受け取る手当ての額である[106]。アメリカ本土で採用されている軍属には多額の手当てがつく。特に，海外住宅手当てがあるかないかとでは沖縄での生活に大きな差が生じる。住宅手当てのあるアメリカ本土採用の夫をもつ妻たちは，家賃が何十万という新築に近いアメリカ様式のマンションや一軒家に住み，アメリカ的な生活を営むことができる。しかし，現地採用の場合は，住宅手当てがないため狭い沖縄様式の家に住むことになる。そのためアメリカの家具が家に収まらないなど，アメリカ的な生活を営むことができず，さまざまな妥協を強いられながら生活することになる。

## 5.2. 日本人基地内従業員

沖縄では，基地内の 300 の職に 10,000 人が毎年応募しており，基地内従業員になるのは狭き門である。アメリカの大学や大学院を卒業した，高学歴の者も多くいる。沖縄で英語を利用でき，安定した給与を得ることができるため，基地内の仕事に応募する人は絶えない。妊娠休暇や育児休業といった制度が整っており，女性の職場への復帰が容易となっているのも魅力である[107]。

---

[105] 厳密には，採用方法によって転勤する可能性が異なる。最も転勤する可能性が低いのは，現地採用の NAF で，次に現地採用の GS となる。アメリカ本土採用の GS と NAF は，これらと比較すると転勤の可能性は高いといえる。ただし，個々の雇用条件によって状況は異なることもことわっておく。

[106] アメリカ本土の採用者には，海外住宅手当て (Living Quarters Allowance: LQA)，生活費調整手当て (COLA)，異動する際にかかる引越し費用 (Transportation Agreement)，1 年に 1 度，扶養家族と共にアメリカ本土に帰省する際の旅費 (Home Leave) が支給される。これらの手当ては，給与階級と扶養者の数によって決まる。だが，現地採用の場合は，生活費調整手当てのみが支給されるため，受け取る手当ての額は大きく異なる。

[107] 米海軍横須賀基地総合人事部雇用課が作成した『米海軍横須賀基地就職ガイド：平成 15 年度改訂 1』(http://hro.cnfj.navy.mil/japanese1/shushoku_guide/shusyoku_guide_071128.pdf, 2012 年 2 月 1 日閲覧)

基地内従業員は、「国家公務員」と混同されがちであるが、法律上では「駐留軍等労働者」という呼び方で区別される。従業員は、日本政府によって雇われ、米軍側に使用される「間接雇用」と呼ばれる関係にある。使用主である米軍が、従業員を直接使用し、監督、指導、訓練等を行ない、法律上の雇用主である日本政府が、従業員の採用、退職等の人事措置、福利厚生、給与等の計算・支給事務を行なう。

　従業員を雇用する上で、日本とアメリカは、主に以下の2つのような雇用契（協）約を取り交わされている。基本労務契約[108]（MLC）と諸機関労務契約[109]（IHA）である。

　MLCは、運営における資金を米国政府が受けもつ職場である。この契約によって雇用される従業員をMLC従業員という。IHAは、個人に娯楽や余暇、フードサービスなどを提供し、その収益で運営する「独立採算制」の職場である。そこに雇用される従業員をIHA従業員と呼ぶ。

　米軍兵士と日本人女性との結婚との関係でいえば、日本人が、日米地位協定の身分をもつ軍人・軍属と結婚した場合には、MLCの仕事に応募することはできない。だが、MLCとして就職した後に、日米地位協定の範疇内の身分をもつアメリカ人と結婚した場合は問題ない。後述するように、現在MLCの職についている沖縄出身女性が米軍兵士の異動で沖縄を離れる際にMLCの職を離れると、再就職する場合はIHAの職にしかつけない。

　基地の外の民間社会ではなかなか安定した就職先が見つからないため、基地内の雇用は非常に人気があり競争率も高い。このため基地内で働く軍人妻である沖縄の女性にとって、基地内の仕事をやめて夫とともに沖縄を離れることを躊躇させる要因にもなっている。

## 6　米軍基地と沖縄社会との葛藤 ── 反戦反基地運動の軌跡から

　いわゆる「基地問題」（騒音、犯罪、事故、環境汚染など）は程度の差はあれ、ほ

---

を参照。
108）　Master Labor Contractの略である。
109）　Indirect Hire Agreementの略である。

とんどの在日米軍基地所在地で認められる問題である。しかし，米国の施政下に置かれた経験をもつ沖縄には，米軍との独自の関わり合いや本土とは異なる歴史を歩んできた。現在の沖縄と米軍基地との関係を考察するためには，沖縄の「基地問題」をめぐる歴史を問う必要がある。

沖縄の反戦反基地運動は，具体的な事例をここで述べることはできないが，以下の7つの社会問題に関連しているといえるだろう。1) 騒音，環境問題など基地の存在そのものが引き起こす社会問題，2) 女性への暴力を中心とする犯罪，3) 強制土地接収や差別（復帰前の米軍支配にはじまる植民地支配の問題），4) 復帰後の沖縄への構造的な差別（日本政府とアメリカ政府による沖縄社会の周縁化，アメリカ，日本本土，沖縄という序列化，沖縄に米軍基地を集中させることで本土の負担を軽減していること，基地依存型の社会形成への支援など），5) 基地労働者の労働争議，6) これらの運動の背景として軍事的な動向の変化（たとえば朝鮮戦争，ベトナム戦争などの影響，9.11以後の緊張関係），7) 基地の存続をめぐる沖縄社会での対立などである。

本節では，米軍関係者の引き起こした重要な事件・犯罪の内容についても触れながら，沖縄が日本に復帰する1972年前後に分けて記述する[110]。

## 6.1. 復帰前の反戦反基地闘争

沖縄戦が終結し，沖縄に上陸した米軍による支配が進むなか，1951年にサンフランシスコ講和条約と日米安全保障条約とが締結された。サンフランシスコ講和条約によって，沖縄はアメリカ合衆国の施政下に置かれ，日本から切り離された。その後，本土では在日米軍基地の大幅な整理・縮小が進んだが，沖縄では，「基地の中に沖縄がある」という状況は変わらなかった。米軍が住民の土地を奪い基地の拡張が進み，本土から米軍部隊が沖縄に移った。

1950年に朝鮮戦争が勃発し，沖縄の軍事的価値が認識される。1953年4月，米国民政府布令「土地収用令」が公布され，沖縄の各地で「銃剣とブルドーザー」に象徴される強制土地接収がはじまる[111]。住民の座り込みや数千人の支援団体に

---

110) 以下の記述は，［沖縄大百科辞典刊行事務局（編）1983; 沖縄タイムス社編 1996;「沖縄を知る事典」編集委員会 2000］を参照した。
111) 以下の記述は［「沖縄を知る事典」編集委員会 2000: 122-123］を参照した。

よる抵抗があったが[112]，米軍によって強制接収される。

　軍用地主から地代の要求も高まる中，1956年5月に住民の意向を無視した報告書である「プライス勧告」がアメリカから発表された。これを機に，沖縄全域で米軍の理不尽な土地接収に対して行なわれた土地闘争，いわゆる「島ぐるみ闘争」が起こる。

　1965年2月から，ベトナム戦争は本格化し，沖縄からも多くの米軍兵士がベトナムへ出動した。基地周辺の歓楽街にはベトナムへの出撃を待つ米兵であふれ，同時に暴力事件も多発し，住民による抗議運動が行なわれる。

　1965年には「沖縄の祖国復帰が実現しないかぎり，わが国にとって戦後は終わらない」と述べた佐藤栄作首相の沖縄来訪からはじまり，1960年代後半のベトナム戦争の激化や沖縄返還交渉が進展するとともに，沖縄の米軍基地が注目されることになった。その結果反基地運動が盛り上がった。

　米軍による基地内従業員の大幅な解雇を発表したことにより，1970年に全軍労闘争がはじまる。1963年に結成された全軍労（全沖縄軍労働組合）[113]は，その後の反基地運動の中心的な役割を負うようになる[114]。基地周辺地域で軍関係者を対象に商売をする住民は，全軍労の反基地運動に反発し，沖縄社会の内部でも対立が現れた。1972年の返還間近に控えた1970年の沖縄は高揚と苛立ちであふれていた。

　そうした中，「コザ暴動（騒動）」が1970年12月20日の未明に起こる。コザ

---

112) 1953年本島中部の宜野湾市で伊佐浜土地闘争が起こった。同年，本島北部の伊江島で米軍から土地の明け渡しを命じられた住民は武装兵と闘争，琉球政府への長期間の座り込みを行なった。強制的に土地を奪われた農民の多くが栄養失調となり死亡した。農民は，乞食になる覚悟で沖縄本島を縦断する「乞食行進」を行ない，米軍の強制的土地接収に反対した。

113) 現在の基地内従業員のための労働組合である全駐留軍労働組合（全駐労）の前身。1960年に陸軍と琉球列島米国民政府（United States Civil Administration of the Ryukyu Islands: USCAR）の職場から誕生した組合は，1961年6月に全沖縄軍組合連合会（全軍労連）を結成し，1963年に全沖縄軍労働組合（全軍労）へと移行した。現在，沖縄には全駐労と沖駐労（沖縄駐留軍労働組合）の2つの日本人基地内従業員による労働組合が存在する。沖駐労は，1996年に全駐労から分裂してできた約660人で構成されている小さな労働組合であるが，両者の基地への姿勢は大きく異なる。沖駐労は，日本人従業員の職場である基地を認めるべきであるという姿勢をとっている（http://www.okichuro.net/gaiyou.html，2012年3月3日閲覧）。一方，全駐労は，基地内従業員で構成されながらも，基地撤去の姿勢から反基地運動を行なってきた。しかし，構成員の若年化に伴い職場を奪われたくないという従業員の現実的な欲求から，反基地運動への抵抗も組織内に見られる。

114) 全軍労のこうした闘争について，基地反対の労働者が基地で働くのは矛盾しているという非難も浴びせられた［「沖縄を知る事典」編集委員会 2000: 130］。

市（現在の沖縄市）の中の町前の軍道24号線（現在の国道330号線）を横断中の県民が米兵車両に跳ねられる。それまで頻発していた米兵による事件に不満をもっていた民衆は，憲兵隊が民衆に対して威嚇発砲したことにより，反米感情が一気に爆発した。憲兵隊と群衆が対立し，憲兵隊や米軍関係者の車両をつぎつぎと放火した。そして，民衆は嘉手納基地第2ゲートへも乱入し，大事件となった。これまで米軍兵士が優遇され沖縄県民が不当に差別されたことへのコザ市民の怒りが表面化したといえる。

### 6.2. 復帰後の反戦反基地闘争

1972年5月15日に，沖縄県の施政権がアメリカ合衆国から日本に返還され，沖縄は本土に復帰する。だが，復帰後も，沖縄の米軍基地をめぐる状況には変化がなかった。

本島中部の嘉手納空軍基地の周辺に済む住民は，爆音に悩まされながら生活している[115]。反戦地主[116]は，復帰前から反戦反基地運動の担い手である。だが彼らの長年に及ぶ闘争は反基地闘争の中心として現在も続く。反戦地主会は，軍用地の賃貸借契約を拒否する軍用地主で構成される。反戦地主の土地の一部を譲り受け，これを共有する一坪反戦地主運動もはじまる。日本政府は，復帰後軍用地料を引き上げ，基地周辺整備費（補助金）や基地交付金を市町村に与え，基地収入や補助金への依存を促進するような政策をつぎつぎと実施する。

1995年9月4日に，沖縄米兵少女暴行事件が起きた。米海兵隊2人と米海軍兵士1人が基地内で借りたレンタカーを使い，本島北部で買い物帰りの12歳の女子小学生を拉致し強姦したのである。起訴に至らなければ，米兵の身柄を日本側に引き渡すことができないという日米地位協定の取り決めによって，実行犯の3人が引き渡されなかったことが大きな社会問題となった。これにより反基地や反米の感情が高まり，基地の縮小や撤退を訴える基地反対運動に発展した。同年9月28日，当時の知事である大田知事が，米軍用地の使用についての「代理署

---

115) 1982年2月に国を相手どり夜間の差し止めを求めた裁判（嘉手納基地爆音訴訟）を起こしたが，1998年5月に却下された。その後，2000年3月に嘉手納基地周辺6市町村民（5,544人）が日米両政府に対して夜間・早朝の飛行差し止めと，精神的・身体的被害の損害賠償を求める訴え（新嘉手納基地爆音訴訟）を再度起こした［『沖縄を知る事典』編集委員会2000: 197］。
116) 1971年12月に決定された反戦地主会の正式名称は，「権利と財産を守る軍用地主会」である。

名」[117]を拒否することを表明した。翌月行なわれた抗議運動には,基地の整理縮小・日米地位協定の見直しを求める 85,000 人が参加した。

また,この事件により反基地の世論が高まり,海兵隊普天間飛行場の移設の合意へと至った。本島中部の海兵隊のヘリコプター部隊である普天間飛行場を返還する代わりに,本島北部の名護市東海岸の辺野古に海上ヘリポート基地を新たに建設するという案が日米政府によって 1997 年に提案された。だが,この辺野古沖の海上ヘリ基地建設には強い反対運動が行なわれる。

2004 年 4 月 18 日に那覇防衛施設局(現沖縄防衛局)が,海上ヘリ基地建設のボーリング調査のための足場を組む作業を行なうと通告した翌日から,海上ヘリ基地建設を反対する辺野古の座り込み闘争が展開された。座り込み闘争には,地元辺野古区の住民によって 1997 年 1 月に結成された「ヘリポート建設阻止協議会命を守る会」(略称「命を守る会」)をはじめとする市民団体や労働組合が参加した[118]。この闘争には,県内出身者だけではなく,県外出身者の参加も多く見られた。

反対派は,ボーリング調査が行なわれる辺野古漁港に座り込み,海上ではカヌーを出し,ボーリング地質調査を阻止しようとした。住民の激しい闘争によってボーリング調査は見送られることとなる[119]。ボーリング調査の中止を求め,市民団体などは座り込みを続ける中,辺野古では反対集会も開かれ,約 400 人が集まり調査の中止を求めた[120]。

ボーリング調査が 2004 年 9 月に辺野古で再開されると,海上,陸上から抗議運動を行なう。だが,反対派が想定していた港以外から作業船が出るなど,予想外の動きに反対派は作業を阻止することはできなかった[121]。

その後も,辺野古沖でのボーリング調査をめぐって,国内外からの支援を受けた反対派は小型船やカヌーを出し,抗議運動を継続させた。2004 年 4 月から 1

---

117) 代理署名とは,米軍に用地を貸すことを拒否している地主に代わって,米軍用地特措法に基づき沖縄県知事が代理で行なう署名である。これにより日本政府は,米軍用地の使用権限を取得してきた。
118) 辺野古の座り込み闘争や「命を守る会」の設立などの詳細は,[鐘ケ江 2007]を参照。
119) 2004 年 4 月 19 日付けの『沖縄タイムス』夕刊の記事「小競り合い漁港騒然,反対派は座り込み,地元漁民『仕事ができず心配』」を参照。
120) 2004 年 4 月 23 日付けの『琉球新報』の記事「豊かな海に基地いらない,強行阻止へ決意あたら,国,県への怒りあらわに」を参照。
121) 2004 年 9 月 10 日付けの『沖縄タイムス』の記事「『卑劣』涙の反対派,『調査継続許さぬ』悔しさの中にも決意」を参照。

年半の間座り込み闘争を継続し，ボーリング調査の着手をくい止めた。そして，当初の基地建設計画を撤回に追い込んだ［鐘ケ江2007］。だが，2009年2月に日米政府で結ばれた「在沖米海兵隊のグアム移転協定」の中に，普天間飛行場の辺野古への移設も組み込まれており，さらなる緊張関係が続いている。

話は前後するが，2001年6月29日午前2時に本島中部の北谷町美浜の「アメリカン・ビレッジ」の駐車で，嘉手納空軍基地所属の米軍兵士による20代の女性への婦女暴行事件[122]が起きた。これにより抗議運動が行なわれ，女性への性暴力犯罪防止や米軍基地，軍隊の撤去を求める抗議声明が出された。

2004年8月13日に，本島中部宜野湾市の沖縄国際大学に海兵隊普天間基地所属のヘリコプターが墜落し，沖縄社会に大きな衝撃を与えた。この事故を受けて10月2日に約3,000人に及ぶ抗議運動が行なわれた。

2008年2月10日には，本島中部の北谷町で，キャンプ・コートニー所属米海兵隊員（38歳）が中学3年生の女子生徒（14歳）を暴行した事件が起きた[123]。米軍は事件の再発防止に向けた措置として，「反省の期間」を設け外出禁止令を出す。米軍兵士だけではなく，軍属とその家族も含まれていたことにより，基地関係者や基地関係者を相手に基地周辺で商売を行なう地元の住民にも大きな影響をもたらした。この事件を受け，約6,000人の県民大会が結集され，日米地位協定の抜本改正や米軍基地の整理縮小を訴えた。これは，1995年の沖縄少女暴行事件以来の大規模な抗議運動へと発展し，当時を彷彿させた。

この章では，在沖米海兵隊基地を中心に，米軍基地や軍人や軍人妻の世界を含めた米海兵隊の世界を記述した。また，これまで行なわれてきた反戦反基地闘争を振り返り，沖縄の米軍基地と地域社会との葛藤について述べた。

---

122) 事件の詳細は，以下参照。2001年7月6日付けの『琉球新報』「米，引き渡しに同意／米兵婦女暴行事件」『琉球新報』2002年3月28日付けの「那覇地裁，米軍曹に懲役2年8月の判決／北谷町女性暴行事件」。

123) 事件の詳細は，2008年2月12日付けの『琉球新報』「38歳海兵隊員を送検：米兵女子中学生暴行事件」を参照。2008年5月16日付けの『琉球新報』「2等軍曹に実刑3年米兵中学生暴行」によると，被害者側が告訴を取り下げ，那覇地検が10月29日に不起訴処分とし，2等軍曹の身柄は日本側から米軍側へ引き渡され，米軍側が訴追した。2008年5月16日に在沖米海兵隊の高等軍法会議にかけられ3年の懲役が確定した。

# 第2章
# 米軍の家族支援制度

　米軍には，米軍兵士やその家族を支援する充実した制度がある。陸海空，海兵隊の4軍が，それぞれの家族支援制度を家族支援センター[1]によって実施しており，米軍兵士やその家族に対してさまざまなクラス，セミナーやカウンセリングを提供している。4軍によって家族支援制度の制定の時機やその歴史などに若干の違いはあるが，現在のような充実した家族支援制度が米軍すべてに整ったのは，1980年代である。

　本章では，家族支援制度の設立までの簡単な概略をおさえ，海兵隊では家族支援制度の根幹であるパーソナル・サービス・センター[2]と海兵隊ファミリー・チーム・ビルディング[3]を中心に，両者が提供する支援活動を取り上げる。日本人妻をはじめ軍人妻と家族支援制度の関わり合いについても注目する。

## *1* 家族支援制度の設立まで

　家族支援制度の設立の背景には，軍隊の構成員が独身男性から既婚者の男女に変わり，軍隊による軍人家族への認識が変化したことにあった[4]。独立戦争の時代の軍隊は，若い独身男性から構成されており，軍人家族への補償は与えられていなかった[5]。そもそも，当時軍隊は，軍人の結婚を勧めていなかった。このため，

---

1) 原語は Family Service (Support) Center である。
2) 原語は Personal Services Center (PSC) である。
3) 原語は Marine Corps Family Team Building (MCFTB) である。
4) ［Brown 1993］を参照。
5) フロンティア時代は，軍人と共に移動した妻や子供は，camp follower（非戦闘従軍者）と呼ばれた。

第2次世界大戦まで軍隊を構成していたのは主に独身男性であった。

だが，1960年にはじめて軍人家族が軍人の数を超えたことにより，軍人家族への支援制度設立に向けての動きが見えはじめる。最初の軍隊の家族支援制度は，1965年に陸軍に設立された陸軍コミュニティ・サービス[6]であった。後述するように空軍や海軍の家族支援制度は，1980年代以降の設立となる。

1973年の徴兵制の廃止と全志願制の導入により，軍隊の構成員の内容に大きな変化が訪れる。多くの軍人の入隊を促すために，軍隊は，女性兵士や既婚男性の入隊を許可した。これにより，軍隊内の軍人家族に対する認識も大きく変化するのである[7]。

## 2 家族支援センターの設立

4軍の家族支援制度の設立までの歴史について簡単に述べておく。最初の家族支援センターは，前述したが1965年に設立された陸軍コミュニティ・サービスあるいは陸軍コミュニティ・サービス・センター[8]であった。これは，他の軍よりも先立って陸軍が，ベトナムなどの海外での軍務遂行において軍人の家族が否定的な影響を与えると認識していたことを示している［Bell and Ladeluca 1988］。

当時の陸軍コミュニティ・サービスは，今日のような軍人家族を支援する組織ではなかったが，家族に関するさまざまな問題を取り扱っていた。そのため1970年代末から1980年代はじめに海軍や空軍が動きはじめたときに，陸軍は他の軍よりもいち早く基地レベルで家族支援活動をすでに行なっていた［Lieberman 1971］。

海軍は，1980年にバージニア州のノーフォーク海軍基地に最初の海軍家族サー

---

これが，陸軍規によって最初に示された正式な軍人家族の認識であった。Enloe [2000] は，この follower という言葉には，軍の一部ではなく依存している（be dependent on）という意味が込められていると指摘する。また，この言葉には寄生虫であるという裏の意味もある。

6) 原語は Army Community Service (ACS) である。
7) 軍隊の構成員やその法的な歴史的背景については，［Kupshella 1993］を参照。
8) 今日陸軍には，Army Community Service あるいは United States Army Community and Family Support Center がある。

ビス・センターを設立した[9]。

　空軍は，1981年に家族支援センターを設立した。その背景には，空軍の軍人家族の満足度と軍隊との関係に着目した従軍牧師による研究［Orthner 1980］[10]の影響があった。

　現在では，各軍隊内には軍人家族を支援する充実した制度が整っており，さまざまなクラスやセミナーを提供している[11]。

## 3　パーソナル・サービス・センターの家族支援活動

　海兵隊の家族支援制度を担う中心的組織であるパーソナル・サービス・センター（PSC）[12]は，1979年はじめに海兵隊総司令官によって，海外の海兵隊基地に家族支援センターの設立が命令されたことからはじまる。そして，1980年にその計画は実現し，海軍・海兵隊家族支援センター[13]が沖縄に設立された。これが

---

9) 海軍のNavy Family Service Centerの設立は，1977年9月のカリフォルニア州サンディエゴで行なわれた3日間にわたる会議からはじまる。サンディエゴにあるNaval Health Research Centerとカリフォルニア州モントレーにある海軍大学院がスポンサーとなり，軍人家族研究における最近の動向と方向性について議論された。翌年の1978年11月に，バージニア州のノーフォークで家族に関する海軍全体の会議が開催された。これらの一連の動きから，海軍にFSCが設立された。
10) 1982年に刊行された *Families in Blue Phase II: Insights from Air Force Families in the Pacific*［Orthner and Bowen 1982］は，太平洋地域にある空軍基地に所属する軍人家族についての研究成果である。具体的な研究地域は，グアム，ハワイと韓国にある空軍基地をはじめ，日本の三沢，横田と沖縄の嘉手納空軍基地で合計9つの空軍基地で行なわれた。1980年に出版された *Families in Blue*［Orthner 1980］のデータの補足的な役割を果たしている。
11) 軍隊による制度的な支援のすべてがうまく機能したわけではない。O'Keefeらは，Family Service Centerの抱える問題点として，センターを利用するのは問題を抱える人だけであるという偏見があり，センターが有効的に利用されていない点を挙げている。また，家族の問題を抱えているのは主に下士官で，センターは下士官のためにあるという考え方が一般化すると，将校の妻たちはセンターを利用しにくくなると指摘している［O'Keefe et al. 1984: 266］。
12) 2012年2月16日に，PSCはPersonal & Professional Development-Resourcesと名称変更された。後述するが，家族支援課に属するPSC以外の事務所名も変更された。名称変更は，2つの理由から行なわれた。1つは同課に属するすべてのプログラムや資金の流れを，バージニア州の海兵隊司令部におけるプログラムと合致させるためである。2つ目の理由は，特にPSCについてであるが，PSCという名称のセンターは沖縄を除いて存在しない。名称変更することにより海兵隊員とその家族にどこの基地でも家族支援センターが提供するプログラムに親しみをもってもらうためである。
13) 原語は，Navy and Marine Family Service Centerである。

写真7　キャンプ・フォスターのパーソナル・サービス・センター

現在の PSC の前身である。その後，PSC は何度か事務所を移転し[14]，2000 年に現在のキャンプ・フォスター内に設立され，名称も PSC と変更された[15]【写真7】。

軍人・軍属とその家族を支援する PSC は，海兵隊福利厚生施設（MCCS）の組織内では，家族支援課に属する。家族支援課には，PSC のほか，図書館や大学・大学院などを管轄する生涯学習[16]，カウンセリングや家庭内暴力などを扱うカウンセリング・擁護プログラム[17]，薬物やアルコールなどの依存症について扱う薬物乱用カウンセリング・センター[18]，5 歳以下の子供を持つ親の支援プログラム，

---

14) 当時は，キャンプ・フォスター内と米陸軍病院であったキャンプ桑江（現在の米海軍病院であるキャンプ・レスター）内の 2 箇所に事務所はあった。PSC の現在に至るまでの歴史は，以下の海兵隊基地内の新聞を参照。1981 年 1 月 15 日付け Okinawa Marine ("Family Center opens here")，1981 年 12 月 17 日付け Okinawa Marine ("Family Service Center cares in many ways")，1999 年 10 月 1 日付け Okinawa Marine ("New building, new name: Foster Personal Services Center opens")。

15) 当時の PSC は，Navy and Marine Corps Family Service Center と呼ばれ，米軍兵士をセンター長とした海兵隊管轄の事務所であった。その後海兵隊から MCCS の管轄となり，名称が Personal Services Center (PSC) と変更され，センター長も軍人から民間のアメリカ人男性となった。当時の PSC のセンター長は，Family Service Center という名称は，家族を持つ軍人のみを対象とした意味合いをもつため，既婚者だけではなく，独身の軍人への支援も行なうという意味から新しく Personal Services Center と変更されたと述べている。2000 年 2 月 11 日付け Okinawa Marine ("Personal Services Center, changes more than its names") を参照。

16) 原語は Lifelong Learning である。PSC と同様に 2012 年 2 月 16 日より，Personal & Professional Development-Education and Career Services に変更された。

17) 原語は Counseling & Advocacy Program である。2012 年 2 月 16 日より，Behavioral Health-Family Advocacy に変更された。

18) 原語は Substance Abuse Counseling Center である。2012 年 2 月 16 日より，Behavioral Health-Substance Abuse に変更された。

生後6週間からの幼児を含め，17，18歳までの高校生までを対象とした青少年プログラムが同じ課に属する。後述するが，米軍兵士の配偶者を対象とした支援を行なう海兵隊ファミリー・チーム・ビルディングは，海兵隊福利厚生課の管轄下ではあるが，PSCとは異なる課に属する。

PSCの従業員の数は35名（2012年4月）。そのうち日本人従業員は3名である。アメリカ人従業員のほとんどは軍属（GS：現地採用）で，日本人従業員はMLCとして雇用されている。

PSCは，普天間飛行場を除く，在沖米海兵隊基地の主要なキャンプ5つに置かれている。アメリカの祝日を除く，月曜日から金曜日まで7時30分から16時30分まで運営されている。

PSCが提供するプログラムは，主に2つに分かれる。1つは，軍人，軍属やその家族に対して，沖縄での生活を円滑に過ごせるように支援するプログラム[19]である。これは，基地内外についての情報，異動の支援，財政管理など生活全般の支援やクラスを提供することを目的としている。

もう1つのプログラムは，履歴書の書き方など基地内外での就労に関するセミナー，米軍兵士の退役後の生活についての支援を行なうプログラム[20]である。

PSCには，毎日沖縄での生活で直面する基地内外でのさまざまな問題についての問い合わせがくる。PSCの従業員は，以上のクラスやセミナー以外にも，あらゆる情報や支援を提供することが求められる。クラスやセミナーの予定は，毎月カレンダーを発行し，情報を提供している【資料1】[21]。

## 4 海兵隊ファミリー・チーム・ビルディングの家族支援活動

海兵隊ファミリー・チーム・ビルディング（以下MCFTB）は，PSCと同様に，海兵隊福利厚生課の管轄に置かれた海兵隊の施設である。その活動や対象はPSC

---

19) Operational Readiness Support Program（ORSP）と呼ばれていたが，2010年3月から4月の期間に，Family Programs and Resourcesと名称変更された。
20) Transition Assistance Management Program（TAMP）と呼ばれる。
21) PSCの月間スケジュールは，基地内のさまざまな事務所に配布されている。スケジュールは，MCCSのホームページ（http://www.mccsokinawa.com/index.asp，2012年2月12日閲覧）からも見ることができる。

資料1　パーソナル・サービス・センター

| 日 | 月 | 火 | 水 |
|---|---|---|---|
| 1 | 2<br>TRS (1) 0730-1630 Hansen<br>SMOOTH MOVE 0800-1200 OSTER<br>BASIC INVESTING I 1130-1300 OSTER | 3<br>TRS (2) 0730-1630 HANSEN<br>CAR BUYING 0830-1030 KINSER<br>SPONSORSHIP 0900-1100 PSC COURTNEY<br>PROF WRITING 1000-1100 SCHWAB<br>BASIC INVESTINGII 1100-1300 SCHWAB<br>CAREER ASSESMENT 1300-1600 COURTNEY | 4<br>NOWA 0720-1400 FOSTER<br>TRS (3) 0730-163 HANSEN<br>CAREER PORTFOLIO 1000-1100 KINSER<br>BASIC JN LANGI (1-4) 1130-1300 KINSER<br>CREDIT REPORT 1130-1300 COURTNEY<br>FED GOVT 1300-1600 FOSTER<br>RESUME 1300-1600 COURTNEY |
| 8 | 9<br>TRS (1) 0730-1630 KINSER<br>SMOOTH MOVE 0800-1200 COURTNEY<br>CAREER ASSESMENT 0900-1200 HANSEN<br>SURV JN LANG 1130-1230 FUTENMA | 10<br>TRS (2) 0730-1630 KINSER<br>PRERETIREMENT (1) 0745-1600 FOSTER<br>MONEY MGMT 0830-1130 HANSEN<br>SPONSORSHIP 0900-1100 FOSTER<br>EFMPARTS & CRAFTS 0930-1030 FOSTER<br>CREDIT REPORT 1200-1400 HANSEN<br>IA IN THE MIDST 1300-1530 FOSTER | 11<br>NOWA 0720-1400 FOSTER<br>TRS (3) 0730-1630 KINSER<br>PRERETIREMENT (2) 0745-1600 FOSTER<br>MONEY MGMT 0800-1100 COURTNEY<br>ESTATE PLANNING 0830-1030 KADENA<br>RESUME 0900-1200 HANSEN<br>BASIC JN LANGI (2-4) 1130-1300 KINSER<br>FED GOVT 1300-1600 SCHWAB |
| 15 | 16<br>TRS (1) 0730-1630 SCHWAB<br>SURV JN LANG 1130-1230 HANSEN | 17<br>TRS (2) 0730-1630 SCHWAB<br>MONEY MGMT 0830-1130 FUTENMA<br>SPONSORSHIP 0900-1100 KINSER<br>LINKS 0900-1400 FOSTER<br>FED GOVT 1300-1600 HANSEN<br>CAREER ASSESMENT 1300-1600 FOSTER | 18<br>NOWA 0720-1400 FOSTER<br>TRS (3) 0730-1630 SCHWAB<br>MONEY MGMT 0830-1630 KINSER<br>BASIC JN LANGI (3-4) 1130-1300 KINSER<br>MONEY & MARRIAGE 1130-1300 COURTNEY<br>SOCIAL NETWORK 1300-1600 FOSTER<br>SOCIAL NETWORK 1300-1600 HANSEN |
| 22 | 23<br>TRS (1) 0730-1630 FOSTER<br>SMOOTH MOVE 0800-1200 HANSEN<br>CAREER ASSESMENT 0900-1200 SCHWAB<br>BASIC JN LANGIII (1-4) 1130-1300 FOSTER<br>FED GOVT 1300-1600 COURTNEY | 24<br>TRS (2) 0730-1630 FOSTER<br>MONEY MGMT 0830-1130 SCHWAB<br>LINKS 0830-1430 KINSER<br>SPONSORSHIP 0900-1100 HANSEN<br>BASIC JN LANGII (2-4) 1130-1300 FOSTER<br>CREDIT REPORT 1200-1400 SCHWAB<br>RESUME 1300-1600 SCHWAB<br>CAREER ASSESMENT 1300-1600 KINSER | 25<br>NOWA 0720-1400 FOSTER<br>TRS (3) 0730-1630FOSTER<br>INTERVIEW 0900-1200 SCHWAB<br>BASIC JN LANGI (4-4) 1130-1300 KINSER<br>BASIC JN LANGIII (3-4) 1130-1300 FOSTER<br>RETIREMENT PLANNING 1200-1400 SCHWAB<br>RESUME 1300-1600 KINSER |
| 29 | 30<br>TRS (1) 0730-1630 HANSEN<br>OBI MAKING 0900-1100 FOSTER<br>SURV JN WRITING 1130-1300 FOSTER<br>DTAP 1300-1600 FOSTER<br>BASIC JN LANGI (1-4) 1130-1300 COURTNEY | | |

備考：講座名，時間と講座開催場所の順に記載。開催場所については，紙面の都合上，基地名のみを記載。また，一部 MCFTB 用語：EFMP (Exceptional Family Member Program) とは，障害を持つ家族が軍人の転勤などで新しい任務地に移動しても，必要 IA (Individual Augmentee) とは，部隊に配属されている補強人員を指す。

(講座名) ARTS & CRAFTS　図工セミナー/ BASIC INVESTING　投資基礎講座 / BASIC JN LANG　日本語基礎講座 / BOWLING 分析セミナー / CAREER PORTFOLIO　キャリア・ポートフォリオ作成講座 / CREDIT REPORT　クレジット・レポート 遺産相続講座 / FAMILY FUN DAY　ファミリー・デー / FED GOVT　連邦政府雇用セミナー / FIELD TRIP　社会見学 間セミナー / IA PRE-DEPLOYMENT / IA RETURN & REUNION　IA 再会セミナー / INTERVIEW ためのオリエンテーション / LINKS　リンクス / MONEY & MARRIAGE　財政と結婚セミナー / MONEY MGMT　財政 PRERETIREMENT　退役前セミナー / PROF WRITING　ビジネス・ライティング講座 / RESUME　履歴書の書き方講 NETWORK　ソーシャルメディア活用就職講座 / SPONSORSHIP　転勤支援担当官研修 / SURV JN LANG　生活日本語 UNDERSTAND AUTISM　自閉症理解講座 / EFPMBOWLING EFPM ボーリング大会

(基地名) COURTNEY　コートニー/ FOSTER　フォスター / FUTENMA フテンマ / HANSEN ハンセン / KADENA　カデナ / KIN

## (PSC) の月間スケジュール (2012年4月)

| 木 | 金 | 土 |
|---|---|---|
| 5<br>TRS (4) 0730–1630 HANSEN<br>MONEY MGMT 0800–1100 FOSTER<br>JSO (HEALTH) 0900–1200 FOSTER<br>INTERVIEW 0900–1200 COURTNEY<br>BUILD A BETTER BUDGET 1130–1300 FOSTER<br>RESUME 1300–1600 FOSTER<br>RETIREMENT PLANNING 1300–1530 FUTENMA<br>IA PRE-DEPLOYMENT 1430–1600 FOSTER | 6<br>TRS (5) 0730–1630 HANSEN<br>HAMBY TOUR 0900–1100 FOSTER<br>PROF WRITING 1000–1100 FOSTER | 7<br>EFMP FAMILY FUN DAY 1100–1300 FOSTER |
| 12<br>TRS (4) 0730–1630 KINSER<br>PRERETIREMENT (3) 0745–1600 FOSTER<br>OBI MAKING 0900–1100 COURTNEY<br>INTERVIEW 0900–1200 HANSEN<br>EFMPUNDERSTAND AUTISM 1130–1230 FOSTER<br>SOCIAL NETWORK 1300–1600 SCHWAB | 13<br>TRS (5) 0730–1630 KINSER<br>PRERETIREMENT (4) 0745–1600 FOSTER | 14<br>EFMP& SEMPER FIT FAMILY FUN 0730 FOSTER |
| 19<br>TRS (4) 0730–1630 SCHWAB<br>FED GOVT 0900–1200 KINSER<br>JN COOKING CLASS 1100–1300 FOSTER<br>HOME BUYING 1100–1300 HANSEN<br>ESTATE PLANNING 1130–1300 FOSTER<br>INTERVIEW 1300–1600 FOSTER<br>JSO (SPACE A) 1300–1600 FOSTER<br>HOME BUYING 1330–1530 FUTENMA<br>IA RETURN & REUNION 1730–1930 FOSTER | 20<br>TRS (5) 0730–1630 SCHWAB<br>PREMARITAL 0830–1530 FOSTER<br>OBI MAKING 0900–1100 KINSER<br>SOCIAL NETWORK 0900–1200 KINSER<br>CAREER PORTFOLIO 1000–1100 HANSEN<br>TEA CEREMONY 1130–1300 FOSTER<br>KINSERFIELD TRIP 1200–1400 KINSER | 21 |
| 26<br>TRS (4) 0730–1630 FOSTER<br>BASIC JN LANGIII (4-4) 1130–1300 FOSTER<br>INTERVIEW 1300–1600 KINSER<br>SOCIAL NETWORK 1300–1600 COURTNEY | 27<br>TRS (5) 0730–1630 FOSTER<br>JOB FAIR SUCCESS 1000–1100 COURTNEY<br>EFMPBOWLING 1600–1700 FOSTER | 28 |
|  |  |  |

主催の講座も本書に関係あるものについては記載してある。
とする支援を受けることができるように援助・調整するプログラム。

ボーリング大会 / BUILD A BETTER BUDGET 家計簿講座 / CAR BUYING 車購入講座 / CAREER ASSESMENT 自己講座 / DTAP 傷痍軍人への職業支援講座 / EFMP& SEMPER FIT FAMILY FUN ファミリー競争 / ESTATE PLANNING ツアー / HAMBY TOUR ハンビー食料品見学ツアー / HOME BUYING 住宅購入講座 / IA IN THE MIDST IA配備ホ面接対策講座 / JN COOKING CLASS 日本料理講座 / JOB FAIR SUCCESS 就職説明会対策講座 / JSO 日本人配偶者の管理講座 / NOWA 新赴任者オリエンテーション / OBI MAKING 和紙帯作り講座 / PREMARITAL 結婚前セミナー / 座 / RETIREMENT PLANNING 定年のための資産運用 / SMOOTH MOVE 転勤前準備セミナー / SOCIAL 講座 / SURV JN WRITING 生活日本語ライティング講座 / TEA CEREMONY 茶道講座 / TRS 除隊・退役前セミナー /

SER キンザー / SCHWAB シュワブ

と大変似通っているが，支援対象を軍人家族や配偶者に特化している点が異なる。PSC が，軍人・軍属やその家族を広く対象としているのに対し，MCFTB が対象とするのはその中でも特に軍人家族や配偶者である。

MCFTB の従業員は 9 名。そのうち日本人従業員が 1 名で，軍属の民間アメリカ人男性[22]が責任者に着任している（2011 年 4 月現在）。事務所はキャンプ・フォスターにある。

MCFTB が提供する主なプログラムは，以下の 5 つである[23]。1) リンクス，2) 日本人配偶者のためのオリエンテーション，3) キー・ボランティア，4) 結婚前セミナー，5) 従軍牧師による宗教的強化プログラム。以下それぞれのプログラムの簡単な説明をする。

リンクス（L. I. N. K. S.）[24]とは，先輩軍人妻（MCFTB のボランティアである海兵隊員妻であるアメリカ人女性 4 名）が後輩軍人妻に，海兵隊組織の概要，海兵隊の任務など，海兵隊の妻として必要な基本的な知識を提供することを目的としている 2 日間のプログラムである[25]。具体的には，海兵隊の歴史，伝統や軍隊用語，手当てや支援，経済観念，派兵と別居生活，異動のコツや夫婦の効果的なコミュニケーションについて教えていく。海兵隊や軍隊の組織を理解するだけではなく，このクラスを通じて新しい友人を作る目的もある。つまり軍人妻としての誇りや責任を植えつけ，軍隊のコミュニティの一員へと導くことも，このクラスがもつ重要な目的である。

日本人配偶者のためのオリエンテーション（Japanese Spouses' Orientation: JSO）は，世界中にある米海兵隊基地の中で沖縄にしかない独特のプログラムである。日本人妻を対象に，毎月異なるテーマについて妻たちによる勉強会である。隔月

---

22) 以前は，海兵隊員が責任者であった。
23) ここでは詳しく取り上げないが，配偶者学習シリーズ（Spouses' Learning Series: SLS）というプログラムもある。これは，軍人の配偶者にワークショップやオンラインのコースを無料で提供し，個人的且つ職業上の成長を促すためのものである。
24) Lifestyle（生活スタイル），Insight（見識），Networking（交流），Knowledge（知識），Skills（技術）の頭文字を取って，リンクスと呼ばれる。それぞれの文字の意味は，次のようになる。L（生活スタイル）は，海兵隊員との新しい生活スタイルを意味する。I（見識）は，海兵隊の生活スタイルを経験してきた海兵隊の配偶者たちの経験。N（交流）は，海兵隊との生活で知りあう数多くの人々との交流を意味する。このような交流が，妻それぞれを支援するネットワークとなる。K（知識）は，軍隊から得られる特権や軍隊のコミュニティ内での生活についての知識やその利用方法，S（技術）は，知識を習得し，海兵隊の生活スタイルに反映できる技術を意味する。
25) MCCS のホームページ（http://www.usmc-mccs.org/links/index.cfm，2012 年 2 月 12 日閲覧）を参照。

になされる 3 日間の JSO は 2009 年に廃止され，現在は 1 日間の JSO が月に 2 日開催されている。3 日間の JSO の廃止理由は，3 日間で 25 から 30 の部署の説明を行なおうとすると，時間の制限から大まかな説明しかできなかったこと，また，小さな子供がいる参加者にとっては，3 日間という時間を確保することは困難であったことによる。参加者自身からも，開催時間を短縮し参加する部署の数も減らしてほしいという要望も聞かれた。それまでは，3 日間の JSO と毎回異なるテーマで行なう 1 日のクラスの 2 種類があった。1 日間の JSO は，3 日間の JSO のない月末に開催された。JSO の担当者は，日本人女性である。

　3 日間の JSO では，軍人妻にとって重要な基地内の部署から担当者がクラスに出向き，それぞれの部署の説明を行ない，質問がある場合はその場で質問をし，回答をもらうという形式である。1 日間の JSO も，3 日間の JSO と同様の形式で執り行なわれるが，1 つの事務所の担当者のみがクラスに出向くため，集中的に取り上げる点が異なる。テーマの内容は詳述はしないが，米国移民ビザや医療や教育プログラムなどさまざまである【資料 2】。配偶者ビザや子供の出生登録のクラスには，多くの妻が参加する。

　JSO の前身は，インターナショナル・スパウス・プログラム（International Spouse Program: ISP）と呼ばれた。ISP は，MCFTB の従業員で軍人妻であるアメリカ人女性によって 2001 年に開設された。韓国，ハワイや本土で見られる類似のクラスを基盤にし，日本人女性とその夫を対象に 2 日間のセミナーを開いた。セミナーでは，アメリカや軍隊の生活スタイルや慣習について説明された。だが，セミナーが開設された当初は，セミナーへの批判の声も聞かれた。その多くは，日本人女性と結婚している軍人夫からで，妻がアメリカナイズされることを嫌い，セミナーの開設について批判したという[26]。

　このように ISP 開設までには，基地内からのさまざまな反応があった。これらの基地内からの外国人妻を対象にしたクラスの創設に対する否定的な反応は，基

---

[26] その他にも，ISP の創設者であるアメリカ人女性は，軍人男性から多くの批判を受けている。ISP の創設時に参考にしたハワイの Foreign-Born Spouse という名称を沖縄で借用した際にも，多くの批判があったという。1 人の将校がこの名称について怒り，彼女にメールをしてきた。そのメールには，"We are the foreigners here!"（ここでは，我々が外国人である）との指摘があり，そのため Foreign-Born Spouse から International Spouses という名称に変更された。当初は，妻だけではなく夫もセミナーの対象としていたが，ISP となってからは，パーティなどの特別な行事を除き軍人妻のみ対象となった［Forgash 2004: 345］。

**資料2** 日本人配偶者オリエンテーションJSOの年間スケジュール（2012年1月～6月）
☆クラスは毎月2回，通常木曜日の9時～12時に開催いたしております。

| 日付け | 内容 | 時間 |
| --- | --- | --- |
| 1月5日（木） | 子育て支援プログラム／保育園や学童保育施設の紹介／知って得する栄養補助プログラムWIC／海軍病院，出生登録事務所 9：00-12：00 | 9：00-12：00 |
| 1月19日（木） | 基地内郵便局の利用方法／コミュニティ銀行，金融商品について | 9：00-12：00 |
| 2月2日（木） | MCCS教育センター／メリーランド大学／MCCS人事課／MCCSパーソナル・サービス・センター | 9：00-12：00 |
| 2月16日（木） | 子育て支援プログラム／保育園や学童保育施設の紹介／知って得する栄養補助プログラムWIC／海軍病院，出生登録事務所 | 9：00-12：00 |
| 3月1日（木） | 海兵隊法務部／カウンセリング擁護プログラム業務紹介／アメリカ赤十字／海軍・海兵隊救済支援団体 | 9：00-12：00 |
| 3月15日（木） | TMO事務所よりPCSに備えた引越し手続き等のご案内／嘉手納ハウジングオフィス | 9：00-12：00 |
| 4月5日（木） | 軍における医療保障制度トライケアのご案内／海軍病院より診療案内／歯科医療PX，BXのご紹介／カミサリー | 9：00-12：00 |
| 4月19日（木） | 無料で利用できる航空フライト，スペースAフライト（基地間定期便）について | 13：00-16：00 |
| 5月2日（水） | MCCS教育センター／メリーランド大学／MCCS　人事課／MCCSパーソナル・サービス・センター | 9：00-12：00 |
| 5月17日（木） | MCCS安全講習，海兵隊憲兵隊より基地内の交通規則について，海兵隊捜査部よりブラックマーケットについて | 9：00-12：00 |
| 6月7日（木） | 海兵隊法務部／カウンセリング擁護プログラム業務紹介／アメリカ赤十字／海軍・海兵隊救済支援団体 | 9：00-12：00 |
| 6月21日（木） | TMO事務所よりPCSに備えた引越し手続き等のご案内／嘉手納ハウジングオフィス | 9：00-12：00 |

JSOクラスは海兵隊ファミリー・チーム・ビルディング（キャンプ・フォスター内）にて開催いたしております。オリエンテーションへの参加希望の方はご連絡ください。お子様の同伴は不可ですので，ご了承ください。（受講のための・一時保育等利用時には，費用の払い戻し有）。場所や日程等は，変更になることもありますので事前にお電話にてご確認下さい。
出典：基地内配布資料

地内での外国人軍人妻の置かれた状況を表しているともいえる。ISP は，参加者のほとんどが，日本人女性であったため，2003 年に日本人配偶者のためのオリエンテーションに名称が変更された。

キー・ボランティア（Key Volunteer: KV）は，部隊と家族との間をつなぎ，情報伝達を行なう家族支援担当官を意味する[27]。軍隊の中での生活で不明な点があれば，夫の所属する部隊の KV に連絡をし，援助を受けることができる。KV になるためには MCFTB が提供するクラスを受講しなければならない。このクラスは，KV 基礎講座（Key Volunteer Basis）と呼ばれ，2 日間で KV の基本を学ぶことができる。クラスの担当者は，MCTB のアメリカ人女性従業員 1 人である。

現在では，KV を育成するクラスは廃止されており，その代わりに FRO[28] 育成のためのクラスが開催されている。FRO は KV と同じ役割をするが，ボランティアではなく雇用されている点が異なる。

結婚前セミナーは，在日米海兵隊と第 3 海兵遠征軍に配属されている現役軍人でなおかつ日本で婚姻手続きを行なう者，または外国人と婚姻を行なう者に受講が義務づけられている。したがって主な受講者は，海兵隊員あるいは海兵隊に勤める海軍兵になる。階級によって受講が免除されることはなく，将校も受講が義務づけられている。例外は，司令官が受講を免除した場合であるが，これはごく稀である。また，婚約者の受講は義務づけられていないが，海兵隊軍規はその受講を強くすすめている。従軍牧師によってセミナーは運営されている。以前はPSC 管轄であったが，2007 年 6 月から PSC から MCFTB 管轄となった。詳細は後で述べる。

宗教的強化発達プログラムである CREDO[29] は，従軍牧師が既婚男女や個人，10 代の若者を対象に，結婚生活や精神世界，個人の成長のためのリトリート（静養の場）を与えるものである[30]。

以上のような一連の家族支援活動は，米軍がいかに軍人とその家族の生活の質

---

27) 海軍ではオンブズマン（ombudsman）と呼ばれ，KV と同様な働きをする。
28) Family Readiness Officer の略である。
29) Chaplain's Religious Enrichment Development Operation の略である。
30) 従軍牧師が運営するプログラムとして，PREP（Prevention and Relationship Enhancement Program, 予防・関係強化プログラム）がある。これは，既婚や婚約関係にあるカップルを対象に，効果的なコミュニケーションのとり方や問題解決の方法など，パートナーシップを高める上で必要となる手段を教える。

(Quaility of Life: QOL) や Family Readiness (軍人家族を軍隊の指揮命令系統内へ統合すること) の問題に対して考慮し，その対策を講じているのかを示している。しかし，さまざまなクラスやセミナーが軍人妻に提供されているにも関わらず，日本人妻の置かれている状況を理解した活動とはいいがたい。

　ここではアメリカ人軍人妻たちによる，日本人軍人妻への批判的な姿勢を取り上げたい。キー・ボランティアのクラスを担当していたアメリカ人女性が，部隊の中に日本人妻がいたら，MCFTB が提供する日本人配偶者のためのオリエンテーションへの参加を促すようにと，クラスを受講していたアメリカ人妻たちに伝えた。すると，17 年のベテラン軍人妻から，「助けがほしいなら自分からいわないと分からないわ」と即座に答えが返ってきた。そこで，担当女性は，「助けをどこに求めていいのか分からない人もいるから，日本人配偶者のためのオリエンテーションにまずは行くことを働きかけるように」とさらに促す。

　クラスの休憩中に，アメリカ人妻たちの間からなぜ日本人女性が主張しないのか，従順なのかという話が出た。同じ 17 年のベテラン妻が即時に，「だから，たくさんのアメリカ人男性は日本人女性と結婚したがるのよ」という。この事例は，軍隊内での日本人軍人妻に対するアメリカ人側の一般的なステレオタイプに基づいた見方といえる。だが，より重要なことは，このような日本人軍人妻への偏見が，軍隊と家族とを結ぶキー・ボランティアを志願する女性から聞かれたということである。これは，軍隊による軍人家族支援活動が，日本人軍人妻まで必ずしも支援しきれていないことを示す 1 例であると思われる。

## 5　軍人との結婚への支援活動 ── 結婚前セミナーから

　米軍兵士の結婚には，多くの書類の提出や手続きをふみ，長い時間を要する。また，結婚する相手が外国人であれば，結婚への道のりはさらに厳しい。昔ほどではないが，現在でも米軍兵士の結婚には忍耐と時間が必要とされる。たとえば，海外で米軍兵士と結婚する際には，結婚前に軍隊が提供するセミナーを受けなければならない。それが，前述した結婚前セミナー (Premarital Seminar) である。このセミナーは，軍規によって規定されている。

　筆者もこのセミナーに参加した。ここで特に注目したいのは，セミナーの 1 日

目の午後から結婚前セミナーと並行して別の部屋で行なわれる日本人参加者向けの日本語によるセミナーである。以下，現在の結婚前セミナー設立されるまでの歴史的背景と，現在のセミナーの簡単な概要に続き，特に参与観察に基づき日本語のセミナーについて述べる。

## 5.1. 結婚前セミナーの歴史

現在，軍隊側による家族支援活動の一環として結婚前セミナーが開催されている。そもそも米軍は，占領時代から米軍兵士と日本人女性との結婚を好意的には捉えていなかった。だが，軍隊が志願制へと変わり，軍隊はさまざまな人種や文化的背景をもつ米軍兵士やその家族で構成されるようになると，現地女性と軍人との結婚を認め，新たな軍人家族像を受け入れざるをえなかった。現在では米軍兵士が安心して軍務に集中できるようにと結婚や家族への支援を行なっている。その軍隊による家族支援の1つが結婚前セミナーである。このセミナーは，前述したように軍隊の公的な支援活動としてパーソナル・サービス・センター[31]によって運営されている。

現在のように結婚前セミナーが軍隊の公的な家族支援制度として設立されるまでには，長い年月を必要とした。以下その歴史を簡単に振り返っておきたい。1947年8月1日付けの『うるま新報』によって沖縄で最初の米軍兵士と沖縄の女性との結婚が報じられた。その後，毎月数日間，横浜から米国総領事が沖縄に滞在し，結婚の手続きを受けることになったと，同月15日付けの『うるま新報』が報じている。これに対し米軍は，1948年4月1日の「琉球住民と占領軍人との結婚に関する特別布告」を通告し，米軍兵士と沖縄の女性との結婚を禁止した。これは沖縄だけに限ったことではなかった。当時の米占領軍は，被占領地で被占領地住民と親しくなることを禁じる「ノンフラタナイゼーション」(Non-Fraternization) 政策に従ったものと解釈できる。だが，この米軍の結婚禁止令は4ケ月で取り消された。これは，米軍兵士と沖縄の女性との接触を禁じることが困難で，両者の結婚が増加していったという現実への考慮が働いた結果である［澤岻 2000: 120］。

---

31) 現在は MCFTB によって運営されている。

前述したように，「無国籍児」の問題が1970年代後半から1980年代に社会的な注目を集めることになった。また，1980年代のはじめに4軍は軍人家族についての会議を開き，米軍内でも米軍兵士の結婚や家族への意識が高まった。

　海兵隊基地内で発行されている新聞 *Okinawa Marine*（1974年11月22日付け）の記事[32]によると，基地内で行なわれた最初の結婚に関するセミナーは1974年11月11日から13日に海兵隊基地キャンプ・ハンセンで行なわれた結婚ガイダンス・セミナーであると思われる。このセミナーは，海軍の従軍牧師によって実施された。セミナーは3つの部から成り，それぞれ2時間のセッションであった。参加者たちは，結婚のスピリチュアルな側面について，次に，結婚生活による精神的，経済的，そして性的な影響について，最後に身体的な側面について学んだ。また，幸せな結婚生活を営んでいるカップルと離婚経験者からの話も提供された。

　この結婚ガイダンス・セミナーから3年後に，結婚準備シンポジウムが開催された。*Okinawa Marine*（1977年6月10日付け）[33]の記事によると，シンポジウムは，1977年6月14日に海兵隊基地キャンプ・フォスターの教会で13時から16時まで行なわれた。内容は，従軍牧師によるカウンセリングや法的な手続きについてであった。シンポジウムは英語と日本語の両方で実施された。このシンポジウムの対象者は，海兵隊員だけではなく，沖縄に赴任しているすべての米軍兵士であった。同記事によると，従軍牧師であるビッチェル（C. W. Bichel）の言葉が次のように引用してある。

> 米軍兵士は，アメリカの食事を料理したことも食べたこともなく，アメリカの家を見たこともない，あるいはアメリカの店で買い物をしたことのない女性に彼らの妻になることを望んでいる。

1970年代後半の米軍兵士と日本人女性との結婚についての様子がうかがえる。軍隊側は，このような結婚に関してかなり懸念を示していたことも分かる[34]。

---

32) *Okinawa Marine* の記事（"Marriage seminar held"）を参照。
33) *Okinawa Marine* の記事（"Marriage symposium set for Camp Foster Chapel"）を参照。
34) 1981年12月17日付けの *Okinawa Marine* の記事（"Family Service Center cares in many ways"）によると，FSCでは花嫁学校（Bride School）の構想があった。1982年の3月にクラスを設ける意向が記載されていた。韓国では米軍人と結婚する韓国人女性を対象に，韓国では花嫁学校が開催されていた。海軍の従軍牧師であるラダスキー大佐は，韓国の花嫁学校について知り，沖縄でも同様な花嫁学校を建設する構想を練っていた。そこで，ラダスキー大佐は，韓国の花嫁学校を運営している福利施設である

当時，米軍兵士との結婚には，軍規によって従軍牧師と弁護士との面会が義務づけられていた。だが，個々のカップルと1組ずつ毎回面談するのは効率性に欠けていた。そこで，従軍牧師と弁護士が同時に出席する結婚前セミナーを開始すれば，結婚の条件である従軍牧師と弁護士との面会をセミナーによって果たすことができると判断した。ところが，このような便宜上の理由でうまれたセミナーに不満を感じる従軍牧師が現れた。それが，海軍の従軍牧師，ラダスキー大佐 (Captain Radasky) であった。1977年の結婚準備シンポジウムは，現在の結婚前セミナーの原型であると述べたが，ラダスキー大佐によって再編されたセミナーは現在のセミナーにより近い。また，ラダスキー大佐によるセミナーは，家族支援制度の一環としてセミナーを捉えなおすなど，1980年代の軍隊による家族支援センターの先駆けとなる歴史的重要性を含んでいる。彼は，海兵隊内での国際結婚の問題の提起に大きく貢献した[35]。

　ラダスキー大佐は，1979年から結婚前セミナーのプログラムの取りまとめ役に任命されたが，当時のセミナーの様子に不満を表した。というのも，従軍牧師や弁護士，出納官に加え沖縄国際福祉相談所[36]の代表が通訳として入っていたため，説明の後に通訳が入り，セミナーの効率性が損なわれていたからである。

　そこでラダスキー大佐は，1979年から1982年までにセミナー全体の再編成を試みた。セミナーの内容の変更とともに，彼は公的な軍隊に承認されたセミナーとしての地位を確立させた。

　1980年に軍人家族の支援制度の根幹として，前述した海軍・海兵隊家族支援

---

USO (United Service Organization) のボランティアのジューン・チョイ (June Choy) を沖縄に呼び寄せ，花嫁学校について学ぶ計画をした。その計画に，キャンプ・フォスターのUSOのディレクターとアシスタント・ディレクターはすぐに賛同した。そして，花嫁学校という名称ではないが，国際結婚カップルを対象に1982年3月15日から4月24日までにキャンプ・フォスターのUSO主催による国際結婚講座 (Intercultural Couple Workshop) が開催された。日時は，3月15日から6週間の間，月曜日と水曜日に桑江病院 (現在のキャンプ・レスター：USO海軍病院) の一室で日本語と英語で行なわれた。この講座の開催には，USOをはじめ，海軍の従軍牧師，米軍の法律事務所，家族支援センターや広報部 (Public Affairs Office: PAO) などが関わっている。講座内容は，日本とアメリカの文化の違い，アメリカの料理やエチケットやベッド・メーキング，医療制度，就職や家計など結婚生活に必要となるすべての事項について網羅されている [Radasky1987]。

35) ラダスキー大佐は，*Ministry Models: Transcultural Counseling and Couples Programs* という冊子を1987年に発行し，国際結婚カップルとのカウンセリングで自らが見てきた問題のほか，当時の米軍の国際結婚カップルへの捉え方から現在の家族支援センターの主催で行なう結婚前セミナーの開催までの経緯を詳細に記述している。

36) 原語は International Social Assistance Okinawa (ISAO) である。

センター[37]）が設立された。ラダスキー大佐は，1982年にまず，結婚前セミナー開催の責任者を従軍牧師から家族支援センターへと移すことに成功した。それにより，従軍牧師は牧師としての責務により集中することができるようになった。つまり，従軍牧師が軍務の片手間に行なっていたセミナーを，正式な軍人家族支援制度である家族支援センターの業務へと変更したのである。これによりセミナーは，軍隊による公式な活動として認められ，財政支援を受け継続できるようになった。

当時，セミナーは，毎月第2火曜日にキャンプ・フォスター内の教会の別館で13時から16時まで開催された。1981年には，20組のカップルがセミナーに参加していた。セミナーの内容は，1) 法的事項，2) 支出に関する事項，3) 従軍牧師による説明，4) 国際結婚カップルだけの「当事者集団」（パネル・ディスカッションとグループ・ディスカッション）の4つに分かれる。セミナーは，途中から国際結婚カップルとアメリカ人同士のカップルに分かれ，国際結婚カップルのみがパネル・ディスカッションとグループ・ディスカッションを受ける。セミナーの報告者は，従軍牧師，出納官，法務支援課と沖縄国際福祉相談所からの代表と国際結婚の当事者である。セミナー終了後に証明書が参加者に渡される。米軍兵士同士の結婚の場合には，米軍兵士それぞれに渡され，それ以外はカップルにつき1枚である。この証明書には従軍牧師と弁護士両方の署名がなされ，結婚の承認を軍隊から得る際に必要となる。

以下，当時のセミナーのスケジュールを紹介する（資料3参照）。

パネル・ディスカッションでは，沖縄出身の女性とアメリカ人男性の国際結婚カップル，3組をセミナーに招く。1組目は，結婚して2年から5年の新婚の若いカップル，2組目は，沖縄とアメリカでの生活経験のあるカップル，3組目は，夫は退役軍人で沖縄に永住するカップルである。これらのカップルとの話し合いを通じて，子育て，家計，義理の両親などの関係，子供の学校での問題や信仰の違いなど結婚生活において重要な問題を提起するというかたちで行なわれた。

以下，ラダスキー大佐による結婚前セミナーの内容をまとめておきたい。

これまで沖縄出身の女性と結婚しようとして従軍牧師と弁護士に面会すると，結婚が阻止されるということが多々あり，米軍兵士から不満の声が上っていた。

---

[37] 現在のパーソナル・サービス・センターである。

**資料3**　結婚前セミナーのスケジュール（1981年）

```
12：45-13：00    はじめに
13：00-13：30    従軍牧師
13：30-13：50    法務支持課の担当官
13：50-14：30    出納官（沖縄の女性は，沖縄国際福祉相談所からの通訳を通じて説明を
                受ける）
14：30-14：45    休憩
国際結婚カップルとアメリカ人同士のカップルに分かれる。
〈国際結婚カップル〉
14：45-15：30    パネル・ディスカッション
15：30-16：30    グループ・ディスカッション（男性と女性は分かれる）
16：30          終了
〈アメリカ人同士のカップル〉
14：45-16：00    コミュニケーションとストレス・マネージメント
16：00          終了
```

　そこで，このような不満を解消するため，有益な情報提供の場としてのセミナーを開始した。これによって，結婚を決めた参加者に対して結婚を思いとどまるようにと警告することもなくなった。

　国際結婚カップルのための特別な枠を作り，彼らの結婚に見られる問題や不安を取り上げ話し合う。そこでは，パネル・ディスカッションとグループ・ディスカッションという形式がとられた[38]。日本語で行なう日本人のみのグループ・セッションでは，沖縄国際福祉相談所のソーシャル・ワーカーが，彼女自身のアメリカ人との結婚生活の経験をもとに，参加者の質問に応答した。

## 5.2. 現在の結婚前セミナー ── 日本語によるセミナーを中心に

　調査時の結婚前セミナーは，2日間に渡って，キャンプ・フォスターの教会の1室で行なわれている[39]。時間は，朝の8時から16時30分までの2日間である。

---

38) 現在の結婚前セミナーでは，パネル・ディスカッションは見られないが，日本語による日本人女性のための特別なグループ・ディスカッションは，現在でも引き継がれている。ただし，結婚前セミナーは，2007年6月にパーソナル・サービス・センターから海兵隊ファミリー・チーム・ビルディングの管轄になってから，日本語のグループ・セッションが開催されているのかどうかは定かではない。
39) 2007年にMCFTBが開催するようになり，セミナーは2日から1日に短縮された。これは従軍牧師

参加希望者は，事前にPSCに電話をして予約をする。筆者がはじめて結婚前セミナーに実際に参加したのは，2005年9月に開催されたセミナーである。当時の日本人女性の参加は4名だった。全体の参加人数は30名ほどであった。結婚前セミナーの主催者は，PSC（2007年6月からMCFTB）であるが，実際にセミナーを運営するのは従軍牧師である[40]。

セミナーの内容は，1日目の午前中には，結婚の手続きに関係する事務所からの関係者がセミナーで簡単な説明し，参加者の質問に答えるといった形式で進められる。セミナーに参加する事務所は，MCFTB，PSC，法務支援課（LSSS）[41]，IPAC[42]，カウンセリング・アドヴァカシー，アメリカ総領事館などである。また，コマンド・スポンサーシップ[43]に関する事項についても説明される。コマンド・スポンサーシップとは，軍隊が，米軍兵士の家族のメンバーを認め，それにともなうさまざまな扶養手当てを与えるという承認である。コマンド・スポンサーシップがなければ，米軍兵士の家族に対する扶養手当が支給されないため，異動に伴う家族の旅費などを兵士個人で負担することになる。

1日目の午後1時からは，従軍牧師が，PREPと呼ばれるプログラムを利用して，これから夫婦となるカップルたちにコミュニケーションについて指導していく[44]。これは，2日目まで続く【資料4】。

### 日本語によるセミナー
英語による理解が困難である日本人参加者を対象に，1日目の午後のPREPに

---

によるプログラムがセミナーから消去されたためである。また，セミナーの開催場所もキャンプ・フォスター内のクラブ，オーシャン・ブリーズに移動された。

40) 横須賀米海軍基地の結婚前セミナーについては修士論文［宮西2003］で述べたが，海兵隊基地での結婚前セミナーと異なるのは，横須賀ではセミナーを主催するのは民間アメリカ人のカウンセラー男性と日本人女性のカウンセラーであった。

41) LSSS（Legal Service Support Sections，通称エルトリプルエス）は，キャンプ・フォスター内にあり，弁護士の資格をもつ海兵隊員が司令官をはじめ，海兵隊とその家族へ法的支援を行なう部局である。第3海兵兵站群（3rd Marine Logistics Group）に属しており，沖縄以外には，アメリカ本土の海兵隊基地，キャンプ・ペンドルトンとキャンプ・レジューンにある。軍法会議もこの事務所で行なわれる。

42) IPAC（Installation Personnel Administration Center，通称アイパック）とは，海兵隊人事管理課にあたる。軍人妻も，IDカードの作成や更新などで訪れることの多い重要な事務所である。

43) コマンド・スポンサーシップと結婚についての問題の詳細は後で述べる。

44) PREPの講習は海兵隊規定書には自由参加と規定しているにも関らず，セミナー自体の参加は義務づけられている。同じセミナーだが参加をめぐる規定が合致しないため，従軍牧師によるPREPはセミナーから消去された。本章注30も参照。

入る前に，日本語の補足クラスが開催されている。かつては，PSCの日本人従業員が日本人参加のために好意的に行なっていた。しかし，MCFTBへセミナーの運営が移行された際には，MCFTBに日本人従業員がいなかったため，日本語によるセミナーは自然消滅した。現在はMCFTBのアメリカ人従業員と日本人従業員2人がセミナーを運営している。このセミナーの配布資料は日本語に訳され，MCFTBの日本人従業員は1日セミナーに同席し，日本人参加者からの質問や疑問点に対応している。

PCS主催の日本語によるセミナーについて詳述すると，日本人参加者は，セミナーが開催されている部屋の真横の小さな部屋で，1時間30分くらいの補足のクラスを日本語で受けることができる。この日本語によるセミナーは，1日目の午前中に説明された内容の復習をするとともに，日本人の視点から日本語でさまざまな文化的な違いを参加者へ伝え，これから軍人妻となる彼女たちの結婚生活が順調に進むように援助することが目的である。この補足的なクラスの担当者は，PSCの従業員である沖縄の女性，島袋さんとボランティアで参加している同じく沖縄の女性，宮城さんである[45]。宮城さんは，結婚前セミナーが開始された当初からセミナーに参加しており，彼女自身が米軍兵士と結婚し離婚した経験をもつ。

筆者も日本語によるセミナーに2006年1月から管轄が移る直前に開催された2007年5月のセミナーまで参加してきた[46]。島袋さんによると1年に約150名の日本人が結婚前セミナーに参加している[47]。

2006年5月のクラスの内容を参与観察に基づいて記述する。時間は，午後1

---

[45] 宮城さんは，沖縄での米軍人との国際結婚やその結婚に関わる子供などの諸問題に長年取り組んできた人物である。

[46] 2006年1月，2月，5月，2007月1月，2月，3月，5月のセミナーに参加した。参加者がないなどの理由で開催されないことも度々あった。

[47] 結婚前セミナーに参加したForgash [2004] が従軍牧師から得たデータによると，2000年1月から2001年12月までは合計で387名の軍人が結婚前セミナーに参加した。そのうち206名は，日本人女性と結婚した。これは，全体の53％にあたる。32％の参加者は，アメリカ人同士の結婚であった。だが，この数値は，2人とも軍人であると考えられるため，正しい数値ではない。軍人同士の結婚では，軍人両方がセミナーに参加しなければならない。5％がフィリピン人，4％がメキシコ人で，1％がタイ人，その他にもオーストラリア，ベネズエラ，中国，ベトナム，ペルー，マレーシア，ルーマニア，アイルランド，プエルトリコ，シエラレオネ，セネガル，韓国，コロンビア国籍の婚約者の参加があった。この従軍牧師による数値によれば，平均して月に8人から9人は日本人女性であったという。2000年当時はおよそ100名近い日本人女性との結婚があったが，それが6年後の2006年にはおよそ150名に増えたと考えることができよう。

**資料4　結婚前セミナーのスケジュール（2012年）**

| 時間 | 内容 |
| --- | --- |
| 0830–0845 | はじめに |
| 0845–0930 | 沖縄での結婚の手続き |
| 0930–0940 | マリアナ諸島での結婚の手続き（該当者のみ） |
| 0930–0940 | 休憩 |
| 0940–0950 | パーソナル・サービス・センター |
| 0950–1015 | 米軍の管理部（IPAC）と質疑応答 |
| 1015–1030 | 米軍の医療保障制度（Tricare）と質疑応答 |
| 1015–1025 | 休憩 |
| 1025–1050 | 法務支援課（LSSS）と質疑応答 |
| 1115–1145 | 移民ビザ |
| 1145–1300 | 昼食 |
| 1300–1400 | 財政管理（パーソナル・サービス・センター） |
| 1400–1410 | 休憩 |
| 1410–1530 | コミュニケーション |

出典：基地内配付資料
注：発表者名，担当者名と電話番号は，プライバシー保護のため削除した

時30分からはじまる。この日の参加者は9名であった。参加者9名全員が沖縄県出身者であった。本島中部沖縄市の出身者が，3名，同じく中部の浦添市が2名，中部の宜野湾市が1名，中部の西原が1名と北部の金武出身が1名だった。基地が集中している本島中部出身者がやはり多い。北部の金武は，海兵隊基地キャンプ・ハンセンが所在しているため，南部の那覇などと比較すると出会いは多いであろう。参加者のうち，同棲している女性は1名で，2名は妊婦であった。妊娠している女性の1名は，相手の婚約者から経済的な援助を受けていないと言う。

　参加者の女性たちは，四角いテーブルの周りに置かれた椅子に順に座った。筆者は，宮城さんの隣に座った。島袋さんの司会でクラスは進行した。まず，島袋さんが，参加者に午前中のセミナーでどれくらい英語が理解できたかと質問を投げかける。参加者からの返答はあまりなかった。島袋さんは，1日目の午前中に行なわれた結婚の手続きについて，日本語でもう一度参加者たちに簡単に説明する。

　この確認作業は，毎回の日本語のクラスでなされた。その後で，自己紹介（島

袋さんからはじまり，宮城さん，筆者そして参加者）に続き，クラスの内容に入る。クラスでは，結婚生活の中で認められる文化の違いに関する問題が取り上げられる。それは，夫婦の間でのコミュニケーション，食生活，経済管理，口論，親からの結婚への反対，宗教，子育てについてだった。毎回のクラスは，ほぼ同様の内容である。

　PSCとMCFTBは，米軍の家族支援制度として，軍人妻たちへさまざまな支援を行なっている。それは，妻たちを軍隊のコミュニティの中に根付かせ，米軍兵士の妻として責任を持ち自立するように教育することを主な目的としている。そのような試みは，米軍兵士と結婚する前の結婚前セミナーからもはじまっていた。このセミナーでは，米軍兵士との結婚の過程や，米軍兵士の家族へ与えられている特権だけではなく，米軍兵士との結婚によって生じる責任についても教えられる。日本人には日本語による補足的なセミナーも提供されていた。そこでは，日本人の視点から米軍兵士との結婚に関する問題や文化的な差異を乗り越え，共有しようとする姿勢が見られた。ただし，これらの米軍の家族支援制度では，KVのクラスで見られたように，日本人妻の置かれた文化的背景を考慮した支援活動までには至っていないという問題点が認められる。また，結婚前セミナーについても，セミナーを行なう従軍牧師が頻繁に異動し，セミナーに一貫性が欠けているなどの問題もある。

# 第3章

# 米軍基地と地域社会との交流

 沖縄では，米軍基地と地域社会との間で米軍基地の存在をめぐって衝突や葛藤が続いている。それは，第1章で述べたように，反基地反戦闘争の軌跡からも明らかであった。その一方で，基地と地域社会との交流が日々の生活の中で創出され，継続されているのも事実である。

 米軍基地と地域社会との交流は，さまざまな規模や種類のものがある。特定の地域内で行なわれる狭い意味での交流，地元の政治家や自衛隊関係者との交流や基地の公開などは，より一般的な意味での交流である。その規模や特質は多岐に及ぶ。

 本章で取り上げるのは，米軍基地による慈善活動をはじめ，その一環である基地の公開と基地関係者が参加する地域社会での行事である。また，海兵隊基地キャンプ・シュワブと本島北部名護市辺野古との間に見られる交流やそこに認められる両義的性格にも注目する。

## *1* 沖縄の地域社会と家族

 まず，沖縄の地域社会と家族を中心に，海兵隊員との交流の場である地域社会の特徴について記述する。ここでの記述は，後に続く辺野古での米軍との交流や沖縄の女性と米軍兵士との結婚生活に関係のある側面を中心に記述していることをことわっておく。

## 1.1.「シマ」の概観

　沖縄の人との会話の中で，沖縄のどこの出身であるかということが話題にのぼることが多い。郷里のことを「生まれ島」という。シマとは，島を意味するだけではなく，村の意味である。シマは，行政単位である「区」または「字」とほぼ一致する。沖縄の人にとって，「生まれ島」は彼らの存在の根元である。そのため，島を出て何十年たっても，「〜の人」という生まれ島によって呼ばれることが多い [田中 1982: 228-229]。

　シマの共同体意識は強く，シマの人間関係は非常に緊密である。シマは，かつては内婚の慣習があり，シマ内に配偶者を求め，きわめて閉鎖的な婚姻形態の特徴があった。シマでは，それぞれのシマにまつわる物語を伝え，祖先神や超自然神に関連した聖域をもち，それぞれの世界観をもつ。

　シマ内・近隣にある聖域・神のいる森のことを御嶽(ウタキ)という。シマの人々は，御嶽の神様の子孫の 1 人として，「元一つ」であり，シマは 1 つの家であり，シマ人は家族でもある [『沖縄を知る事典』編集委員会編 2000: 256; 田中 1982: 231; 渡邉他 2008: 523]。

　これらのシマの家は，後述する門中(ムンチュウ)と呼ばれる父系出自集団に属する男性によって継続され，宗家や門中内のほかの家々との系譜関係がたどることができる。家を継ぐということは，門中内の地位を継ぎ，それに関わる規範を守り役目を負い，祖先崇拝や村の祭りに関わることを意味する [田中 1986: 235-236]。

　沖縄の伝統的なシマ共同体には，外国人や沖縄に住む本土出身者に対する排他的な意識がないとはいえない[1]。

## 1.2. 門中と祖先崇拝

　祖先崇拝とは，沖縄の固有信仰の核であり，多くの年間行事や祭祀もこれに基づいて行なわれる。33 年忌を経た使者は神化し祖霊となり，祖先として一族の崇拝の対象となる。また，33 回忌を経ていない死者は，位牌として祭られ霊位

---

[1] 本土出身である筆者は，沖縄で賃貸契約を結ぶ際に，契約とは別に保証金を支払わなければならなかった。これは，家賃が滞納された場合など，何かの不祥事が起きた際に，所属するシマがなくどこにも要求することができないため，本土出身者に限って事前に徴収しておくということだと聞いた。

となる[「沖縄を知る事典」編集委員会編 2000: 387]。

　祖先崇拝を行なう際に，中心になるのが門中と呼ばれる親族集団である。門中とは，沖縄に見られる共通の始祖を中心に父系血縁で結びつく集団である[渡邉他 2008: 508]。この父系（男系）血縁による門中に基づき，長男によって位牌と財産が継承される[2]。また，門中は，祖先崇拝を執り行なうためだけではなく，沖縄の人の日常生活の中で現在的な側面をも兼ね備えている[3]。

　超地縁的生活をもつ門中によって，沖縄の家族と親族は，非常に大規模で多様な側面をもつ。その規模の大きさは，沖縄の結婚式の模様を考えるとよく分かる。一般的に沖縄の結婚式の招待客は，200人から300人だといわれる。本土では，家族や友人だけで行なうなどその規模はだんだんと小さくなっていることと比較すると格段の差がある。

　沖縄社会で見られる血縁・婚姻関係のからみあった親戚づきあいの濃密さが，沖縄社会の特質であり，冠婚葬祭そして日常生活のすみずみまでに，この親戚づきあいが続く[比嘉 1987: 34]。玉城は，沖縄のこのような親戚づきあいについて以下のように述べている。

> 他者を包み込むと同時，他者に巻き込まれやすくなる。包み込むことが沖縄の優しさであり，一方，巻き込まれることを煩わしいとも思わない。むしろ，巻きこまれないで，ヤーニンジュ（家族共同体），シマンチュ（地縁共同体）等の共同体の枠外に置かれることに疎外を感じるのである[玉城 1997: 29]。

　このようなヤーニンジュの特徴を，玉城［1986］は「無境界家族」と呼び，沖縄の家族の構造的特徴の1つとして示している[4]。つまり，沖縄のヤーニンジュ

---

2)　位牌継承に関する社会問題は，「トートーメ問題」と呼ばれる。1980年に沖縄の地元新聞『琉球新報』にトートーメの継承問題が掲載されたことにはじまり，位牌とそれに付随する財産は男性だけではなく女性にも継承する権利があるとする運動が繰り広げられるようになった。このような男系継承の裏には，ユタという沖縄の民間の巫女の存在が注目され，長男による位牌継承や沖縄の保守的な価値観を推進するユタが批判された。[琉球新報編 1980; 沖縄県婦人団体協議会編 1981]を参照。

3)　門中には以下の3つの側面がある。1) 自己確認としての祖先崇拝，2) 相互扶助ネットワーク，3) 資産運用・文化事業団体。沖縄社会は，占領や本土復帰などによって急激に変化した。だが，門中を通して沖縄の人は，自己と祖先とを結びつけ自己確認をすることができる。また，少子高齢化社会を迎える現在，門中は育児や介護などの相互扶助の側面も担っている。さらに，門中には成員の子弟のための育英資金の貸与・給与の資産運用なども行なっており，その役割は多岐に及ぶ[渡邉他 2008: 509]。

4)　その他にも，玉城は，前述した家や位牌の継承における男系主義の原理を沖縄の家族の特徴の1つとして「男系主義家族」と呼ぶ[玉城 1986: 65-66]。また，祖先とのつながりを強くもった沖縄の家

意識は，核家族あるいは核家族的な世帯の範囲を超えて，拡大された親族体系を視野に入れている。このため，離婚などによる母子家庭や未婚の母の子供たちにまつわる問題の解決を，兄弟などに求めることが多い。また，子供を親もとにあずけ放しにしている隔世代世帯（祖父母と孫）を生むことになる。沖縄では，家族の境界が不安定で不明瞭であるため，個人の問題の解決を親や兄弟，他人に委ねることが多いのである［玉城 1986: 66-67］。

玉城は，沖縄の家族の特徴を「なんくるなる家族」とも呼ぶ。つまり，沖縄の家族は，強い連帯性や相互依存性を特徴とする地域社会に成り立っているため，問題が起きても，依然として「なんとかなる」といった姿勢のままであると指摘する［玉城 1986: 67-68］。

境界が明確化しておらず，「なんとかなる」といった姿勢が特徴の沖縄の家族であるが，一方で系譜主義が強いという特徴もある。つまり，個人は，その家族・親族への帰属によって認知される。強い系譜主義を特徴とした沖縄の家族では，家族や親族を離れた，独身主義のような個人主義的な生きかたは否定される傾向がある［玉城 1986: 65］。

こうした門中を中心とした親戚づきあいは，多くの年間行事を通じその関係を深め広がっていく【表3-1】。これらの行事を取り仕切るのは，その家の妻・母親である。母親を手伝うのは娘たちである。こうして娘と母親との間には，強い結びつきが生まれる。そして，この結びつきは，女性が結婚した後も継続される。だが，母親と娘の親密なつながりをはじめ，沖縄文化の特質である親密な親戚づきあいが，時として米軍兵士やその結婚に大きな重荷となり，軍人という職業と衝突したり結婚生活に障害になることも指摘しておきたい。

## 1.3. 女性の結婚後の2つの地位と役割

沖縄の社会では，女性は，結婚後も父や兄弟側の門中における祖先祭祀にまつわる義務を果たす［笠原 1989: 73］。つまり，女性は，結婚後も生家あるいは生家の属する門中などに対して祖先祭祀に関する義務を負い，その成員としての帰属を維持する[5]。

---

族を「祖先崇拝家族」と呼び，その特徴にも言及している［玉城 1986: 67］。
5) 比嘉によると，婚出した女性は，生家との関係で主として姉妹すなわち伝統的には「おなり神」と

表 3-1　沖縄の年間行事

| 月 | 日 | 行事名 | 行事内容 |
|---|---|---|---|
| 1 | 旧・新 1 | 正月 | 若水（若返る水）を飲み，年頭回りをする。 |
|   | 旧・新 2-3 | ハチウクシー（初起し） | 仕事はじめ。 |
|   | 2月13日 | トゥンシビー（生年祝い） | 12年ごとにめぐってくる生まれ年祝い。 |
|   | 旧 4 | 火の神の迎え日 | 前年の暮に昇天した火の神の降臨を迎える。 |
|   | 旧・新 7 | 七日節句（ナンカヌシク） | 七草雑炊を神仏に供える。 |
|   | 旧 14 | 小正月 | 塩漬けされた豚の骨付きの肉を炊き，霊前に供える。 |
|   | 旧・新 16 | ジュールクニチー（十六日） | 後世（グソー）の正月で墓前祭を行なう。 |
|   | 旧・新 20 | 二十日正月 | 正月の終わり。 |
| 2 | 旧・新 1-10 | 屋敷の御願 | 1月から6月の上半期のための御願。 |
|   | 旧 15 | 二月ウマチー | 麦の初穂祭り。 |
|   | 新3月20日前後 | 彼岸 | 仏壇に御三味（ウサンミ：豚肉，天ぷら，豆腐，かまぼこなど）と餅などを供え，紙銭を焼く。 |
| 3 | 旧 3 | 浜下り（ハマウリ） | 三月御重と蓮餅などを作り，浜に出て汚れをはらい健康祈願をする。 |
|   | 新4月5日- | シーミー（清明祭） | 門中単位で行なう墓前祭。 |
| 5 | 旧 4 | ユッカヌヒー | 豊漁祈願のハーリーが行なわれ，玩具位置がたつ。家庭では，ポーポーとチンビンを作る。 |
|   | 旧 5 | グングヮチグニチ | あまがしを作り仏壇に供え，菖蒲の根をさして邪気をはらう。 |
|   | 旧 15 | 五月ウマチー | 以遠の初穂祭り。村・門中・家々の行事。 |
| 6 | 旧 15 | 六月ウマチー | 稲大祭。稲の収穫祭り。 |
|   | 旧 25 | 六月カシチー | 新米の強飯を炊き，健康を祝う。 |
| 7 | 旧 7 | 七夕 | 墓の掃除をする。 |
|   | 旧 13-15 | お盆 | 13日に精霊を迎え，15日に送るまで祖霊を祭る。 |
| 8 | 旧 8 | トーカチ（米寿） | 88歳米寿の祝い。 |
|   | 旧 8-11 | ヨーカビー（妖怪日） | 爆竹などを鳴らし魔物を払う神事。 |
|   | 旧 10 | 屋敷の御願・シバサシ | 下半期の屋敷の御願。 |
|   | 旧 15 | 十五夜 | 月祭り。フチヤギモチを神仏に供える。 |
|   | 新9月23日 | 彼岸 | 2月の彼岸と同じ。 |
| 9 | 旧 7 | カジマヤー | 97歳の祝い。風車で祝う。 |
|   | 旧 9 | 菊酒 | 菊の葉を酒盃に入れ，神仏・火の神に備え，家内安全祈願をする。 |
| 10 | 旧 1 | カママーイ | 火の用心を呼びかけ，拝所で火除け祈願をする。 |
| 11 | 新12月20日 | トゥンジー（冬至） | 冬至雑炊を神仏に備える。 |
| 12 | 旧 8 | ムーチー（鬼餅） | 月桃（サンニン）の葉で包んだ餅を備え，家族の健康を祝う。 |
|   | 旧 24 | 屋敷の御願 | 1年間の御願の集大成。 |
|   | 旧 24 | ウガンブトゥチヒヌカンの昇天 | 正月に迎えた火の神の祈願を解く日。火の神の前を清め，洗米を供える。 |
|   | 旧30・新12月31日 | トゥシヌユール（年の夜） | 年越し豚骨汁などを食べる。 |

出典：『沖縄の冠婚葬祭』那覇出版社編 1987年，『よくわかる御願ハンドブック』よくわかる御願ハンドブック編 2006年　注：旧＝旧暦，新＝新暦

田中は，沖縄の女性が結婚後も生家の行事や出来事に気兼ねなく関与し続けることができる理由を，伝統的な村では内婚が支配的であったため，結婚後も歩いて簡単に往復できる距離に住み続けていることが多かったからであると指摘する。また，嫁として入った母や妻よりも，他家へ嫁いだ姉妹や娘が生家で優先されるのは，沖縄の女性が結婚後も娘・姉妹としての地位を，妻・母としての地位に従属させることなく保持し続けるからである［田中 1983: 241］。

　後に見るように，結婚後も生家での娘・姉妹としての地位を保持しようとする傾向が米軍兵士との結婚生活に影響を与えることになる。

　これらの多くの伝統的な村の共同体（シマ）の姿はどちらかというと理念的で，現在の沖縄の社会や家族のありかたと必ずしも合致しないことが多い。それでも，伝統的村社会を基盤とする濃密な人との交際をはじめ，祖先崇拝に基づく年間行事などは，現在の沖縄社会でも継続されていると思われる。

## 2　在沖米海兵隊と地域社会との交流

　本節では，在沖米海兵隊が沖縄の地域社会の中で行なう慈善活動，基地の公開と基地関係者が参加する地域社会での行事を取り上げる。また，海兵隊基地キャンプ・シュワブと本島北部名護市辺野古との間に見られる交流に注目しながら，その両義性についても考察する。

### 2.1. 在沖米海兵隊の「良き隣人活動」

　米軍基地が，基地周辺地域社会で行なう慈善活動を，グッド・ネイバー・プログラム（「良き隣人活動」，Good Neighbor Program）と一般に呼ぶ。米軍基地による「良き隣人活動」とは，老人ホームや児童養護施設などを訪れて行なう清掃などの多岐に及ぶ活動を指す[6]。このような米軍基地と地域住民との交流の多くは，

---

　　して祭祀上の義務を果たすと解釈されてきたとする［比嘉 1987: 23］。「おなり」とは，兄弟からみた姉妹を指し，兄弟（えきり）に対して特別な守護能力をもつと信じられる。

6）　米軍による以上のような慈善活動は，米軍の民軍作戦（Civil-Military Operations: CMO）の一環でもあるといわれる。民軍作戦とは，「軍が，文民組織（政府，NGO，現地当局，住民を含む）との間に関係を確立し，維持し，影響力を行使し，またはこれを利用する司令官の活動」である。その具体的な

沖縄の地元の新聞やマスコミでは取り上げられることはほとんどない。

在沖米海兵隊による活動については，本島中部にあるキャンプ・バトラー海兵隊基地統合報道部（Consolidated Public Affairs Office）が発行する機関誌，『大きな輪』(Big Circle) の中で取り上げられ，写真とともに英語と日本語で報じられている[7]。『大きな輪』は，年に 4 回（春号，夏号，秋号，冬号）[8] 発行され，基地内だけではなく，基地の外にも配置されている。毎号約 20 ページからなる『大きな輪』は，基地関係者以外に，在沖米海兵隊や彼らが基地外で地域社会に向けて行なう活動について知りえる貴重な情報源であるといえる。

たとえば，2007 年冬号には，「ホリデー・スピリット —— 年末年始の多彩な行事をともに祝う光が丘老人ホームと第 7 通信大隊」という見出しの記事が掲載されている。そこには，キャンプ・ハンセン第 7 通信大隊に所属する軍人たちがクリスマスに本島北部の金武町にある光が丘老人ホームを訪れた様子が取り上げられている。

記事によると，海兵隊がこの老人ホームで慈善活動をはじめて 15 年になる。夏の間は月に 2 回，冬には月 1 回，同ホームを訪問し，草刈や清掃をし，お年寄りとの交流を行なっている。クリスマスの他にも，11 月下旬のアメリカの祝日である感謝祭（サンクス・ギヴィング・ディ）には七面鳥料理とともに同ホームを訪れる。クリスマスには，クリスマス・ソングを歌いケーキを贈る。これらの活動に感銘を受けた施設長は，1 年間の奉仕活動への感謝をこめて，職員のための忘年会に部隊の代表者を招待している。また，同施設が開催する新年もちつき大会や花見，月見などの季節の行事にも，海兵隊員やその家族を招いている。同様に，部隊もボーリング大会などの機会にホームのお年寄りや職員を招待している。

だが，以上のような『大きな輪』が取り上げる米海兵隊による活動には，さま

---

目的は，「米国の国家目標追求を支援すること，軍事作戦の効率性を高めること，軍事作戦が文民にもたらすマイナスの影響を縮減すること」の 3 つである［等 2007: 35］。米軍の CMO の教義については，http://www.fas.org/irp/doddir/dod/jp3_57.pdf（2012 年 3 月 3 日閲覧）を参照。

[7] キャンプ・バトラー海兵隊基地のホームページから英語と日本語で記事をダウンロードすることもできる。http://www.kanji.okinawa.usmc.mil/BigCircle/BigCircle.html（日本語），http://www.okinawa.usmc.mil/BigCircle/BigCircle.html（英語），2012 年 3 月 3 日閲覧。『大きな輪』に掲載されている記事のほとんどは，沖縄出身女性（編集長）によって写真撮影をはじめ，取材から記事の執筆（英語と日本語）までが行なわれている。なお，2009 年 1 月から第 2 代目の編集長による刊行がはじまる。

[8] 2005 年に発行された『大きな輪』には，巻と号が記載されていたが，2006 年以降は，春，夏，秋，冬号と変更されている。

ざまな思惑があるとして強い批判も聞かれる。吉田は,「良き隣人活動」には政治的意図があり,その政策は住民の心を買収しようとする欺瞞策であると厳しく批判している。このような米軍による活動は,米軍基地がもつ諸問題を隠し,米軍の駐留を「美化」しようとする幼稚な茶番劇であると指摘する。吉田は,米軍基地の迷惑に耐えてきた人々に,米軍が勝手に「良き隣人」を名乗り,あたかも軍人・軍属たちが「慈善の使者」ででもあるかのように見せるのは,住民に対して失礼ではないかとも述べている[吉田 2007]。

　吉田の指摘は,確かに「良き隣人プログラム」の政治的意図を明らかにしている点で意味がある。しかし,単純に政治的意図のみでこうした活動を解釈してしまうのも問題である。ボーリング大会などに注目すると海兵隊員が老人ホームで過ごした活動以外の機会にも,両者がお互いを誘いあい時間を共有していることが分かる。地域社会の中で,ボランティアを何十年も続けていくうちに,そこに政治的利益に還元できない深いつながりが構築されるのではないだろうか。それは,沖縄の米軍基地をめぐって日本とアメリカとの間で行なわれる政治的な意図を超えた空間の中で,地域住民と海兵隊員が沖縄で生きる一個人として直接触れ合い,互いを理解しあえる貴重な経験を相互にもたらしているのである。とはいえ,沖縄の米海兵隊員と地域住民との間にある両者の複雑な感情の交わりを無視するわけにはいかない。この点については後述する。

## 2.2. 基地の一般公開

　米軍基地は年間を通じて数回特別に公開される。だが,基地の全体が公開されるのではなく,基地の一部だけが公開される。地域住民は,出店などでアメリカの食事や雰囲気を楽しむ。基地や行事の内容によっては,戦車,戦闘機やヘリコプターなどの兵器の展示もされる【写真8】。

　基地の公開は,主にアメリカの行事に合わせて行なわれる。たとえば,7月4日の独立記念日には嘉手納基地が公開されてきた。9.11以後中止されていたが,2008年には再開が決行された。10月30日のハローウィーンには,子供に混じり大人たちも仮装しキャンプ・フォスター内でアメリカの雰囲気を楽しむ。クリスマスの行事やイースターの際にも基地が一部公開される。筆者が参加した,2006年10月30日のキャンプ・フォスターのハローウィーンでは,車をお化け

写真8 基地内フェスティバルで子供たちを軍用車に乗せる母親

写真9 基地内のハローウィーンでお菓子をもらう地元の子供たち

屋敷に見立て，車から子供たちにキャンディーをあげるという催しだった。通常のハローウィーンでは，「トリック・オア・トリート」(Trick or treat) といいながら子供たちが家々を回るところを，フォスターでは，車 (trunk) を使うため，「トランク・オア・トリート」に変えられていた。通常は入ることのできない基地内であるため，アメリカの文化に子供を触れさせようとする多くの沖縄の親とその子供たちの姿があった【写真9】。沖縄の母親たちが子供たちに，「トリック・オア・トリート」と英語でいうようにと子供に諭す姿は印象的であった。

ハローウィーンの行事は、基地内だけではなく、基地内外に住む軍人・軍属の各家でも行なわれる。基地がハローウィーンのために一般に公開された日時には、日本人の子供もアメリカ人の子供に混じって各家を回る。基地の外に住む米軍兵士と結婚した日本人妻によると、沖縄の中学生たちは、ハローウィーンの日に基地関係者たちが住む住宅地を訪ねるとお菓子がもらえると分かっているため、仮装もせず学校帰りに制服のままアメリカ人宅へ訪れる。このため彼女の家にもやってきた中学生たちに、仮装をして訪れるように注意をしたという。

　アメリカの行事以外にも、基地が週末に公開される。すなわち、5月下旬のキャンプ・シュワブでのフェスティバルからはじまり、7月下旬はキャンプ・ハンセン、8月には普天間飛行場が公開される。また、9月下旬は、キャンプ・フォスターや本島北部にある米軍保養地であるオクマも開放される。基地が公開される際には、多くの地元住民が基地内に入ってくる。基地内ではドルと円で買い物をすることができる。

　筆者は、普天間飛行場、キャンプ・フォスターやシュワブの基地公開に参加することができた。いずれの場合も多数の日本人家族が認められた。大人たちは、戦車やヘリコプターに子供と一緒に入り、写真を撮っていた。また、軍服を着たアメリカ人と一緒に写真を撮ってほしいと頼む姿も多く見られた。後述するように、基地の公開は米軍兵士と日本人女性との出会いの場でもある。

　毎週末、在沖米海兵隊基地でフリー・マーケットが行なわれている。第1週目の土日（12時から15時まで）はキャンプ・フォスター、第2, 4, 5週目（7時から10時まで）はキャンプ・コートニー、第3週目（12時から15時）はキャンプ・キンザーで行なわれている。日米地位協定の身分をもつ基地関係者たちが、基地内で不要品を売る。フリー・マーケットには多くの地域住民が参加する。特に、異動（PCS）[9]の時期である5月から8月と10月から1月には不用品を処理するために多くの人が参加する。異動の際には階級や家族の数によって重量手当てが決まる。だが、手当てに相当する重量を超えた分の料金は個人で出費しなければならない。そのため、多くの基地関係者が不要品を販売しようと必死である。一方、沖縄の地域住民たちにとっても、普段は目にすることのないアメリカ製品を安価

---

9) PCSとは、Permanent Change of Stationの略で異動を意味する。米軍関係者との会話ではよく聞かれる軍隊内での用語である。

で購入できる良い機会である。フリー・マーケットで不用品を販売する際に必要な参加料は15ドルである。軍隊から異動命令を受けていれば，5ドルで参加できる。購入者は無料である。

## 2.3. 沖縄の行事に参加する基地関係者

　沖縄県内各地で年間を通じて行なわれるさまざまな行事にも，多くの基地関係者の姿が見られる。見物人に混じって行事に参加することもあれば，これらの行事に直接関わることもある。

　1月中旬頃から2月の上旬には，本島北部の本部で八重岳桜祭りが同じく本島北部の名護では桜祭りが行なわれる。日本一早い桜を見るために，米軍関係者も北部まで遠出をする。3月初旬から下旬までは，東部の東村のつつじ祭りも同様に人気がある。4月下旬からゴールデン・ウィークまでは離島の伊江島で開かれるゆり祭りに参加する基地関係者も多い。ハーリーのシーズンの5月には，地元のハーリー参加者に混じって，基地関係者も多くの行事に参加する。ハーリーとは，沖縄県内各地の漁港でサバニと呼ばれる伝統漁船を使ってなされるレースである。那覇ハーリーは特に有名である。

　本島中部の沖縄市の夏のイベントは7月初旬に行なわれるピースフルラブ・ロックフェスティバルである。嘉手納空軍基地から近いこともあり，多くの基地関係者が参加する。夏になると県内各地で花火大会が開催されるが，本島北部の本部の海洋博公園サマーフェスティバルには基地関係者も参加することが多い。祭りシーズンである7月には，米軍関係者の姿を県内各地で目にする。7月の祭りで人気があるのは，名護の夏祭りや中部の浦添のてだこ祭り，北谷のシーポートちゃたんカーニバルである。

　沖縄の盆が近づきエイサー（祖先供養の際の踊られる集団の踊り）の時期が到来する。8月初旬には，那覇の国際通りで行なわれる一万人のエイサー踊り隊を見物する関係者は多い。はごろも祭りは中部の宜野湾で行なわれる有名な夏祭りである。そこで行なわれるカチャーシー[10]大会には地元の参加者に混じって基地関

---

10) カチャーシーとは，祝宴の後に行なわれる即興踊り。古典舞踊の足さばきは，床面をすって運ぶり足であるのに対して，カチャーシーは床面をトントンと軽く踏みながら踊り，両手は軽く頭上に挙げて手の平を返しながら踊る［渡邉他 2008: 133］。

係者も出場する。夏の最大の祭りは，沖縄市で行なわれる沖縄全島エイサーまつりである。ここには，基地関係者で構成される沖縄市国際交流協会のエイサーのグループも参加する。また，同日には，オリオンビアフェストがエイサー大会の隣で行なわれており，地元のビールを飲みながら，エイサーを見学し祭りを楽しむ。

10月中旬には，那覇祭りが国際通りで行なわれる。2日目の那覇大綱引きには，多くの若い海兵隊員や在沖米軍関係者が沖縄の人に混じって綱引きに参加する。沖縄では，年間を通じてマラソン大会が開催されるが，沖縄市で11月中旬に開催される中部トリムマラソン大会には基地関係者の姿もある。11月下旬には，沖縄市のゲート通りでは沖縄国際カーニバルやゲート2フェスタが行なわれる。クリスマスのイルミネーションは，中部の沖縄市の東南植物楽園（2010年12月に閉園）が人気である。年末は，沖縄の人とともに基地関係者がカウントダウンする光景が見られる。本島南部の糸満で開催される130万県民「平和の光」いとまんピースフルイルミネーションはその1つである。

以上のように，多くの米軍基地関係者たちは，年間を通じた沖縄の地域社会の行事を見物するだけではなく，行事に積極的に参加している。

## 3 辺野古とキャンプ・シュワブ

前述したように，米海兵隊基地キャンプ・シュワブが所在する名護市辺野古は，普天間飛行場の代替施設の移設予定地である。新基地建設をめぐって抗議運動が繰り広げられていることでも知られている。抗議運動は，長期にわたり座り込みや海上阻止行動も行なわれており，沖縄だけではなく全国的に知られている。だが，このような基地反対運動は，地域住民以外の人々もたくさん参加しているといわれる。後述するように，辺野古の住民とキャンプ・シュワブは「友好的」な関係を築いているからである。

まず，辺野古とキャンプ・シュワブについての歴史を概観し，参与観察からキャンプ・シュワブと辺野古の地域住民の係わり合いについて述べる。その際に，キャンプ・シュワブが参加した辺野古の行事の1つである，第4回辺野古区民運動会を取り上げる。ここでは取り上げないが，キャンプ・シュワブの海兵隊は，

写真10　辺野古のハーリーに参加する海兵隊の偵察部隊（RECON）

写真11　ボランティアで幼稚園児に英語を教える海兵隊員

写真12　辺野古の入り口

　区民運動会以外にも相撲大会やハーリー【写真10】にも参加し，地元の小学校においてボランティアの英語クラスをもつ【写真11】などの活動も行なっている。

## 3.1. 辺野古とキャンプ・シュワブの歴史

　名護市辺野古区は，那覇から 67 キロメートル北上し，沖縄本島の東海岸に位置する総面積 10.83 平方キロメートルの村落である。2011 年 3 月の辺野古区の人口と世帯数は，人口 1,970 人で 1,124 世帯となっており，昭和 40 年をピークに減少している[11]。以下，Inoue［2007］を参照しながら辺野古区とキャンプ・シュワブの歴史を概観したい。

　沖縄戦が終わり，沖縄は琉球列島米国民政府（USCAR）[12]の統治下に置かれた。1955 年の夏に，USCAR は辺野古での米軍基地建設のために土地接収を行なうと通告した。辺野古村長は，琉球政府に嘆願書を提出して助けを求めたが，土地接収が実施されることになった。辺野古の村長たちは，地域開発を進めるためにUSCAR からの提案を受け入れた。しかし，いくつかの条件を USCAR に提案したのである。それらは，辺野古の住民を立ち退かさずに，辺野古に電気と水を供給し，新しい基地で辺野古の住民を従業員として雇うこと，また，辺野古の土地を利用するのではなく米軍に貸付け，その土地で住民に農業をさせることであった。1956 年のクリスマス・イブに軍用地契約を結び，1 年後の 1957 年に新しい基地，キャンプ・シュワブの建設がはじまった。基地建設の場所は，戦後米軍による収容キャンプがあった場所であった。基地が辺野古に建設され，辺野古は大きく変化する。基地建設によって，沖縄のさまざまな場所から辺野古に人が流れ，男性は基地建設のため建設業で働き，女性は基地周辺のレストランやバーで働き，辺野古が活気に満ちていく。辺野古の状況は十分な補償金もなく「銃剣とブルドーザー」による強制土地接収がされた沖縄本島の他の地域とかなり異なっていた。

---

11) 辺野古区ホームページ（http://www.henoko.uchina.jp/，2011 年 2 月 14 日閲覧）と名護市役所ホームページ（http://www.city.nago.okinawa.jp/4/3565.html，2011 年 12 月 27 日閲覧）を参照。

12) 1945 年 3 月に沖縄に上陸した米国陸軍・海軍による軍政機構である琉球列島米国軍政府（United States Military Government of the Ryukyu Islands）に沖縄は統治されていた。1950 年に，米軍政府を廃して，新たに設立された沖縄統治のための米国政府の出先機関である琉球列島米国民政府（United States Civil Administration of the Ryuku Islands: USCAR）が設立された。沖縄の長期的統治のためには，これまでの占領政策では住民の協力を得がたいという米国の判断から，形式的ではあるが軍政から民政へと移行する必要があるという考えが背景にあった。だが，名称が軍政府から民政府に変わったのみで，その実態には何の変化もなかった。なお，1972 年の本土復帰で閉庁された［沖縄タイムス編 409-413: 1983］。

ようやく1959年にキャンプ・シュワブが建設された。辺野古は,「アップル・タウン」(Apple Town) と命名された【写真12】。街づくりに関して多大な協力をしたアップル少佐にちなんでつけられた。当時, 150から200もの米軍関係者向けのバーやレストランなどがあった。1960年代のベトナム戦争時には, 辺野古は基地の街として大繁盛した。だが, ベトナム戦争が終焉に近づくにつれ, キャンプ・シュワブの米軍兵士の数が減り, 辺野古の経済にも衰えが生じてきた。1970年代後半になると, 何百もの基地内従業員は解雇された。また, 同時に辺野古の人口も減少した。1990年代になると, さらに辺野古の経済は悪化し, 少なくとも3分の2のバーやレストランは閉鎖しており, もはやかつての辺野古の面影はない。

現在辺野古では, 年間行事にキャンプ・シュワブの海兵隊員たちを招き, 基地と地域社会との間に「親善」(friendship) 関係を築こうとしている。こういった行事には辺野古の村長をはじめ, 基地の司令官なども参加する。「辺野古—シュワブ親善委員会」が年に1回開催され, 辺野古と基地との問題解消の取り決めや, 辺野古での行事の案内も行なわれる [Inoue 2007: 117]。

## 3.2. 第4回辺野古区民運動会

辺野古の区民運動会には, キャンプ・シュワブの隊員たちも11班として参加する。彼らは区の一員として参加する【写真13】。筆者は, 辺野古の住民である好美と一緒に参加した。好美は, 80代前半の沖縄出身女性で, 米軍兵士と結婚していたが, 彼はすでに亡くなっている。彼女は, 現在辺野古で1人暮らしをしている。好美とは, インタビューを通じて出会った。以下, フィールド・ノートを中心に運動会の様子を記述する。

朝7時30分頃に, 辺野古にある好美の自宅に着いた。好美と朝食を終えて, 9時からはじまる運動会の会場となる運動場へ行く。運動会の本部のテントに行き, キャンプ・シュワブの渉外官[13]である沖縄出身男性, 棚原さんに挨拶をした。

運動会は, 参加者の入場からはじまる。辺野古は, 11班まで分かれている。

---

13) 英語では community relations specialist と呼ばれ, 日本人基地内従業員の職種の1つである。その職務は, 米軍基地と基地所在地の地域社会との間に友好関係を維持するために, 仲介者として働きかけることである。基地司令官の通訳などもその業務に含まれており, 職務は多岐に及ぶ。

写真13　キャンプ・シュワブの区旗
　　　　（11班）をもつ海兵隊員

　それぞれの班の旗をもって参加者が行進する。キャンプ・シュワブは11班だが，旗をもっていなかった。好美は，キャンプ・シュワブは旗を忘れているとすぐに指摘した。開会式では，君が代が流れ国旗掲揚が続いた。日の丸の隣には辺野古の区旗も掲げられた。

　競技がはじまった。筆者は，好美と一緒に7区のテントに戻り運動会を観戦した。80メートル，50メートル競争からはじまり，男女小学生から60代までがそれぞれの年代ごとに走った。次に障害物競走，タイヤ回しリレーが続いた。好美は，グランド・ゴルフに出場した。

　ムカデ競争には，キャンプ・シュワブの渉外官の棚原さんに誘われ，キャンプ・シュワブの11班の一員として筆者も出場することになった。棚原さんが筆者を11班のテントに連れて行き，一緒に競技に参加する海兵隊員を紹介してくれた。彼らは，ニューヨーク出身のアフリカ系アメリカ人男性（19歳），ダラス出身のメキシコ系の男性（19歳）と白人男性（20代前半）だった。女性が2人足らなかったので，7班にいた中学生くらいの「ハーフ」[14]に見える2人の女の子に頼んで

---

14)「ハーフ」(half) とは，国籍の違う両親との間に生まれた子供を指す。「ハーフ」は，半分日本人で半分外国人であり，そこには欠陥や欠如しているという意味が含まれている。そのため，最近では「ダ

第3章　米軍基地と地域社会との交流　101

写真14　辺野古の区民運動会で景品を受け取る
　　　　海兵隊員

11班に参加してもらった。

　メキシコ系の海兵隊員が，筆者に「左は日本語で何というの？」と英語で質問してきたので，「ヒダリ」と答えた。「右は？」とさらに聞かれたので，「ミギ」と答えた。彼は，筆者と女の子2人に「ヒダリ，ミギ，ヒダリ，ミギ」と嬉しそうに話す。筆者は，アメリカ系アメリカ人海兵隊員とメキシコ系海兵隊員の間の2番目に入った。メキシコ系海兵隊員の掛け声とともに，11班は走り出した。「ヒダリ，ミギ，ヒダリ，ミギ」。結果，11班はビリだった。

　次の競技は，家族リレー，自転車競走リレー，婦人リレーが続いた。キャンプ・シュワブの隊員たちは，余興リレーに参加した。体を日々鍛えている海兵隊員たちは早かった。リレーに参加した後で景品として，海兵隊員たちはトイレットペーパー（12個入り）を1つずつもらっていた【写真14】。日本のトイレットペーパーを嬉しそうにもつ姿が，印象的だった。景品を手にする彼らに「どんな気分？」と尋ねると，「変な気分だけど，トイレットペーパーは誰もが必要とするものだしね」と苦笑いだった。

　13時過ぎになって昼食の時間がきた。好美が事前に筆者のお弁当も注文して

---

ブル」（double）という，2重のルーツをもつことを肯定的に捉えた表現が使われることも多くなってきた。その他にも「アメラジアン」（amerasian）という名称もある。アメラジアンの研究については，［マーフィー重松 2002］を参照。本書では，より一般的に使われている「ハーフ」という言葉を使用する。アメラジアンについては，第9章でもう1度沖縄の女性と軍人との間に生まれた「ハーフ」の子供たちを取り巻く状況について取り上げたい。

写真 15　運動会の閉会式で整列した辺野古の子
　　　　供たちと海兵隊員

くれていた。昼食の後で，婦人会，老人会の余興で盆踊りを踊った。キャンプ・シュワブの海兵隊員も，盆踊りに参加し手をつなぐ。海兵隊員たちも一生懸命，見よう見まねで踊っていた。

　7 班の女性応援団長が目立っていたので「だれ？」と好美に尋ねると，辺野古でバーを営んでいる女性だと答えてくれた。彼女は，真っ赤な着物の上にオムツを重ねたコスチュームを着て，海兵隊のテントに来ていた。奇抜な衣装に海兵隊員はすこし警戒していた。

　昼食後，多種目リレー，小学生による三角綱引き，ゴール回し競争リレー，夫婦リレー，代表リレー，ラグビーボール転がしリレーがあった。ジュースの美味飲み干し競争にはシュワブの海兵隊員も出た。最後は，女性総合リレーと男性総合リレーで終わった。閉会式には，各班の旗をもち整列した【写真15】。運動会の参加者には米2キロが配られ閉会した。

　閉会式後，それぞれの班は反省会をしていた。7 班の参加者たちはバーベキューをするみたいだ。筆者は，好美と一緒にキャンプ・シュワブで夕食を食べることにした。辺野古を出る手前に，運動会に参加していた海兵隊員たちが道路でたむろしている姿が見えた。彼らは，好美の車に乗る筆者に気がついて手をふってくれた。わたしも窓を開けて手をふった。

　自宅に着くと，地元の新聞琉球新報の一面は，「人間の鎖　嘉手納包囲」が第一面に載っていた。記事には，米空軍嘉手納基地の機能強化に反対するため，1

万 5270 人（主催者発表）が参加し，「人間の鎖」で同基地を囲んだ．同基地の包囲行動は 7 年ぶり 4 回目と報じている．

　沖縄本島中部の嘉手納基地の周りを，基地反対運動のために沖縄の人が手をつなぎ包囲していた時間に，同じ沖縄本島北部の辺野古では，キャンプ・シュワブからの海兵隊員が 11 班として区民運動会に参加していたことを考えると，沖縄の米軍基地と地域社会の間にある，ある種の矛盾を感じる．以下，このような矛盾を超えたところにある米軍基地と地域社会との間に形成される関係性について考えてみたい．

## 4　矛盾を越えて

　沖縄では，米軍基地と地域住民との間にさまざまな交流が見られる．それは，海兵隊による地域社会でのボランティア活動などにはじまり，多岐にわたる．年に数回基地が一般に公開される際や沖縄の伝統行事など，沖縄では基地関係者と地域住民とが交わる機会が多い．両者の距離も近い．それが本土の米軍基地と地域社会との関係とは異なるところでもあるが，そのような近さは名護市辺野古の地元の行事に参加するキャンプ・シュワブの海兵隊員たちの姿に認めることができた．こうした交流は，基地関係者による犯罪や基地反対運動などに見られる基地と地域社会との緊張関係からはほど遠いものであった．

　吉田は，これらの海兵隊による基地周辺地域での活動には，政治的意図が認められ，その政策は住民の心を買収しようとする欺瞞策であると厳しく指摘していた［吉田 2007］．だが，光が丘老人ホームでの活動に見られたように，海兵隊員が老人ホームで行なうボランティア活動以外の機会にも，両者がお互いを誘いあい，時間を共有していた．政治・軍事的な意図を超えて，地域住民と海兵隊員とが一個人として，つながりを構築しているのである．

　とはいえ，Inoue［2007］が指摘するように，沖縄の米海兵隊員と地域住民との間にある，単なる「親善」という言葉で片づけられない問題があることにも注目したい．Inoue は，次のように指摘する．

　　これらの行事に参加する海兵隊員たちは，地元の行事に参加して幸せではあるが，

「親善」という名のもとで行事に参加しており，対等な参加者としてではなく，距離感のあるゲストとして盛り込まれていることで疎外感をもっている。彼らは，非常に孤独を感じている［Inoue 2007: 120-121］。

　また，Inoue は，辺野古の「親善」という考えに内在する冷酷な特徴があると感じている。それは，辺野古の基地擁護派の住民の言葉に表れている。「自分の娘はアメリカ人と結婚してほしくない」あるいは「お金がなくなれば，親善活動も終わりである」［Inoue 2007: 123］。この辺野古の住民の言葉は，第 1 章で述べた日本政府から米軍基地所在地へ支払われる基地周辺整備費（補助金）や基地交付金の存在を無視して，辺野古とキャンプ・シュワブとの間にある関係を述べることはできないことを示している。

　海外に駐留する米軍基地と駐留国との間には，基地の所在をめぐって行なわれる政治的なかけひきが確かに存在する。だが，このようなかけひきとは関係なく，米軍関係者と基地所在地に住む地域住民たちは，個人としてお互いに知り合う機会を経て，理解を深めていることも事実である。そこで創出されている新しい関係性に注目することにより，沖縄社会のさまざまな側面が見えてくる。その 1 つが，本書の中心テーマである米軍関係者と沖縄出身女性との交際・結婚である。

# 第2部

# 出会い，結婚，葛藤

普天間飛行場公開フェスティバルに参加する米軍兵士と日本人女性

第2部では，米軍兵士と日本人女性が出会い，結婚し，家族生活を営む世界について，男女の語りをもとに記述する。軍隊と沖縄社会とがしだいに近づき重なる過程を浮き彫りにしたい。第2部は，第4章で紹介する米軍兵士と結婚した日本人女性4名と，日本人女性と結婚した米軍兵士5名の経験を中心に構成されている。この中には海兵隊員以外の事例も入っていることをことわっておきたい。

　沖縄において米軍兵士との交際は，否定的な視点から語られることが多い。特に，米軍兵士と交際する本土出身の女性については，性的な視点から捉えられてきた。しかし，米軍兵士と日本人女性の出会いについてはさまざまなかたちが存在するのであって，その出会いは決して一時的な快楽のためのものに限らない。また，交際と結婚までの過程には，米軍兵士の赴任期間や結婚前の妊娠などの問題が生じるが，それはこれからはじまる結婚の世界の一部にすぎない。

　米軍兵士との結婚生活は，沖縄の家族と軍隊との2つのつきあいを中心に営まれている。沖縄の社会の特徴ともいえる親密な家族関係が，米軍兵士との結婚生活の障害になる。沖縄の女性たちは，結婚により今までフェンスの外から見ていた軍隊や基地という世界に踏み入れることになる。こうして，これまで抱いていた米軍兵士に対する否定的な思いにも変化をもたらす。しかし，米軍兵士の妻になったからといって，戦争・基地反対という環境で育った沖縄の女性にとってすぐに基地を擁護できるわけではない。

　カップルは，言語，特に子供の言語めぐる問題，アメリカでの生活での偏見，家計の価値観の差など多くの葛藤を抱えながら結婚生活を営んでいる。また，これらの結婚生活では，性生活の問題に悩む米軍兵士の姿も浮き彫りとなる。

第4章

# 9名の男女の紹介

　本章では，海兵隊員と結婚した4名の日本人女性と日本人女性と結婚した米軍兵士の5名を取り上げ，それぞれの出会いから結婚生活までの経験を記述する【表4-1】【表4-2】。出身地や家族構成など異なる環境にあるが，それぞれの立場から結婚生活の中で模索し悩む姿が見えてくる。

　本章は，1人1人の生をできるだけ全体として提示するように努めている。というのも，第5章以後での軍人妻やその夫たちの生活世界がテーマごとに記述・分析するために全体像がなかなか見えにくくなるからである。このため，本章で描かれる人物のエピソードが，後にも繰り返し現れることをことわっておく。

## *1* 夏江

　「無駄な戦争をしてほしくない。特に沖縄は平和運動をしてきているから，見てきてほしい。見て学んで，自分のやっている仕事と自分の個人の生き方を見てほしい」(夏江)

　宮古島 (現平良市) 出身の夏江は，基地内で働く30代前半の女性である。夫，マイケルは，海兵隊普天間飛行場に所属する海兵隊員 (下士官, E-5) である。彼は，アメリカ南部ミシシッピ州出身の白人男性である。2人には子供はいない。彼らは，海兵隊基地キャンプ・フォスター内の住宅地に犬1匹と一緒に住んでいる。

　夏江は，沖縄の文化や伝統や沖縄の男性に対して強い嫌悪感を抱いている。そのような嫌悪感が，アメリカ人男性に惹かれる要因の一部となっている。軍人妻

表 4-1　軍人と結婚した 4 名の女性のプロフィール

| | 出身地<br>年齢<br>学歴 | 子供 | 職業 | 住居 | 出会いの年<br>場所<br>結婚の年<br>遠距離恋愛の有無 | 親からの反対 | 沖縄の行事への参加 | 日本人妻の組織の活動 | 基地問題 | 夫の出身地<br>年齢<br>学歴<br>職業・エスニシティ |
|---|---|---|---|---|---|---|---|---|---|---|
| 夏江 | 沖縄<br>30代前半<br>大学 | なし | 基地内従業員 | 基地内 | 1999年<br>基地内の夫の職場<br>2000年<br>なし | あり | なし | JWC・JSO | 基地反対 | ミシシッピ州<br>30代前半<br>高校<br>海兵隊（E-5）・白人 |
| 加奈子 | 沖縄<br>20代後半<br>大学 | 娘2人<br>4歳<br>1歳 | SOHO<br>(Web製作) | 基地外 | 1998年（大学1年）<br>サルサのクラブ<br>2000年<br>なし | あり | あり | JWC | 基地反対 | ミシシッピ州<br>20代後半<br>高校<br>海兵隊（E-5）・白人 |
| 洋子 | 沖縄<br>20代後半<br>短大 | 息子1人<br>1歳 | 基地内従業員 | 基地外 | 2004年<br>基地内職場<br>2005年<br>なし | あり | なし | JWC・JSO | 基地擁護 | バージニア州<br>30代前半<br>高校<br>海兵隊（E-5）・白人 |
| 美由紀 | 本土<br>30代前半<br>大学 | 息子1人<br>6ヶ月 | 専業主婦 | 基地外 | 2002年<br>サルサのクラブ<br>2003年<br>なし | なし | 該当しない | JWC・JSO | 基地擁護 | オクラホマ州<br>30代前半<br>高校<br>海兵隊（E-7）・白人 |

JWC: Japanese Wives Club
JSO: Japanese Spouses' Orientation

第4章 9名の男女の紹介　109

**表 4-2 沖縄の女性と結婚した5名の男性のプロフィール**

| | 出身地<br>年齢<br>学歴 | 子供 | 職業<br>エスニシティ<br>階級<br>除隊・退役<br>除隊・退役時の階級 | 住居地 | 出会いの年<br>出会いの場所<br>結婚の年<br>遠距離恋愛の有無と期間 | 親からの反対 | 沖縄の行事への参加 | 基地問題 | 妻の出身地<br>年齢<br>学歴<br>職業 |
|---|---|---|---|---|---|---|---|---|---|
| テリー | オハイオ州<br>40代後半<br>修士 | 息子2人<br>24歳・21歳<br>娘1人<br>18歳 | 海兵隊<br>E-9<br>白人<br>現役<br>該当なし | 基地外 | 1980年夏<br>基地内のUSO<br>1981年<br>なし | 反対 | する | 基地擁護 | 沖縄<br>50代前半<br>高校<br>専業主婦 |
| ロドニー | フロリダ州<br>30代後半<br>修士 | 息子2人<br>2歳・6ヶ月 | 海軍<br>E-7<br>白人<br>現役<br>該当なし | 不明 | 1999年<br>基地内での結婚式<br>2004年<br>3年間の遠距離恋愛 | なし | する<br>(宗教の問題) | 基地擁護 | 沖縄<br>40代前半<br>大学<br>基地内従業員 |
| リチャード | コネチカット州<br>30代後半<br>大学 | 娘2人<br>11歳・9歳 | 軍属<br>不明<br>白人<br>退役<br>空軍(E-8) | 基地外 | 1989年<br>中の町のクラブ<br>1993年<br>2年間の遠距離恋愛 | 父親：否定的<br>母親：なし | 不明 | 沖縄に<br>同情的な<br>意見 | 沖縄<br>30代後半<br>短大<br>専業主婦 |
| ロバート | アラバマ州<br>40代前半<br>高校 | 息子1人<br>2歳<br>娘1人<br>6ヶ月 | 軍属<br>不明<br>白人<br>除隊<br>海兵隊 | 基地外 | 1996年<br>基地内のボーリング場<br>2003年<br>なし | 不明 | する<br>(言葉の問題) | 基地擁護 | 沖縄<br>30代後半<br>高校<br>会社員(基地外) |
| チャールズ | ペンシルベニア州<br>50代後半<br>博士 | 息子1人<br>40代前半 | 軍属<br>不明<br>白人<br>退役<br>空軍(E-9) | 基地外 | 1968年<br>沖縄市のバー<br>1970年<br>なし | 母親：否定的 | する | 基地擁護 | 沖縄<br>60代前半<br>短大<br>専業主婦 |

表 4-3 基本給表（単位：ドル）(2012 年 1 月 1 日現在)

| 階級 | 2年あるいは2年以下 | 2年以上 | 3年以上 | 4年以上 | 6年以上 | 8年以上 | 10年以上 | 12年以上 | 14年以上 | 16年以上 | 18年以上 |
|---|---|---|---|---|---|---|---|---|---|---|---|
| 大将 O-10 | | | | | | | | | | | |
| 中将 O-9 | | | | | | | | | | | |
| 少将 O-8 | 9683.1 | 10000.2 | 10210.8 | 10,269.60 | 10,532.40 | 10,971.00 | 11,073.30 | 11,489.70 | 11,609.10 | 11,968.20 | 12,487.80 |
| 准将 O-7 | 8045.7 | 8419.8 | 8592.6 | 8,730.00 | 8,979.00 | 9,225.00 | 9,509.40 | 9,792.90 | 10,077.30 | 10,971.00 | 11,725.50 |
| 大佐 O-6 | 5963.4 | 6551.7 | 6981.3 | 6,981.30 | 7,008.00 | 7,308.60 | 7,348.20 | 7,348.20 | 7,765.80 | 8,504.10 | 8,937.60 |
| 中佐 O-5 | 4971.3 | 5600.4 | 5988 | 6,061.20 | 6,303.00 | 6,447.60 | 6,765.90 | 6,999.30 | 7,301.10 | 7,763.10 | 7,982.40 |
| 少佐 O-4 | 4289.4 | 4965.6 | 5296.8 | 5,370.60 | 5,678.10 | 6,007.80 | 6,418.50 | 6,738.30 | 6,960.60 | 7,088.10 | 7,161.90 |
| 大尉 O-3 | 3771.3 | 4275.3 | 4614.6 | 5,031.00 | 5,271.90 | 5,536.50 | 5,707.80 | 5,988.90 | 6,135.60 | 6,135.60 | 6,135.60 |
| 中尉 O-2 | 3258.6 | 3711.3 | 4274.4 | 4,418.70 | 4,509.60 | 4,509.60 | 4,509.60 | 4,509.60 | 4,509.60 | 4,509.60 | 4,509.60 |
| 少尉 O-1 | 2828.4 | 2943.9 | 3558.6 | 3,558.60 | 3,558.60 | 3,558.60 | 3,558.60 | 3,558.60 | 3,558.60 | 3,558.60 | 3,558.60 |
| 1准 WO-1 | | | | | | | | | | | |
| 2准 CWO-2 | 3,897.60 | 4,192.50 | 4,312.80 | 4,431.30 | 4,635.00 | 4,836.90 | 5,040.90 | 5,348.70 | 5,618.10 | 5,874.30 | 6,084.00 |
| 3准 CWO-3 | 3,558.90 | 3,707.40 | 3,859.50 | 3,909.30 | 4,068.90 | 4,382.70 | 4,709.10 | 4,862.70 | 5,040.60 | 5,224.20 | 5,553.60 |
| 4准 CWO-4 | 3,149.40 | 3,447.30 | 3,539.10 | 3,602.10 | 3,806.40 | 4,123.80 | 4,281.00 | 4,436.10 | 4,625.40 | 4,773.30 | 4,907.40 |
| 5准 CWO-5 | 2,764.50 | 3,061.80 | 3,141.90 | 3,311.10 | 3,511.20 | 3,805.80 | 3,943.50 | 4,135.50 | 4,324.80 | 4,473.60 | 4,610.70 |
| 上級曹長・再先任上級曹長・海兵隊最先任上級曹長 E-9 | | | | | | | | 4,708.80 | 4,950.00 | 5,108.10 | 5,267.70 |
| 先任曹長 E-8 | | | | | | 3,854.70 | 4,025.10 | 4,130.70 | 4,257.30 | 4,394.40 | 4,641.60 |
| 1曹 E-7 | 2,679.60 | 2,924.70 | 3,036.60 | 3,185.10 | 3,300.90 | 3,499.80 | 3,611.70 | 3,810.90 | 3,976.20 | 4,089.00 | 4,209.30 |
| 2曹 E-6 | 2,317.80 | 2,550.30 | 2,662.80 | 2,772.30 | 2,886.30 | 3,143.10 | 3,243.30 | 3,436.80 | 3,496.20 | 3,539.40 | 3,589.80 |
| 3曹 E-5 | 2,123.40 | 2,265.90 | 2,375.40 | 2,487.60 | 2,662.20 | 2,845.20 | 2,994.60 | 3,012.90 | 3,012.90 | 3,012.90 | 3,012.90 |
| 伍長 E-4 | 1,946.70 | 2,046.30 | 2,157.30 | 2,266.50 | 2,363.10 | 2,363.10 | 2,363.10 | 2,363.10 | 2,363.10 | 2,363.10 | 2,363.10 |
| 上等兵 E-3 | 1,757.40 | 1,868.10 | 1,981.20 | 1,981.20 | 1,981.20 | 1,981.20 | 1,981.20 | 1,981.20 | 1,981.20 | 1,981.20 | 1,981.20 |
| 2等兵 E-2 | 1,671.30 | 1,671.30 | 1,671.30 | 1,671.30 | 1,671.30 | 1,671.30 | 1,671.30 | 1,671.30 | 1,671.30 | 1,671.30 | 1,671.30 |
| 新兵 E-1 | 1491.00 | | | | | | | | | | |

第4章 9名の男女の紹介

| 階級 | 20年以上 | 22年以上 | 24年以上 | 26年以上 | 28年以上 | 30年以上 | 32年以上 | 34年以上 | 36年以上 | 38年以上 | 40年以上 |
|---|---|---|---|---|---|---|---|---|---|---|---|
| 大将 O-10 | 15,647.10 | 15,723.30 | 16,050.60 | 16,620.00 | 16,620.00 | 17,451.00 | 17,451.00 | 18,323.40 | 18,323.40 | 19,239.90 | 19,239.90 |
| 中将 O-9 | 13,685.10 | 13,882.50 | 14,167.20 | 14,664.00 | 14,664.00 | 15,397.50 | 15,397.50 | 16,167.60 | 16,167.60 | 16,975.80 | 16,975.80 |
| 少将 O-8 | 12,966.60 | 13,286.40 | 13,286.40 | 13,286.40 | 13,286.40 | 13,618.80 | 13,618.80 | 13,959.30 | 13,959.30 | 13,959.30 | 13,959.30 |
| 准将 O-7 | 11,725.50 | 11,725.50 | 11,725.50 | 11,785.20 | 11,785.20 | 12,021.00 | 12,021.00 | 12,021.00 | 12,021.00 | 12,021.00 | 12,021.00 |
| 大佐 O-6 | 9,370.50 | 9,617.10 | 9,866.70 | 10,350.60 | 10,350.60 | 10,557.30 | 10,557.30 | 10,557.30 | 10,557.30 | 10,557.30 | 10,557.30 |
| 中佐 O-5 | 8,199.30 | 8,446.20 | 8,446.20 | 8,446.20 | 8,446.20 | 8,446.20 | 8,446.20 | 8,446.20 | 8,446.20 | 8,446.20 | 8,446.20 |
| 少佐 O-4 | 7,161.90 | 7,161.90 | 7,161.90 | 7,161.90 | 7,161.90 | 7,161.90 | 7,161.90 | 7,161.90 | 7,161.90 | 7,161.90 | 7,161.90 |
| 大尉 O-3 | 6,135.60 | 6,135.60 | 6,135.60 | 6,135.60 | 6,135.60 | 6,135.60 | 6,135.60 | 6,135.60 | 6,135.60 | 6,135.60 | 6,135.60 |
| 中尉 O-2 | 4,509.60 | 4,509.60 | 4,509.60 | 4,509.60 | 4,509.60 | 4,509.60 | 4,509.60 | 4,509.60 | 4,509.60 | 4,509.60 | 4,509.60 |
| 少尉 O-1 | 3,558.60 | 3,558.60 | 3,558.60 | 3,558.60 | 3,558.60 | 3,558.60 | 3,558.60 | 3,558.60 | 3,558.60 | 3,558.60 | 3,558.60 |
| 1准 WO-1 | 6,930.00 | 7,281.60 | 7,543.50 | 7,833.30 | 7,833.30 | 8,225.40 | 8,225.40 | 8,636.40 | 8,636.40 | 9,068.70 | 9,068.70 |
| 2准 CWO-2 | 6,288.60 | 6,589.20 | 6,836.10 | 7,117.80 | 7,117.80 | 7,260.00 | 7,260.00 | 7,260.00 | 7,260.00 | 7,260.00 | 7,260.00 |
| 3准 CWO-3 | 5,776.20 | 5,909.40 | 6,051.00 | 6,243.30 | 6,243.30 | 6,243.30 | 6,243.30 | 6,243.30 | 6,243.30 | 6,243.30 | 6,243.30 |
| 4准 CWO-4 | 5,067.60 | 5,173.20 | 5,256.90 | 5,256.90 | 5,256.90 | 5,256.90 | 5,256.90 | 5,256.90 | 5,256.90 | 5,256.90 | 5,256.90 |
| 5准 CWO-5 | 4,776.90 | 4,776.90 | 4,776.90 | 4,776.90 | 4,776.90 | 4,776.90 | 4,776.90 | 4,776.90 | 4,776.90 | 4,776.90 | 4,776.90 |
| 上級曹長・再先任上級曹長・海兵隊最先任上級曹長 E-9 | 5,523.60 | 5,739.60 | 5,967.30 | 6,315.30 | 6,315.30 | 6,630.60 | 6,630.60 | 6,962.40 | 6,962.40 | 7,311.00 | 7,311.00 |
| 曹長・先任曹長 E-8 | 4,766.70 | 4,980.00 | 5,098.20 | 5,389.50 | 5,389.50 | 5,497.80 | 5,497.80 | 5,497.80 | 5,497.80 | 5,497.80 | 5,497.80 |
| 1曹 E-7 | 4,256.10 | 4,412.40 | 4,496.40 | 4,815.90 | 4,815.90 | 4,815.90 | 4,815.90 | 4,815.90 | 4,815.90 | 4,815.90 | 4,815.90 |
| 2曹 E-6 | 3,589.80 | 3,589.80 | 3,589.80 | 3,589.80 | 3,589.80 | 3,589.80 | 3,589.80 | 3,589.80 | 3,589.80 | 3,589.80 | 3,589.80 |
| 3曹 E-5 | 3,012.90 | 3,012.90 | 3,012.90 | 3,012.90 | 3,012.90 | 3,012.90 | 3,012.90 | 3,012.90 | 3,012.90 | 3,012.90 | 3,012.90 |
| 伍長 E-4 | 2,363.10 | 2,363.10 | 2,363.10 | 2,363.10 | 2,363.10 | 2,363.10 | 2,363.10 | 2,363.10 | 2,363.10 | 2,363.10 | 2,363.10 |
| 上等兵 E-3 | 1,981.20 | 1,981.20 | 1,981.20 | 1,981.20 | 1,981.20 | 1,981.20 | 1,981.20 | 1,981.20 | 1,981.20 | 1,981.20 | 1,981.20 |
| 2等兵 E-2 | 1,671.30 | 1,671.30 | 1,671.30 | 1,671.30 | 1,671.30 | 1,671.30 | 1,671.30 | 1,671.30 | 1,671.30 | 1,671.30 | 1,671.30 |
| 新兵 E-1 | | | | | | | | | | | |

出典：国防財政会計部（Defense Finance and Accounting Service: DFAS）http://www.dfas.mil/militarymembers/payentitlements/militarypaytables.html（2012年4月10日閲覧）を参照　注：1准 WO-1＝1等准尉

として強い意識をもつ夏江であるが，基地問題については沖縄出身者として平和を願う。そこに，軍人妻でありながら，基地のない平和な沖縄を望む夏江のジレンマが見える。

　夏江の両親は宮古島に住む。兄弟は兄1人と姉2人である。宮古島では祖父母も同居しており，夏江は8人家族という大家族の中で育った。高校を卒業して，夏江は沖縄県本島の短大に通うために那覇に移り住んだ。夏江は，短大では英語を専攻していたが，沖縄国際大学に2年生から編入をしている。大学を卒業後沖縄県内で就職する。

　彼女には2人の日本人男性と交際した時期がある。それは夏江が学生の頃だった。20歳の頃からアメリカ人との交際をはじめた夏江の興味は，日本人男性からアメリカ人男性へと完全に移行した。その理由は，アメリカ人の個人主義だという。また，夏江は，日本人男性へ強い嫌悪感を示す。

　彼女の嫌悪感は，宮古島での伝統的な文化や慣習に強く結びついた家庭環境で育ったことと関係している。夏江の父親は長男である。そのため，正月，旧盆，旧正月などの年間の行事には，父親の兄弟姉妹など親族一同が彼女の実家に集まる。彼女は，こういった行事の際には，台所で母親の手伝いをしなければならなかった。短大への進学で本島に移り住んでいても，行事ごとに宮古に帰らなければならなかった。

　彼女の実家は，長男一家であるため家の中にはいくつもの神様を祀る場所があり，それぞれの神を祀る行事が執り行なわれる。これは長男の嫁の仕事である。夏江は，母親がこういった仕事をするのを見ながら育ってきた。彼女は，宮古島や沖縄本島の男性とは結婚したくないという。本土の男性のほうがいいとも話す。ここにも彼女の宮古島や沖縄の文化や慣習への強い拒否反応が見られる。

　このような環境で育った夏江が，はじめてアメリカ人男性と交際する。宮古島にいる両親に，アメリカ人との交際が発覚してしまう。両親からは，アメリカ人との交際を強く反対される。そのうち，そのアメリカ人男性と別れることになるが，別れ話がこじれ，彼はストーカーとなって窓の鉄格子を壊すこともあった。

　それでも，アメリカ人との交際は楽だったという。その後も彼女はアメリカ人男性との交際を重ねた。彼女の交際相手は，メキシコ人やペルー人などのアメリカ人男性以外も含め，プエルトリカンなどのヒスパニック系が中心であった。それは，彼女のサルサ好きが関係している。

写真16　基地内住宅地

　夏江が，現在の夫マイケルと出会ったのは1999年11月末であった。当時彼女は民間のコンピューターの会社に勤務していたが，基地内のコンピューターの修理のため基地内に入ることが多かった。その際にマイケルと出会う。マイケルの一目ぼれだったと夏江はいう。彼は女性の気持ちがよく分かるため，夏江にとってマイケルは話しやすく，一緒にいてとても楽だったので，すぐに意気投合した。

　2人の交際がはじまって約6カ月後に，夏江はマイケルからプロポーズを受ける。金曜日の夕方彼女は，彼が住む兵舎で仮眠をとってからクラブに遊びに出かけた。そして，クラブから戻ってきた彼女を迎えにきたマイケルは，結婚のプロポーズを駐車場でした。

　だが，夏江の両親からの反対は激しかった。半年待って，彼女は2000年10月に結婚した。結婚後，沖縄に2，3年滞在した後，アメリカのカリフォルニア州にある海兵隊基地29パームズ（29 Palms）に異動となった。そして，2003年に沖縄に戻ってきた。2人はまだ結婚式を挙げていないが，結婚5年目に基地内で行なうことを考えている。

　夏江は，軍人妻としての意識が非常に高い。アメリカから沖縄に戻ってきてから，基地内の軍人家族の支援をする部署でボランティア活動をした経験をもつ。これは，海兵隊員の妻として他の日本人妻の結婚生活が円滑になるように，なんらかの活動をしたいという夏江の思いからであった。また，夏江は，米軍関係者

と結婚している日本人妻による相互扶助組織，日本人妻の会[1]にも関わっている。

米軍兵士の妻としての強い自覚と，沖縄の基地問題への思いは対立する。また，マイケルとも，沖縄の基地問題に関して意見がぶつかる。日頃から沖縄の基地問題について意見が食い違う2人であったが，彼女の母校である沖縄国際大学の敷地内へ米海兵隊所属のヘリコプターが墜落した事故に際して，夏江の母親がマイケルについて心配してくれたのが彼女は嬉しかったという。それは，マイケルが米軍兵士ではなく，彼女の夫で家族の一員であると認められていることの現れだからである。

## 2 加奈子

「もし夫がイラクに行き，人を殺さなければならなくなったとき，どうしてあげたらいいんだろう」（加奈子）

本島北部大宜味出身の加奈子は，SOHOでウェッブ製作を行なう20代後半の女性である。彼女の夫アレックスは，海兵隊基地キャンプ・ハンセンに所属する海兵隊員（下士官，E-5）である。アレックスはミシシッピ州出身の20代後半の白人男性である。2人には4歳と1歳になる娘がいる。本島中部のうるま市にアパートを借りて住んでいる。

彼女が生まれ育った大宜味村は，芭蕉布の里として有名な，非常に静かでのどかな村である。彼女は，同級生が7名くらいしかいない大宜味村で，両親，妹2人と一緒に高校生まで過ごす。加奈子は，高校卒業後，2浪して琉球大学に入学する。大学に入るまでは，親のいうことを聞くのも苦にならない優等生であった。大学入学後，夫のアレックスとの出会いで彼女の人生は大きく変わる。

彼女がアレックスと出会ったのは，1998年12月のサルサ・パーティであった。彼に好かれていたので非常に楽であったと当時の交際について加奈子は語る。アレックスが加奈子にとって最初のアメリカ人のボーイ・フレンドであっ

---

[1] Japanese Wives Club (JWC) については第10章で詳述する。

た。

　アレックスは，留学生と思われることが多かった。そういったことがあって，加奈子にとって彼と交際することにあまり抵抗はなかった。もし，彼が典型的な米軍兵士であったなら交際していなかったと加奈子はいう。

　大宜味村に住む両親に，交際して1年半後の2000年9月に彼を紹介する。それは，彼がちょうどアメリカの基地に異動になる前であった。加奈子の両親は，一時的な交際だと考えていた。彼を紹介した1カ月後2000年10月に，加奈子の妊娠が発覚する。彼女が大学3年生のときであった。すでにアメリカに異動していたアレックスは，加奈子を迎えに沖縄にきた。加奈子の母親は中絶をさせようとしていた。そこで，加奈子は子供を守るためにアメリカにかけおちをする。

　アメリカから，加奈子は両親に手紙を出したが，返事は1通もこなかった。アメリカには約2年滞在し，夫の異動命令で加奈子はアレックスと生まれてきた娘とともに，2002年10月に沖縄に戻ってきた。そして，2004年3月に加奈子は大学を卒業した。

　あれほど結婚に反対し，中絶までさせようとしていた加奈子の両親も，現在は孫を溺愛しており，1週間に1度は会っている。加奈子は，子供を守りたいという必死な気持ちだったと，当時をふりかえる。

　加奈子のアメリカでの生活は，彼女が想像していた以上に困難なものであった。ジョージア州で2年間過ごしたが，当時加奈子もアレックスも全く経済感覚がなく，その生活は苦しかった。ただし，アメリカに行ってから，彼女の語学力は格段に伸びた。自然と英語が口から出るようになった。それゆえに彼を傷つけてしまうこともある。言葉の壁があったほうがいいかもしれないと，加奈子は笑いながら語る。

　加奈子は，沖縄に帰ってきてから，米軍兵士の妻としての自覚をもとうと思い，日本人妻の会に入会し，積極的に活動をしている。加奈子は，自らもアメリカで大変な経験をしたので，そういった経験を生かして他の日本人妻を支援したいと思っている。

　アレックスは，毎週教会に通う熱心なクリスチャンである。加奈子は交際しているときに，彼から聖書をもらう。アメリカでは教会に通っていたが，沖縄に帰ってきてからは教会に行っていない。加奈子は，宗教について心を閉ざさないでおきたいと思っている。宗教について彼女は次のように述べる。「神様みたい

なのはいると思うけれど、それがなぜジーザスじゃないといけないのかが分からない。祈りたくなる気持ちがあるけれど、それがジーザスに向けてなのかは違うわけよ。こんなにたくさんの人を惹きつけている宗教に興味がある。でも、なんでこんなにたくさんの宗派があるのか、それがうさんくさいわけよ」と。一方、加奈子は沖縄の火の神[2]を信じ、台所はいつも清潔にしている。沖縄では、台所が汚れていると悪いことが起きると信じられているからである。

　沖縄に帰ってきてから、加奈子は積極的に沖縄の行事に参加している。そこにはアレックスも参加する。ただし、クリスチャンである彼は、沖縄の祖先崇拝を通して、キリスト教にお祈りしている。アレックスは、加奈子の両親が大事にしていることは尊重しようとしていると加奈子はいう。加奈子が大学を卒業してから、加奈子の両親は彼を家族の一員として迎え入れている。

　加奈子は、アメリカでの生活を経験して米軍兵士に対する見方が変わったと語る。しかし、沖縄に帰ってくると、米軍兵士とは関わりたくないと思ってしまう。彼女は、自分の夫が米軍兵士であることを周りの人に伝えることに躊躇する。

　加奈子は、沖縄で基地を反対することはできない。基地がないほうがいいが、軍隊は現在必要だと考えている。彼女は、イラクへ夫が派兵している妻に向かって戦争反対などとはいえない。そういう人たちの気持ちを傷つけないようにと、いつも彼女は考えている。彼女は沖縄で沖縄の女性、軍人妻としての複雑な立場を抱えながら、他の妻や米軍関係者の気持ちを察しながら生きている。

## 3　洋子

「自分は笑ってミリ妻（軍人妻）ですとはいえない。自分は、もっと重いです。ミリ妻とはいいたくない。いいさ、お金もらえるさ、カミサリー〔基地内の食料品店〕行けるさ、PX〔基地内のデパート〕連れて行って。これが嫌です。これが一番嫌」（洋子）

---

[2] 火の神（ヒヌカン）は、沖縄の台所に祀られており、家庭を見守る家の神として守護神的な生活が強い。家族の健康や病気快復・旅行の安全・厄払いを祈願する。火の神を管理するのは、その家の妻の役割である。

写真17　映画館（キャンプ・フォスター）

　沖縄県の離島出身の洋子は，海兵隊基地内で働く20代後半の女性である。彼女の夫，アンソニーは海兵隊普天間飛行場に所属する海兵隊員（下士官，E-5）である。彼は，アメリカ東部バージニア州出身の白人男性である。2人は，1歳になる息子と一緒に本島中部に住んでいる。

　彼女には，両親と2人の弟がいる。離島出身である洋子は本島に移住し，親と離れて1人暮らしをしながら高校に通った。島の慣習に従ってきた陽子であるが，伝統行事中心の生活はできないという。

　洋子は，高校卒業後本島の短大に進学し英語を専攻する。在学中に基地内従業員になればもっと英語を勉強できることを知り，懸命に英語の勉強し基地内で就職しようとする。

　洋子は，在学中に派遣会社を通じて，基地内のウェイトレスの仕事に就く。大学卒業後，沖縄の民間会社で働いていた洋子は，ついに嘉手納空軍基地のピザ屋でのアルバイトを見つける。ピザ屋を皮切りにいくつか基地内の仕事に就き，現在，普天間飛行場内でサービス業に就いている。彼女が夢にまでみた基地内就職であった。だが，普天間飛行場は本島北部への移設の可能性がある。そのため彼女は将来の不安も抱えている。

　洋子がアンソニーと出会ったのは，普天間飛行場内で働いているときであった。出会いは，2004年1月，洋子が26歳でアンソニーが23歳であった。交際して2カ月で，アンソニーからプロポーズされる。結婚について両親から強い反対を受ける。母親は，外国人なんかと結婚したら外には出られないと嘆いていた。しかし，彼女の母親にとって，外国人との結婚よりも彼女が外国に行くことに問題

があったのではと洋子は分析する。そんな中洋子の妊娠が発覚する。順番が違うと批判されたが、那覇のホテルで結婚式を行なう。出席者の8割が、洋子の出身島からであった。

洋子の結婚生活がはじまる。交際中は、アンソニーは何でも食べたという。沖縄の料理も食べていたが、結婚後、冷凍ピザを食べてから、沖縄料理や日本料理を一切食べなくなった。依然は、アンソニーは、インターネットのゲームに夢中で、食事もばらばらであったが、最近になってようやく夕食を一緒に食べるようになってきた。

沖縄には民間の巫女、ユタがいる。沖縄の女性は、ユタを利用することが多い。洋子には、米軍兵士と国際結婚をした叔母がいるが、彼女もユタを利用している。洋子も何かに行き詰ったときなどにユタを利用したいと考えている。しかし、彼女はユタを利用したからといって、生活が良くなるわけではないと考えている。「自分の気持ちしだいだし、自分が頑張らないと変わらない」と現実的に見ている。

洋子は、沖縄に住み続けたいという思いが強く、アンソニーとの交際中から、基地内の仕事をやめないことと、アメリカには行かないと伝えていた。洋子は、彼が退役をして将来沖縄に戻って生活をする際に、年金や保険などのことも考え、基地内従業員として退職することを希望している。また、離婚したときのことも考えて、沖縄にいるのは将来のためでもあるという。しかし、息子のことを考えると複雑な気持ちになる。米軍兵士の異動という問題を抱える洋子であるが、アンソニーには米軍兵士として退役してほしいと考えている。それは、退役後に軍隊から支給される恩給や補償などの安定した生活があるからである。

外国人と結婚すると思ったが、アメリカに行くとは思っていなかったと洋子は語る。結婚相手は、沖縄が好きだとか、沖縄にいたいという人が条件であった。結婚前、アンソニーはアメリカには行かないと彼女に断言した。それで彼女は結婚を決め、両親も許してくれたという。

洋子は、子供を日本語のできる日本人として育てたいと強く思っている。多くの日本人妻が、子供を米軍基地内の学校やクリスチャン・スクールなどの英語の学習環境が整っている学校に入れる中、洋子は子供を英語の環境には入れたくないと考えている。また、将来、息子が軍隊に入ったら困るので、子供は日本人として育てると彼女は決めている。

米軍兵士の妻は孤独である。友人はつくりづらいと洋子は述べる。だが，洋子は友人に頼りきりでもない。彼女自身の気持ちが分かるのは，彼女自身しかいないこともよく理解している。また，仕事と家庭の両立で悩む洋子は，専業主婦の妻たちへの苛立ちを顕わにする。多くの日本人妻は専業主婦が多い。そういう中，洋子のような悩みを共有できる日本人妻は少ない。

　洋子は，日本人妻の会の会員であるが，仕事をもつ洋子には参加が難しい。また，すでに会の中にはグループがいくつもできていて，なかなか仲間に入れてもらえないと不満をもらす。「結婚後，旦那とうまくいかなくなると大変。何か1つ自分がしっかり地面に足をくっつけておけば，なんとかなる」。これは彼女が基地内の仕事を保持する理由の1つであると考える。

　基地内の仕事を保持しておきたいと考える洋子は，基地擁護派である。基地がなくなれば夫も沖縄にはいられなくなる。アレックスは，普天間飛行場所属なので，夫が退役するまでは，基地を残しておいてほしいと洋子は願う。また，夫がアメリカ本土に異動することが決まっていても，沖縄に残りたいと考えている。しかし，そうなると父親が不在で子供が寂しくなる。

　米軍兵士と結婚し，沖縄で結婚生活を送る洋子。沖縄の女性としての彼女の深い悩みや戸惑いが感じられる。また，専業主婦ではない仕事をもつ軍人妻として，結婚生活の中で揺れ動く彼女の思いが垣間見られる。

## *4* 美由紀

「1回足をつっこんだら抜けられない世界なんだなと思う。みんなさ，国際結婚というと，すごいグローバルな印象を受けるでしょう。あ，もう世界に目が向いているねというけれど，実際は何て世界は狭いのかと思う。軍人社会。米軍兵士の奥さん集団は，本当に狭い中で動いていて，会えば人の噂ばかり」(美由紀)

　本土出身の美由紀は，30代前半の専業主婦である。彼女の夫，ダニエルは，海兵隊基地キャンプ・ハンセンに所属する海兵隊員 (下士官，E-7) である。ダニエルは，アメリカ中部オクラホマ州出身の白人男性である。2人には6カ月になる息子がおり，本島中部のアパートに住んでいる。彼は，2005年9月から1年

半の間アフガニスタンに派兵中である。
　彼女の家族構成は，両親と妹2人で，彼女は長女である。美由紀の父親は，国家公務員であったため3年ごとに異動する生活を送った。彼女の出身地には米軍基地はなく，アメリカ人にも英語にも全く興味がなかった。無関心なのは，彼女の父親がアメリカ人嫌いだったからである。彼女の祖父が沖縄戦で戦死している。そのため美由紀の父親は，祖父はアメリカ人に殺されたと思っている。彼女の家族は，みんな同様な考えであるという。
　美由紀は，地元の国立大学を卒業後，本土で塾の講師として働いていたが，沖縄に派遣される。美由紀は，沖縄に来てはじめて米軍基地の存在を知る。美由紀は，アメリカ人自体には興味はないが，『トップ・ガン』などの戦争映画は好きであった。だが，美由紀にとって，当時，基地やアメリカ人は恐ろしい存在であった。
　美由紀は，沖縄出身の従業員たちの時間や締め切りに対する意識の低さなどで戸惑うことが多かった。そんな美由紀に楽しみはなかった。ある日，彼女は英語を習得したいと思い，海兵隊普天間飛行場の近くのビリヤード場，「アラバマ」に行き始めた。ここには，米軍関係者もよく訪れる。しだいに知り合いも増え，美由紀はサルサを覚えた。そこからアメリカ人男性との接触も増えた。美由紀がクラブに行きはめじたのは30歳のときだった。サルサを踊るためにクラブに通う美由紀であったが，ダンスが目的だったと語る。周りの日本人女性が着飾って交際相手を探す一方で，美由紀はTシャツとスニーカーであった。アメリカ人としか交際しないという，いわゆる「アメ女」[3]との相異を強調する。
　美由紀は，2002年10月20日に本島中部北谷にある「サードフロア」というクラブでダニエルと出会う。美由紀とダニエルは31歳であった。美由紀は交際して4カ月ほどで結婚を決めた。
　美由紀の父親は，結婚について話を聞こうともしなかった。父親は，「そんな結婚はありえない。アメリカ人だ。俺の親父を殺した相手だ」といわれるが，最後に，父親は諦めて結婚を認めた。
　ダニエルは，あと8年で退役となる。美由紀は，彼に死ぬまでマリーン（海兵隊員）でいてほしいと伝えた。ダニエルは，美由紀から軍人を続けることを反対

---

3）第5章で後述する。

されると思っていた。彼の性格をよく理解している美由紀は，彼が米軍兵士でいることを応援している。美由紀にとって，異動や出張の多い米軍兵士の生活スタイルは問題ではなかった。

　2003年9月に結婚して1年後，2004年9月に妊娠するが，同時にダニエルのアフガニスタンへの派兵命令が下りる。これは，2001年9月11日の米国同時多発テロにはじまった米軍の一連の動きによるものである。美由紀は中絶も考えたが，産むことを決断する。その後2005年10月アフガニスタンへ1年半の任務で派兵されることになった。

　ダニエルが派兵された後，美由紀は子育てからすべてを1人でやらなければならない。また，沖縄出身の妻と異なり，家族や親族などの社会的支援が不在している。新婚の彼女にとっては，米軍兵士の妻として不明な点も多い。そういった状況にある美由紀にとって，必要とする情報源を正しく得ることのできる環境を作らなければならない。そんななかで彼女と同様の境遇にある日本人軍人妻との接触を試みる。

　美由紀は，海兵隊基地内で行なわれている日本人妻対象のクラス，日本人配偶者のためのオリエンテーション[4]や，前述した日本人妻たちが基地外で設立した日本人妻の会にも入会し，軍人妻として必要な情報を収集している。だが，日本人妻の会内での複雑な人間関係や夫の階級の差などが原因で活動への参加が苦痛になる。

　美由紀は基地賛成の立場をとる。沖縄から米軍が撤退したら，沖縄の経済は大きな打撃を受けると考えている。美由紀は，沖縄での基地反対運動が行なわれる一方で，沖縄の不動産業者が米軍関係者に支給される住居手当てを利用し，高額の家賃を要求しているといった矛盾した現状を指摘する。また，沖縄では，親と同居する子供が多く，親も子供も依存し合っていると批判する。それは，また基地と沖縄との関係と類似しているとさらに指摘する。

　米軍兵士と結婚して，美由紀はあらためて，米軍兵士との結婚の意味を考え直した。国際結婚とは，グローバルな世界を意味すると思っていた美由紀だったが，実際は非常に小さな世界で人間関係が恐ろしい世界だと認識する。美由紀は早く沖縄を出たいという。沖縄の狭い日本人軍人妻の社会の中で，戸惑いながら

---

4)　Japanese Spouses' Orientation（JSO）と呼ばれている。前章を参照。

も彼女なりの生活を築きながら，ダニエルが無事に帰還し，早く沖縄を出られることを願っている。

# 5 テリー

「最高の伴侶を得た。これ以上何も望むものはない」（テリー）

40代後半のオハイオ州出身のテリーは，海兵隊基地キャンプ・フォスターに所属する白人の海兵隊員（下士官，E-9）である。50代前半の沖縄県中部のうるま市出身の妻，節子は，テリーよりも5歳年上の専業主婦である。2人には，24歳と21歳になる2人の息子と18歳になる娘がいる。21歳になる息子と18歳の娘は，アメリカの大学に通う。長男は，海兵隊に入隊したが，その後除隊し現在，嘉手納空軍基地内で基地内従業員として働く。

テリーの叔父がベトナム戦争の際に従軍していたが，家族には他にテリーを除いて米軍兵士はいない。彼は規律が厳しい軍隊の組織を好んで軍隊に入隊することを決めた。テリーが入隊したのは米空軍士官学校[5]であったが，退学して海兵隊に入隊した。彼がブート・キャンプ（新兵入隊訓練）[6]に参加したのは，1978年9月であった。1979年5月に沖縄に配属され，その4カ月後に節子に出会う。

当時，節子は高校を卒業して，キャンプ・ハンセン内のUSO[7]で基地内従業員

---

5) 米空軍士官学校（United States Air Force Academy）は，コロラド州コロラドスプリングスにある。海軍（海兵隊）は，メリーランド州アナポリスの米海軍士官学校（United States Naval Academy），陸軍は，ニューヨーク州ウェスト・ポイントにある米陸軍士官学校（United States Military Academy）である。これらの士官学校は，軍隊におけるエリート校にあたり国立の4年制大学である。入学は，普通の大学とは異なり，成績優秀なのはもちろん，実力者や議員などの推薦状がないと入学はできない。士官学校では，軍人としての必要な知識を学ぶ軍事科目と専攻科目の両立に加え身体鍛錬が施される。士官学校の卒業者は，エリート将校として軍人になることが期待されている。

6) 海兵隊員になるためには，13週間に及ぶ新兵入隊訓練であるブート・キャンプを受けなければならない。

7) USOとは，United Service Organizationsの略で，フランクリン・D. ルーズベルトの大統領命令によって，1941年に設立された非営利団体である。その目的は，士気を高め，世界中にいる軍人やその家族へ福利厚生や娯楽を提供することである。USOは，クウェートやアフガニスタンを含む世界中の130以上の場所に設置されている。沖縄には，海兵隊基地キャンプ・フォスター，キャンプ・ハンセン，キャンプ・シュワブ，普天間飛行場と嘉手納空軍基地内に設置されている。無料のインターネット，TVや読書室の提供だけでなく，空港などの場所では，軍人やその家族の休憩場所として，あるいは

写真18　普天間飛行場公開フェスティバル

として働いていた。テリーは，これまで何度か彼女を見かけていた。節子が，テリーにとって最初の日本人のガール・フレンドであった。

節子は，テリーがアメリカ人であり，米軍兵士でもあるため，彼との結婚するのは不安だったと語る。他方，彼は節子との結婚に戸惑いはなかった。

結婚前の1カ月間同棲し，1981年7月に結婚した。結婚式は挙げず，2人はアメリカ総領事館の前で写真を撮った。結婚当初，テリーたちは本島中部の沖縄市にあるアパートに住んでいた。

結婚後，テリーは約4年ごとに転属となり，世界中を節子と一緒に移動した。アメリカでの生活は，節子にとって困難であったとテリーは語る。彼は，軍務のため家を留守にすることが多かった。妻は，英語を勉強しながら1人で子供を育てた。アメリカでの生活に慣れると節子はアメリカ人の友人を作り，アメリカでの生活にうまく順応した。彼が結婚した当時，海兵隊には今日ほど軍人家族への支援制度は整っていなかった[8]。そういう困難な環境の中，彼女はよくやりきったと，節子を褒める。

最初の子供が産まれると，結婚生活は子供中心の生活になった。そのため，妻との間で口論があった。テリーは，当時節子から無視されていると感じたという。

テリーは，軍人としてのキャリアに集中して生きてきた。米軍兵士は訓練や出

---

現地の情報提供の機能なども果たす。
8）軍隊の家族支援制度の詳細は第2章で述べた。

張など多くの移動が伴い，なかなか家でじっくりと子育てに関わることができない。現在，テリーは子育てに関わるべきであったと後悔をもらす。

家事は，節子がほとんど行なう。若い頃は彼女がすべてやっていたが，最近はテリーも手伝う。家計は妻が管理している。

テリーと節子は，沖縄の基地問題について同じ意見をもつ。そのため，基地問題をめぐる口論はない。2004年沖縄国際大学の本館に海兵隊普天間飛行場所属のヘリコプターが墜落した事故について，テリーは「パイロットは，大事態になることを避け素晴らしい仕事をした」と褒める。テリーは「基地がそこにあり，騒音が激しいことを知りながらも，そこに多くの人が住んでいる。わたしならば，騒音がするので基地周辺には住まないであろう」という。テリーはパイロットの腕を褒める。

テリーは，沖縄の行事に参加し，節子の家族や親族との交流を深めている。アメリカにいたときよりも，沖縄にいるときのほうが心地良いとテリーは語る。

テリーは，退役後も沖縄に住み続けることを決断している。家も沖縄にすでに購入済みである。沖縄での退役は，節子に感謝し彼自身が決めた決断であった。結婚して26年になるが，今となってテリーは，節子がこんな彼によく我慢してついてきてくれたと感謝している。

テリーと節子との結婚は，異なる文化の結婚ではないと彼は何度も強調する。文化は，結婚生活の障害を1つ増やすことになるが，2人が選択した結婚であると考えている。テリーは退役が近い。退役後は，沖縄と米軍基地との架け橋となるような仕事に就きたいと抱負を語る。

## 6　ロドニー

「心配しているのは，〔息子が〕アメリカ人的な性格を失っているのではないかということだ」（ロドニー）

フロリダ州出身のロドニーは，30代後半の海軍基地キャンプ・レスターに所属する白人の海軍兵士（下士官，E-7）である。沖縄出身の妻，詩織は，基地内で

写真19　米海軍病院（キャンプ・レスター）

働く40代前半の女性である。2歳と6カ月になる息子2人がいる。

　高校を卒業したロドニーは，1990年に海軍に入隊した。入隊の理由は，世界中を移動できる海軍の生活スタイルと大学への授業料援助に惹かれたという。ロドニーが沖縄にはじめて赴任したのは，1998年11月であった。

　詩織に出会ったのは，海兵隊基地キャンプ・キンザーで行なわれた結婚式に参列した際であった。当時，彼は28歳，彼女は34歳であった。

　残されたロドニーの沖縄の赴任期間の4カ月はすぐに過ぎ，彼はアメリカへ異動となった。だが，彼は，2003年2月に沖縄に赴任してきた。そして，詩織にプロポーズをする。彼女の家族も問題なく結婚を承諾してくれた。

　結婚に際して，ロドニーにとって1つ重要なことがあった。それは，夫婦で同じ宗教を信仰することである。結婚式の前に，詩織はクリスチャンになった。彼女は，「ジーザス」を受け入れたと彼はいう。ロドニーにとって，詩織がクリスチャンになることは非常に重要なことであった。それは，クリスチャンになることによって，ロドニーにとっての多くの最優先事項が宗教にあることを彼女が理解できるからと考えている。ロドニーたちは，毎週日曜日に基地の外にある教会へ行く。

　沖縄の祖先崇拝や行事は，クリスチャンであるロドニーとって沖縄の家族の行事でもあるが，時には障害や葛藤となる。ロドニーは，正月や盆など沖縄の行事に積極的に参加している。だが，仏壇の前で拝むことはない。また，彼の息子たちにも拝ませない。詩織は，お盆に参加し，通常通りに仏壇の前で拝む。詩織は，祖先と話をしているだけで，拝んではいないと彼に伝える。しかし，彼は納得が

いかない。ロドニーは，詩織がなぜ祖先崇拝を続けるのかと聞く。彼女の答えは，「祖先崇拝では何も求めていない。ただ，祖先とコミュニケーションをしているだけだ」と答える。彼にとって，それは十分な答えではない。とはいえ，ロドニーは彼自身がこのような沖縄の文化についてもっと学ぶべきだとも感じている。詩織にとって不公平だと思うからである。

　子育ては，どの夫婦にとっても大変である。ロドニーは，長男のしつけをめぐって詩織と口論となる。海軍兵士であるロドニーは，海上勤務の際は6カ月もの間家をあける。その間，詩織は息子を甘やかしてしまう。そこに彼は苛立ちを感じ，彼女と衝突する。

　ロドニーは，2歳になる長男の言語について心配している。ロドニーの子供は日本の保育園に通っている。彼は，子供が英語を覚えられるように，子供たちに英語で話さなければならない。しかし，6カ月の海上勤務の間，息子は英語を使う環境が全くない。2年後には，彼はアメリカに異動になることが決まっている。アメリカに戻れば，子供はアメリカの学校に行かなければならない。そのため，ロドニーは，子供を基地内の学校へ通学させたいと考えている。だが，これには，子供が，言語だけではなく，アメリカ的なものを失くしてしまうのではないかというロドニーの複雑な思いが反映している。家にいるときは，もっと子供と関わらないといけないと自分に言い聞かせる。米軍兵士として，父親として生きる彼の中にある複雑な思いが見え隠れする。

　現役の米軍兵士であるロドニーは，他の軍人妻のように詩織に部隊の軍人妻たちと交流をもってほしいと考えているが，彼女にとってストレスならば，無理強いはできないともいう。

　ロドニーは，詩織との性生活について不満を抱いている。交際期間中には，性生活の問題は一切なかった。ロドニーは，詩織に性生活をもつように促すが，彼女には彼が性生活を必要としていることが理解できない。子供には子供用の部屋がある。だが，彼が海上勤務で家をあけると，妻と子供は一緒に寝ている。それを見ると彼は不満を感じる。多くのエネルギーが子供に行き，夫への愛情がなくなっていると指摘する。軍務のために家を長い間あける米軍兵士の生活と性生活とのバランスを取る難しさにロドニーは苦悩する。

　またロドニーは，退役後の居住地について悩んでいる。詩織は，おそらく沖縄に住みたいだろうと彼は考えている。息子の大学や彼自身の退役後の仕事も考え

ている。詩織のように職をもつ妻，特に基地内従業員である場合は，異動を伴う米軍兵士の生活スタイルが大きなストレスとなる。ロドニーは，2009年3月にアメリカへ異動になる。決断しなければならない。

## 7 リチャード

「賢く生きろ。妊娠するな。ただ単に沖縄を離れるという理由で結婚するな。子供は，すぐに作らず待て」(リチャード)

コネチカット州出身のリチャードは，海兵隊基地キャンプ・ハンセンで軍属として働く30代後半の白人アメリカ人男性である。沖縄出身の30代後半の妻，優衣は専業主婦である。リチャードは，米空軍の退役軍人でもある。退役後に，コントラクターとして働き始めた。11歳と9歳になる娘がいて，本島中部の北谷町に住んでいる。

高校を卒業したリチャードは，1年間大学に行った後，1987年に空軍に入隊した。彼の入隊理由は，育った街から出たいという理由だった。リチャードの父親は，ベトナム戦争の際に海兵隊員として沖縄に来たこともある。リチャードは，入隊して1年後の1988年7月に沖縄に配属される。

優衣との出会いは，沖縄へ赴任して1年後であった。出会いの場所は，エイト・ビート (8 Beat) という沖縄市の中の町にあるクラブだった。2人の年齢は，20歳だった。当時のリチャードの階級は，E4かE3だった。出会いから1年7カ月後の1990年12月に，彼は次の赴任地に異動となった。文通や電話による2年間の遠距離恋愛がはじまる。

2年後の1993年1月に，2人はラスベガスで結婚する。結婚前に2人は，彼が退役するまでの15年間彼女がリチャードと一緒に移動すること，ホームシックに耐えることを誓う誓約書を交わしたという。2年間の遠距離恋愛について，リチャードは，異動になるという理由だけで結婚を急ぎたくなかったと述べる。

結婚生活はアリゾナ州ではじまる。当時は，軍人家族を支援する制度は整っておらず，リチャードは，優衣がホームシックにならないように日本人の友人を探

すためにアジア関連の店に張り紙を貼る。何度か異動を経て，2007年8月から沖縄に戻ってきた。空軍を退役し，軍属としての彼の第2の人生が沖縄ではじまる。

リチャードの退役後の生活を，「犠牲」という言葉を使い，説明した。1つ目の犠牲は，退役後の就職先である。沖縄ではなく，アメリカ国内で退役していたなら，彼の人生は異なっていただろうと語る。彼自身は，本土での仕事があったが，優衣は納得しなかった。彼自身は三沢や北海道へ行きたかったという。

2つ目の犠牲は住居地である。現在リチャードは，家族と一緒に本島中部の北谷に住んでいる。だが，娘は本島南部の南風原にある学校に通っているため，家族の時間がとれないことがリチャードにとっては悲しい。リチャードは，優衣にとって沖縄に住むだけでは十分でないということに不満を抱く。彼は，優衣の希望通りに沖縄で仕事を見つけた。彼女は沖縄，そして北谷に住むのでなければ納得しない。

退役軍人である彼にとっては，アメリカで家を購入することは容易なことであった。それは，VA Home Loan[9]という，軍務経験者であるベテランが家を購入するための住宅ローンを受けることができるからである。だが，アメリカ国内で家を購入する際にだけ適用される。彼の出身地であるコネチカット州へ帰ることも考えた。しかし，2人の娘にとっては，カルチャー・ショックであろうと彼は考えた。彼の娘は，日本人に近い。それを考えると，彼が適応したほうが容易である。これが，3つ目の犠牲である。

また，リチャードたちは沖縄に住んでいるため，彼の祖母や両親は孫娘たちに会うことができない。4つ目の犠牲である。ただし，リチャードは，彼自身が幸せではないといっているのではないと強調する。

米軍兵士と日本人女性の結婚は，妊娠を契機に結婚することが多いが，リチャードと優衣は結婚後3年半待ち，2人が28歳になってから子供を作った。だが，多くの夫婦が直面するように，リチャード夫婦にも子供が産まれるとともに性生活の問題がのしかかってきた。最初の子供の場合は，特に問題はなかったが，2人目が産まれたときには，多くの衝突があったとリチャードは話す。優衣は，子

---

9) 米国退役軍人省（U.S. Department of Veterans Affairs）によって運営されている。このシステムにより，ベテランは，頭金なしで住宅ローンを組めるなどの支援を受けることができる。退役軍人などのベテランへの支援の詳細は，第1章を参照。

育てに追われ性生活の時間がもてなかった。リチャードは，日本人の母親のほうが，アメリカ人の母親よりもずっと良い母親であることを認めている。母親としては，日本人女性のほうが好きだと彼は述べる。母親と妻（女性）としての役割にからんで，父親・夫として揺れ動く彼の葛藤や困惑が見える。

　リチャードは，基地反対運動を支援する。沖縄の人は，基地反対運動をする権利があるとリチャードは訴える。同時に，リチャードは，米軍兵士と沖縄の女性たちが，望まない妊娠や異動ということで結婚を急がず，責任のある行動をするように願っている。

## *8* ロバート

　「多くのアメリカ人男性は，妻が欲するから沖縄にいるが，わたしはそれを選択しない。沖縄の女性はワガママだ」（ロバート）

　元海兵隊員であるロバートは，アメリカ南部アラバマ州出身の40代前半の白人男性である。ロバートは，現在海兵隊基地キャンプ・フォスターで軍属として働く。現在の妻，綾（30代前半）は民間の会社員である。2人には，2歳になる息子と6カ月の娘がいる。ロバートは，本島中部の宜野湾市のアパートに住む。ロバートにとって2度目の結婚である。

　高校を卒業したロバートは，1981年に海兵隊に入隊した。入隊理由は，彼の友人が海兵隊に入隊したことが大きな動機であった。入隊して2年後の1983年に沖縄に赴任してきた。

　最初の6カ月間は，ロバートはホームシックで苦しんだが，しだいに沖縄での生活にも慣れ，クラブに出かけはじめた。そこで，多くの沖縄の女性とロバートは知り合う。デートでロバートが最も頭を悩ましたのは「沖縄時間」であった。沖縄の女性が，約束の時間に現れず遅れてくる。それがロバートは許せなかった。夜8時に約束をして，10時に現れた女性もいた。

　ロバートが，最初の妻，絵美と出会ったのは，中の町にあった「ニューヨーク，ニューヨーク」である。彼が22歳，彼女が20歳。1985年のことであった。デー

トは，クラブに行くことが多かった。1年半の間交際をして彼女が妊娠した。1987年，ロバートが24歳，彼女が22歳で結婚する。彼女が妊娠したので，結婚するのは義務であると感じたとロバートは語る。

　結婚後，カリフォルニア州の海兵隊基地29パームズに異動の命令が出た。ロバートは，絵美と子供と一緒に異動した。だが，新しい勤務先では，妻と子供を抱えストレスが多かった。ロバートは1989年に不名誉除隊となる。その理由について，彼は詳しくは語らなかった。

　アメリカで絵美は，創価学会に入信していた。絵美は，経を唱え，会合にも参加し，積極的に活動していた。彼は，絵美が何をしているのか理解できなかった。不名誉除隊となったロバートは，絵美と子供とともに1989年10月に再び沖縄に戻ってきた。

　沖縄に戻ってきたロバートは，もはや日米地位協定で保護されている米軍兵士ではない。除隊した彼は，基地内に入ることすら許されない。妻子を養うために，ロバートは沖縄の引越し会社で働いた。日本語のできない彼には，なかなか希望する仕事は見つからない。5年間沖縄社会の中で働いたのち，1994年の2月にようやく基地内の仕事が見つかる。

　沖縄での生活では，絵美の家族と問題があった。沖縄の行事に参加するのがロバートにとっては苦痛だったのである。最もロバートが頭を悩ましたのは，絵美の姉妹の問題であった。夜遅くに絵美の姉妹からかかってくる電話は，ロバートにとってはプライバシーの侵害だった。当時，ロバートたちは，彼女の姉妹の近くに住んでおり，姉妹が家に来ることも多かった。ロバートは絵美と1994年に離婚する。

　現在の妻，綾とは，離婚して2年後の1996年に海兵隊基地のキャンプ・フォスターのボーリング場で出会う。彼女は20歳，彼は33歳であった。8年の交際を経て，2003年に2度目の結婚をした。

　結婚に際して，ロバートは綾と約束を交わした。ロバートは，沖縄に生涯住むつもりはない。いつかはアメリカに帰るつもりである。そのときが来たら，綾と子供も一緒にアメリカに連れて行きたいと考えている。そこで結婚の前に，綾にアメリカに住みたくないのであれば，結婚はしないと伝えた。綾は，アメリカに行くことを同意したため，結婚することになった。だが，ロバートは妻の言葉を疑っている。

ロバートは，1989年から今日までずっと沖縄に住んでいる。そのため日本語も達者である。綾には日本語で，子供たちには英語で話しかける。だが，彼の日本語は，綾の家族や親族が集まる行事での日本語の会話を理解できるほどではない。ロバートは，家族の集まりに参加はするが，言葉が理解できないので退屈だと不満をもらす。

基地反対運動を行なう一方で，基地が開放された際には，多くの沖縄の人が基地を訪れる。そういった矛盾にロバートは腹をたてている。また，彼はアメリカ人に対する沖縄の人による差別にも敏感である。沖縄の人は，文化が違うことを認識して，変わるべきだと主張する。1989年にアメリカから沖縄に戻ってきてから約20年がたつ。彼は，アメリカに帰る日を心待ちにしている。

## 9 チャールズ

「〔妻と〕一緒にいれて本当に素晴らしい時間だった。ソレダケ。〔もう一度人生をやり直せるならば〕またもう一度彼女と人生を歩むよ」(チャールズ)

アメリカ北東部のペンシルベニア州出身のチャールズは，基地内で働く軍属である。50代後半の白人男性であるチャールズは，空軍の退役軍人（下士官，E-9)でもある。60代前半の妻，多恵[10]は，宮古島（現平良市）出身の女性で，現在専業主婦である。彼らには，40代前半の息子が1人いる。現在，2人は本島中部に家を購入し，2人で穏やかな生活を送っている。

チャールズは，1965年6月に高校を卒業し，同じ年の9月に空軍に入隊した。入隊後，2年後に最初の任務地として横田空軍基地に配属された。そして，その4カ月後の1967年8月に沖縄の嘉手納空軍基地に赴任する。横田と比較すると，英語を話す沖縄の人が多いことに驚いたという。沖縄は1972年に日本に復帰するが，復帰前の1967年の沖縄は，英語が公用語に近かった。

チャールズが，多恵に出会ったのは1968年2月14日であった。それは，くしくもバレンタイン・デーであった。ブラインド・デートであった。2人はバー

---

10) 多恵も筆者のインタビューを受けた。

で出会う。多恵は友人と一緒にバーに来ていた。多恵とその友人は、バーで昼間働くバーテンダーであった。

チャールズは、すぐに多恵の素晴らしい笑顔に惹かれ恋に落ちた。多恵がジューク・ボックスの側に立ち、曲を選択しようとした時、多恵の後を追いジューク・ボックスに来たチャールズと多恵は偶然にも同じ曲を選択した。それは、偶然だったが、運命だった。そして、起こるべくして起こったと彼はいう。チャールズは彼女とその日朝の5時まで一緒にダンスをした。それは彼が20歳で彼女が21歳であった。彼は当時 E-3 であった。

多恵と交際して3, 4カ月後のある日、チャールズは彼女に1人息子がいることを知る。彼は信じられなかった。彼女が昔交際していたアメリカ人男性との間にできた子供である。だが、チャールズの彼女への気持ちは変わらなかった。チャールズは、彼女に息子と3人で一緒に住もうと申し出た。彼は、自分の子供として彼女の息子を育てた。2年間チャールズは彼女と同棲をした。

チャールズが彼女にプロポーズをしたのは、1969年12月のアメリカへの出張の際であった。彼は、彼女宛に飛行機から手紙を書いて、結婚の意志を伝えた。ペンのインクがなくなり、赤のペンで宛名を書いため、多恵は彼が彼女と別れる手紙を出したのだと勘違いしてしまった。

結婚に際して彼女の母親は、2人の結婚をよく思っていなかった。理由は、結婚によって彼女が2度と沖縄に戻ってこないと思ったからである。だが、後々沖縄に転勤で戻ってきてからは、義理の母親は彼を信頼してくれた。

チャールズの両親は多恵を溺愛した。もし、2人が離婚したら、多恵はチャールズの両親と一緒に住めばいいとまでいうほどであった。また、チャールズの祖父は、以前に「ジャップ」(Jap: 日本人の蔑称)とは結婚するなとチャールズに警告していたが、祖父は多恵の良き友人になった。彼の家族は多恵との結婚を認めてくれた。

結婚して3カ月後の1970年4月に、彼のアメリカへの異動が決まった。異動先はテキサス州であった。テキサス州での生活は、多恵にとっては非常に困難であった。当時テキサス州のようなアメリカ南部は、まだ人種差別事件も多かった。当時は軍隊による家族支援制度が整っていなかったため、外国人配偶者向けの英語のクラスなどももちろんなかった。そこで、多恵は、息子と一緒に「セサミ・ストリート」のテレビ番組で英語を学んだ。

テキサス州に住んでいるときに，チャールズはなぜアジア人女性と結婚したのかとよく聞かれた。アメリカ人女性に，何か問題あるのかと質問されるのであった。時には，多恵の目の前でこのような質問を受ける。質問のたびに，多恵はひどくショックを受けた。

1979年1月に，嘉手納基地に所属となり，チャールズは沖縄に戻ってきた。多恵の母親が癌であることが分かった。多恵は，母親が亡くなるまでの5年間を一緒に生活した。1983年に多恵の母親が亡くなった。チャールズは，義理の母親について涙を浮かべて，思い出を語ってくれた。葬式には，彼は軍服を着て参列した。亡くなって3年後の1986年8月にチャールズは空軍を退役した。

沖縄に戻ってきてから，チャールズは嘉手納基地内で軍属として働きはじめた。チャールズと多恵は沖縄の文化や行事に関心をもち，沖縄の行事に積極的に参加している。

以上，日本人女性4名と米軍男性5名の出会いから結婚生活までを記述した。次章以降では，以上の9名の男女の事例を中心に，米軍兵士と沖縄の女性との結婚と家族生活について記述・考察を行なう。

第 5 章

# 独身時代から出会いまで

　本章では，米軍兵士と日本人女性の独身時代から，将来の配偶者との出会いまでを記述する。まず，戦後から現在まで多くの米軍関係者と沖縄の女性との出会いを提供してきたコザ（現沖縄市）とゲート 2 のクラブを概観する。次に，男女の語りを通して，独身時代の交際，なれそめや惹かれた要因，最後に結婚前に見られるさまざまな問題についても指摘する。インタビューでのアメリカ人夫たちによる語りは，筆者による訳であることをことわっておく[1]。

## *1*　出会いの場 —— 基地の街「コザ」

　「戦後沖縄の縮図」と呼ばれたコザ（本島中部の現沖縄市）には，戦後，基地経済を求めて多くの人が集住した。戦争で夫を失い寡婦となった沖縄の女性たちは，生活のために仕事を求めて，嘉手納空軍基地の門前街コザに移動してきた。その中には，「パンパン」[2]や「オンリー」[3]と呼ばれた米軍兵士相手の売春婦や兵

---

1) その他の章においても，アメリカ人夫や英語話者の語りは筆者による訳である。
2) 「パンパン」とは，敗戦後，街頭に現れた私娼のこと。パンパンガール，パン助ともいう。夜の女，やみの女，街の女，ストリート・ガールなども同義語。アメリカ兵相手のパンパンが使う英語がパングリッシュという［扇谷他 1983: 3］。パンパンの派生語などの詳細は，宮西［2003］を参照。
3) 「オンリー」とは，1 カ月なり 3 カ月なり，1 人のアメリカ兵の専属となり，他の客をとらない女性を意味する。アメリカ兵はその代償として期間中，彼女の生活費いっさいを負担する。オンリーになれば経済的安定が得られるほか，国民の非難をはね返すために，「自分は娼婦ではない」と自らいいきかせることができた。一方，複数の客をとる者を「バタフライ」と呼ぶ［竹下 2000: 91］。

士の現地妻である「ハーニー」[4]などもいた。米軍が公認したＡサインバー[5]と総称されるバーで，米軍兵士相手に働く女性の姿もあった。後には，駐留軍の兵士と結婚して渡米する女性が生まれた。彼女たちは「戦争花嫁」と呼ばれた。

1960年代にはベトナム戦争の影響で，センター通り[6]のＡサインバーは，ベトナム行きを待つ米軍兵士たちであふれる。1972年，沖縄は日本復帰し，コザの住民はこれまでの米軍と密着した生活から，本土の生活習慣に適応しなければならなかった。日本復帰とともにＡサインバーは終焉をとげ，1974年にコザ市は沖縄市に名前を変更した。

日本復帰によって27年間に及ぶ米軍統治が終わり，沖縄は日本の一部になったが，広大な米軍基地は沖縄に残されており，米軍兵士と沖縄の女性との出会いは続く。復帰後は，センター通りなどにあった米兵向けのバーは衰退した一方，1980年代から2000年代初期までは，コザの中の町（現沖縄市上地）に多くのディスコができた。そこでは，多くの米兵と沖縄の女性で賑わい，数多くの出会いが生まれた。2000年初期には，中の町のディスコは姿を消し，通称ゲート2（トゥ，空港通りとも呼ばれる）に多くのクラブが立ち並ぶ。現在，ゲート2のクラブが米軍男性と沖縄の女性との出会いの場所となっている。

1980年代から2000年代まで，多くの沖縄の女性と米軍兵士が中の町のディスコで出会う。今日でも，当時の様子を鮮明に記憶する米軍関係者や沖縄の女性は多い。一般には，中の町と呼ばれているが，実際には中の町という地名は存在しない。本来の地名は，沖縄市上地である。だが，地元では，現在でも中の町と呼ばれている。かつての中の町のディスコは姿を消した。現在は，約300軒の店

---

4) 「ハーニー」とは，英語の honey（恋人や夫婦への呼称）から派生しており，1人の男性との特別な関係にある沖縄の女性を指す［嘉陽 1986］。

5) 1953年に成立したＡサインとは，米軍が制定した営業許可書を意味する。当時，Ａサインを保持している店以外では，米軍人・軍属相手に営業することはできず，許可書を得るためには，米軍の定める衛生検査に合格しなければならなかった。コザの戦後史については，［沖縄国際大学文学部社会学科石原ゼミナール 1994；嘉陽 1986；コザ市編 1974］を参照。Ａサインバーで働いていた女性については，小野沢［2005, 2006］を参照。

6) センター通り（B.C. ストリートとも呼ばれる）とは，現在の中央パーク・アベニュー通りのことである。ゲート2ストリートと平行して東西にのびるこの通りには，ベトナム戦争の際に，ベトナムへと旅たつ米兵たちを慰めるためのＡサインバーが立ち並び，1964年から1968年まで全盛期を迎えた。その後，日本復帰を経てドルの衰退により，センター通りの店はつぎつぎとつぶれた。そして，1985年に地元や観光客を主な対象とする商店街として中央パーク・アベニューとして生まれ変わった［沖縄国際大学文学部社会学科石原ゼミナール 1994］。

写真20　ゲート2にあるストリップ・クラブ

の観光客や地元客で賑わうスナック，居酒屋や民謡酒場などに変わり，当時の面影は全くない。

　中の町のディスコは，嘉手納空軍基地のゲート2を出て，屋十字路を那覇方向に進んだ国道330号線沿いやその近くに立ち並んでいた。マンハッタン・マンハッタン，アップル・ハウス，エイト・ビート，ピラミッドなどが特に有名である。

　現在，米軍兵士との出会いの場所の多くは，沖縄本島中部の沖縄市（コザ）のゲート2のクラブに集中している【図5-1】。嘉手納空軍基地の第2ゲートから胡屋十字路までの約400メートルの通りの両端には，多くのクラブ・バー，ストリップ・クラブ【写真20】や米軍関係者向けの土産屋や質屋が立ち並んでいる。日本語と英語で書かれた店が並び，すれ違う人も，アメリカ人，インド人，フィリピン人などさまざまである。現在のゲート2には，かつての基地の街コザで見た面影はないが，週末になると米軍兵士と沖縄の女性たちの姿が多く見られる。特に米軍兵士の給料日である1日と15日の週末は，米軍兵士や沖縄の女性たちでゲート2のクラブがあふれる。基地周辺にあるバーやクラブなども出会いの場所ではあるが，ゲート2と比較すると規模が小さい。たとえば，普天間飛行場近くの宜野湾市にあるプール・バー，キャンプ・フォスター近くの本島中部の北谷町や那覇にあるクラブなどである。

　ゲート2には，現在27件（2009年1月現在）のクラブやバーが存在する【表5-1】。クラブ・レッド【写真22】やフジヤマは人気がある。以下，ゲート2のクラ

写真21　嘉手納基地前に広がる歓楽街ゲート2

写真22　ゲート2にあるクラブ・レッド

ブについて参与観察をもとに述べる。

　胡屋十字路のすぐ近くにクラブ・レッドがある。比較的若い米軍兵士や沖縄の女性が出入りしているクラブである。軍人の給料日の週末の23時過ぎにクラブに行く。クラブに入るためには，1人5ドルを入口で払う。料金を払うと入口で料金を払ったという意味で，黒い判子を手の甲に押される。入って正面にはバー・カウンターがある。出入り口のすぐ横にある丸いテーブルに筆者は座った。カウンターには，アフリカ系アメリカ人男性1人と日本人女性2人が座っていた。アフリカ系アメリカ人男性の横に座っている女性が彼のガール・フレンドのようだった。もう1人の女性は単なる友人のようである。2人の女性は，20

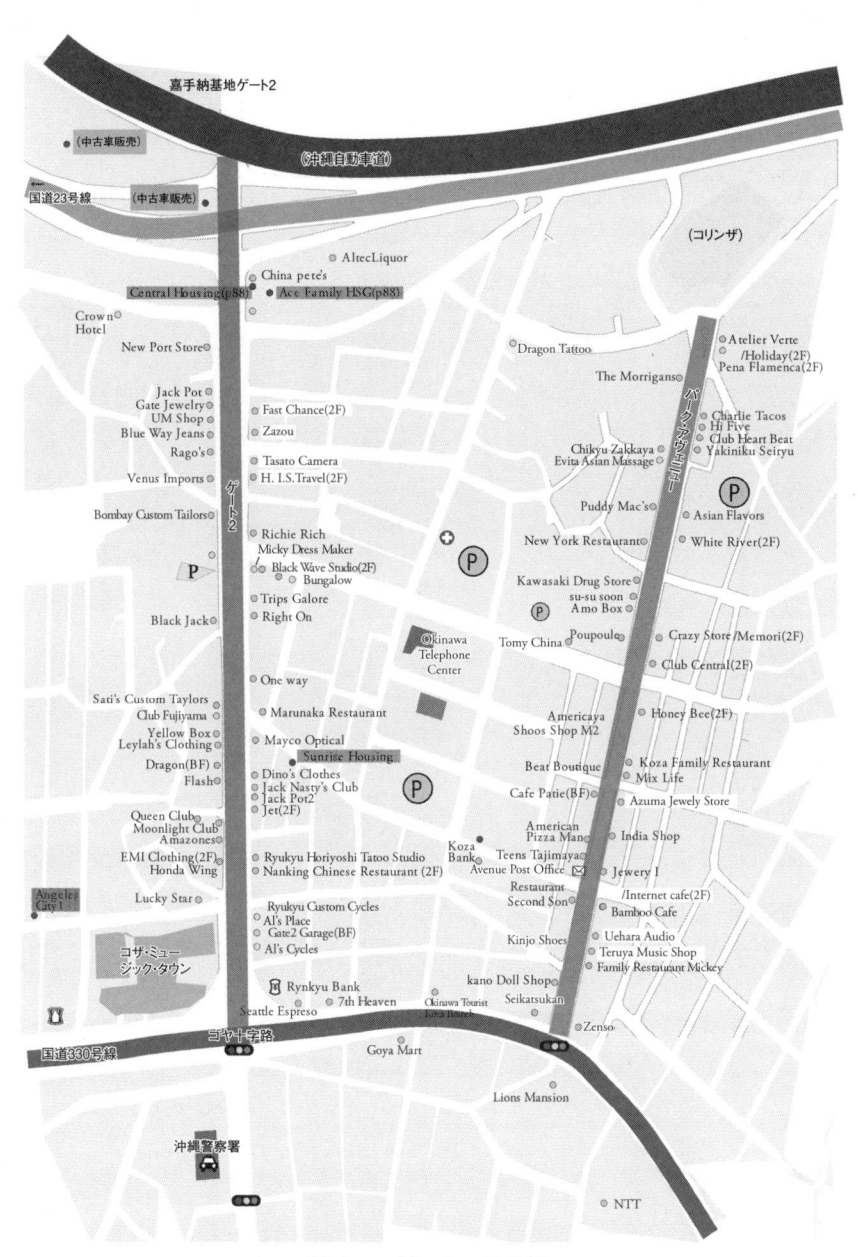

図 5-1　ゲート 2 の地図

出典：Okinawa Yellow Pages 2011

### 表 5-1　ゲート 2 の店舗一覧

| | 店舗名 | 事業内容 |
|---|---|---|
| | 右側（嘉手納基地を背にして） | |
| 1 | Hotel Crown | ホテル |
| 2 | Goya Pawn Shop | 質屋 |
| 3 | Victor TV Repair Shop | テレビ修理店 |
| 4 | Newport Store | 質屋 |
| 5 | Fo' Real | 洋服店（男女） |
| 6 | Silver Bullet Game Store | 雑貨・コミック本店 |
| 7 | Café Spice | 喫茶店・レストラン |
| 8 | Jackpot | 洋服店（男女） |
| 9 | Gate Collections | 質屋 |
| 10 | Tax-Free UM Shop | 電化製品店 |
| 11 | Respect | 洋服店（男女） |
| 12 | Reflex | 洋服店（男女） |
| 13 | Chi-Town | 洋服店（男女） |
| 14 | Rago's | 洋服店（男女） |
| 15 | Playground | 洋服店（男女） |
| 16 | Uptight | 洋服店（男女） |
| 17 | Fukuya | 日本・沖縄風洋服店 |
| 18 | Miracle | 洋服店（男女） |
| 19 | Bombay Tailor | 洋服店（男女） |
| 20 | Nakama Pharmacy | 薬局 |
| 21 | Elsons | 下着店（男女） |
| 22 | Chance.com | レストラン（テイクアウト可） |
| 23 | Kiyuna Gift Shop | 日本・沖縄の土産店 |
| 24 | Cocktail Lounge PRINCE | カラオケ・バー |
| 25 | Chicago | 洋服店（男女） |
| 26 | Miekawa Pawn Shop | 質屋 |
| 27 | Tomcat Embroidery | 米軍関係用品・刺繍店 |
| 28 | Black Jack | 洋服店（男女） |
| 29 | Shanti Shanti | 洋服店（男女） |
| 30 | Riga's | 洋服店（男女） |
| 31 | Sati's | 洋服店（男女） |
| 32 | Club Fujiyama | バー・ライブハウス・クラブ |
| 33 | Nine | 洋服店（男女） |
| 34 | Destiny's Tailor | 洋服店（男女） |
| 35 | Yellow Box | 洋服店（男女） |
| 36 | Gate 2 | 食品売店（テイクアウト可） |
| 37 | Playaz | 洋服店（男女） |
| 38 | Dragons | クラブ |
| 39 | Flash | 洋服店（男女） |
| 40 | Manila Bay Café | レストラン（テイクアウト可） |
| 41 | 4 Play | ストリップ・クラブ |
| 42 | Show Club Moonlight | ストリップ・クラブ |
| 43 | Club Queen | ストリップ・クラブ |
| 44 | Amazonesu Show | ストリップ・クラブ |
| 45 | Okinawa Motor Center | オートバイ修理店 |
| 46 | EMI Military Look | 米軍関係用品・刺繍店 |
| 47 | Tattoo Parlor | 刺青店 |
| 48 | PEG | バー・レストラン（テイクアウト可） |
| 49 | Bar | バー |
| 50 | Smitty's | バー・レストラン（テイクアウト可） |
| 51 | Lucky Star | バー |
| 52 | Snake | バー |
| 53 | Hawaiian Night | ライブハウス・バー |
| 54 | Koza Music Town | ショッピング・センター・レストラン・スタジオ |

備考：2009 年 1 月現在（筆者の調査による）

| | 店舗名 | 事業内容 |
|---|---|---|
| | 左側（嘉手納基地を背にして） | |
| 55 | China Pete's | 日本・沖縄の土産店 |
| 56 | Okinawan Liquor Shop | 酒屋 |
| 57 | Pitsters Sports Bar & Grill | バー・レストラン |
| 58 | Deluxe | 洋服店（男女） |
| 59 | Orbit Travel | 旅行代理店 |
| 60 | 1st Chance Custom Cycles | オートバイ店 |
| 61 | 1st Chance Saloon | バー |
| 62 | Café Ocean | レストラン（テイクアウト可） |
| 63 | Zazou Bakery | パン屋 |
| 64 | Tasato Camera Shop | カメラ屋 |
| 65 | HIS Travel / Okinawa Tourist Service | 旅行代理店 |
| 66 | Café Subic | レストラン（テイクアウト可） |
| 67 | DV | 洋服店（男女） |
| 68 | Hotel Nikko | ホテル |
| 69 | Knockout | 洋服店（男女） |
| 70 | Richie Rich | 洋服店（男女） |
| 71 | Club President | バー・ステージ |
| 72 | Top Embroidery Shop | 米軍関係用品・刺繍店 |
| 73 | Mickey Dress Maker Tailor | 仕立て屋 |
| 74 | Trips Galore Co | 土産店 |
| 75 | Ippon-Do | 武術用品店 |
| 76 | Indian Tailor | 洋服店（男女） |
| 77 | Ron | 洋服店（男女） |
| 78 | Giorgio's | 洋服店（男女） |
| 79 | M + M Gift Center | 日本・沖縄の土産店 |
| 80 | The Side Door | バー |
| 81 | Anup | 洋服店（男女） |
| 82 | Rendezvous Grille | レストラン（テイクアウト可） |
| 83 | Club 29 Palms | バー |
| 84 | Check It Out | 洋服店（男女） |
| 85 | Asian Import Store & Café | アジアン・スタイル土産店 |
| 86 | Karaoke Bar Keystone | バー・カラオケ |
| 87 | Mayo Optical | 眼鏡店 |
| 88 | Karaoke Club X | バー・カラオケ・クラブ |
| 89 | Charles Tailor & Gifts | 洋服店（男女） |
| 90 | Phase 02 | バー |
| 91 | Dino's | 洋服店（男女） |
| 92 | Jack Nasty's | ライブハウス・バー |
| 93 | Envy | 洋服店（男女） |
| 94 | Fabulous | 洋服店（男女） |
| 95 | Tropical Joy | 洋服店（女性） |
| 96 | Tempura / Bento Shop Uema | 天ぷら・弁当店 |
| 97 | Jet | ライブハウス |
| 98 | Ryukyu Horiyoshi Tattoo Studio | 刺青店 |
| 99 | Seven | クラブ |
| 100 | Zen's Bar | バー |
| 101 | Zen's Town Grill | レストラン（テイクアウト可） |
| 102 | Club Red | クラブ・バー |
| 103 | Al's Place | バー |
| 104 | Al's Cycle | オートバイ店 |
| 105 | Good Times | バー |
| 106 | Ocean View Pool & Bar | ビリヤード・バー |
| 107 | Tower Parking for Bank of the Ryukyus | 琉球銀行の駐車場 |
| 108 | Bank of the Ryukyus | 琉球銀行 |

代前半の本土出身女性に見えた。アフリカ系アメリカ人男性も20代前半のようだ。年中暖かい沖縄では珍しい，茶色いロングコートを着ている彼は，クラブの中ですこし浮いた存在である。

　彼らの後ろのテーブルにも，アフリカ系アメリカ人男性と日本人女性が座っていた。彼らは，クラブで遊び慣れている感じだった。女性は，本土出身女性のように見える。胸元が見えるくらい肌を露出していた。彼女は，日本人女性が近くを通るたびに威嚇したような表情をしている。男性は，薄暗いクラブの中でサングラスをしていた。

　彼らのテーブルのすぐ左には大きなテーブルがあり，沖縄の女性たちが4，5人で座っていた。彼女たちは20代後半か30代前半に見える。他の女性たちよりも年配で落ち着いていた。また，そのテーブルには白人の若いアメリカ人男性が相席していた。

　奥のほうにもテーブルや椅子があり，何人かの日本人女性の姿が見えた。数名のバーテンダーが働いており，「ハーフ」のような男性や日本人女性や男性がいる。日本人男性の客も数名いるが，ほとんどの客は，アメリカ男性か日本人女性だった。

　しばらくすると筆者の横に沖縄の女性が2人座った。クラブ・レッドに入る前に，クラブの外で見かけた女性だった。2人は，クラブに慣れていない感じであった。そして，零時を回るとさらに人が増えてくる。クラブに最初に入った23時30分では，100名くらいの客が入っていたが，夜中1時30分頃には200名近くになっていた。ほとんどの客が20代前半だった。クラブの外に，零時から，へそに酒を入れて，それを男性が吸いだす，"belly shot"というイベントがあると張り紙があった。それを見ようと筆者は残っていた。しかし，1時30分を過ぎてもなかなかはじまらなかったのでクラブを後にした。狭く暗いクラブの中に何百人の人が集まり，息が詰まりそうだった。また，タバコのにおいと煙で満ちあふれていた。クラブを出たのは1時30分を過ぎていたが，多くの米軍兵士や女性が外にたむろしていた。

　米軍兵士と交際することに対する沖縄社会の目は厳しい。それは，戦後のコザで見られた米軍兵士と歩く「ハーニー」や「オンリー」のような米軍兵士を相手とした売春婦女性たちの姿と重なるからであろうか。以下，沖縄の女性たちの独身時代について彼女たちの語りから述べる。

## 2 独身時代

　本節では，米軍兵士と日本人女性の独身時代から，将来の配偶者との出会いまでを中心に描く。その際に，米軍兵士と交際する女性に対する批判的なまなざしや男女の独身時代をめぐる問題についても述べる。以下，前半は，米軍兵士と交際する女性たちに向けられる視点，後半はインタビューから聞かれた男女の出会いについて記述する。

### 2.1. 米軍兵士との交際をめぐる批判的なまなざし

　独身の海兵隊員は，通常，2年間の単身任務で沖縄に赴任して来る。彼らの年齢は，20代前半と非常に若い。ブート・キャンプ（新兵入隊訓練）を受けた後，沖縄が，はじめての海外勤務地であることも多い。沖縄の女性と知り合い，新しい関係ができたとしても，すぐに異動しなければならない。そういった米軍兵士の特殊な事情から別れを決断する女性もいれば，一方でこれを理解して割り切って交際する女性もいる。

　後者の女性を，沖縄では「アメ女」と呼び，批判的なまなざしで捉えられている。アメ女とは，「アメリカじょーぐ」から派生した言葉である。「じょーぐ」とは，沖縄の方言で「よく好む人」を意味する。つまり，アメリカ人好きな人を指す。だが，「アメリカ人なら誰でも相手をする尻軽女」といった否定的な蔑称として使われることが多い。アメ女たちは，基地内を出入りし，ゲート2などにある米軍兵士が主に出入りするクラブに現れ，アメリカ人男性と交際を重ねる女性とされ，否定的な意味合いが非常に強い。以下，アメ女にまつわる記述と，そこに見られる本土出身女性へのまなざしについても指摘したい。

　アメ女たちは，1) デブ系，2) ブス系，3) ネクラ系の3種類のどれかに分類されるという［今中 2002: 30］[7]。今中によると，このような女性は，日本人男性と恋

---

7) 3種類のアメ女の分類は，イラストとともに以下のように記述されている。1. デブ系：「日本男児には嫌われている（本人達的には反対）。セクシーな洋服を着ても色っぽく見えない。女を感じない。よせばいいのにボディライン強調した服を着る。一種の嫌がらせともとれる。ケンカは強そう。(泣くと強いタイプ)」2. ブス系：「同性の，特にカワイイ子が大嫌い。いじめられっこだった過去あり。外人とつきあう事にプライドを持っており，日本男児を軽蔑している。ニオイが強そう」。3. ネクラ系：

愛をする機会はなく，国を離れて寂しい米軍兵士に声をかけられる。そして，モテナイ女と寂しい男の期限つきの恋愛が成立するとされる。また，米兵が異動になり沖縄を去ってしまうと，またナンパされるのを待つということを繰り返すという。こうした恋愛について，「刹那の幸せを追い続けるアメ女」と記述されている [今中 2002: 30-31]。

以上のように，米軍兵士は沖縄での任期がきれると，次の任務地への異動命令を受け，沖縄を離れる。彼の異動と同時に，アメ女との恋愛も自然と消滅するといった一時的な恋愛として捉えられている。任期を延長して結婚に至ることもあるが，その恋愛は短期間なものとみなされている。

前述したが，1995年9月に小学生の少女が米軍兵士3人に暴行されるといった悲惨な事件が沖縄で起こった。この事件を受けて，8万5千人にも及ぶ抗議集会が沖縄で行なわれた。だが，その年5月に24歳の女性が海兵隊員に殺害された事件では，まったく抗議運動は起こらなかった。殺された24歳の女性は，殺害される前に海兵隊員と交際をしていた。つまり，彼女は，アメ女と捉えられ，自らの意思で米軍兵士と交際している軽蔑すべき女性ということから，被害者とは受け止められなかったのである。警察などに被害者として訴えたとしても，「自分から誘ったのだろう」や「自業自得」としてまともに取り扱ってもらえず，よけいに傷ついてしまうのである [今中 2002: 31]。自らの意思で「敵国の男性」であるアメリカ人と関係を築く女性たち，アメ女は，「裏切り者」扱いにされる [島袋 2000]。

また，このアメ女という言葉には，しばしば性的に放縦な本土出身の女性を意味することが多い。米軍兵士との国際結婚について長年扱ってきた沖縄出身のソーシャル・ワーカーの女性から，米軍兵士を探しに夏に沖縄を訪れる本土出身女性が，その年のクリスマス前に妊娠して出来た子供を「ビーチ・ベイビー」と呼ばれることを聞いた。

彼女によると，沖縄の女性の場合は，生活のために米軍兵士と交際する。本土の女性は，米軍兵士との交際はひと時のアバンチュール的なものだという。米軍兵士との結婚により，基地内に入り，基地内での買い物などの特権に惹かれて結婚する女性もいる。こういった結婚を「IDカード・マリッジ」と呼ばれるとも

---

「昔に買ったワンピースを勝負の夜の今夜，ここぞとばかりに着てくる奴。ちょっと同情したくなる」[今中 2002: 30]。

筆者に教えてくれた。

　彼女が指摘するように，本土出身女性と米軍兵士との交際には，性的な意味合いが非常に強い。それは，さらに米軍兵士のエスニシティによっても大きく異なる。アフリカ系アメリカ人男性との交際には，性的な視点から語られることが多い。ゲート2近くで商売をする沖縄の男性は，本土出身の女性からアフリカ系アメリカ人を紹介してほしいと頼まれたことがある。彼は，アフリカ系アメリカ人とのセックスについて次のように述べる。

> ［アフリカ系アメリカ人は］セックスがうまいんだろうね。そうとしか考えられない。沖縄の人と黒人の［両方］とセックスしたら，黒人との［セックス］は天国みたい。味がある。沖縄の人とのセックスは味がない。頭のてっぺんから足まで舐めてくれる。ブティックにいた女性の話。沖縄の女性がそういうんだから，本土の女性はやめられないんだよ。セックスがうまいわけよ。紹介してあげたら，ケーキをお礼にもってきた。本土の人が，黒人を探しに来ていたよ。本土の人は，セックスを求めて沖縄に来る。四季[8]のステーキハウスに行けば，本土の女性が黒人に食事をおごっている。北谷の民宿に行けば，本土の人がいる。1週間滞在して黒人を探している。（2005年4月5日収録）

　交際する男性のエスニシティによって，アメ女は区別される。一般に白人アメリカ人男性と交際する女性のことを狭い意味でアメ女といい，アフリカ系アメリカ人男性と交際する女性は，「黒女」（こくじょ）と呼ばれる。黒女の中でも本土出身女性は，米軍男性をめぐって女性同士対立するほどの荒々しさがあると，沖縄出身の文子（30代前半）はいう。

　以上のように米軍兵士と自らの意思で交際する女性は，アメ女というレッテルを張られ，社会から冷たいまなざしで見られている。これらの交際は，米軍兵士の異動と同時に，アメ女との恋愛も自然と消滅するといった一時的な恋愛として捉えられている。また，性が強調される交際であるために，さらに結婚を想定することは難しい。だが，そのアメ女と呼ばれる女性たちの中には，出身地の違いなどによる差異も見られ，本土出身の女性は性的な放縦者としてみなされていることが分かる。

　以下，このようなアメ女というレッテルを張られながらも，米軍兵士と交際し

---

[8] 沖縄県内にある鉄板焼きの店。米軍関係者にも人気の店で，Four Seasons（四季）と呼ばれ親しまれている。

結婚した沖縄の女性の思いについて述べる。沖縄出身の麻実（30代前半）は，独身時代を中の町のクラブで過ごし，米軍兵士と交際した経験をもつ。だが，彼女は，米軍兵士と交際する女性たちは，単に遊んでいるわけではなく，自分の合う男性を探しているだけだと主張する。「女の子たちは遊んでいるんじゃなくて，いい人に出会えないだけだと思う。国際結婚した人は，その男性がいい人でちゃんと考えてくれる人だったというだけだ」と，麻実はいう。

麻実の言葉からは，アメ女といわれる女性たちは，米軍兵士との性的な関係を求めて遊んでいるわけではなく，真剣に交際していることを訴えていることが分かる。それは，米軍兵士との交際を一時的なものと捉える視点や，アメ女という否定的なレッテルへの批判でもある。

女性たちは，米軍兵士との交際を重ねるうちに，軍隊内にある差異を認識し，米軍兵士との交際に生かしている。たとえば，車を所有できない若い海兵隊員よりは，車を所有できる嘉手納空軍基地に所属する米軍兵士との交際のほうが人気がある[9]。また，兵舎に住む海兵隊員よりも，プライバシーのある寮に住む空軍軍人と交際したいと考える。

この意味で，一方的に任務期間が終われば米軍兵士から捨てられるといった受身の恋愛ではないことが分かる。それは，短期間で終わったとしても，そこには彼女たち独自の方法で米軍兵士と交際をしている女性たちの姿がある。限られた時間であるかもしれないが，その中で精一杯に恋愛を楽しむ彼女たちの主体的な生きかたともいえる。そこには，彼女たちなりの「戦略」や軍隊に関する「情報」を駆使し，自由恋愛を楽しみ生きる姿勢が認められる。

## 2.2. 妥協の結婚

米軍兵士が沖縄に赴任期間だけの短期間の恋愛には将来はないと考え，米軍兵士との交際をやめた沖縄の女性，仁美がいる。仁美は，米軍兵士との結婚を「妥協の結婚」と呼ぶ。

仁美は，22歳の本土生まれである。彼女の母親は沖縄出身で，父親が本土出身である。仁美が高校受験の際に父親が会社を立ち上げたために，家族全員で沖

---

[9] 海兵隊は若い下士官の車の所有を階級によって制限しているが，空軍はE-1から誰でも車を所有することができる。

写真23　PX（キャンプ・フォスター）

縄に移住してきた。それ以来, 仁美は沖縄で,「ウチナンチュ」(沖縄出身者) として生活している。仁美がはじめてゲート 2 にあるクラブに行ったのは, 20 歳の頃であった。彼女は, それ以来米軍兵士と交際を重ねてきた。仁美は, これまで 10 人くらいの米軍兵士と交際をしてきたという。20 歳以降は, 日本人とは交際したことはない。交際して 3 カ月くらいたつと, 関係は終わると彼女は語る。交際を重ねた彼女は, 男性を見れば相手がどんな相手なのか分かるようになった。

　米軍兵士との交際をもうやめようと思ったときに, 友人から紹介されたのが現在交際しているアフリカ系アメリカ人の海兵隊員 (E-4) である。彼女は 22 歳, 彼は 21 歳である。彼に会って彼女は彼女自身が変わったという。米軍兵士は, 遊び人だから交際しないと決めていた仁美であったが, 彼は真面目な人であった。

　彼女は, 交際して 1 年になるので母親に彼を紹介することにした。だが, 母親は大反対だった。母親の理由は, 米軍兵士であること, 軍隊を離れたとしても, 結局沖縄を離れるということだった。

　仁美は, 筆者に母親がいかに彼女を想っているのかを語る。これは, 沖縄で見られる母親と娘の強い関係を示している[10]。

　　まず, お母さんが特になんですけど, お母さんはわたしがいないと生きていけない人。子供がそばにいないと生きていく意味がないという人。……自分 [母] は, わたしがいなければ, 夫と生活する意味がないといわれた。すごい, やばいことしてしまった。そんだけお母さんにとって自分の存在は大きいんだと知った。束

---

[10] 仁美とその母親に見られる母と娘の親密な関係が, 米軍兵士との結婚に及ぼす影響については, 第 6 章で述べる。

縛するつもりじゃないけど強いんですよ。だからあんたがアメリカに行ったら困る。そういう親だから，あんたが行ったらわたしは生活できない。（2006年7月15日収録）

また，夫のエスニシティも親にとっては問題となる。それは，産まれてくる子供との関係があるからである。母親は，仁美がいかにくせ毛を気にしているかを指摘し，もし，アフリカ系アメリカ人との間に子供ができて，その子供の髪の毛についてどのように説明するのかと彼女を攻め立てる。

仁美の母親は，米軍兵士と結婚してアメリカに行くと捨てられると考えている。特にアフリカ系アメリカ人の子供がいると，捨てられると大変惨めだという考えがある。母親には，アメリカ人と結婚し，アメリカで捨てられて沖縄に帰ってきた友人がいる。親戚にも「ハーフ」がいて，沖縄社会に馴染めず苦しんでいる姿を見ている。母親は，それが「黒い子」であったらどんなに大変なのかと彼女を責める。

彼女は，母親の言葉を聞き，彼とは交際をしないことを決断した。多くの女性が，米軍兵士が異動するまで交際を継続して，結婚を決断するのに対して彼女は全く異なる決断をした。

> 見て見ぬふりするよりは，決断したから良かった。結局将来性があるわけではないから。〔あとで別れると〕余計ショックが大きいから。結婚して子供ができたら，仕事を捨てて好きな人と一緒になるという人が多いと思う。でも，わたしは違うんです。もし，今子供ができたら，子供をおろすと思う。子供ができて結婚して，妥協して子育てをするのは嫌。後悔するのは子供に申し訳ない。親友にもいったけど，好きなだけじゃ。2年後〔彼が除隊してアメリカに戻るとき〕すごいショック。（2006年7月15日収録）

仁美は，母親からの反対を受け，アフリカ系アメリカ人男性との交際をやめた。さらには，米軍兵士との交際にも見切りをつけた。そこには，彼女の母親の意見が大きく反映されている。それは，沖縄の女性とその母親との間にある強い結びつきの結果ともいえる。

仁美とは異なり，多くの沖縄の女性たちは，米軍兵士との交際・結婚を選択している。その出会いには，アメ女として記述された一時的な遊びの関係ではなく，米軍兵士と出会い，真剣に恋愛する女性たちの姿が認められる。

## 3 夫との出会い

　46人の事例から，夫との出会いはクラブやバーでの出会い（39%）が最も多い。以下，その他（22%），知人や知り合いを通じた紹介（17%），基地内の職場での出会い（11%），基地内の職場以外の出会い（9%）で，最後が海外の出会い（4%）である【表5-2】。これらの数値は，現在の結婚のなれそめのみをもとに計算している。前の結婚のなれそめや現在独身（離婚経験者）の場合については計算には含めていないが，事例として紹介していることをことわっておく。

### 3.1. クラブやバーでの出会い

　出会いの多くがクラブやバーである理由は，基地に入ることができない女性たちにとって，そこが若い独身の米軍兵士と最も簡単に出会える場所だからと考えられる。だが，その交際は決して一時的な遊びで終わるとはかぎらない。また，外国人男性に限定した交際でもない。以下で，第4章で紹介した加奈子の事例をもう一度述べておこう。

　沖縄出身の20代後半の加奈子は，サルサ・パーティでアレックスと出会う。加奈子が21歳で大学1年生，アレックスは，20歳だった。加奈子は留学生の友達などと一緒に参加していたが，はじめてのサルサのパーティで踊れないため座っていた。アレックスもサルサが踊れず，座っている彼女に話しかけてきたことで知り合う。

　最初は，英語に興味をもっていた親友の理沙と一緒に，アレックスと会っていたが，出会って1カ月後から2人だけで会いはじめた。加奈子は，彼の優しさにしだいに惹かれていった。加奈子にとって，最初のアメリカ人のボーイ・フレンドであった。

　交際は順調に進み，加奈子は交際して1年半後の2000年9月に彼を両親に紹介した。それは，彼がちょうどアメリカへの異動が決まったときだった。両親は，一時的な交際だと考えており，結婚などまったく頭になかった。だが，アレックスがアメリカに帰って1カ月後2000年10月に加奈子の妊娠が分かった。アレックスは，加奈子の妊娠を知りアメリカから沖縄に1度戻ってくる。だが，加奈子

表 5-2 調査対象者（妻）と配偶者との出会い

|  | 人数 | （％） |
|---|---|---|
| クラブやバー | 18 | 39 |
| 友人や知人からの紹介 | 8 | 17 |
| 基地内の職場 | 5 | 11 |
| 基地内の職場以外 | 4 | 9 |
| 海外での出会い | 2 | 4 |
| その他 | 9 | 20 |
| 合計 | 46 | 100 |

の母親は，中絶させるために病院の予約をしていた。

> 妊娠が分かって，やっぱり旦那に最初に話をした。大丈夫だから，ぜったいに卒業させるから〔と旦那にいわれた〕。お母さんにいったらすごい怒られた。すごい反対された。はじめて往復ビンタされた。会いに行くといったら，来なくていいといわれた。このときにちょうど琉大祭で，学校も休みで，自分たちもサークルでお店を出していた。……11月の初めくらい。10月くらいの終わりくらいに〔妊娠が〕分かって，旦那が来て，両親に会おうとしても，会ってくれなくて。それで，琉大祭に来ないといったのに，来ているわけ。うちのお母さん。うちの旦那もお母さんからたたかれている。会場でだよ。後ろのほうで。テントの後ろのほうで。すごい怒られた。あんなに怒られたことなかった。産むからといった。お母さんたちがおろすように病院の予約をしていた。このまま沖縄にいたらおろされると思った。この3日後にアメリカにかけおち。寮も全部ひきはらって，バイクもパソコンも全部妹にあげて。旦那と一緒にアメリカに渡った。（2005年12月15日収録）

加奈子の母親は中絶させようと病院の予約までしていた。このまま沖縄にいたら強制的に中絶をされると思った加奈子は，学園祭の3日後にアメリカにアレックスと一緒にかけおちをする。加奈子は，アメリカから両親に手紙を出すが，返事は1通もこなかった。その後，アメリカには約2年滞在し，復学するために加奈子はアレックスと娘とともに2002年10月に沖縄に戻ってきた。そして，2004年3月に加奈子は大学を卒業した。現在では，加奈子の両親は，孫を溺愛している。

米軍兵士は，赴任期間が終わると次の赴任地に異動する。そういった米軍兵士の生活スタイルを熟知して，慎重に交際をする女性もいる。30代前半の沖縄出身の文子は，1999年にプエルトリカンの夫ホゼと基地内の下士官専用のクラブ

（グローブ・アンド・アンカー，Globe and Anchor）[11] で出会う。その夜はサルサ・ナイトということでサルサ好きの男女が多く集まっていた。

　ホゼと出会う前にも米軍兵士との交際経験のある文子は，米軍兵士に対して強い警戒心を抱いていた。米軍兵士は，短期間で沖縄に配属されていることを知る文子は，出会ってすぐにホゼにどれくらいの赴任期間で来ているのかを尋ねる。赴任期間が短い米軍兵士であると，遊ばれて終わると彼女は心得ていた。するとホゼは，ちょうど赴任期間を延長したばかりだという。文子は，ホゼにいつアメリカに帰るのかと尋ねると，ホゼはアメリカには帰りたくないと答える。文子がこれまでであった米軍兵士たちは，アメリカに帰るのを待ち望む米軍兵士ばかりであった。そこで，文子は，ホゼは彼女が会った米軍兵士とは違うと感じる。また，ホゼも文子も島で生まれ育ったという点で，フィーリングがあったと彼女はいう。

　クラブでの米軍兵士との出会いは，性的で一時的な交際として捉えられてきた。だが，その交際は女性だけではなく，男性側も一時的な遊びではないことが分かる[12]。

## 3.2. 友人や知り合いを通じた紹介

　友人や知り合いを通じた紹介の場合は，通常，友人が米軍兵士とすでに交際しており，彼の友人を紹介されることが多い[13]。君江（30代前半・沖縄出身）は，友

---

11) 現在は，2009年12月にキャンプ・フォスター内に建設されたオーシャン・ブリーズの1階部分に移設されており，E-1からE-5の下士官専用のクラブとなっている。2階部分には，かつてのチェスティーズが移設され，Staff NCO（E6からE-9）専用となっている。将校専用のクラブ（オフィサーズ・クラブ（Officers' Club））は，別の施設（プラザハウス）内にある。

12) その他にもクラブでの出会いが結婚へと発展した例を挙げておく。20代後半の沖縄出身の千佳は，大学4年生のときに本島中部の宜野湾市の海兵隊普天間飛行場近くにあるビリヤード場「アラバマ」で現在の夫ニコラスと出会った。20代後半の沖縄出身の玲子も，大学を卒業して働いているときにクラブで現在の夫ルークに出会った。30代後半の沖縄出身の小百合も，沖縄市（コザ）の中の町にあったクラブ「エイト・ビート」で夫メイソンと出会った。20代後半の本島中部の北谷町出身の裕子も，夫ジョナサンと基地前のバーで出会っている。

13) 美香（30代後半・本土出身）は，親戚が海兵隊と交際していて，その女性に誘われて基地内のパーティで現在の夫に出会う。順子（50代後半・沖縄出身）も友人を介して出会う。照美（50代前半・本土出身）は，知り合いからお見合いというかたちで紹介された。美智子（30代後半・本土出身）も友人を介して現在の夫と出会っている。友人は，彼女の夫のルームメイトと交際をしていた。その友人を通して彼を紹介してもらったのである。友

人に誘われた基地内のパーティで現在の夫と出会っている。その友人も米軍兵士と結婚していた。

### 3.3. 基地内の職場での出会い

基地内で働くことは，当然米軍関係者との接触も触れるため，そこには自然と出会いが生まれる。

沖縄県の離島出身の洋子は，海兵隊基地内で働く20代後半の女性である。夫，アンソニーと出会ったのは，彼女が基地内で働いているときであった。彼は，パートタイムで彼女と同じ職場で働いていた。洋子が26歳で，アンソニーが23歳であった。交際は，出会って2カ月後の3月からはじまり，その2カ月後の5月の彼女の誕生日には結婚の話になっていた。アンソニーからプロポーズを受けたのは，交際して2カ月だった。両親からは強い反対を受けた。そんな中，さらに彼女の両親を驚かせることが起こる。洋子が妊娠したのである。順番が違うと両親には責められるが，結婚式を那覇のホテルで行い，現在，洋子とアンソニーは，本島中部に住む[14]。

### 3.4. 基地内での職場以外の出会い

職場以外にも基地内での出会いはある[15]。基地内従業員である沖縄出身の麻実（30代前半）は，基地内の大学で心理学のクラスをとっている際に，夫ジーンと出会った。ジーンも同じクラスを取っていた[16]。

---

14) 同様な出会いは以下である。基地内で働く30代前半の沖縄出身の夏江も，夫マイケルと基地内の職場で出会っている。本土出身の美穂（30代前半）は，基地内の雑貨屋で働いているときに，店に来た夫スティーブと知り会っている。同様に沖縄出身の知恵（40代前半）も，基地内のクラブで働いているときに現在の夫ベンと出会った。夫も当時同じ場所で働いていた。沖縄出身の綾子（30代後半）と夫トニーとの出会いも基地内の職場だった。

15) 本土出身の公子（30代後半）は，横田空軍基地内の関係者で作ったサーフィン・クラブに入って，夫のアルフレッドと出会った。

16) クラスでは，麻実はジーンについて良い印象をもたなかった。彼女にとってジーンは自信過剰に見えた。だが，ある日麻実とジーンはたまたま一緒に遅れてきて，その時にジーンは麻実のことを好きになったという。デートでも彼の自信過剰な態度が気になったが，話は面白かった。それで，麻実は2度目のデートに行った。そこで，彼は絵を買いたいといった。麻実は，名嘉睦稔［沖縄県伊是名島出身の版画家］の絵が好きだった。ジーンも絵画に興味をもっていた。はじめて麻実は家族以外の他人

基地が公開されるときは出店が出るため，多くの日本人が基地の中に入って，アメリカの雰囲気を味わう。それは，米軍関係者と日本人が自然と触れ合える良い機会になっている。同時にそれは，米軍兵士と女性との出会いの場も提供している。本土出身の祥子（40代前半）は，1985年11月に神奈川県横須賀基地の基地公開日に基地内で部下のガール・フレンドを捜す兵士たちから話しかけられ，ランドンと出会う。彼女は21歳，ランドンは23歳だった。

### 3.5. 基地外の職場での出会い

基地の外で働く際にも出会いはある。特に，基地周辺や米軍関係者を相手とする会社で働く場合，出会いの確率は増える。

沖縄出身の栄子（50代前半）は，アメリカ人を対象とした法律事務所で働いている際に，客としてやってきた夫，ブルース[17]と出会う。彼は，当時沖縄の女性と結婚しており，その彼女との離婚のために法律事務所に訪れた。

また，基地とは関係ない場所で働いていたとしても，英語などの語学を習得したいと願う女性はさらに出会いの可能性が高まる[18]。

その他にも，本土出身の啓子（30代前半）のように，道案内を頼まれ，夫と出会う事例もある。

### 3.6. 海外での出会い

少数派ではあるが，海外での出会いもある。本土出身の聡子（40代前半）は，アメリカの大学に留学しているときに，夫のジャスティンと出会った。彼女が21歳，彼が18歳だった。アメリカ滞在中は，ジャスティンの家族とも過ごすことができた。大学を卒業した後も彼女はアメリカに滞在し続け，ジャスティンの

---

と趣味を共有することができた。そこから麻実は彼に好意をもつようになった。麻実は，人間には2タイプあるという。ガムみたいにかめばかむほど味がなくなるタイプと，するめいかのようにかめばかむほどいい味がでるタイプだ。ジーンは後者だった。

17) 詳しくは本章の注26)を参照。
18) ワシントン州出身のジョージ（50代前半・白人）は，普天間飛行場内の教会で妻の香奈に出会う。香奈は，基地内の教会でボランティアをしながら，英語を勉強し仕事を探していた。ジョージは，香奈から英語を教えてほしいと頼まれている。

実家に住んでいた。ジャスティンは，大学卒業後，3年間ドイツに米軍兵士として赴任していた。後に，彼の赴任地であるドイツに彼女も行き，デンマークで結婚をする。通常日本人と米軍兵士との交際は，日本に米軍兵士が短期間赴任している際に出会い，限られた環境と期間で結婚を決める女性が多い中，聡子は，余裕をもって交際し結婚している。彼の家族や親族と出会い，夫家族との関係を長期間にもつことができるのは，米軍兵士と日本人との結婚では非常に珍しいことである。夫の家族や親族と時間を過ごすことにより，女性は夫が育った環境や夫自身を知ることができる。

### 3.7. その他

米軍兵士と日本人女性との出会いは多岐に及ぶ。沖縄出身の亜樹（30代後半）は，ダイビングを通じて夫のケビンに出会う。沖縄にはダイビングをする米軍関係者が多いため，ダイビングも出会いの1つであると考えられる。当時，亜樹は，前の夫と別れて傷ついていた。彼も同様に沖縄の女性と離婚したばかりだった。彼女が33歳，彼が34歳だった。2人は，2002年8月にダイビングを通じて出会い，2005年3月に結婚した[19]。

## 4 妻との出会い

以下では，出会いを男性の側から見てみることにしよう。アメリカ人男性22

---

[19] ケビンについては本章注26も参照。沖縄で音楽活動を行なうために移り住んだ本土出身の良子（30代後半）は，夫エイドリアンがライブを聞きに来ていたことで知り合っている。沖縄出身の知美（30代後半）は，北谷町砂辺の防波堤で夫ハンターと会った。1990年代の北谷町砂辺の防波堤は，クラブと並んで多くの出会いを生んだ。車を防波堤に駐車して女性が座って話をしていると，そこにアメリカ人が話かけ，交際のきっかけができ，米軍兵士との出会いの場として人気があった。ただし，22時以後駐車禁止になってからは，その人気はめっきりなくなってしまった。1990年代に交際や結婚した沖縄の女性やアメリカ人男性にとって，出会いの場として非常に有名な場所で，クラブに続いて多くのカップルが生まれた。また，沖縄出身の正代（50代後半）は，羽田から那覇行きの飛行機の中で隣の席になったことで夫のティモシーと知り合っていた。沖縄と本土の米軍基地所在地近郊の空港との飛行機内でも軍人や軍属との出会いがしばしばある。また，夏になるとビーチでの出会いも多い。特に，本島中部の北谷町にある，キャンプ・フォスター近郊のアラハ・ビーチや同じく中部の宜野湾のトロピカル・ビーチなどが有名である。大概は軍人のほうから声をかける。

表 5-3 調査対象者（夫）の配偶者との出会い

|  | 人数 | (%) |
|---|---|---|
| 基地内での出会い | 7 | 32 |
| 友人や知人からの紹介 | 7 | 32 |
| クラブ | 5 | 23 |
| その他 | 3 | 13 |
| 合計 | 22 | 100 |

人の出会いは，基地内での出会い（32％）と友人や知人からの出会い（32％）が最も多い。次に，クラブでの出会い（23％）とその他（13％）が続く【表5-3】。前述した夫との出会いと同様にこれらの数は，現在の結婚のなれそめのみを計算している。前の結婚のなれそめや現在独身（離婚経験者）の場合については，計算には入れていないが，以下でいくつかの事例を紹介している。

## 4.1. 基地内での出会い

米軍兵士は多くの時間を基地内で過ごす。女性が基地内で働いている場合や，友人に連れられて基地内へ入った際に多くの出会いが生まれる[20]。基地内での出会いでは，女性が基地内で働いている場合が多い[21]。特に，福利厚生施設であるUSOでの出会いが多い[22]。

40代後半のテリーは，妻，節子がキャンプ・ハンセンのUSOで働いていた際

---

[20] ロバートの事例では，妻は基地内で働いておらず，基地内の娯楽施設で出会っている。

[21] ニューヨーク出身のエリック（60代前半・白人）も，妻の咲子が兵舎（バラックス）で働いている際に出会っている。咲子は，基地内従業員であったフィリピン人との間に息子がいた。エリックは，その彼を養子にした。エリックのように，沖縄の女性が前の結婚や交際相手との間にもうけた子供を養子にして結婚するアメリカ人男性が多い。カリフォルニア州出身のピーター（40代後半・アフリカ系アメリカ人）は，本島北部にある米軍専用のリゾートである，オクマ・リゾート（Okuma Resort）で妻の明子に出会った。明子は，当時リゾート内で働いていた。

[22] USOでの出会いは多い。バージニア出身のスコット（60代前半・白人）も，キャンプ・ハンセンのUSOで妻の千代と知り会っている。千代との交際をはじめた頃，スコットはアメリカ人女性と結婚していた。エリックのアメリカ人の妻は，エリックがベトナム戦争でベトナムに赴任している間に他の男性との間に子供を妊娠し，2人は離婚した。ニューヨーク出身のヘンリー（60代後半・白人）も，前妻の晴美と嘉手納空軍基地のUSOで出会う。ヘンリーは，1958年7月に空軍の軍人として沖縄へ赴任となる。当時晴美はUSOで働いていた。ヘンリーは，1966年に軍隊を除隊し，1966年11月に結婚し，今は2人の息子がいる。

に出会う。それは，1979年5月に沖縄に配属された4カ月後に，本島北部にある海兵隊基地キャンプ・ハンセンで訓練を受けていたときであった。テリーは，21歳（下士官，E-3）だった。テリーは彼女をデートに誘ったがことわられてしまう。

> 彼女とデートにこぎつけるまで数カ月かかった。当時，5,000人もの海兵隊員たちが彼女をデートに誘っていた。彼女はみんなに違う名前を教えていた。節子は，ナオミと名乗った。わたしは，それが本当の彼女の名前だと信じていた。彼女に顔を覚えてもらうために，USOに何度も通い同じメニューを注文した。そうすることにより彼女がわたしの顔を覚えてくれるだろうと考えたんだ。（2007年3月18日収録）

何度も節子にデートを申し込み，2カ月ほど過ぎた1980年9月に，テリーは，念願の節子とのデートにこぎつけることができた。だが，それは，節子が学校に行くための交通手段が必要だったという理由からだけであった。

交際期間中は，テリーと節子はお互いに辞書を持って歩いた。テリーは，結婚前に基地内にあるメリーランド大学で日本語のクラスを受講した。節子は，テリーと交際中は，いつも彼女の家族や周りの目を気にして隠れて交際していた。だが，これは彼女だけではなく，当時多くの人がやっていたことであったとテリーは話す。1カ月間の同棲期間を経て，1981年7月に2人は結婚した。テリーが22歳，節子が25歳であった。結婚式は挙げず，2人はアメリカ総領事館の前で写真を撮った。

## 4.2. 友人や知り合いを通じた紹介

基地内での出会いと同数は，友人や知り合いを通じた紹介である[23]。ロドニーが，妻詩織に出会ったのは，沖縄に赴任して約1年後の1999年9月であった。2人は，海兵隊基地キャンプ・キンザーで行なわれた結婚式に参列していた[24]。

---

23) その他の事例として，2007年5月に亡くなったワシントンD. C. 出身の故ウィリアム（白人），テキサス出身のフランク（40代後半・白人）とカリフォルニア出身のマーク（60代後半・白人）は，友人・知人を通じて現在の妻と出会う。ノース・キャロライナ出身のポール（40代後半・白人）は，基地内の教会で基地の外にある沖縄の教会の牧師から現在の妻，真央を紹介される。

24) オハイオ出身のジェイコブ（40代後半・白人）もロドニー同様に友人の結婚式で妻，瑠璃子と出会っている。

詩織は，ロドニーには気がついていなかったが，ロドニーは彼女にすぐに気がつき惹かれた。ロドニーは，詩織との出会いを次のように述べる。

> キャンプ・キンザーで行われた結婚式に参列していた。周りを見渡したら彼女がすぐに目に入った。彼女はとても魅力的だった。披露宴で彼女と話をすることができた。（2007 年 3 月 5 日収録）

当時，彼が 28 歳（E-5），彼女が 34 歳であった。だが，ロドニーは 2000 年 1 月にはアメリカに帰る命令を受けていた。残された沖縄での赴任期間はすぐに過ぎ，彼はアメリカへ異動となった。

離れている間は，ロドニーは毎日Eメールを彼女に書き，週末には電話で会話をした。3 年間の遠距離恋愛を経て，ロドニーは 2003 年 2 月に沖縄に戻ってきた。ネイビー・ボール（米海軍創立記念の舞踏会）の日にプロポーズをした。彼女は，長い間結婚を待ち望んでいた。彼女の家族も問題なく結婚を承諾した。

## 4.3. クラブ

クラブでの出会いもある[25]。前述したように，中の町のクラブやゲート 2 のクラブ，本島北部の金武などの基地の街にあるクラブなどが多い。

コネチカット州出身のリチャード（30 代後半・白人）は，沖縄出身の優衣とクラブ「エイト・ビート」で出会う。当時 2 人は，20 歳であった。彼女は，大学を卒業したばかりであった。優衣は，クリスチャン・スクールを卒業したこともあり，英語の問題はなかった。そして出会いから 1 年 7 カ月後の 1990 年 12 月に次の赴任地に異動となった。しかし，リチャードと優衣は異動によって結婚を急がなかった。2 人は，文通や電話によって関係を続け，2 年間の遠距離恋愛を経る。結婚前には，優衣が，リチャードが退役するまでの 15 年間彼女がリチャードと一緒に移動できることや，ホームシックに耐えることを誓った誓約書を交わした。優衣の両親に会い，3 カ月後の 1993 年 1 月にラスベガスで結婚した。

---

[25] その他にも，グレッグ（40 代前半・白人），チャールズ（50 代後半・白人），アラバマ州出身のロバート（40 代前半・白人）や 30 代前半のルービン（30 代前半・カリブ系）も，クラブでの出会いを迎えている。

## 4.4. その他

その他としては，スキューバ・ダイビングで知り合ったアラバマ出身のケビン（30代後半・白人），パン屋で出会ったマサチューセッツ州出身のフレッド（60代後半・白人）や基地の外の法律事務所で出会ったニューハンプシャー出身のブルース（70代前半・白人）の事例がある[26]。

# 5　惹かれた理由

「戦争花嫁」研究[27]以外に，米軍兵士と日本人女性との結婚を対象に，結婚の

---

26) ケビンは1992年に海兵隊に入隊した。彼は，工場で仕事をしていたが，そういった環境や町から抜け出したかったという。リクルーティング・オフィスに行くと，海軍のオフィスでは，太った軍人が食事をしていた。ケビンは，あんなふうにはなりたくないと思った。海兵隊のオフィスに行くと，海兵隊員が腕立て伏せをしていた。こういう男性になりたいと彼は思い，海兵隊に入隊した。そして，1993年に沖縄に赴任した。そこで，彼は最初の妻，瞳に出会う。彼女とはゲート2のクラブで会った。1997年に結婚し翌年息子ができ，アメリカへ異動となる。そして，1999年に沖縄にまた戻ってくる。だが，2001年に離婚する（後述）。離婚後，ケビンは独身生活を楽しんでいた。彼の交際する女性はすべて沖縄の女性であった。沖縄に赴任して以来，アメリカ人女性とは交際しなくなった。彼は，アジア人女性のほうが美しいと思い，アメリカ人には性的にも惹かれなくなったという。彼は，沖縄の女性と一緒にダイビングに出かけていた。ダイビングに行ったときに，現在の妻，亜樹に出会う（本章3.7も参照）。ケビンは，毎日亜樹に電話した。亜樹は基地内で働いていた。彼女は，彼がたくさんの女性を家に連れ込んでいたことを知っていた。このため彼女は，彼の家には一度も泊まらなかった。彼女にとってそれは汚点のようなものだった。亜樹は，これまで彼が関係をもっていた女性のように思われたくなかったからだ。彼は，本島北部の東村にキャンプに行ってたときに，亜樹にプロポーズをした。それは，ちょうど2人でアイスクリームを買いに行くときだった。2人とも自然に結婚を決めた。2人は，2005年3月5日に結婚した。フレッド（60代後半・白人）は，横須賀米海軍基地に軍属として勤務しているときに現在の妻，麻衣に会う。麻衣は，当時24歳，彼は57歳であった。彼女は，葉山にあるパン屋で働いていた。彼は，そこへ客としてよく来ていた。麻衣のほうから彼に英語を教えてほしいと頼んだ。彼は承諾した。2人は，カリフォルニアで2005年に結婚した。ブルース（70代前半・白人）は，1951年8月に空軍に入隊した。1955年にドイツに赴任している際にドイツ人女性と結婚した。1961年に彼は沖縄に赴任になった。ドイツ人女性とは，1970年に離婚した。次に，1971年に沖縄の女性と会って結婚するが，1977年に別れる。現在の妻，栄子に出会ったのは，2番目の沖縄の女性と離婚をするために，基地の外の法律事務所を訪れた際であった。栄子は，その法律事務所で働いていた。彼は，44歳で栄子は22歳だった。彼と彼女は，出会って1カ月後に同棲をはじめた。栄子の家族は，22歳の年齢差のある結婚について良い印象を抱いていなかった。しかし，子供が産まれて関係は変わったという。現在では，沖縄の行事にも進んで参加している。1人娘は現在ニューヨークで働いている。ブルースは，1961年に沖縄に赴任して沖縄に住み，すでに47年がたつ。

27) 竹下によると，戦後「戦争花嫁」と呼ばれた日本人女性がアメリカ兵と結婚した動機として「経済

動機を明確に論証している研究はほとんどない。米軍兵士との結婚ではないが，一般に外国人と結婚する日本人男女の国際結婚を対象にした結婚の動機として竹下は，以下4つを挙げている。1) 内婚の規範性の弱体化, 2) 人口の男女比の不均衡, 3) 異人種・異民族への魅力[28], 4) 物理的・社会的近接［竹下 2000: 119-126］。

竹下は，「異人種・異民族への魅力」について，「人種・民族が異なるという他者性ゆえに自己の理想的なイメージを相手に投影するのである」と述べている［竹下 2000: 125］。この「理想的なイメージ」とは，両者がお互いに抱く相手への期待やステレオタイプ的な見方と強く関係があると考えられる。この「理想的なイメージ」が米軍兵士と日本人女性との交際・結婚の動機に認められることが，インタビューから明らかとなった。だが，筆者がここで日本人女性像とアメリカ人男性像を取り上げる理由は，決してこれらのイメージを理由に，彼らが結婚するということをいいたいのではない。むしろ，これらのステレオタイプ的な視点を取り上げることで，米軍兵士と日本人女性との結婚生活に見られる問題や特徴を記述するためであることを指摘しておきたい。本節では，「異人種への魅力」を掘り下げて考えてみたい。まず竹下の言う「理想的なイメージ」としての日本人女性像やアメリカ人男性像（西欧人男性像）を考察することからはじめる。

## 5.1. 日本人女性像とアメリカ人男性像

日本人女性とアメリカ人男性のステレオタイプは，映画やマスコミなどの影響から戦後から今日まで引き継がれ，「異人種への魅力」の根本的な土台となっている。

2つの日本人女性像が認められる。1つは受身で，無力や従順であるなどで表される。もう1つは性的に放縦な女性である。Constable は，アジア人女性全般

---

的要因」「人口学的要因」「異人種への魅力」の3つの要素が挙げられる。つまり，日本人女性が生き残るために必要なこと（経済的要因），日本人男性の多くが戦死し，結婚適齢期の男性が不足していた状況と，若く独身であるアメリカ人男性の多くが，遠い故郷を離れアメリカ人女性がいない日本で生活していた点（人口学的要因），最後に外見が異なる相手への性心理的魅力や言語的・社会的・文化的な目に見えないものへの魅力（異人種への魅力）であった。竹下は，以上の3つの要因以外にも職場（基地）という物理的・社会的近接の重要性も指摘している［竹下 2000: 98-101］。

[28] 新田［1995］も，日本の農村における日本人男性とアジア女性との国際結婚の研究から，外国人は日本人とは異なり，特定の集団や国に所属するからこそ結婚相手として魅力があると指摘している。

に対する以上の日本人女性像を次のように述べる。第1に，無垢でロマンティックな「オリエンタル・ドール」あるいは「蓮の花」という。第2に，抜け目のない「ドラゴン・レディ」である。「蓮の花」ように，アジア人女性は，女性的で，繊細であると見られる一方で，「ドラゴン・レディ」のように売春婦や不正を行なう侵略者として見られている [Constable 2003: 13]。このように，相反する2つのイメージが日本人女性に投影されているのである。

　Maも，そのような日本人女性像について述べ，それを「マダム・バタフライ神話」[29]と呼ぶ [Ma 1996: 9]。Maは，これらの日本人女性像が形成される過程で，ハリウッド映画をはじめ多くの映画や小説による影響があることを指摘している[30]。美しく献身的な日本人女性であるが，貧しくて抑圧されている。そのため，強く，勇敢な西欧の恋人によって，彼女たちは自分たちの置かれた運命から救い出されなければならないといったメッセージがこめられている [Ma 1996: 22–23]。

　一方，日本人女性が西欧人男性について抱く男性像は，思いやりがあり，「フェミニスト」でレディーファーストであるとされる [Ma 1996: 137]。礼儀正しく，女性を大切に扱う王子様のような存在は，優しいという表現にも見られる。その他にも，日本人男性は表現力が乏しいのに対して，西欧人男性は表現力があるなども挙げられている [Ma 1996: 91][31]。

　以上のようなアジア人女性像（日本人女性像）に従うと，日本人女性は，勇敢な西欧人男性によって救出されなければならない。このアジア人女性像は，日本人女性が求める，思いやりがあって優しい騎士のような外国人男性（西欧人男性）像にはからずも対応している。これらは，「理想的なイメージ」であることには変わらない。それでも，日本人女性とアメリカ人男性を互いに惹きつける要因になっている。ただし，以上のようなイメージに基づく表面的な理由のみでカップルが惹かれあったというわけではない。

---

29)「マダム・バタフライ」とは，プッチーニのオペラ『蝶々夫人』を指す。『蝶々夫人』はアメリカ人海軍将校と結婚した芸者の話である。
30) Prasso [2005] も映画の中で見られるアジア人女性像について考察している。
31) Kelskyも，外国人男性を日本人女性が求める理由として，外国人男性は，親切，穏やかで騎士のようだと説明される「優しさ」にあると述べている [Kelsky 2006: 128]。

## 5.2. アメリカ人男性に惹かれた理由

　日本人女性がアメリカ人男性に惹かれた理由を，以下の3つの点から述べる。(1)沖縄文化への批判・拒絶，(2)沖縄・日本人の男性への批判，(3)「ハーフ」の子供。

### (1) 沖縄文化への批判・拒絶

　沖縄では，長男の嫁は，長男がトートーメ（位牌）を継承するため，それに関係する行事で1年中忙しい。たしかに，沖縄本島と離島，出身地や家族によってその程度は異なる。最近では，伝統料理を作らず，地元のスーパーやデパートのオードブルを購入する家庭も増えた。しかし，これらの行事を行なうのは，主に女性の役割であることに変わりはない。アメリカ人との結婚により，これまで育ってきた沖縄の文化・慣習やジェンダー規範から逃れのびのびとした生活をする女性たちの姿が見える。

　宮古島出身の夏江の父親は長男である。そのため，お盆，お正月，旧盆，旧正月などの年間の行事には父親の兄弟姉妹など親族一同が彼女の実家に集まる。彼女は，こういった行事の際には台所で母親の手伝いをしなければならなかった。彼女の父親は8人兄弟の長男のため20人近い親族が集まる。夏江は，親族や家族が来るたびに，お茶やご飯を出して接待をしなければならない。家をあけることもできない。短大への進学のため本島に住んでいても行事ごとに宮古島に帰らなければならなかった。

> 父が長男だったんで，父の兄弟姉妹が全部きて，食べて，ウートート〔手を合わせて拝む〕する。ずっとわたしは台所だった。わたしが高校は入った頃でも，紅白歌合戦は残りの1時間しか見れない。料理していたり，お正月の料理の準備したりで。終わるのも12時前。年越しながら，お風呂に入っている。あるいは年を越してから。……お中元とお歳暮とお年始の量がすごかった。小学校でもの心ついた頃から父が定年するまでの間。量がすごかった。長男だから。親族家族が来るたびに，お茶だしてご飯だしてもてなさなければならない。家をあけることができない。いろいろな人が来る。（2005年10月8日収録）

　離島出身の洋子も同様に，島での伝統行事にかかる交際費やジェンダー規範について否定的であった。

沖縄の長男の嫁と母親の関係が無理だと思った。お盆のときに両方のつきあいとか。母から結婚は，家族と家族だからといわれた。そういうのはめんどくさい。ぜったいに島の人とは結婚したくない。自分にはできない。たかが法事なのに，何百人の料理をつくらなければならないんですよ。島中。あっちが今日はなにだってよ。やるほうも，されるほうも大変。1人の人が死んでも1年間に4回ある。本当に大変。交際費が高い。交際費は，簡単に50万以上。お祝いとかで5万円以上でしょう。正直自分がもらっている額とかも親もやっている。そういうのは嫌い。沖縄の人とはつきあいがない。理屈だけじゃない。島は島なりに大変。でも，島の人はいえない。大きい声ではいえない。不便さだけではなく。高校合格してクラスが20人くらいで。またお祝い。みんながみんな知り合いでしょう。自分は〔島を〕離れて10年なんで分かんないけど，お母さんは分かる。こんないっているけど島は好きは好きですよ。ただ自分にはできない。(2007年1月27日収録)

夏江も洋子も，島の文化や習慣を拒否し，島の男性とは結婚したくないと考えていた[32]。

### (2) 沖縄・日本人の男性への批判

沖縄の伝統文化やジェンダー規範への批判は，その伝統の中で生きている沖縄の男性へも向けられる。沖縄出身の貴代 (30代前半) は，沖縄の男性とは合わないという。貴代は，基地内従業員である。日常的に英語を使う貴代は，高校時代から英語を熱心に勉強していた。だが，高校時代に交際した沖縄の男性は，反米・反基地だった。英語を勉強している貴代にとっては，彼との交際は苦であった。彼は，沖縄の女性がアメリカ人と結婚して，離婚し苦労しているといった話を聞いているため，批判的な目で基地やアメリカを見ていた。そういった彼と交際していた貴代は，英語を勉強することに罪悪感に苛まれた。沖縄の基地に赴任してきている米軍兵士たちは，いろいろな場所に転勤し世界を見ているので，そういう意味では視野は広いと貴代は考えている[33]。

---

32) 本島出身の正代 (50代後半) は，現在のアメリカ人の夫と結婚する前に沖縄の男性と結婚していた。彼は，長男であったため，トートーメをもっていた。夫の実家は本島北部にあった。彼女と結婚生活をする際には，対等の人間だったのが，実家に帰ると夫は，家主となり正代につぎつぎと食事をもってくるように命令した。人格が変わったと正代はいう。こういった沖縄のように血縁に基づいた伝統文化やジェンダー規範が弱いため，アメリカ人との結婚のほうが楽でいいと正代は語る。

33) 沖縄出身の綾子 (30代後半) と沖縄出身の京子 (20代後半) も，貴代同様に，アメリカ人男性は視野が広いと指摘する。視野が広いということは，お互いの意見を自由に語りあえる環境であるともいえる。沖縄出身の文美 (50代後半) は，アメリカ人男性といるほうが，自由に自分を出せるという。

また，彼女たちが沖縄や日本人男性を拒絶する理由には，愛情表現の違いも考えられる[34]。沖縄出身の麻実（30代前半）は，アメリカ人が好きなのではなく，愛情表現が豊かな男性が好きだという。麻実は愛情表現の少ない沖縄の男性よりも，優しい本土の男性のほうが好みである。さらに，沖縄の男性は男尊女卑であるとも批判する。

### (3) 「ハーフ」の子供

女性の中には，「ハーフ」の子供を産みたいという理由から，アメリカ人との結婚を望む女性もいた。

沖縄出身の千佳（20代後半）は，中学生の頃から「ハーフ」の子供を産みたいと考えていた。それは，千佳が日本人男性と交際している際も，結婚するのは外国人だと思っていたことにも強く現れている。千佳は，外国への憧れが強かったという。彼女は，夫との結婚を母親に反対された千佳は，結婚前に子供を作ることを決断した。沖縄出身の泉（30代後半）は，ハリウッド俳優のトム・クルーズに憧れていた。彼女も同様にハーフの子供に興味をもっていた。

以上の3つの要因には，アメリカ人男性（外国人男性）像のステレオタイプともいくつかの点で重なる部分があった。特に，沖縄・日本人男性への批判という点で，愛情表現の違いについて指摘した麻実の事例は，日本人男性の表現力の乏しさに比べ，外国人男性にははっきりとした愛情表現が見られるというMaの指摘と重なっている。しかし，ここで注目したいのは，麻実が，アメリカ人が好きなのではなく，愛情表現豊かな男性が好きだと述べていた点である。この意味で，アメリカ人男性や外国人男性像に認められる理想的なイメージを追っているのではなく，そういう愛情表現が豊かな男性が麻実の理想的な男性像であったのだと指摘しておく。

## 5.3. 日本人女性に惹かれた理由

インタビューから男性が日本人女性へ惹かれた理由には，大きく2つあった。

---

34）沖縄出身の綾子（30代後半）も愛情表現の違いを指摘していた。

1つは，受身でおとなしく従順で女らしいという典型的な日本人女性像への魅了であった。これは前述したConstableが述べた，無垢でロマンティックな「オリエンタル・ドール」あるいは「蓮の花」と言われるような日本人女性像と重なる。2つ目は，アメリカ人女性への嫌悪感であった。これは，最初の理由と裏表の関係にあるといえる。典型的な日本人女性像を追う男性は，結果的には日本人女性像とは対極にあるとされるアメリカ人女性を嫌悪することになる。そこにはアメリカで受容が進むフェミニズムに対する不満感情もあった。

アメリカにおけるアジア人（日本人と韓国人女性）の「戦争花嫁」研究をしたKim [1977] によると，日本人女性と結婚する米軍兵士は，彼ら自身が軍隊並びにアメリカ社会で周縁的な存在で，こうした結婚の背後にアメリカ人女性に対する嫌悪感があるという。

StoneとAltは，米軍兵士がアジア系の女性と結婚する理由は，彼らは権力と支配を好むからだと指摘している。その他の理由として下士官は軍隊の中では，上官からの命令を受けるだけで，命令をすることはないため自尊心が低い。そのため，家庭内では彼自身がリーダーになろうとする。その点で，アジア系女性は従順であるため，このような男性にとっては好都合であると考えられている，と述べる。アジア系女性と米軍兵士との間に起こる問題として家庭内暴力に触れているが [Stone and Alt 1990: 140]，これは夫の地位の確立を証明する暴力とみなすこともできよう。暴力に訴えるにせよ，家庭内で家父長的な地位を維持することは，自立心の強いアメリカ人女性との結婚では難しいことである [Stone and Alt 1990: 130]。

StoneとAlt [1990] による米軍兵士とアジア系女性の結婚をめぐる記述には多くの問題点がある。家父長的権力を誇示したい夫とそれに反発することなく従うアジア出身の女性という図式は，必ずしも沖縄では事実とはいえない。

Drussは，海外基地勤務になった米軍兵士と外国人女性との結婚前の状況を次にように述べている。海外基地勤務になった米軍兵士は自由や意気揚々さを感じる。彼女や妻がいない海外基地勤務の間，女性と一緒にいたくなる。米軍兵士たちは，アメリカ人女性を押しつけがましく，攻撃的すぎると批判し，日本人女性やドイツ人女性が，真に女らしく，男性に敬意を示す方法を知っていると考えていると記述している [Druss 1965: 223]。Drussは，日本とドイツの文化と，アメリカの文化には確かに差異はあるが，これらの女性のもつまさにその外国性が，

米軍兵士たちを外国人女性へと惹きつける決定的な要因であると考え，その外国性が積極的な性行動を容認していると指摘している［Druss 1965］。ここからDruss は外国人女性の文化的背景や結婚生活の地域性を考慮していないことが明らかである。

　Stone や Alt にも，アジア系女性の出身地の差異や居住場所などの差異をめぐる考察はなく，偏った記述であるといえる。後述するように，本調査からは，結婚後，沖縄に住む米軍兵士たちは，ある意味従属的な立場に置かれているともいえる。本書で取り上げた米軍兵士と沖縄の女性との結婚生活は，妻の主導で行なわれているといってもよい側面も多々ある。以下，インタビューで聞かれた日本人女性に惹かれた理由を記述する。

(1) 日本人女性像の魅力

　フレッド（60代後半）は，アメリカ人女性と比較すると日本人女性のほうが性的に魅力的であるという。日本人女性と交際するようになって，アメリカ人女性には興味を失ったという男性は多い。

　スコット（60代前半・白人）は，多くのアメリカ人男性は芸者のイメージで日本人女性との結婚を捉えている点を批判している。スコットの批判は，前述したアジア人女性へのステレオタイプの1つである「オリエンタル・ドール」に代表される従順で繊細なアジア人女性像に向けられている。

(2) アメリカ人女性への嫌悪感と日本人女性像の称賛

　インタビューではアメリカ人女性への嫌悪感が認められた。多くのアメリカ人女性は，要求が多く自己中心的でつきあいにくいと批判する[35]。これは，フェミニズムへの批判ともとれる[36]。

　チャールズ（50代後半）は，日本人女性と比較して，アメリカ人女性のほうが

---

35) ジェイムズ（30代後半・白人）は，アメリカ人女性は夫を自分の思い通りに変えたいと思っていると指摘していた。
36) Ma も，日本人女性と結婚した西欧人男性は，西欧人女性は攻撃的で競争心に富んでおり彼女自身のキャリアやライフスタイルを確立したいと願っていると述べ，批判的に西欧人女性について語ることが多いと指摘している。また，そこにはフェミニズムに対する隠された不満が存在するとも述べている［Ma 1996: 261］。

権利を主張し要求が多いという[37]。ロバート（40代前半・白人）は，日本人女性はアメリカ人女性ほど，高飛車で威張っていないと語る。

　日本人女性と交際・結婚したアメリカ人男性は，アメリカ人女性やフェミニズムに対する強い批判や拒絶を示しているのが特徴的であった。だが，彼らのアメリカ人女性に対する批判は，ステレオタイプ的なアメリカ人女性像を作り上げているともいえる。後述するが，交際や結婚生活を通して個人としての相手を受け入れた男性たちは，ステレオタイプに基づいた周りからの中傷に敏感になる。

## 6 米軍兵士との結婚前のさまざまな問題
── 海外での妊娠・結婚と軍隊との関わり

　米軍兵士との結婚前の交際で生じるいくつかの問題点を取り上げる。海外にある米軍基地に所属する米軍兵士と日本人女性が結婚する際には，多くの書類の提出が求められ，時間もかかる。結婚前に妊娠が発覚することも多々ある。こうした場合には，生まれてくる子供の問題や，アメリカに異動になった際に，配偶者としてアメリカに住むためのビザの手続きなど新たな問題がのしかかってくる。沖縄出身の女性に多く見られるのは，沖縄に住み続けたいという強い思いである。女性が，安定した収入を得られる基地内での仕事に就いている場合は，その思いはさらに強くなる。

### 6.1. 米軍兵士と日本人女性との結婚の過程

　基地内で配布されている『沖縄での結婚ガイド』に基づき，沖縄での米軍兵士と日本人女性との結婚の手続きについて述べる[38]。

　米軍兵士との結婚には，第3段階まで分かれる。第1段階では，血液検査（HIV，エイズ，結核と梅毒の検査）を受ける。第1段階で必要となる書類は，以下

---

[37) ケビン（30代後半・白人）も同様に，アメリカ人女性は物質的な要求が多すぎるという。彼にとって，アジア人女性のほうが彼をより理解してくれる。
38) おきなわ女性財団（編）[2004] も参照した。なお米軍兵士がアメリカ人女性と本土で結婚する場合は軍隊内部の手続きは全くない。日本で結婚する場合は血液検査が免除される。

のものである。米軍兵士は，出生証明書，帰化証明書，米国パスポートが必要である。日本人女性は，戸籍謄本とその英訳が必要である。米軍兵士は，基地内で行なわれている結婚前セミナー[39]の受講証明書が必要である。米軍兵士はこのセミナーの受講は必須であるが，配偶者となる女性の受講義務はない。

　第2段階では，結婚許可申請書のすべてに記入をし，第1段階で集めた必要書類を添付して司令部に書類を提出する。

　第3段階では，米軍兵士は結婚許可申請書の承認を得た後，基地内の法務支援課（LSSS）[40]で婚姻要件具備証明書を取得する。この婚姻要件具備証明書とその日本語訳，婚姻届を市役所に提出し，受理されれば日本での婚姻が成立する。

　以下は，軍隊内で米軍兵士の配偶者と公認され，いくつかの扶養手当てを米軍兵士が受け取るために必要となる手続きである。市役所で婚姻届を提出した後結婚証明書を購入する。英訳したものを所属する部隊の総務部（S-1）[41]に提出する。これにより米軍兵士の軍歴に結婚したという事実が報告される。米軍兵士は，ディアーズ[42]と呼ばれる登録システムに新しい扶養家族の情報を入れ更新する。

　次に，米軍兵士の配偶者としてのIDカードやコマンド・スポンサーシップの手続きをIPAC[43]（海兵隊人事管理課）で行なう。コマンド・スポンサーシップとは，軍隊が，妻や子供たちを米軍兵士の家族であると認め，それに伴うさまざまな扶養手当てを与えることである。後述するがコマンド・スポンサーシップがなければ，扶養手当てが支給されないため，諸経費を個人で負担することになる。

　外国籍である米軍兵士の配偶者は，米軍兵士の本国への転勤が決まると6カ月から7カ月の間に米国総領事館で移民ビザの手続きも行なわなければならない。移民ビザの取得にも多くの書類の提出が求められ時間がかかる。

　このように米軍兵士との結婚手続きは煩雑で時間がかかる。

---

39) 結婚前セミナーの詳細については第2章で述べた。
40) 詳細は第2章を参照。
41) 情報部（S-2），作戦・訓練部（S-3），兵站部（S-4）に分かれる。
42) DEERS（Defense Enrollment Eligibility Reporting System）とは，通称ディアーズと呼ばれ，現役軍人，退役軍人，予備役やその家族の情報を登録するシステムである。
43) IPAC（Installation Personnel Administration Center），通称アイパックについては第2章を参照。

## 6.2. 結婚前の妊娠と赴任期間

　米軍兵士と日本人女性との結婚前に見られる問題として，結婚前の女性の妊娠[44]と米軍兵士の赴任期間との関係を取り上げたい。外国人である日本人女性は，結婚に必要となる軍隊へ提出する書類や，アメリカに住むためのビザや産まれてくる子供の問題などアメリカ人女性よりも複雑な問題に直面することになる。その意味で，アメリカ人女性とは異なる状況にある。ここでは軍隊や米軍兵士の視点に注目して述べる。

　カリフォルニア州出身のルービン（30代前半）は，本土出身の妻とゲート2のクラブで出会う。入隊して6カ月後に，1年の赴任で1994年2月に沖縄に来る。赴任期間の終わる1995年2月間近の1994年11月に，妻，優衣と出会う。当時，ルービンは，E-3で21歳であった。優衣の妊娠が発覚する。望まない妊娠であったという。ルービンは，赴任期間が終了し，沖縄を離れる予定であったが，妊娠が分かり赴任期間を延長する。だが，この妊娠は，後で間違いであったことが判明した。赴任期間の延長後，1995年3月に優衣の妊娠が発覚し，1995年5月に結婚している。ルービンが22歳，優衣は23歳であった。

　アラバマ州出身のロバート（40代前半・白人）は，クラブで最初の妻の絵美と出会う。ロバートが，22歳で彼女が20歳であった。だが，交際中に絵美が妊娠する。ロバートは，彼女が妊娠したため義務だと感じ，2年後に結婚したと述べている。

　ロバートやルービンのように，交際中に日本人女性が妊娠し，赴任期間の延長や結婚へと決断するカップルは珍しくはない。独身の海兵隊員は，通常1年から2年の赴任期間で沖縄に来る。米軍兵士の階級も低く，軍隊内での仕事もきつい。そのような時期に沖縄の女性と出会い，交際，妊娠さらに結婚へと向かうことは米軍兵士にとっても，沖縄の女性にとってもストレスがかかることが分かる。海外基地での米軍兵士との結婚の要因として，米軍兵士の赴任期間と女性の妊娠との関係を無視することができない。これらの事例は，妻子を置いて本国へ帰る無責任な米軍男性像への再考や，実際に逃げて帰ってしまう男性が直面している困難な状況を理解することにもつながる。しかし，だからといって，そのような行

---

[44) 筆者がインタビューした46名の女性で，結婚前に妊娠した女性は5名いた（京子，博子，加奈子，千佳，裕子）。千佳（20代後半）は，結婚に反対する母親を説得しようと意図的に妊娠を計画した。

写真24　独身兵士専用宿舎

為が許されるといっているのではないことも強調しておきたい。

## 6.3. 仕事と結婚

　米軍兵士との結婚には異動が伴う。そのため，仕事をもつ女性は，米軍兵士の赴任地が変わると，仕事をやめざるをえなくなる。さらに，定期的な異動が米軍兵士の生活スタイルだと安定した仕事を見つけることが困難である。これは，日本人女性だけではなく，米軍兵士や軍属と結婚した民間人女性すべてに当てはまることである。

　沖縄の女性に限定すると，夫の退役後に沖縄に戻ってくるということを想定している場合が多い。そうすると，現在仕事をもつ女性の悩みはさらに重くなる。

　貴代の事例は，働く女性と，異動の多い生活をする米軍兵士との交際や結婚にまつわる重要な問題を提起しているのでここで詳しく取り上げたい。貴代（30代前半・沖縄出身）は2006年11月に空軍の軍人（将校，O-5），ザックと結婚した。

　知人の紹介でザックに2005年8月に出会ったが，同じ年の11月にザックは，赴任地が変わり沖縄を離れた。当時，彼女と彼は31歳であった。

　彼女は，基地内で働く従業員で専門職についている。女性の中には結婚を簡単に決断してしまう人もいるが，彼女は非常に冷静に考えている。これは，彼女が，基地内で米軍兵士とともに働き，軍隊についてよく理解をしていることを表している。米軍兵士と結婚することにより，彼女自身の人生にどのような影響がある

のかを貴代は，深く理解しているのである。貴代は，これまでの米軍兵士との交際について次のように語る。

> プレッシャーがいつも軍人との恋愛にあった。行くのか，今行くのかとか，そういう軍人との恋愛にはプレッシャーがあった。そういうのがないし〔なくて〕行かなくても，すぐにデッドライン〔期限〕があったし。そういうことをよく理解していて，今まではプロポーズされても，喜べなかったけど。（2007年6月13日収録）

　貴代は，遠距離恋愛中に彼の赴任地にも訪れ，環境などを確かめている。その後，2人は遠距離恋愛を経て，2006年に結婚した。後述するが，沖縄の妻は沖縄にいたい，あるいは夫が退役後に沖縄に戻ってくるということを前提に仕事をやめずに沖縄に残るという選択をする妻が多い中，貴代は基地内の仕事の専門職をやめる決意をしている。

　彼女が素晴らしい夫と出会ったということももちろんであるが，彼の軍隊の中での階級についても注意を払いたい。なぜなら，米軍兵士の給料は，階級によって決まるからである。もし，彼の階級は将校（O-5）ではなく，下士官のE-3ならば彼女は沖縄に残ることを選択したかもしれない。あるいは，簡単には基地内の仕事を離れる決断をできなかったかもしれない。

　E-3になって6年目の米軍兵士の1カ月の基本給は，1,981.20ドル（2012年1月1日現在）である[45]。それに対し，同じ条件でO-5になって6年目の米軍兵士の1カ月の基本給は，6,303.00ドル（2012年1月1日現在）である。約3倍の給料差があるのである。

　彼女の結婚から，米軍兵士との交際から結婚にまつわるさまざまな重要な問題も指摘できる。1つは，異動命令がでても，すぐに婚約や結婚の約束を交わしていないところである[46]。多くの日本人女性や米軍兵士は，限られた時間や環境の中でお互いを理解しようとする。米軍兵士の異動により離れてしまうという焦りが，2人を追い詰めてしまう。しかし，文化や生活環境，さらには軍隊についてはそんなに短期間で理解できるものではない。お互いを知らないままの結婚は危険であるのはいうまでもない。

　貴代の事例で重要な点は，彼女は基地内で専門職に就いているため組織として

---

45) 基本給表は第4章表4-3を参照。
46) 2年にわたる遠距離恋愛を経て結婚をしたリチャード（30代後半・白人）も，軍人の異動で容易に結婚を決断することの問題を指摘していた。

の軍隊の在りようや，米軍兵士の生活について深く理解していることである。また，彼女には英語の問題もない。彼女はアメリカ人と結婚するというよりも，米軍兵士と結婚するということを視野に入れている。それによって，彼女は多くの制約や妻としての立場や責任を考え，彼女の仕事についても熟考している。さらに，もう1つ重要なことは，夫が空軍の将校であるということである。若い米軍兵士と比較すると，給料の差も大きいが，彼には多くの自由がある。つまり，経済的にも精神的にも余裕がある。若い米軍兵士は，兵舎で暮らさなければならないが，彼は，基地外で自分の部屋を借りることができる。米軍兵士の階級が交際関係に大きな影響を与える。そして，その後の結婚生活にも大きく関係してくるのである。

## 6.4. 結婚の条件 —— 沖縄出身女性と本土出身女性との違い

沖縄の女性は，沖縄への思いが非常に強い[47]。この思いは米軍兵士を苦しめることにもなる。特に，退役や除隊後の就職の際には，女性の沖縄への執着が大きな問題となる。

基地内で働く沖縄県の離島出身の洋子（20代後半）は，沖縄を離れないことが，結婚の条件であった。両親も沖縄を離れないということで結婚を承諾した。

> 〔基地内の仕事を〕やめてまでアメリカに行くという気持ちはない。結婚を決めたとき，結婚するっていったとき，外人と結婚するとは思ったけどアメリカに行くとは思っていなかった。相手は，沖縄が好きとか沖縄にいたいとか。将来はリタイアして，沖縄に住みたいという人と結婚したかった。それは条件。最低条件。主人は沖縄にいたい。平和じゃないですか。大変だけど，そうやっていってくれたし。自分はアメリカには行かないよといっていた。それで結婚を決めたし，親も許してくれた。親は，外人がどうとかよりも，娘が遠くに行ってしまうということが問題だった。それで一応OKしてもらった。（2007年1月27日収録）

だが，軍人である以上沖縄を離れないとは確約はできない。洋子とは異なり，本土出身の美由紀（30代前半）は，沖縄の女性に一般に見られる沖縄や日本に住み続けたいという執着をもたない。彼女は夫に退役まで軍人でいてほしいと願う。

---

47) 横須賀の米海軍基地での調査では，日本を離れないという条件で軍人と結婚した女性には会わなかった。

夫の天職は軍人だと理解しているからである。美由紀の夫は，いつ退役するのかを悩んでいる。

> あと 8 年〔退役まで〕残っている。8 年でリタイア〔退役〕をすると退役のときの給料の 50 パーセントもらいながら生活する。43 歳だから仕事が見つかる。18 年とかにすると 75 パーセントもらえるけど，50 いくつで仕事が見つからないよね。どっちにするかということで話をしている。夫はどっちがいいか聞いている。わたしは，死ぬまでマリーン〔海兵隊〕にいてほしい。あの人の性格すると営業なんかまず無理だし，頭の固い公務員と一緒だし。人相手の仕事は無理。言葉も悪いし。〔海兵隊員を続けることを〕反対されると思ったみたい。(2005 年 12 月 21 日収録)

美由紀は沖縄の妻について以下のようにいう。

> 沖縄の奥さんって，〔軍隊を除隊・退役して〕シビリアン〔軍属：基地内で働く民間アメリカ人〕になって沖縄にずっといてほしいと言う人が多いけど，わたしは好きなことをやっていてほしい。ただ，食うものに困らないように。(2005 年 12 月 21 日収録)

さらに，美由紀は沖縄の女性たちの多くは，1 人暮らしが少なく，親に頼り自立していない点をも批判し，本土の生活との暮らしの違いを指摘する。

> 1 人暮らしの人が少ない。仕事をしていて，結婚していなくて親と住んでいる。〔本土では〕就職をして家から通っている人は少ない。親と住んでいるのは恥ずかしい。こっち〔沖縄〕では，どっちも依存しあっている。だから真剣に収入がないといけないとか考えていない。むこう〔本土〕にいたときには，ちゃんと勉強してきて同じレベルの人がいたから。借金を簡単にするとか。あんなとこで遊び金を引き出すとか。親と住んでいてふらふらしている人もいなかったし。転職も難しいしね。でも，こっち〔沖縄〕に来て，ダンスなんかで友達になった子は，簡単に借金をするし，親と住んでいるし。借金。借金という言葉はテレビでしか聴いたことない。利子が借りた分よりも多かったり。感覚も違う。(2006 年 1 月 8 日)

美由紀と同様に，本土出身の恵 (30 代前半) も沖縄の妻たちの沖縄への執着や親への依存について指摘する。

> 沖縄の人は，友達や家族がいるからさびしくないんじゃない。わたしが知り合った子は，沖縄っ子だなと思う。沖縄の子は，沖縄からはぜったい出たくないと言う。親がいるし。内地〔本土〕の人と感覚違うと思う。……アメリカに行けば沖縄

の人ばかりではない。沖縄っ子に限ったら視野が狭い。(2006年6月14日収録)

　以上のように，沖縄出身女性とは異なり，本土出身女性は，日本に住み続けたいという強い思いはない。沖縄や親への執着や依存への本土出身女性からの厳しい批判も見受けられる。

　沖縄出身の女性たちがアメリカ人男性に惹かれた理由として，沖縄文化への批判・拒絶，沖縄・日本人の男性への批判や「ハーフ」の子供をもちたいという理由を挙げた。父親や母親はともに反発すべき沖縄の文化や伝統を担う沖縄の象徴でもある。そこで，娘は，沖縄の象徴である両親を拒絶し夫を選択する。アメリカ人の夫と一緒になることで，沖縄からのしがらみを逃れ，自由な世界で生活することを望む。両親は，娘が沖縄の伝統文化の中で両親とともに沖縄の伝統を担い沖縄で生活をするようにと述べて，娘が結婚して島から出て行くことに強く反対するのである。それは，沖縄の伝統的価値観の存続をめぐる親子の争いでもある。次章で述べるように，母親と娘の関係が親密であるはずだが，結婚の決断になると娘は母親を裏切り，夫との婚姻関係を優先していることが分かる。

　一方で，女性たちには沖縄に住み続けたいという思いが存在する。本土出身者には，沖縄の妻たちが抱くこのような沖縄への強い執着心は理解しがたいものである。しがらみから解放されたいという思いと沖縄に住みたいという思いがある。ここに沖縄出身の女性の矛盾を認めることが可能であろう。しかし，それをもって，首尾一貫しない存在と決めつけたり批判したりするのではなく，当の女性たちの悩みの表れとして理解したい。この悩みに注目しつつ，以下論を進めていきたい。

## 6.5. 両親からの反対

　米軍兵士との結婚で，両親から結婚の反対を受ける女性は多い[48]。アメリカ人

---

48) 竹下 [1998] は，夫外国人と妻日本人の国際結婚に対する社会の寛容度について，夫がアジア人の場合と欧米人の場合とで比較を行なった。竹下によると，夫が欧米諸国出身であれば，日本人女性との結婚に関する寛容度が高いが，夫が高学歴であると寛容度は低くなる。その理由は，欧米諸国は日本人への優越感があるため，高学歴者の優越感は強化され，日本人女性との結婚は反対へ結びつく。一方，アジア諸国出身の男性は，日本人女性との結婚に対する寛容度が低いが，夫が高学歴であれば寛容度が高くなる。その理由として，日本人への劣等感をもつアジア人男性は，学歴が高くなることでそういった劣等感を克服することができるためであるとする。いうまでもなく，親が反対する理由はもっと複雑である。

嫌悪という立場から，娘の米軍兵士との結婚へ反対する場合もある。30代前半の本土出身の美由紀の父親は，美由紀の結婚を強く反対し，「そんな結婚はありえない。アメリカ人だ。俺の親父を殺した相手だ」といった。

沖縄出身の女性の場合，彼女が沖縄を離れることを理由に反対することが多い[49]。その際，母親からの反対が非常に強い。しかし，孫ができると反対の姿勢は弱まり，その結婚を許すことが多い。

沖縄出身の加奈子（20代後半）は，結婚前に妊娠が発覚し，母親から強制的に中絶をさせられそうになり，アメリカへかけおちをする。子供が生まれてから，両親の結婚への反対の姿勢は弱まり，現在では母親が娘たちの洋服をすべて作るほどである。加奈子の事例は，結婚当初は，親からの反対に会い，子供が産まれて和解したという良い例である[50]。

親からの米軍兵士との結婚への反対は，出身地によっても親からの反対について差が認められる。本島中部の北谷町，沖縄市，嘉手納町やうるま市（前具志川）など米軍基地所在地では，米軍関係者との日常的な接触が大きいため，反対されたとしても，その結婚は受け入れやすい。それに比べ，前述した加奈子の出身地である本島北部の大宜味村や本島南部の南風原[51]などは，外国人の数も少なく米軍基地がないため，米軍兵士との結婚に反対をする両親も多い。

このように沖縄本島の中でも米軍兵士との結婚について温度差がある。さらに宮古島などの離島になると，米軍基地との接点がないため，その結婚への拒否反応は強い。同じ沖縄県内でも米軍兵士との結婚をめぐる親からの反対には差が認

---

49) 沖縄出身の裕子（20代後半）は，大学生の教育実習中に妊娠が発覚した。母親から結婚への反対があったが，沖縄に住み続けるということで結婚は許された。沖縄出身の文子（30代前半）の場合は，父親からの反対を受けた。反対の理由は，娘が沖縄を離れるということであった。父親は，地域で生きており，親戚がどう思うのかを気にしていると文子は指摘する。そこには，沖縄の島ならではの，強い共同体としての結束とともに，その共同体を出ようとするものへの批判が感じられる。沖縄出身の千佳（20代後半）の母親の場合も同様に，千佳が沖縄を離れてほしくないということと，基地反対という立場から千佳の結婚に強く反対した。だが，千佳の場合は意図的に子供を作ることで母親から結婚の承諾を得ることに成功した。

50) 大学を卒業してすぐに妊娠してしまった沖縄出身の京子（20代後半）も，結婚を反対されたままアメリカへ夫とともに移動した。3年後に沖縄に戻り，子供を通じた家族（祖母）との関係を築き，家族との関係が修復に向かった。

51) 沖縄出身の博子（20代後半）は，出身地と親からの結婚への反対について次のように語る。「南風原には外人自体は見ないから。北谷とは違う。……今まで基地がまったくない所だから。南風原は平和だから。うちの地域は，国際結婚反対の場所。南部は，外国人と，特に軍人と結婚するのはレベルの低い女でイメージが悪いと思われている。中部は，まだちょっと受け入れやすい」。

められる。

　以下，米軍兵士と日本人女性との交際や結婚までに見られる特徴や問題点について簡単に指摘しておきたい。

(1)　沖縄の女性のアメリカ人男性との交際や結婚の要因
　沖縄の伝統的文化や規範への嫌悪感が，女性たちがアメリカ人男性と交際や結婚への一要因である。彼女の育ってきた環境とは異なる，個人主義を掲げるアメリカ人男性との交際や結婚への動機づけとなっていた。沖縄の伝統文化やジェンダー規範への批判は，その伝統の中で生きている沖縄の男性へも向けられていた。これらの沖縄伝統的な価値観への批判は，「ハーフ」の子供がほしいという願いにもつながっている。

(2)　男女双方に見られる交際や結婚の動機づけ
　男女ともお互いに対するステレオ・タイプから必ずしも自由であるとはいえない。むしろそれを前提として交際がはじまっている場合もある。

(3)　沖縄出身妻の沖縄への執着
　沖縄出身の妻は，沖縄を離れることを躊躇し，沖縄への執着が強いという特徴が認められる。夫が軍人であるかぎり沖縄を離れ，次の任務地に転属されることは間違いない。その意味で沖縄を離れないという約束は不可能である。仮に夫が除隊して軍属（基地内で働くアメリカ人）となったとしても一生沖縄に住めるという保証はない。夫が沖縄を離れることになった場合には，別居生活を決断する妻もいる。
　これに対し，本土出身妻は，沖縄の女性に見られるような沖縄や日本に住み続けたいという執着をもたない。

(4)　仕事と結婚生活
　仕事を持つ女性にとって，異動の多い米軍兵士との結婚は，彼女自身のキャリアを構築することが難しく負担が大きい。日本人妻の多くは，専業主婦であることが多いため，仕事をもつ妻は悩みを相談できる友人が周りにおらず孤立する傾

向にある。

(5) 米軍兵士との結婚前に見られる問題
　一般に米軍兵士と日本人女性との結婚過程には，妊娠や男性の異動時期が重要な問題であった。

# 第6章

# 結婚生活

　本章では，米軍兵士と日本人女性たちが，沖縄の社会や米軍基地との関わりの中で，どのような結婚生活を基地内外で送っているのかを中心に述べる。具体的には，沖縄の家族・親族と軍隊との間で揺れ動く夫婦の姿を中心にし，そこで見られる問題について取り上げる。

## *1* 沖縄の家族・親族とのつきあい

　沖縄では，祖先崇拝に基づいた多くの年間行事が門中を中心に行なわれる。その行事の参加をめぐって，沖縄の女性と米軍兵士の間には違いも見られる。沖縄の妻は，結婚しても実家との関係，特に母親との親密な関係を継続する。それは，夫をも巻き込むほど強い結びつきである。一方でこのような沖縄の妻と母親との間にある親密な関係は，夫にとって結婚生活を妨害するものでもある。

### 1.1. 沖縄の行事と家族

　沖縄の行事への夫婦の関わり方について述べる。以下，沖縄の行事に積極的に参加する事例とそうではない事例とに分けて記述する。

#### (1) 積極的に参加する事例

　沖縄出身の栄子（50代前半）の夫，ブルース（70年代前半）は，結婚当初から栄子が行事に参加できなくても，1人で沖縄の行事に参加していた。彼が若いとき

には，清明祭[1]のために墓の掃除もした。彼は，正月や盆[2]の行事にも参加する[3]。

筆者も，栄子の家族の清明祭に，2007年4月29日にブルースとともに参加した。栄子は，4人兄弟の一番末っ子で，姉が2人と兄が1人いる。両親2人とも他界している。長男兄がトートーメ（位牌）を継いでいるため，姉2人，栄子とブルースとで那覇にある兄の家に集まった。兄には，本土出身の妻と息子と娘が1人ずついる。

兄の住む那覇市識名は，「墓の団地」と呼ばれ多くの墓が密集している。トートーメを持つ長男の家族は忙しい。長男の娘も同様に，叔母たちのためにお茶くみや，食事の世話で非常に忙しい[4]。これは，栄子や彼女の姉たちなど婚出した女性たちのほうが，戸主の妻よりもはるかに地位が高いことを示している［田中 1986: 241］[5]。

その他の夫からも，沖縄の行事に積極的に参加する声は多く聞こえた[6]。テ

---

1) 清明祭（シーミー）は，二十四節気の清明入り（新暦4月5日頃）から2週間の間に行なわれる祖先供養の行事である。門中単位で祖先の墓（亀甲墓：女性の子宮を象っており，人は女性から生まれ，死後，またその胎内に戻ると考えられている）を掃除し墓参りをし，その後墓前で重箱を供え，会食を盛大に行なう。沖縄では，お盆や正月と並び盛大な行事である。既婚女性は，夫方の祖先の清明祭と父方祖先の清明祭の両方に参加する。【写真25】と【写真26】を参照。
2) 旧暦7月13日から15日のお盆（シチグヮチ）は，先祖があの世から帰ってきて，子孫や家族と過ごす祖先供養の行事である。沖縄の仏壇をもつ家の嫁は，お盆の3日間は供え物やもてなしの料理の準備で忙しい。仏壇をもたない家の嫁も，お中元をもって親戚廻りなどに追われ，清明祭と正月にならぶ沖縄の3大行事の1つである。
3) 沖縄出身の麻実（30代前半）の夫，ジーンも沖縄の行事に参加している。結婚する前に妻は，週に1回は実家に帰っていた。1ヵ月に1回は，結婚してからも親に会っている。ジーンは，イタリア系アメリカ人であるため，日曜日は，家族みんなで集まる日だと捉え，清明祭など麻実が実家に帰る際には一緒に参加している。また，清明祭の墓の掃除もジーンは進んでやっている。
4) 長男の父親をもつ夏江も，長男の家の娘として同様の義務を果たしていた。夏江は，長男の娘に課されるこのような役割や沖縄の伝統やジェンダー規範を批判していた。
5) この場合，長男の嫁が本土出身ということを考慮すれば，沖縄社会の排他的な側面といえる「ヤマト嫁」の問題とも関わる。ヤマト嫁については，石附［2002］を参照。
6) テキサス出身のフランク（40代後半・白人）は，日本語が堪能で日本料理も食べる「変な外人」と家族から愛情をこめて呼ばれる。また，妻が行事に不参加でも1人で参加するオハイオ州出身のブライアン（20代後半・白人）のような夫もいる。彼は，沖縄の方言も理解できる。彼の息子も方言を理解できる。ニューヨーク出身のエリック（60代前半・白人）やカリフォルニア出身のマーク（60代後半・白人）も，すべての行事に参加している。マークは，アメリカの料理を作って行事に参加する。ワシントン州出身のピーター（40代後半・アフリカ系アメリカ人）は，以前は，行事にはよく参加していたが，子どもが成長し生活が忙しくあまり参加できなくなったと語る。だが，お盆と新年は必ず参加している。

写真25　亀甲墓

写真26　清明祭で墓の前に集まる沖縄の家族

リー（40代後半・白人）もその中の1人である。テリーに沖縄の行事に参加するのか聞いてみた。

　　もちろん参加する。正月，盆，清明祭や全部。すべて大好き。甥の誕生日会にも行ったよ。アメリカ人夫によっては，こういう行事は好きじゃない人もいる。わたしは，行事の参加を楽しんでいる。すべてを理解しているわけではないけれど，コミュニケーションはよくできている。政治とかの話はできないけれど。〔結婚後に異動を重ねて〕最初に節子と沖縄に戻ってきたときは，「この外人は誰？」みたいな感じだったけれど，今ではみんなわたしのことを受け入れてくれている。アメリカにいたときよりも，沖縄での生活のほうが心地良い。（2007年3月18日収録）

## (2) 消極的な事例

多くの沖縄の女性が，結婚後も沖縄の行事に参加する。しかし，沖縄の伝統文化やジェンダー規範に対して批判的な思いを抱いている女性は，沖縄の行事への参加の度合いやつきあいは浅い。これは，長男の父親をもち，幼い頃から伝統行事に参加してきた宮古島出身の夏江や，離島出身の洋子に見られた。

ロバート（40代前半・白人）のように言葉の問題がある場合や，グレッグ（40代前半・白人）のように行事に参加するための費用に疑問をもつ場合，夫は行事への参加に否定的となる。

多くの沖縄の行事は祖先崇拝に関係している。このため信仰をもつ夫にとって行事への参加は困難を意味する[7]。ロドニー（30代後半・白人）は，プロテスタント信者で，結婚の際は，詩織がクリスチャンになることは重要な要件であった。彼の家族は，毎週日曜日には基地の外にある教会に行く。詩織は，クリスチャンになったが，彼女の実家では祖先崇拝に基づいてさまざまな行事が執り行なわれる。彼は祖先崇拝が理解できない。

> わたしの理解では，仏壇と祖先崇拝は，たとえば祖父のような祖先の助けを請うことだと思っている。わたしの文化では，神に祈り，神がわたしを守ってくれている。父親でも祖父でもない。妻になぜ祖先崇拝をするのか質問した。すると，彼女は何も祖先にお願いはしていない。ただ，祖先とコミュニケーションをしているんだという。（2007年3月5日収録）

彼は，行事には参加するが仏壇に手を合わせない。子供にも手を合わさせない。詩織は手を合わせるが，祈りはしないという。彼は，祖先崇拝について理解をしなければならないと考えているが，彼にとってこれらの行事の参加は心地の良いものではないことが分かる。

---

[7] 一方柔軟に応じる夫もいる。オハイオ出身のジェイコブ（40代後半・白人）は，祖先崇拝の行事で柔軟に対応していた。ジェイコブは，プロテスタント信者で，沖縄出身の妻，晴香（40代前半）はカトリック信者である。2人の間には3人の子供がいる。彼女と彼女の家族全体はカトリック信者である。カトリック信者であるにもかかわらず，晴香の実家では祖先崇拝に基づいた行事が行なわれる。ジェイコブは，これらの祖先崇拝の行事に参加し手を合わせるが，その際には，彼の神に祈ることによってしのいでいると述べている。

## 1.2. 宗教とユタ

　沖縄の女性と米軍兵士の宗教についての問題を取り上げる。特に，ユタに注目する。ユタとは，沖縄の民間の巫女で，共同体内の個々の家や家族に関する運勢や健康・繁栄の判断・祈願，位牌・墓・祖先祭祀関係や不幸な出来事の解決など民間の私的な領域に関与する［桜井1973: 1］[8]。沖縄の女性と結婚した米軍兵士の中には，自身の信仰する宗教を超えてユタを信じるという者や自身の宗教との関係で困惑する者が見られる。

### (1) 宗教

　インタビューを受けた日本人女性（46名中31名が沖縄出身で，15名が本土出身）の宗教は，無宗教（74%）が大多数であった【表6-1】。彼女たちの夫も無宗教（46%）が最も多かったが，キリスト教（43%）もほぼ同数を占めた【表6-2】。女性は仏教徒が多数を占める（17%）。ただし，表ではSGI（創価学会インターナショナル）と他の仏教を区別してある。

　インタビューを受けた夫の多くは，キリスト教信者（プロテスタント：41%，カトリック：22%）であった【表6-3】。一方，彼らの妻の多くは，無宗教（54%）であった。彼らの妻は，20名が沖縄出身で，2名が本土出身である【表6-4】。

　多くの夫は，キリスト教の環境の元で育っていたにもかかわらず，子供には宗教を押しつけたくないという夫が多かった[9]。このように子供に宗教を押しつけたくないという夫は，プロテスタント信者のロバート（40代前半・白人）やカトリック信者のテリー（40代後半・白人）がいた。

　信仰心の異なる2人が生活するにあたって，お互いの宗教を尊重する姿勢も見られる一方で，子供の信仰については衝突が生じることもある。それは夫婦と子供が異なる宗教をもつ場合に顕著である[10]。

---

[8]　公的な祭司の司祭者は祝女（ヌル）と呼ばれる。ユタとは異なりウタキ（御嶽），グスク（城）などの聖地や御願所などの拝所などの宗教行事を司祭するもので，部落・村落の公的祭祀や共同体の祈願行事に関わる。

[9]　オハイオ出身のブライアン（20代後半・白人）は，沖縄出身の妻，葵（20代後半）と結婚し2人の子供がいる。彼は，祖先崇拝も神も同じだという。彼の父親は，神父であったため，毎週日曜日彼は教会に行っていた。彼は，子供には宗教を押しつけたくないという。

[10]　第10章で，SGI信者である沖縄出身の文子（30代前半）がカトリック信者である夫，ホゼとの間で子供の信仰をめぐって悩む姿を取り上げる。

表6-1 調査対象者(妻)の信仰宗教

|  | 人数 | (％) |
|---|---|---|
| 無宗教 | 34 | 74 |
| SGI | 5 | 10 |
| 仏教 | 3 | 7 |
| キリスト教 | 3 | 7 |
| キリスト教と祖先崇拝 | 1 | 2 |
| 合計 | 46 | 100 |

表6-2 調査対象者(妻)の配偶者の信仰宗教

|  | 人数 | (％) |
|---|---|---|
| 無宗教 | 21 | 46 |
| SGI | 3 | 7 |
| 仏教 | 1 | 2 |
| キリスト教 | 20 | 43 |
| 不明 | 1 | 2 |
| 合計 | 46 | 100 |

表6-3 調査対象者(夫)の信仰宗教

|  | 人数 | (％) |
|---|---|---|
| プロテスタント | 9 | 41 |
| カトリック | 5 | 22 |
| カトリックと神道 | 1 | 5 |
| SGI | 1 | 5 |
| 不明・無宗教 | 6 | 27 |
| 計 | 22 | 100 |

表6-4 調査対象者(夫)の配偶者の信仰宗教

|  | 人数 | (％) |
|---|---|---|
| プロテスタント | 4 | 18 |
| カトリック | 1 | 4 |
| SGI | 1 | 4 |
| 神道 | 1 | 4 |
| 無宗教 | 12 | 55 |
| 不明 | 3 | 15 |
| 計 | 22 | 100 |

ノース・カロライナ出身のポール（40代後半・先住民）は退役軍人（海軍）である。彼は，沖縄出身の妻，真央（30代後半）と教会を通じて知り合った。2人ともプロテスタント信者（バプティスト）である。ポールは，日本語ができないため家族に取り残され寂しい思いをしている。そういった状況が彼と教会との結びつきをさらに強める。

宗教心だけではなく，ポールの置かれた苦しい立場や結婚生活での行き場のない孤独の心が，彼をいっそう教会へと結びつけているともいえる。また，彼の状況は，宗教だけではなく，後述する妻との間のコミュニケーションの問題や，次章で述べる退役後の再就職の問題とも関わる重要な問題を提起している。

(2) ユタ

沖縄の女性たちは，ユタを米軍兵士との交際や結婚生活の中でうまく取り入れている。母親がユタを利用している場合は，娘もユタを使うようになることが多い。

ユタを利用する女性たちの主な目的は，結婚式の日取りや交際の継続についての決断（貴代：30代前半），結婚の決断（多恵：60代前半）などがある。また，ユタのおかげで夫との結婚の許しを母親からもらえた女性（愛：20代後半）や，夫の浮気が発覚した場合（栄子，50代前半）もある。

沖縄出身の博子（20代後半）も，交際前からユタを利用しており，喧嘩の多い夫，ミゲルについて相談していた。結婚後，博子は母親と一緒にユタに行く。そうするとユタから，彼とは経済的なことで問題となり喧嘩になるといわれる。当時，ミゲルは除隊しようとしていたのである。博子は，ユタに行く理由を次のように語る。

> 安心感を得るため。もし，悪くてもアドバイスをもらえるから。2回行った。心の安定。友達に話すよりも，自分で解決できる。自分の彼が，戦争に行くけど大丈夫と聞いても，大丈夫よ，しかいわないでしょ。でも，ユタからいわれると大丈夫だと思う。安心感。(2005年10月19日収録)

博子にとっては，ユタは，結婚生活の中で感じるさまざまな迷いや問題を解決してくれる手助けをしてくれる重要な相手である。また，米軍兵士である夫をもつ彼女にとって，米軍兵士の夫をもたない沖縄の友人から得られる社会的支援に

写真27 教会（キャンプ・フォスター）

限界を感じており，ユタが博子にとって重要な相談相手であることが分かる。博子は，夫との新居の方角を決めるためにもユタを訪ねている。

博子とは異なり，離島出身の洋子（20代後半）は，ユタの限界も認識し，次のようにいう。

> ユタを信じるけど，ユタに行ったからって，生活が良くなるわけではない。自分の気持ちしだいだし。自分が頑張らないと変わらない。まだ行ってはない。（2007年1月27日収録）

洋子の言葉には，ユタの力を信じてはいるが，一方でユタの限界を認識し，ユタに頼っていてはいけないという彼女の決意が認められる。

多くの夫はユタやアニミズムを理解できないと感じている。ロドニー（30代後半・白人）と妻，詩織はクリスチャンである。しかし，詩織はユタを信じている。

> わたしには，霊とか理解できない。わたしの妻は，ユタには行かないけれど，彼女は〔ユタを〕信じていると思う。昨夜，家族で食事にマカロニ・グリル〔基地内のイタリア料理店〕に行った。息子が車から出たがらなかった。すると，詩織は，何か悪いことが起こるというんだ。彼女は，子供には特殊な力が備わっていて，時にそういうものを感じることができると信じている。理解できないけど，ありのまま受け止めている。（2007年3月5日収録）

カトリックの厳しい環境で育ったチャールズ（50代後半・白人）であるが，ロドニーとは異なり彼はユタだけではなく，妻多恵の霊能力をも信じている。多恵は若いとき，幽霊を見ることができたと彼はいう。多恵は，霊を感じ激しい頭痛

におそわれるため，2人は沖縄本島南部にある沖縄平和資料館に行くことができない。

ある日，チャールズを驚かす事態が生じる。その日から彼は，ユタや霊の世界を信じはじめた。

> 多恵に夜中に起こされ，わたしの祖母が亡くなったといわれた。わたしは彼女に頭がおかしいのではないかといった。すると，電話が鳴り母から祖母が亡くなったと知らされる。わたしは，彼女にもし自分の夢を見たら，教えてほしいと伝えた。（2007年7月19日収録）

## 1.3. 沖縄の家族をめぐる問題

沖縄の妻たちは，結婚後も母親や実家との間に強い結びつきを維持する。アメリカ人夫たちの中には，義理の母親を通して沖縄の伝統文化や行事を学び，強い結びつきを築いている姿もあった。一方で妻とその家族との強い絆やその関係が，アメリカ人夫にとっては結婚生活の障害として映ることもある。

### (1) 沖縄の女性と母親

沖縄の女性の多くは，高校を卒業し進学や就職をした後も，実家に住み続けることが多い。結婚してはじめて実家を出たという女性も珍しくない。他方，結婚後も沖縄に住む間は親と同居するという沖縄の女性に多く出会った。以下では，沖縄の女性たちの結婚生活に見られる母親との強い結びつきについて述べる[11]。

沖縄出身の愛（20代後半）は，母親との親密な関係を結婚後も維持している。彼女の母親は，現在基地内で働いているが，3年後には退職となる。愛は，2人目の子供はアメリカで産み，母親にアメリカに来てもらい，子育てを手伝ってほしいと考える。愛は，海兵隊員の夫，ハビエルが留守時の生活や，基地内でのいじめ，夫の階級による差やその子供へのひいきなどの問題など，アメリカでの生

---

[11] 沖縄出身の裕子（20代後半）は，現在，本島中部に住んでいる。裕子は，現在住んでいる町で生まれ育ち，同じ町で結婚生活を送っている。裕子は，地元を出たくないという。両親も同じ町に住んでいて，裕子はほぼ毎日母親と会っている。また，週に1度は祖父母の家に行くほど家族とのつながりが非常に強い。

活に不安を抱いている[12]。

　現在，愛は，母親，ハビエルと息子とともに基地の外で同居している。ハビエルにとって，沖縄の家は，基地内住宅やアメリカの家と比較すると狭く苦痛を伴う。しかし，愛の母親が子供の面倒を見てくれるため，母親との同居を続けている。

　この家は母親の名義だが，ハビエルが家のローンを支払っている。愛の母親とハビエルは，時に些細なことでぶつかることもある。ハビエルと母親の狭間に立つ愛の立場は辛い。愛もハビエルも家を出たいと思うが，子供の面倒や夫婦2人で外出しやすいという状況を考えると，母親との同居も悪くないと思い，妥協してしまう。

　愛のように実家の両親が子供の面倒を見ることは，沖縄では珍しいことではない。同様にハビエルのほうも，子供の育児を援助してもらえるといった理由から，このような結婚生活に甘んじてしまっているところもある。だが，将来アメリカで，同じ生活がかなえられないことも肝に念じておかなければならない。

　以上のように，沖縄の女性とその家族と，特に母親との結びつきは非常に強い。このような強い母親との関係は，子供の誕生によって一層強まる。その結びつきが決して悪いわけではないが，夫を忘れてはならない。また，結婚後も母親や沖縄の家族，親族や友人に依存する生活を続けることは，夫へ異動命令が出て沖縄を離れる際にはげしい抵抗をもたらす可能性がある。当然のことながら，米軍兵士である夫との結婚生活を育む上で支障になる。

### (2)　沖縄の家族からの介入

　前述したように，沖縄の家族の絆は非常に強く，結婚後もその関係は継続される。たとえばそれは，妻と母親・姉妹・兄弟の親密な関係である。それは，夫婦という単位で成り立つ結婚生活を前提とするアメリカ人夫から見ると，結婚生活の妨害と映ることもある。そこで，夫婦間の間で衝突が起こる。

　ロバート（40代前半・白人）は，最初の妻，絵美との結婚生活について次のように語った。絵美の姉が，絵美に夜遅く電話をしてくる[13]。それは，ほぼ毎晩夜の11時だった。夜11時は，彼にとっては遅すぎる時間であった。彼は，絵美

---

[12]　［宮西2003］にも同様な事例が見られた。
[13]　マーク（60代後半・白人）も，妻真樹の家族が夜遅く電話してくることに不満を述べた。

の姉に電話の件で怒ったところ，逆に妻である絵美から怒られてしまう。

> 絵美の姉に怒ると，絵美がわたしに対して怒った。わたしが，彼女の夫である。子供もいるし家族を作ったのに。時には，絵美の姉は家にも来た。絵美に，プライバシーが欲しいことを伝えたが，絵美は彼女の姉に謝罪するようにいう[14]。絵美は，自分を悪者扱いした。なんで沖縄の女性と結婚したのか分からない。（2006年12月7日収録）

ロバートは姉の近くに住むのも間違いだったと述べている。このような沖縄の女性の両親や姉妹や親族の近くで結婚生活を営むことは，沖縄の女性と米軍兵士との結婚の典型的な姿である。

ジョージ（50代前半・白人）は，沖縄出身の妻，香奈のために，沖縄に住むことを決める。妻の願い通りに沖縄に住んではみたが，妻の家族との関係で多くの妥協をしいられる。ジョージによると，香奈の優先順位は，彼女の母親が一番で，次は子供，最後は彼だという。沖縄の両親は，子供に老後の面倒を期待している。彼は，自分の子供にそのような期待は抱いていない。むしろ，子供には，結婚相手と幸せな家庭を築いてほしいと思っている。ここに大きな差がある。

ジョージがいうには，結婚してから香奈は激変した。彼女の母親は，ジョージたちがキャンプ・レスターの基地内住宅地に住んでいたときに，頻繁に彼の家を訪れた。理由は洗濯機を使うためである。彼は，母親が家にいるのが不快であったが，それを口にすることはできなかった。義理の母親だからだ。家庭内の平和を維持するために，彼の不満は心にしまっておいた。今でも，彼の義理の母は毎日曜日彼の家にやって来る。

沖縄の家族システムは，アメリカ人夫も組み込み，夫たちに家族というものを感じさせてくれる。だが，一方で，それは夫にとってプライバシーの侵害であり，結婚生活の妨害や障害になっている。

妻の家族関係に由来する問題は，友人関係にも当てはまる。沖縄の妻の友人関係は非常に広い。夜に電話がかかることもあれば，友人同士で出かけることもある。こうした会合には多くの場合アルコールが入る。アメリカ人の結婚生活は夫婦一対を最優先する。この考えと沖縄出身の女性たちのふるまいは大きくずれて

---

[14] ジェイコブ（40代後半・白人）の場合も，ロバートと同様に，妻瑠璃子の両親や妹の家が非常に近い。ジェイコブは，瑠璃子が母親の家に頻繁に訪れることについて不満に思っていた。「彼女には母親という存在があるが，わたしにはそういった存在がいない」といって彼は腹を立てていた。

しまう。親密な家族・友人関係が結婚生活の障害になる。そこには，沖縄の家族が大きいというだけでは語りきれないものがある。妻の交友関係で混乱し苦しんでいるアメリカ人夫がいる[15]。

### (3) アメリカ人男性と義理の母

　沖縄の行事では，妻の母親，つまり夫の義理の母親が行事を取り仕切ることが多く，結婚生活においても彼女の影響力は強い。夫にとっては，時に妻と彼との間にしつこく干渉してくる女性ともいえる。しかし，義理の母親を通して，沖縄の文化について学ぶ機会が多いため，アメリカ人夫にとって義理の母親の存在は大きく，義理の母親と夫の間に親密な関係を築くこともある。

　ヘンリーは，ニューヨーク出身の60代後半の白人男性である。空軍を除隊し，現在沖縄で自営業を営む。沖縄出身の女性（晴美）[16]と1度結婚し，2人の息子がいる。離婚した今も前妻，晴美の家族，特に義理の母親との間にできた関係を大事に思っている。

　次に，彼と義理の母親との間にできた深く愛情に満ちた関係を紹介する。ヘンリーは，結婚生活の中で沖縄の行事に積極的に参加してきた。清明祭に参加した彼は，落ちていた灰をゴミだと思い捨ててしまった。この灰は，ウチカビ（打ち紙）とよばれ，あの世のお金とされている。銭型の押し印を横5列縦10列に押した黄土色の紙で，清明祭などに燃やして祖先供養に用いる。ウチカビの灰を間違って捨ててしまった彼に，義理の母は，気にしないでいいといい，笑ってくれたことを彼は今でも鮮明に覚えている。

---

15) 本書では，沖縄の女性の家族・親族関係を中心に記述している。しかし，数は少ないが，ヒスパニック系のアメリカ人夫をもつ沖縄出身の妻たちが，夫とその母親と親密な関係について不満をもらしていた。沖縄出身の20代後半の愛は，メキシコ系アメリカ人である海兵隊員の夫ハビエル（20代後半）とその家族，特に母親との親密な関係について次のようにいう。「彼は亭主関白系。彼は家族に毎週電話する。お酒飲んだりするとすぐに電話する。家族みんなに。気にする。元気かなと思って電話する。わたしも家族なんですけどと思う。離れたらさ，うちらを恋しがって。ここ〔沖縄〕にいたら〔アメリカにいる家族を〕恋しがって。欲張りだと思う」（2005年12月8日収録）。同じく沖縄出身の30代後半のみどりも，メキシコ系アメリカ人の海軍兵士の夫（20代後半）から，「マミー（母親）はゼロ番で，みどりは1番」（2006年7月4日収録）だといわれた。みどりによると，1番以降は努力すれば変えられる関係だが，ゼロ番は特等席のようなもので変えることはできないという。これは，いかに夫とその母親との間に強い絆があるのかを示している。夫の家族・親族は沖縄には住んでいないが，夫婦関係に何らかの影響を与えていると思われる。
16) ヘンリーの元妻である晴美もインタビューを受けてくれている。

次に，ヘンリーがインタビューで涙しながら話してくれた義理の母親との関係について述べたい。義理の母親は，ある日アルツハイマーになってしまう。しかし，アルツハイマーになっても，ヘンリーと義理の母親との関係は変わらない。また，ヘンリーは，身体障害者である晴美の妹の面倒もみていた。ヘンリーは，義理の母親のアルツハイマーが進行し，家族が彼女に冷たくあたる中，唯一彼女と話ができる人間であった。ヘンリーは，義理の母親をおばあちゃんと呼んで，次のように語った。

> 家族は，おばあちゃんに対してとても怒っていた。彼女〔前妻：晴美〕の父親は，「彼女を部屋に入れて，鍵をしめておけ」といった。おばあちゃんは，物置で泣いていて，ドアを開けようとしていた。わたしは何もできなかった。お盆のとき，彼女〔おばあちゃん〕は〔施設から〕家に帰ってきた。大きなテーブルの周りに座った。おばあちゃんが，他の人のビールやお茶を飲んでいた。彼女は，自分が何をしているのか分からない。晴美の妹，由美が怒って，「なんで他の人のお茶を飲むんよ」といった。そして，彼女はおばあちゃんを平手打ちしたんだ。わたしは彼女に「もし，もう一度母親をなぐるようなことをしたら，君をたたきのめしてやるから。ぜったいにわたしの前で母親をなぐったりするな。ぜったいになぐったりするな。もししたら，わたしが君をこらしめてやるからね」といった。同じことを妻にもいった。わたしは，「おばあちゃん，僕の飲み物を飲んでいるよ」といった。すると，おばあちゃんは，「ヘンリーさん，ごめんなさい。ビール注ぎましょうね」という。彼女は，わたしのいうことは聞くことはできたよ。すべての親戚が集まったときに，おばあちゃんの隣に座るのはわたしだった。それは，わたしはおばあちゃんの行動を分かっていたし，親戚もそれをよく分かっていたから。（2007 年 4 月 26 日収録）

また，ヘンリーは，目にたくさん涙をためながら，義理の父親と母親の葬式について次のように話した。

> 父親が最初に亡くなって，次に母親が亡くなった。父親が亡くなったとき，晴美とは別居していた。晴美からは，「お葬式には来るな」といわれた。わたしは行かなかった。行くなといわれたから。彼女の母親が亡くなったとき，妻は僕に電話をかけてきた。「お葬式はどこであるの」と聞いたら，彼女は，「来るな」といって電話を切った。おばさんから聞いたのは，お葬式の日に，みんながヘンリーさんはどこにいるのか聞いていたそうだ。彼らは，わたしがお葬式にいなかったので驚いていた。おばあちゃんは亡くなった。わたしは，お葬式に行きたかった。でも，晴美はわたしに来てほしくなかった。（2007 年 4 月 26 日収録）

ヘンリーは葬式には出られなかったが，墓参りには義理の両親が亡くなってから今日まで1人で行っている。ヘンリーは墓について次のようにいう。

> 彼女の父親と母親が亡くなって，1人で墓に行った。那覇にある。前妻の妹が亡くなったときに，墓の場所を知った。彼女の家族は，誰かが墓に来ていることは分かっているよ。それは，いつも2缶のビールとおじいちゃんが好きだったチーズを墓に置いていくから。その時から，わたしは，いつもお中元とお歳暮を贈り続けているよ。おじいちゃんの13回忌，おばあちゃんの11回忌。法事のときは，彼らの郵便受けにお金を入れておくんだ。彼女の親族の多くはわたしのこと好きだと思う。(2007年4月26日収録)

沖縄の行事を通じて，アメリカ人夫たちは沖縄の家族の一員になっていく。その中で，義理の母とアメリカ人夫の中に深い愛情に満ちた特別な関係が生まれている。妻や子供とはまた別のかたちで，アメリカ人夫が自らの場所を沖縄の家族の中で見つけたのである。

## 2 軍隊とのつきあい

米軍兵士との結婚は，軍隊と密接した生活を送ることを意味する[17]。女性たちは，今までフェンスの外から見ていた軍隊や基地という世界に踏み入れることになる。それは，これまで抱いていた米軍兵士に対する否定的な思いにも，変化をもたらす一方，新たな葛藤も生まれる。

### 2.1. 軍隊用語と公式行事

米軍兵士と結婚すると，数々の軍隊特有の短縮用語や公式行事に遭遇することになる。米軍関係者がよく使う短縮用語の1つに，PCSという用語がある。これは，Permanent Change of Station の頭文字を取っており，異動を意味する。その他にも基地内にある施設の名称や部隊名などの多くは短縮される。たとえば，

---

[17] ハワイの沖縄系移民たちにみられる沖縄芸能 (エイサー) による結びつきに注目し，彼らのアイデンティティについて研究した城田は，ハワイに住む沖縄女性と米軍兵士の夫婦とその家族の移民誌を取り上げ，彼らの日常生活の中心に米軍基地の存在があることを指摘している [城田 2006: 162-165]。

海兵遠征軍[18]を意味する Marine Expeditionary Force は，頭文字をとって「メフ」（MEF）と呼ばれる。軍隊特有の用語を理解しなければ米軍関係者との会話を理解することができないことも数多くある。

本土出身の美由紀（30代前半）は，夫のダニエルと退役後の生活について話をしていた際に，彼から GS（General Schedule）という軍属の職に美由紀が将来つけたらいいといわれる。美由紀は，GS をガソリン・スタンドの省略だと誤解してしまう。国立大学を卒業している美由紀はいくら英語ができなくても，ガソリン・スタンドでは働きたくないとダニエルにいうと，彼は大笑いした。

時間は24時間単位でいい表わされるため，妻たちも軍隊特有の言いまわしを知っておかなければならない。たとえば，午後4時は，four p.m. ではなく，「シクスティーン・ハンドレッド」(sixteen hundred: 1600) となる。

軍隊用語に加え，軍隊の公式行事や軍隊内での規則にも日本人妻たちは直面することになる[19]。11月10日の海兵隊創立記念日[20]は，海兵隊とその家族にとって重要な公式行事である。その他にもメス・ナイト[21]と呼ばれる海兵隊員部隊のみによって執り行なわれる夕食会や，海兵隊員の配偶者も参加できる夕食会のダイニング・イン[22]もある。また，海兵隊員の昇進パーティは，ウェッティング・ダウン[23]と呼ばれる。その他にもヘイルズ・フェアウェルと呼ばれる歓・送迎会，

---

18) 海兵遠征軍（MEF）とは，歩兵，航空機，兵站を統合した海兵空陸任務部隊を構成する「マグタフ」（Marine Air-Ground Task Force: MGTAF）の最大規模を構成する。「マグタフ」の規模と構成は，任務と敵戦力から決定され以下3つとなる。最大規模（1個師団すなわち3個連隊基幹）の海兵遠征軍，中規模（1個連隊すなわち3個大隊基幹）の海兵遠征旅団（Marine Expeditionary Brigade: MEB）と最小規模（1個大隊基幹）の海兵遠征部隊（Marine Expeditionary Unit: MEU）である［野中2007: 141-145］。MEF同様に海兵遠征旅団（MEB）は「メブ」，海兵遠征部隊（MEU）は，「ミュー」と短縮して呼ばれる。
19) 海兵隊の公式行事については，Marine Corps Family Team Building（MCFTB）による海兵隊の配偶者を対象としたクラスであるリンクスで配布された資料を参照した。リンクスやMCFTBの詳細は，第2章を参照。
20) 海兵隊創立記念日で行なわれるケーキ・カットでは，最初の1口目を主賓が，2口目を出席している最年長の海兵隊員，3口目を最年少の海兵隊員が口にするという儀式が行なわれる。
21) Mess Night のはじまりはイギリス海兵隊であった。メス・ナイトの目的は，海兵隊員の団結心を高めるために行なわれる。
22) Dining In は，規則に沿って執り行なわれる。そのため，トイレに行くにも，海兵隊員である夫が全出席者の前で責任者から許可が受ける必要がある。許可が下りない限り席を離れることもできない。規則に違反すると罰金を支払うことになる。
23) Wetting Down はもともと，昇進した海兵隊が新しい階級章をアルコールの入ったグラスの中に入れてのむらし，飲み干すことから始まった。現在では，家庭内や基地内のクラブなどで友人・知人を招いて隊員の昇進を祝うパーティを意味する。

司令官交替式，退役式や部隊によるパーティなどがある。

　米軍兵士と結婚することにより，日本人妻たちは以上のような公式な行事に加え，米軍基地内での規則についても知っておかなければならない。たとえば，米軍基地内での国旗掲揚・降納時には車の運転や歩行をやめ，国旗掲揚・降納が行なわれている方向に向き，静止することが義務づけられている[24]。また，米軍基地内は車両の時速制限が厳しいため，基地内の走行時速制限についても熟知しておく必要がある。

　以上のような軍隊にまつわる事項について関心がない女性も多い。だが，軍人妻として軍隊用語や軍隊に慣れ親しんでおく必要がある。というのも夫が派兵や異動で不在の際に家族を預かる妻が果たさなければならない事柄が多くあるからである。また，妻が軍隊の規則に反する行動をした際には，軍人としての夫のキャリアにも影響を及ぼすことになる。その意味で夫の米軍兵士としての任務や軍隊について最低限の理解が必要である。

### 2.2. 米軍兵士とアメリカ人に対する意識の変化と葛藤

　米軍兵士と結婚し，軍隊や米軍兵士と直接接触する機会が増えると，米軍兵士やアメリカ人一般に対する妻たちの意識が変化する。沖縄出身の妻たちの多くは，米軍兵士と結婚するまでは米軍基地，米軍兵士やアメリカ人について否定的なイメージを抱いていた。だが，結婚し実際に基地内や彼らの世界と接触すると，その見方に変化が現れる。

　沖縄出身の加奈子（20代後半）は，軍隊や米軍兵士に対して否定的な思いを抱いていたが，アメリカでの生活を経て，この思いに変化があった。とはいえ沖縄に帰ってくるとやはり米軍兵士と結婚していることを隠しておきたいと加奈子はいう。そのため，彼女は，米軍関係者であることが分かるＹナンバー（米軍関係車両を意味するナンバー・プレート）の車に乗っていない。多くの米軍兵士と結婚して妻たちは，Ｙナンバーの車に登録をする。その理由は，基地内で低価格のガソリンを購入することができる点や，日米地位協定に基づいた格安の重量税が適用されるからである。

---

[24] 米軍基地内の国旗掲揚・降納（colors）についての様子は第1章を参照。

アメリカに行って，すごいみんなに誇りに思われている仕事だと分かった。軍人は大事な仕事なんだなと思った。沖縄で思われているのとぜんぜん違うなと思う。でも沖縄に帰ってくると，あんまり関わりあいになりたくないと思ってしまう。自分の夫が軍人であることをいいたくない。なんか今もそんなとこがある。だから自分の車はYナンバーではない。Yナンバーにすると安いから，ガソリンも安いし，Yナンバーじゃないと基地の中のガソリン・スタンドは使えないし，タンクに買って入れることはできるけど。自分は日本のガソリン・スタンドで入れている。自分は珍しい。〔軍人妻としての〕IDは持っているけど。だから，なんか嫌なんだよね。自分だけだよね。大宜味村〔本島北部の加奈子の実家〕とか，実家にYナンバーが停まっているのは両親は嫌だろうなと思う。遊びに行くときは，自分の車。みんなアメリカ人と結婚したのは知っているけど，軍人とは知らない。(2005年12月15日収録)

以上のように，米軍兵士と結婚することにより，女性の抱く米軍兵士やアメリカ人一般に対する思いに変化がおとずれる。だが，その思いは，加奈子に見られるように複雑である。戦争・基地反対という環境で育った沖縄出身者の女性は，米軍兵士の妻でありながら基地を手ばなしで擁護できないという矛盾した生き方をしなければならない。

## 2.3. 米軍基地内施設への不信感

　米軍兵士との結婚によって米軍やアメリカ人一般についての意識が変化したと前述した。だが，日本人妻は，米軍基地や基地内施設について概して良い印象をもっておらず，多くの女性たちは，基地内施設に不信感を抱いているのも事実である。沖縄出身の知恵（40代前半）は，「軍は，アメリカ人と米軍兵士のための施設。軍隊は冷たい。軍隊は，アメリカ人の味方の感じ。自分なんかおまけ」と感じており，基地内施設を信用していない。
　玲子（20代後半）は，アメリカ人女性はアジア人女性について良い印象を抱いていないと指摘する。理由は，アメリカ人女性は日本人女性にアメリカ人男性を取られたと考えている[25]。それだけではない。永住権を得るために米軍兵士と結婚したとさえ考えていると批判する[26]。玲子が，基地内へは最低限の用事のみで

---

[25] このような視点は，第2章で述べたKVのクラスで，17年間のベテランアメリカ人軍人妻の日本人軍人妻に対する意識と重なる。
[26] こういったアジア人女性への否定的なまなざしは，Stone and Alt [1990] の中でも記述されていた。

しか行かないのは，そういった日本人妻を見る否定的な視線があるからだという。

玲子は，海兵隊基地のキャンプ・キンザー内のレストランで働いた際に，ランチのビュッフェに多くの日本人客がいるのを見たアメリカ人客から「ここはアメリカ人の領土なのに，こんなに日本人が多いのか。アメリカの基地なんだから，日本人がこんなにアメリカの施設を使うのはおかしい」といわれた。監督者であった玲子が，そのアメリカ人客の対応に入り，次のように答えた。「日本人の〔米軍兵士の〕奥さんもたくさんいるし，追い出せっていうけど，あなたたちだってベース〔基地〕の外に出るでしょうと。ベースの中に日本人がいるのがおかしいというのなら，ベースの外にアメリカ人がいるのもおかしい。出たことないのか」というと，アメリカ人は不満げだったけど，引き下がっていったという。

以上のように，日本人妻たちは，基地内施設やアメリカ人について不信感をもっており，基地内施設を利用することは少ない。米軍兵士と結婚する日本人女性に対する偏見がないともいえない。しかし，日本人妻たちは，米軍兵士の妻として必要となれば基地内施設を利用し，妻としての責任を果たしていかなければならない。

### 2.4. 軍人と軍属との結婚 ——「ID カード・マリッジ」への批判

米軍兵士と結婚することにより，妻としての ID カードが支給される。つまり，日本人でありながら，米軍兵士や軍属などの米軍関係者と同様に日米地位協定の該当者としての身分を取得したことになる。結婚前には，結婚を家族から反対されていたにも関わらず，結婚後，ID カードが支給されると PX（基地内のデパート）に連れて行ってほしいと頼まれるとも聞いた。ID カード目的での結婚を「ID カード・マリッジ」と呼ぶことも前述した。

本土出身の麻衣（30 代前半）の夫は，米軍兵士ではなく，基地内で専門職をもつ軍属である。麻衣は，沖縄の女性は，このような特権に惹かれ経済的な理由でアメリカ人との結婚を望んでいると指摘する。たとえば，彼女の沖縄出身の友人は，結婚するまでアメリカに行ったことがなく，結婚して ID カードをもらい基

---

詳しくは序章を参照。

地に入れることを喜んでいたことを話した。麻衣の言葉には，物質的利益を求めて米軍兵士との結婚を望む沖縄出身女性への蔑みがしばしば見られる。

麻衣によると，米軍兵士の妻は，夫の昇進や昇進するための手段などをよく勉強している。それに対して軍属の妻の場合は，夫の仕事や同僚あるいは上司の妻などについて考える必要がない。軍属の妻は，軍隊とは直接関係ない生活を送るからだ。麻衣の言葉からは，階級や基地へのアクセスにこだわる沖縄出身女性への批判的な視線が認められる。それは，同時に本土出身女性は米軍兵士とつきあうために沖縄に来ているという偏見に対する彼女の強い反発でもある。

## 2.5. イラクへの派兵

2001年9月11日アメリカ同時多発テロを受け，アメリカはアフガニスタンに侵攻する。2003年3月からイラク戦争がはじまった。こうした動きにより多くの米軍兵士がイラクやアフガニスタンに派兵されている。軍人妻は，いつ自分の夫の番がくるのかという心配にかられている。沖縄出身の加奈子は，個人としては基地がないほうがいいと思いながらも，家族が派兵されている人たちのことを思い，米軍兵士である夫を気遣い悩んでいた。

〔米軍基地の〕反対はできない。運動には行けないと思うけど，基地がないほうがいいと思う。世界平和がくると一番いいけど，〔基地は〕必要悪だと思う。軍隊のことを誇りに思っているけど，本当はないほうがいい。戦争がなければ軍隊はいらない。必要悪。今は，必要なもの。誰かがやらないといけないもの。反対は変わらない。個人としてはないほうがいい。でも，そういうのはいわないほうがいい。近所の人とかは誇りに思っているわけでしょう。だから，そういう人と話をするときは，そういう人が思うように，誇りをもっている人の気持ちを傷つけないようにしている。イラクに旦那さんが行っている人に，戦争反対とかいえないでしょう。だから，そういう人たちの気持ちは傷つけないようにしている。いつも考えている。もし，旦那がイラクに行かないといけなくなって，人を殺さなければならなくなったとき，どうしてあげたらいいんだろうと思う。しばらくはないからさ。もし，旦那も行かなければならないとなったら，かなりアメリカは大変。(2005年12月15日収録)

沖縄出身の麻実 (30代前半) は，2004年に20代前半の海兵隊員 (E5) ジーンと結婚した。彼女は，ジーンが派兵されることについて不安を覚えている。心配す

る麻実とは対照的にジーンはイラクへの派兵を希望している。彼だけではなく，海兵隊員たちの多くは派兵を希望している[27]。

女性たちは米軍兵士であることを意識して交際や結婚をしているわけではない。多くの女性は，アメリカ人として彼を見ている。職業がたまたま米軍兵士であったと述べる。だが，結婚してはじめて米軍兵士であるという意味の大きさを理解することになる。

結婚して夫が派兵されると，家族が沖縄にいない本土出身の妻の生活は非常に孤独で困難になる。そこに，妊娠や子育てが加わるとさらに大変である。

本土出身の美由紀は，海兵隊員のダニエルと結婚して1年後，2004年9月に妊娠した。静岡県のキャンプ富士から帰ってきた美由紀は彼に妊娠を伝えた。すると，ダニエルから2005年3月からイラクに行くと告げられる。

> 妊娠が分かって，彼はそのとき〔キャンプ〕富士にいた。帰ってきて，妊娠していると伝えた。〔夫は〕自分はさ，悪い知らせがあるんだけど。妊娠が分かって，イラクに〔2005年〕3月から行くと聞いたから，最初はおろそうかという話にもなった。イラクに行ったら死ぬと思っていたから。1人で育てる自信もないし。今だったらおろせるしと。母親にもいった。母親から電話がかかってきて，「あんたが赤ちゃんをおろしていたら，ばちがあたるかもしれないよ。子供でもいれば，〔ダニエルが〕頑張って帰ってこようと思うじゃない」〔といわれた〕。(2006年1月8日収録)

彼は，2005年3月に派兵される予定であったが，美由紀が早産となり入院したため，出発が延びることになった。美由紀は，予定通りに行ってほしいと何度も告げた。しかし，彼の代わりとして日本人の妻をもつ米軍兵士が派兵されることになった。しかも，その米軍兵士には3人の子供がいる。美由紀は責任を感じて苦しくなる。

派兵の時機を延期したことにより，ダニエルの派兵期間が延びて1年半になる。2003年9月に結婚して，2005年10月1日に派兵された。

美由紀は，彼が死亡したときのことを考えると不安にかられ，米軍兵士が死亡した場合に支払われる配偶者への保険について知りたがっている。ダニエルに聞

---

[27] 沖縄出身の愛 (20代後半) は，2003年に20代後半の海兵隊員 (E5) と結婚した。愛の夫，ハビエルも派兵を望んでいた。だが，たまたま沖縄への異動が決まってイラクに行く部署から離れることができた。愛は，イラクに行くことが決まった夫のいる奥さんには，こんな話はできないという。妻たちはお互いの気持ちを察してつきあっていることが分かる。

くと,「死ぬことを前提にするな」と怒られる。だが,美由紀にとってそれが一番気にかかるという。

彼が派兵された後,美由紀は子育てからすべてを1人でやっている。沖縄の出身の妻ならば,家族や親族から十分な支援が受けられる。だが,本土出身の美由紀の場合そうはいかない。つまり,沖縄で1人子供を育てなければならない[28]。この意味で,本土出身の妻による派兵をめぐる思いは,沖縄の妻とは大きく異なる。

以上から夫の派兵に伴い妻が直面する問題を明らかにした。美由紀のように沖縄の出身ではない妻にとっては,夫の派兵は重圧となる。次に取り上げる言語をめぐる問題は,妻の出身地に関係なく,結婚生活の中で見られる重要な問題である。

## *3* 言語をめぐる問題

本節では,夫婦間に見られる言語に対する思いに注目する。子供の言語や学校は夫婦にとって大きな問題である。特に,軍人家族のように,いずれはアメリカに移り住む場合は,子供がアメリカの学校についていけるように沖縄で英語教育をしておかなければならない。また同時に,日本語を集中して子供に教えることのできる時間を子供にできるだけ与えたいという母親の思いも垣間見える。

### 3.1. 英語をめぐる夫婦間の違い

夫婦間の会話では,英語を共通言語として使う夫婦が多い。夫の中には日本語が流暢な者もいるが,通常は英語が夫婦の共通言語である。妻たちの英語能力はそれぞれであるため,時には言いたいことが言えなくて苦しむ妻もいる[29]。一

---

[28] 後述する米軍兵士と結婚した日本人女性たちで構成される日本人妻の会(JWC)による支援に頼ることもできるが,家族や親族に優る支援とはいえないだろう。
[29] 国際結婚夫婦間におけるコミュニケーションについて研究した施は,国際結婚夫婦の言語能力を4段階に分けている。1)実物や辞書に頼らなければならない段階,2)日常生活レベルの会話の段階,3)感情や文化的説明を困難に感じる段階,4)不自由なく会話できる段階。施は,多くの人が3)の段階に留まることが多いと指摘している[施 1999: 102]。

方，沖縄出身の加奈子 (20代後半) は，英語ができなかった結婚当初は，喧嘩が少なかったと指摘していた[30]。

女性たちは，英語を必死に勉強している[31]。英語を理解しようとする女性は多いが，妻の英語を理解しようとする夫の姿勢も，結婚生活には女性側の英語の勉強と同じ，あるいはそれ以上に重要である。また，女性たちの英語への思いは，子供たちの言語学習に引き継がれる。この点について次で述べる。

妻たちは，自身の英語能力について否定的な意見が多く聞かれたが，アメリカ人夫たちは，妻の英語能力や夫婦間のコミュニケーションについて非常に肯定的に捉えている。若い世代になるとアメリカ人夫が流暢な日本語を話す姿がよく見かけられる。

## 3.2. 子供の育児と教育

夫婦共通の問題は，やはり子供の育児と教育である。特に，子供の言語に対する情熱は，日本人妻自身の英語に対する情熱と変わらないほど大きい。また，言語と同様に，子供の学校などの教育についても大きな関心がある。そこから夫婦間に衝突が生まれる。以下，(1)子供の言語，(2)子供の学校，(3)子供のしつけに関して述べる。

### (1) 子供の言語

子供に日本語と英語の両方を話させたいと願う女性は多い。いわゆる「バイリンガル」である。バイリンガルの子供を育てるために，母親は日本語でできるだけ子供たちに話しかけ[32]，父親は英語で子供たちに話しかる。

---

30) 状況は異なるが，施は，日本に住む日本人男性と中国人女性の事例から，日本人夫が中国語を全く理解しなかったため妻が彼女自身の世界を保つことができたと指摘[施 1999: 111]。言語能力が足りないと否定的に評価するのではなく，中国人女性の自立に有効であると肯定的に捉えている。
31) 沖縄出身の由香 (20代後半) は，独学で英語を勉強した。由香は結婚当初英語ができなかった。彼女は，和英，英和，英英辞典の3種類をもって歩いた。由香と同様に，宮古島出身の多恵 (60代前半) や沖縄市出身の小百合 (30代後半) も同様に常に辞典を携えていた。
32) 日本人妻が子供にどの言語を選択させるかは，どこを拠点に住んでいるのかによっても異なるようである。たとえば，吉田は，ジャカルタでインドネシア人と結婚し居住する日本人女性は，インドネシアで子供が自立できるように，インドネシア語を子供との会話に選択する。だが，ジャカルタ滞在の欧米系の母親の多くは，母親の母語で子供と会話しており，欧米系の母親との違いを指摘している [吉田 2001: 143]。

しかし，そこから問題も生じる。本土出身の聡子（40代前半）には，12歳になる娘と8歳になる息子がいる。夫のジャスティンは，陸軍（将校，O-4）の米軍兵士である。聡子は，アメリカに住んでいる時から子供たちに日本語を教えている。そのため，子供たちは平仮名や片仮名は書くことはできる。現在，子供たちは公文で日本語を勉強している。日本に滞在中のときしか日本語を勉強する機会はない。そのため，聡子は真剣である[33]。

　聡子もジャスティンも子供たちに2カ国語で話してほしいと願っている。ただし，アメリカ人の夫の日本語がある程度堪能でなければ，子供たちと母親による日本語での会話についていけない。そこから夫婦の間で衝突が起こる。聡子は，子供たちに日本語で話す。ジャスティンも子供たちが日本語と英語の2カ国語を話せることを自慢に思っている。しかし，家族で食事をした際に聡子が日本語で子供たちと会話をしていると，日本語の会話が理解できないジャスティンは機嫌が悪くなる。以前は，よくそのことで喧嘩になっていた。聡子は徹底して日本語で子供たちに話したいが，夫のジャスティンは会話に入れず取り残された気分になる。聡子は，ジャスティンに割り切って欲しいが，そのことで夫と喧嘩になるのも嫌だという。そこで，できるだけ英語で子供たちに話し，日本語で繰り返している。ここに彼女のジレンマが見える。

　聡子が，ここまで子供の日本語教育に力を入れるのは，彼女自身が子供とは自分の母国語で話したいと強く思っているからである[34]。日本語で，「馬鹿だね」というのと，"You are silly"とではぜんぜん捉え方が違うと感じている。

　子供の英語教育に力を入れる女性が多い中，子供は日本人として育てたいと強く願う女性洋子（20代後半）がいる。

　　自分は子供を日本人として育てたい。自分の場合は，アメリカに行く予定がないからハーフとして育てたくない。〔ハーフは〕日本語も英語もできるけど書けない。英語も完全英語じゃないし。ハーフだけど沖縄から出たことない。日本人だった

---

33) 沖縄出身の栄子（50代前半）の娘は，現在ニューヨークの証券会社で働いている。栄子は，かなり徹底して英語と日本語教育をしたという。栄子の娘は，家では英語を話し，沖縄の学校に高校まで通った。家で英語を勉強していた。夫のブルースも協力して家で英語教育をした。彼は，娘が寝る前には英語の本を読んで聞かせた。
34) 同様な問題として，ジャカルタでインドネシア人と結婚し居住する日本人女性は，インドネシア語で子供と会話することが多いが，それにより日本語で子供にニュアンスが伝わらず，もどかしさや寂しさを感じている。また，日本の実家に帰ると祖父母との会話が難しいといった問題がある〔吉田 2001: 143-144〕。

ら日本人で、アメリカ人だったらアメリカ人でいてほしい。子供は日本で普通に育ってほしい。だから〔沖縄の〕クリスチャン・スクールとかには行ってほしくない。だけど、ダディ〔父親〕との会話のためには英語が必要だから、小学校までは英語を。バイリンガルにしたいけど、基地の中〔の学校〕に行くと英語になってしまう。自分は英語は、大学を卒業して〔基地内で〕働いてできるようになった。日常会話は、英語はそういうもんだと思う。テレビとか見せれば英語もある程度はできるようになるし、漢字の書けない日本人になってほしくない。大きくなってアメリカ、アメリカになって、兵隊になったら困るし。自分は日本人として育てたい。（2007年1月27日収録）

彼女は、夫の赴任地が異動になっても、沖縄を離れるつもりはない。子供を日本人として育てたいと願う洋子の意識は、沖縄を離れたくないという思いとも関係している。子供の第1言語が英語になると、やはり住居地も英語圏になるのは容易に想像できるからだ。子供の言語選択の背後に、母親の思いが見え隠れしていることが分かる。

妻同様に多くの夫が、子供には日本語と英語を話すバイリンガルになることを望んでいる。特に、子供の英語能力が落ちてくると、懸念を示す夫が多く見られる（後述）。ルービン（30代前半）のように、日本語と英語の2カ国語が堪能な夫は日本語の会話にも入ることができ、子供のバイリンガル教育にも熱心である[35]。

離婚した場合には、子供がバイリンガルになる可能性は低い。それは、英語話者である父親と過ごす時間が少なくなるため、子供たちが英語を聞く機会がなくなるためである。

### (2) 子供の学校

子供の学校については、夫婦はさまざまな悩みを抱えている。基地内の学校[36]は国防総省が運営しており、小学校から高校までが設置されている。現役の米軍兵士であれば、子供は無料で基地内の学校に通える。除隊や退役してしまうと授業料を払わなければならない。基地内で働くアメリカ人（軍属）の子供も基地内

---

[35] 同様に、日本語が堪能なフランク（40代後半）は、基地内の学校に行く子供は、英語にふれる時間が多いので、日本語で話しかけるようにしている。これに対し、日本の学校に行く子供には英語で話している。子供たちは基地の外の公文に行かせ漢字を学ばせている。多くのアメリカ人と日本人の子供は、公文に通い日本語を勉強している。

[36] Department of Defense Dependents School (DoDDS) という。「ドッズ・スクール」と呼ばれる。

写真28　ズケラン小学校（キャンプ・フォスター）

の学校に通わせることができるが，あくまで現役軍人の子供が優先される。米軍関係者以外も子供を通わせるとことができるが，授業料を払わなければならない。年間の授業料は，5,000ドルから12,000ドルと高額である[37]。授業料は子供の学年によって異なり毎年支払う。基地関係者でない人の子供も，あきがあり授業料を支払えば基地内の学校に通うことができる。

　日本語が堪能ではないアメリカ人夫にとっては，子供が英語を話すということは非常に重要である。もし，子供が英語を話さなくなってしまうと，彼と子供との間には会話が成り立たない。その意味では，夫にとって，子供の言語は非常に重要である。また，言語は多くの場合学校で習得するため，夫による学校選択は，日本人妻よりも熱心であるともいえる。

　基地内の職に就いていない退役軍人であるポール（40代後半）は，授業料が高いため基地内の学校に息子を通わせることができない。そのため，彼は基地の外の学校で英語教育を行なう学校を探している。彼は，アメラジアン・スクール[38]や沖縄クリスチャン・スクール・インターナショナル[39]にも見学に行っている。ポールは，息子の英語能力の低下を懸念している。彼は，日本語ができないため，息子が英語を忘れてしまうと会話ができなくなってしまう。だが，彼の妻は息子

---

37) 嘉手納空軍基地のホームページ（http://www.kadena.af.mil/library/factsheets/factsheet.asp?id=7286，2012年2月11日閲覧）を参照。
38) 2004年7月8日付けで特定非営利活動法人（NPO法人）として沖縄県より認証がおりた。正式学校名は，アメラジアン・スクール・イン・オキナワ（AmerAsian School in Okinawa）で本島中部の宜野湾市にある。
39) 沖縄クリスチャン・スクール・インターナショナルの詳細はhttp://www.ocsi.org/#（2011年12月1日閲覧）を参照。

の言語の心配はしていない。妻は、英語を忘れつつある息子に追い打ちをかけるように日本語で語りかけている。妻が日本語で息子と話をすると、息子が彼のために通訳をする。ポールは、那覇で英語教師になろうと考えている。そうすれば、彼が日本語を覚えられるかもしれないからだ。

　米軍兵士は、派兵期間中は家族と何ヵ月、あるいは何年も家族と離れて生活しなければならない。海軍の兵士であるロドニー（30代後半）も、海上勤務の間は家族と離れて暮らしていた。海軍の場合は、海上勤務の際には6ヵ月家をあけることもある。その間彼の息子は英語をまったく聞いていない。2年以内に彼はアメリカに異動となるが、そうすると彼の息子はアメリカの学校に行くことになる。ロドニーは息子の英語能力を心配している。また、子供の学校についても心配している。現在、ロドニーの子供は基地の外の日本の保育園に通っているが、ロドニーは納得しているわけではない。

> 息子たちは基地内の英語の学校に通うほうがいい。息子は、日本の保育園に通っている。息子たちは、6年間続けて日本語を聞いている。6年間は長い。（2007年3月5日収録）

　ロドニーの悩みは、学校や言語以上に彼から受け継いだアメリカ的なものを子供たちが失うことである。

> 息子は、アメリカ人に見えるけれど、中身は日本人。それは、おそらく〔他の〕アメリカ人夫も腹立たしいことだと思っていると思う。彼らは、妻に沖縄の文化的な行事に参加してほしくない。というのは、子供たちが日本的にふるまうようになるから。どう思う？　わたしにとっては、家にいられるときに、もっと活動的になって子供と触れ合う必要があると思っている。大きな視野で物事を考えていかないといけないと思う。アメリカに滞在していないし、母親は日本人であるし。……長男は、「うん、うん」とか靴を脱ぐとか、日本的。彼がアメリカ人としての個性をなくしてしまうのではないかと心配になる。（2007年3月5日収録）

　ロバート（40代前半）もまた、異動のことを考えると子供の英語能力が心配である。そのため、彼は子供には英語で話している。子供には英語を話してほしい。だが、現在彼の子供は日本の保育園に通っているため、英語よりも日本語を良く理解する。

　リチャード（30代後半）の子供は日本の環境で長く育った。そのため、子供た

ちの学校選択に夫の意向が取り入れられることはない。

(3) 子供のしつけ

アメリカ人は，概して子供を厳しく育てる。アメリカ的な視点では，日本人の子育ては甘いといわれる。そこで夫婦の間で衝突が生じる。また，両親が同じ姿勢で子供にしつけをするべきであると考える夫[40]もいる。このように夫婦間での子供のしつけをめぐる意見の相違は頻繁にみられる[41]。

海上勤務や派兵のため長い間家族と離れる米軍兵士には子供のしつけをめぐって葛藤が多い。

ロドニーは，海上勤務であるため，2歳になる息子のしつけができないことを不満に思っている。

> 海上勤務から久しぶりに家に戻ると，長男がテーブルの上に乗ってやりたい放題だ。詩織は息子を甘やかしてしまう。海上勤務のため子供と離れていなければならない。不公平だと思う。息子たちのしつけをすることに疲れてきている。詩織が息子にしつけをしないのは頭にくる。(2007年3月5日収録)

彼自身は派兵から帰還すると，彼はすぐに父親と夫の役割に戻らなければならないがそれには1週間かかるという。妻は彼に夫と父親の完璧な役割を求める。この問題は，米軍兵士という生活スタイルが，子育てだけではなく夫婦関係にも大きな負担になっていることが分かる。

---

40) ジェイムズは，子供にしつけをするときは夫婦そろって同じ意見である必要があることを心得ているようだ。だが，彼がしつけをしているときに，彼の前妻は子供を可愛がり甘やかしてしまう。そのため，子供は彼を悪者扱いしてしまうことを不満に思っている。
41) 外国人夫と日本人妻の夫婦の結婚満足度について研究した竹下によると，子供のしつけ方に相違がある場合，夫の結婚満足度は低くなり，この傾向は夫が欧米人の場合により強くなる。具体的には，乳幼児を夫婦と別室で寝かせるのか，同室で寝かせるのかという相違，子供の自己主張を重視するのか，協調性を重視するのか，塾に通わせるのか，通わせないかなど多岐にわたる。これらの相違は，日本流のしつけ方と日本の教育制度に関する問題とに大別できると竹下は述べている。そして，子供のしつけ方の相違は，夫婦間の問題のみではなく，夫がどのくらい日本流のしつけ方や日本の教育制度に同化できるかという問題であると指摘している［竹下 2000: 166］。

## 4 アメリカでの結婚生活

　沖縄で出会い結婚した2人に，やがて沖縄を離れる日がくる。沖縄と違い，夫婦は，アメリカ本土でさまざまな偏見に直面する[42]。若い夫婦は経済的な問題をも克服しなければならない。

### 4.1. 妻のアメリカでの生活

　由香（20代後半）は，軍隊と隣り合わせの生活をアメリカで送った。カリフォルニア州の砂漠の中にある海兵隊基地29パームズの基地内に住む由香は，銃声で目を覚ますこともあった。最初は，時計のアラームだと思ったが，朝起きた由香が家の前に目にしたのは，兵士たちが射撃する光景であった。基地内に住んでいた由香の家の庭には，実弾がよく落ちていた。

　由香は，英語ができず苦労する。最初のうちは，「サンキュー」「ハーイ」「バーイ」の3つの言葉しか使えなかったが，夫を練習相手にして英語を習得した。彼女の発音を聞き取れない相手に対しては，すべて書いて伝えた。歯医者から莫大な診察料を請求されたことを訴えると，由香の英語が下手だと指摘された。だが，こんなことに毎回頭にきていたら身がもたないと彼女はいう。

　沖縄出身の雅美（30代後半）は，由香同様に29パームズに住んでいた。ショペット〔生活雑貨品のお店〕で飲み物を購入すると，レジ係からお釣りを毎回投げられ，レジの下に落ちたコインを拾えといわれる。雅美は，レジ係に支配人との面会を要求するが，支配人はいないといわれる。彼女のお釣りを投げたレジ係の男性が支配人だったのである。

　雅美は，購入したホースに穴が開いていたため，レシートをもって店頭に行くと，雅美が穴を開けたと責められる。雅美は，そんなことはしていないと答える

---

[42] Druss [1965] は，外国人女性と結婚した退役軍人の居住地に関わる問題として，米軍兵士と外国人女性の結婚を見慣れている軍隊のコミュニティとは異なり，米軍兵士の出身地が南西部や南部だと，いまだに偏見も多いため，これらの夫婦にとってこうした地域で生活するのは困難であると指摘している。

が，「おまえは頭が悪いから話ができん，帰れ」といわれる。雅美は，ストレスで円形脱毛症になった。夫のアランに打ち明けたのは半年経ってからだったが，その時にいわないと何もできないと夫に指摘される。

雅美は，嘉手納空軍基地のPX〔基地内のデパート〕で働く日本人の店員の態度にも怒りを表している。アメリカ人妻と彼女との対応に差があるからだ。雅美が試着をしようとすると，店員からカートを持って試着室に入らないように注意される。だが，アメリカ人には店員は何もいわない。そこで，雅美は店員の名前をすぐに聞き出した。アメリカでの経験から学んだ雅美の行動であった。

## 4.2. 夫のアメリカでの生活

妻だけではない。夫も，日本人女性と結婚したということで，さまざまな偏見にあう。チャールズ（50代後半・白人）は，1960年代にテキサス州に宮古島出身の妻，多恵（60代前半）と住んでいた。2人は，12月7日にテキサス州にある店で陶芸をやっていた。そうするとテキサス出身である女性から，チャールズは，「ここによくもまあ彼女を連れてきたわね」といわれた。12月7日は日本が真珠湾攻撃を行なった日であった。2人は，2度とその店には行かなかった。

テキサス州では，アジア人女性と結婚した理由を聞かれることも多かった。

> アメリカ人女性は，結婚する対象としては十分ではないのかと聞かれた。1960年代のテキサスではよく聞かれた。わたしは，彼らに日本人と結婚するために日本に行ったわけではない。たまたま日本人と結婚することになった。独身でいようと思っていたのに，彼女と会って，それで結婚したと答えた。このような質問は，多恵を苦しめた。時には，多恵の目の前でも，このような質問を受けた。多恵は，ショックを覚えながらも，そのアメリカ人女性に「わたしもあなたと同じくらい素敵だと思わないの？」と答えた。（2007年7月19日収録）

現在のような家族支援制度が米軍内に設立されたのは，1980年代以降である[43]。当時テキサスには沖縄県人会もなかった。こういった状況でアメリカで生活するのはとても困難であったはずだ[44]。

---

43) 米軍の家族支援制度については第2章を参照。
44) エリック（60代前半）も，1965年，ベトナム戦争の頃，沖縄出身の妻，咲子とともにアメリカに住んでいた。彼がベトナムに派兵されている間，咲子はアメリカで1人で彼の帰りを待った。当時，沖

アメリカ社会と比較すると，基地内のほうがこのような偏見は少ないと言われる。これは，米軍内は多様なエスニシティの背景をもつ軍人や軍属で形成されており，文化やエスニシティの多様性について寛容で平等でなければならないという精神があるからである。この意味では，アメリカ社会の中での生活よりも，米軍基地内での生活のほうが，アメリカ人男性と日本人女性の夫婦にとっては過ごしやすいのかもしれない。前述したアジア人への偏見は，アメリカのどの地域に住むかによる。南部や田舎では，未だに日本人への偏見が強い。

妻同様に，夫のアメリカでの生活は，人によってさまざまであることを指摘したい[45]。

## 5 家計をめぐる問題

夫婦間でしばしば問題になるのが家計である。以下，夫婦が日常的にどのように家計の管理を行なっているのかを述べたい。

### 5.1. 家計の管理

通常，結婚すると夫婦は，共同口座を開設することが多い。海兵隊基地の中には，海軍連邦信用組合（Navy Federal Credit Union）とコミュニティ銀行[46]が入っているが，軍によって違う銀行が入っている[47]。通常，夫婦は，口座をどちらかの

---

縄県人会はなかった。彼によると，彼が現役の軍人だった頃と比較すると，現在の軍人妻への支援は全く異なる。当時は，軍人妻への支援のない生活が普通で苦しい生活を妻たちは強いられていた。

45) ピーター（40代後半・アフリカ系アメリカ人）のようにアメリカでの結婚生活で非常に良い経験をした事例もある。妻には日本文化に興味をもつアメリカ人妻の友人もできたという。彼ら夫婦にとっては，アメリカでの生活はとても思い出深いものとなった。

46) コミュニティ銀行（Community Bank）は，Bank of America が運営する銀行サービスである。世界の在外米軍基地内に設置されており，海外に駐留する米軍関係者を対象としている。円とドルの換金は，コミュニティ銀行のみが行なっているが，換金率が悪いので米軍関係者は基地の外にある換金場所に行く。たとえば，本島中部の北谷町のジャスコ内には沖縄銀行による円とドルの換金マシーンがある。休日になると多くの米軍関係者たちがドルから円に換金するために列を作っているのを目にする。他にも，サンエーなどの県内の大型ショッピングモールには換金マシーンが設置されている。

47) たとえば，嘉手納空軍基地には，Pentagon Federal Credit Union とコミュニティ銀行が入っている。ホワイト・ビーチなどの海軍基地は海兵隊基地と同じ Navy Credit Union とコミュニティ銀行が入っている。トリイ通信施設（陸軍基地）は，コミュニティ銀行のみである。

銀行で開設し，お互いにATMのカードをもちお金を引き出している。

　アメリカでは夫が家計の管理を行ない，日本では女性が行なうことが多い。そこで，夫婦間で衝突が起こる。また，沖縄ではドルと円の2つの通貨を利用することから，ドルでの支払いは夫，円での支払いは妻と合理的に分けて家計の管理を行なうこともある[48]。

　チャールズ（50代後半）のように沖縄にいるときは妻が，アメリカにいるときは彼が家計を管理するというように，住む場所によって合理的に分けている夫婦もいる。妻が家計のすべてを管理をするのはテリー（40代後半）の場合である。最初は，抵抗があったが，今は問題ないとテリーはいう。

　結婚してすぐにアメリカで生活した加奈子は，金銭の管理ができず経済的に苦しい生活を送った。

> 貧乏だった。今では笑い話だけど。はじめて電話や電気を止められた。お金の使い方が分かっていなかったせいもある。今まで2人とも寮に住んでいたし，旦那は携帯ももったことはないので，ビル（請求書）を払ったこともないわけ。アメリカではじめての1人暮らし。自分は，小切手の使い方も分からない。旦那は，メモもせずに小切手を書いている。だから，1ドル足りなかったからということでお金を余分に取られた。水道を止められたことはないけど。電話とかは，期日通りに3日以内に払わなかったら止まる。自分は妊娠しているし，車もないし，電話も止められているし。でもさ，知らないからそんなもんだと思っていた。でも，それは今考えたら普通じゃない。普通だと思っていた。全部はじめてだから。（2005年12月15日収録）

　しかし，2年後から加奈子が家計の管理をはじめることによって，2人の生活に変化が訪れる。加奈子は，公共料金の支払いを期日通りに支払うことにより，これまで取られていた延滞料を取られなくなり外食もできるようになった。

　加奈子同様に，沖縄出身の由香（20代後半）も，アメリカで窮状する生活を送った。由香は，海兵隊基地29パームズ内に住んでいた。貯金するために，彼女は1週間の献立表を作り，予算を立てた。道を歩くときは，1セントが落ちていれば拾って歩いたという。自家用車がない由香にとっては，歩く生活が基本であるため，道に落ちているお金はよく目に入った。

---

[48] ブライアンの妻は，日本円の支払いを担当している。ジェイコブ（40代後半）も，ブライアン同様に，アパートの賃料などの日本円の支払いを妻が行ない，基地内の学校などのドルでの支払いは夫がするというように，通貨によって分けている。だが，家計全体の管理は夫である。

## 5.2. 生活費調整手当て

前述したように，加奈子はアメリカで非常に経済的に苦しい生活を送った。加奈子は，結婚当初の金銭感覚を振りかえり，次のように語る。

> お金の使い方も分かっていなかった。今までの感覚でいるから。毎週末，ホテルに泊まって外食していたから。沖縄にいたときデート費用に1カ月20万円くらいだった。〔アメリカに行くと〕給料がさがる。COLA〔生活費調整手当て〕がぜんぜん違うから。最初がアメリカで良かった。〔沖縄にいる〕今のうちに貯金をしておくべき。（2005年12月15日収録）

アメリカ本土では，沖縄と同じような生活はできない。生活費調整手当て[49]がアメリカ本土では支給されなくなるからである。加奈子は，小切手の使い方を学び，遅延料金を取られないように家計を管理するだけではなく，軍隊のシステムについても学んだ。次に述べるように，家計の問題については軍隊に関する知識だけではなく，夫婦間の文化的な価値観の相違についても理解しなければならない。

## 5.3. 金銭の背後にある文化的な価値観の相違

日本では，一般に妻が家計の管理をするが，アメリカでは夫の役割である。家計の管理をしようとする日本人の妻は，夫の給料明細の読み方や給料について詳しいことを理解したいと思うが，夫はそれを教えたがらない。夫にとって，このような質問は妻から信頼されていないからだと感じ，口論へと発展する。

貯蓄に関しても夫婦間の意見の違いが見られる。一般に日本人の妻の多くは，貯蓄をしたいと思うが，夫は貯蓄よりも投資に関心がある。

妻とのインタビューでは，一部の女性から夫の退職金についての基本的な情報は聞かれたが，その他の年金，貯蓄・投資プラン（Thrift Saving Plan: TSP）などについては一切聞かれなかった。ここに，夫婦間において金銭の情報の欠如が認められる。

---

49) COLAの詳細は第1章を参照。

# 6 本土出身妻と沖縄出身妻との間にある隔たり

本節では，本土出身妻と沖縄出身妻の双方に対する互いの思いについて述べる。そこには同じ軍人妻であっても大きな隔たりがあることが分かる。

## 6.1. 本土出身妻の思い

本土出身妻は，沖縄出身妻の2つの点について不満を感じている。1つは，出身地に基づく偏見，もう1つは，出身地による区別である。米軍兵士と交際や結婚する本土の女性は一時のアバンチュールを求める性的に放縦な女性として見られている。たとえば，美由紀は，沖縄の女性から「ヤマトゥンチュ〔本土出身者〕のほうが軍人好きだよね。ヤマト〔本土〕から来てるのが，軍人を連れて歩くよね」といわれた経験をもつ。

本土出身の恵（30代前半）も同じような不満を抱いている。

> 〔沖縄は〕アメリカ人の比率がとても多い。内地〔本土出身〕の女の子は，横須賀でも厚木でもナンパされるけど，沖縄の女の子は，自分のタイプではなかったらことわるっていうのよ。内地の子もタイプじゃなかったらことわるでしょうっていったら，でも，内地の子はせっかく外人が声をかけてきたし，もったいないって思うでしょうっていわれたことがある。何それ。沖縄の子って〔そういう風に〕思っているみたい。どうやったらそういう発想になるのか。それは，あなたがフリークじゃないの。要は，あなたがいっつもアメリカ人を探しているってことじゃない。アメリカ人でも日本人でも好きじゃなかったらことわるじゃないの。（2006年6月14日収録）

また，沖縄では沖縄出身者と本土出身者との間に明確な区別がされることが多い。その点についても，本土出身妻は不快に感じている。本土出身の啓子は，沖縄出身者同士で固まりやすい点を批判する。また，本土出身ということで距離をとられているとも指摘する。啓子をはじめ，多くの本土出身の妻から聞かれたのは，沖縄出身の軍人妻から，「沖縄の人じゃないよね」という一言を必ずいわれることであった。本土出身の妻たちは，こうした質問に強い不快感を示していた。啓子は，毎回出身地を確認する意味はどこにあるのかと述べて，沖縄出身の

妻たちを批難する。

　沖縄出身妻と本土出身妻との間にある差異は，異動先の決定や夫のキャリアの選択に際しても大きな相違を生み出す。これらの点については，第8章で詳述する。

## 6.2. 沖縄出身の妻の思い

　米軍兵士と結婚し沖縄に住む本土出身の女性たちは，沖縄出身者に認められる反本土感情のせいで —— 沖縄戦での日本軍兵士による沖縄の住民への裏切りにはじまり，日本政府の沖縄の米軍基地問題に対する不当な扱いにいたるまで —— なにかと，批判の対象となりやすい。以下，沖縄出身の軍人妻が抱く本土出身女性への否定的な感情を紹介する。

　千佳（20代後半）は，沖縄出身の女性である。筆者が千佳に出会ったのは，海兵隊基地内で行なわれている日本人妻のためのオリエンテーションであった。彼女は，昔は本土出身者が嫌いだったと筆者に告白してくれた。だが，大学で本土出身の友人ができ，本土の企業に就職してからは考えが変わったという。

> わたし，とっても嫌いだったんですよ。ナイチャー〔本土出身者〕が。今はもう大丈夫。戦争とかは経験していないんだけど，学校で習ったのは本土の人ではなく，沖縄の人を助けたのは米軍だったんだよとか。日本兵が沖縄の人を殺したんだよとか。そういうのを聞いていて，なんかそれから，何ていうんだろう，沖縄は観光地でいっぱい〔本土出身者が〕来ているけど。最近になって許せた。……これだったら駄目だと思ったのは，本当に大学のときにナイチャーの友達ができた〔から〕。こっちにくる本土の人は沖縄のことを知りたくて来ていることが分かった。馬鹿にしにきているわけじゃないんだと思った。それから，ナイチャーとも話すようになった，〔昔はナイチャーを〕見たときにナイチャーだったら，げーって思った。今はぜんぜん。わたしが入った企業は内地企業だったし，ナイチャーとばかり関わってきたし。（2006年5月29日収録）

　千佳のように沖縄戦の際に日本兵が沖縄の人に行なった残虐な行為を聞かされ，本土出身者に対する批判的な姿勢をとる女性は多い。千佳の母親は，筆者とのインタビューも筆者が本土出身者であるということで，「あんた，ナイチャーは沖縄の人を利用するから，ぜったいに100パーセントしゃべるなよ。嘘つけ

よ」と千佳に助言している。千佳は，筆者とのインタビューには応じてくれたが，基地の中で本土出身者らしき女性が米軍兵士と歩いていると不快に思う。

> 自分がときどき基地の中で，ナイチャーらしき女性が軍人さんと一緒にいるのを見かけると，ここまできて外人とつきあっているんだと思ってしまう。夏に本土から沖縄に来るって聞いた。なんか，夏に本土から女の人がたくさん来て，ここで待っている。声をかけられるのを。ジャスコ〔本島中部〕とか砂辺〔本島中部で米軍関係者が多く集まる土地〕とか。そういう人もいるらしい。そういうのがあるから，わざわざ友達になろうとは〔思わない〕。すぐにナイチャーは分かりますよ。顔が違いますよ。(2006 年 5 月 29 日収録)

千佳の気持ちは，第 5 章で米軍兵士との交際はひと時のアバンチュール的なものだと指摘したソーシャル・ワーカーの女性の言葉や，沖縄出身の妻たちが本土出身の女性と米軍兵士との交際や結婚を否定的に見ているという本土出身の恵の指摘（前述）と合致している。千佳は，大学で本土出身の友達ができたことで本土出身者への見方が変わったと述べているが，千佳の言葉からは，まだまだ米軍兵士と交際・結婚する本土出身者への偏見は根強いことが分かる。

　以上のように，夫がアメリカ人であるという共通点はあっても，本土出身女性と沖縄出身女性との間には対立がある。これは，米軍関係者との交際や結婚をしている女性に対する沖縄社会での認識が異なることに関係する。第 5 章で沖縄ではアメリカ人と交際する女性をアメ女と呼び，彼女たちへの偏見について指摘した。同じアメ女と分類されてしまう女性のうち，本土出身女性については，性的な性格が強調され否定的に語られていた。こうした本土出身女性への批判は，結婚後も続き，米軍兵士と結婚した沖縄出身女性の間でも引き継がれている。同じ軍人妻であっても，沖縄に住むかぎり本土出身者と沖縄出身者では異なるのである。沖縄では家族からの支援を得ることができない本土出身女性は，沖縄の女性よりも厳しい状況にあるといえる。本土出身者に対する沖縄の人々の否定的な意見の背後には，沖縄戦での日本軍兵士蛮行や復帰後の日本政府の不誠実な態度，そして現在の日本政府による沖縄への米軍基地の押しつけなどについての鬱積した思いが認められる。米軍兵士と交際・結婚する本土出身の女性にそうした思いがなによりも強く向けられ，非難の対象となるのである。

# 7 性生活

　横須賀米海軍基地の調査中[50]に1人の海軍兵士，ブラウンに出会った。彼は，日本人妻と結婚して娘2人がいたが，妻との性生活がないことを悩んでいた[51]。そこに，筆者はブラウンの孤独感や怒りを感じた。彼との出会いから，米軍兵士と日本人の夫婦間における性生活の問題を意識することになった。こういった男性側の複雑な思いを丹念に聞き出し記述することこそが，彼らの結婚・家族生活を深く理解する一歩につながるのではないかと考えたからである。以下，性生活をめぐる夫の思いを記述したい。

## 7.1. 結婚前後における性生活の変化

　結婚前と結婚後では，日本人女性の性生活に関する捉え方が大きく変化する。ロバート（40代前半・白人）は，沖縄出身の妻（30代前半），綾との性生活が結婚前と後に大きく変化し，性生活がないことを次のように不満をもらす。

> 結婚前は，セックスの問題は全くなかった。結婚後は，セックスがなくなった。彼女は，疲れている，疲れているという。わたしは，ジェラシーが強いほうではないけど，時にはセックスをしたいと思う。（2006年12月7日収録）

　本土出身の妻の優香（30代後半）との間に1人息子がいるルービン（30代前半・アフリカ系アメリカ人）も，ロバートと同様に，結婚前と結婚後の性生活の変化について指摘している。彼に性生活の問題はあるのかと聞くと，彼は「間違いなく〔ある〕」と日本語で返ってきた。

> 妻にお願いし続けると，イライラがつのる。だから，お願いするのはやめた。理由は，ぜったいにもう性生活はないから。仕方ない。彼女に聞いても説明はなかった。友達のような存在だ。息子が産まれたとき，わたしは22歳で，彼女は24歳だった。子供はいるが，セックスなし。彼女の意識は，夫から子供に完全に移ってし

---

50) 調査結果は宮西[2003]を参照。
51) WatanabeとJensenも，米軍兵士と結婚した外国人女性は，他の軍人家族よりも結婚生活に落胆し，性的な不満やコミュニケーション不足が多いと指摘をしている[Watanabe and Jensen 2000: 215]。

まった。だけど，息子を育てるという共通の目標が彼女との間にはある。セックスについては彼女の意見には賛同できない。でも，それが人生というものだ。だから，そういう状況で生きていくしかない。彼女が〔離婚を〕望むのなら，わたしもすぐにやめる。いざこざはない。でも，子供とは離れない。（2007年5月9日収録）

　優香との間に性生活を求めようとするルービンの姿は見られない。むしろ，彼は，彼女同様に子供にその思いを捧げようとする。彼の言葉には，優香が離婚するのであれば，彼もそれでも良いという割り切った態度も見られる。そこに妻に対する苛立ちと諦めが認められる一方で，息子への深い愛情が見える。
　ジェイムズ（30代後半・白人）は，沖縄の女性と2度結婚している。2度の結婚とも性生活に問題があった。ジェイムズは，沖縄出身の最初の妻，美緒に性生活の不満を伝えると，美緒からはセックス中毒だと非難された。
　このように結婚とともに，女性の中にはセックスへの関心が薄れる者もいる。時には，それはジェイムズのように離婚という結末を迎えることもある。

## 7.2. 妻の愛情と関心の変化 ── 夫から子供へ

　結婚して子供ができると，妻の愛情と関心は，夫から子供へと流れ，アメリカ人夫は，妻から与えられていた愛情が子供のみへと移り性生活がなくなることに不満を抱く。
　ロドニー（30代後半・白人）は，沖縄出身の妻，詩織（40代前半）との間に2人の息子がいる。彼は，結婚後すぐに詩織が妊娠したため，2人の時間は限られていた。だが，詩織にとって，すでに優先順位が夫から子供に移っている。彼は，そういった詩織の子供に対する強い思いが理解できない。

　　他の男性とも話をしたけど，みんな同じ状況だよ。男性は，優先順位には入っていない。なぜなのか分からない。多くのエネルギーが子供に注がれるのに，夫に対する愛情へは向かない。アメリカ人女性はそうでもないと思う。……交際中には問題が全くなかった。結婚後にすぐに妊娠が分かって，結婚後の最も幸せな時期が一気になくなってしまった。彼女は，説明してくれないし，なぜわたしが性生活を必要としているのかも理解することができない。話し合ったけれど，ぜんぜんうまくいかなかった。どうして彼女が夫婦関係をなくなってもいいのか分か

らない。子供たちには，子供部屋がある。海上勤務で家をあけると，妻と子供たちは一緒の部屋で寝ている。不満を感じる。(2007年3月5日収録)

彼の中には，夫と妻が一対であるが，妻にとっては，彼女自身と子供との関係に重点が置かれる。ここから，夫婦関係の問題が生じていると思われる。また，彼は軍務のため派兵され家族と離れて生活しなければならない。そこでも，彼は孤独感を味わうことになる。ロドニーは，長い航海から帰宅すると，妻と子供は一緒に寝ている[52]。妻と性生活がないロドニーの不満は募る。

リチャード (30代後半・白人) は，沖縄出身の妻，優衣 (30代後半) との間に2人の娘がいる。リチャードの事例は，ロドニーとは事情が異なる。多くの男性が結婚後すぐに子供を作るのに彼は3年半待った。彼は，子供がいると性生活に支障が生じることをよく心得ていたからである。だが，そんなリチャードにも，2人目の子供ができたときから性生活に問題が生じ，離婚話にまでに発展した。彼は，性生活がもてなくなった理由を次のように説明した。

> 個人的には，アジア人女性は親切で優しいと思う。だが，性的には，多くの日本人女性は積極的ではないと思う。彼女たちは，とても気を使っている。母親が最初にきて，次に妻がくる。妻も男性には性的な欲求があることは理解している。……だが，実際には今も彼女は子供のために働きまわっている。子供が遅く家に帰ると，子供の世話をしている。子供がいないと彼女はリラックスできる。(2007年9月6日収録)

リチャードは，「アメリカ人女性も男性と同様に自己中心的である。アメリカ人女性は，子供よりも自分が大事である。アジア人女性は，子供を最優先順位にする。日本人の母親は，アメリカ人の母親よりも，素晴らしい母親であることは分かっている。日本人の女性の母親のほうが好きだ」という。母親としての妻の価値を認めようとする姿勢が見られる一方，妻としての彼女を追い求めている彼の複雑な思いが見られる[53]。

---

[52) 欧米では寝室 (ベッド) はあくまで夫婦のもの。子供は小さいときから別の部屋で寝かされる。
[53) こうした問題はアメリカ人妻との間でも生じる。ホックシールド [1990] は，アメリカ人の共働きの夫婦の調査から，夫の家事労働とジェンダー・イデオロギーの相関関係について社会学的に分析した。その中で，子供の誕生によって妻の関心が子供へと変化したことに不満を感じ，性生活に問題を抱えるアメリカ人夫を取り上げている [ホックシールド 1990: 241]。

## 7.3. 仕事のストレス

　性生活が欠如する原因は，子供の誕生だけではなく夫婦が感じるストレスとも関係している。ポール（40代前半）は，沖縄出身の妻，真央との間に3人の子供がいる。彼は，退役軍人で現在，仕事を探しているが，なかなか見つからない。真央は民間の歯科で働いている。彼は，仕事のストレスで夫婦2人とも変わってしまい，性生活がないという。

## 7.4. 妻の両親による援助

　ブライアン（20代後半・白人）は，沖縄出身の妻，葵との間に2人の子供がいる。彼の場合は，葵の両親が子供の面倒を見てくれる。そのため，夫婦の時間を確保することができる。沖縄では妻の両親や家族が子供の世話を手伝う姿は珍しいことではない。それは，ブライアンのように性生活に余裕を与えてくれる場合もあれば，時には夫にとって結婚生活の障害になってしまうこともある。義理の両親，特に義理の母親についてはすでに指摘したので繰り返さない。確かに，沖縄では妻の両親による援助によって性生活が保たれるかもしれないが，アメリカなどの海外に転勤になった場合にはこのような援助はなくなる。その意味では，性生活の根本的な解決とはいえない。

## 7.5. 解決した事例

　フランク（40代後半・白人）の事例は，性生活の問題を克服できた事例である。彼には沖縄出身の妻，勝子（40代前半）との間に4人の子供がいる。フランクにも，2人目の子供ができた後，性生活の問題が起こった。だが，彼は，勝子と直接話し合い，次のようにいった。「夫婦の関係が一番大事だと考える。子供は2番目。子供たちも大事であることには変わらない。重要なことは，子供たちはいつか家から巣立っていき，残されるのは夫婦だということである。だから，夫婦のことを忘れてはいけない。君が，ナンバー1，君は僕の妻，君がナンバー1。僕たちの子供は，ナンバー2」。これは，多くの日本人が想定する家族や夫婦の定義とは異なるであろう。しかし，彼女は彼の言葉を理解して，お互いに歩み寄

ことができた。

## 7.6. フレッドの事例

　最後にフレッドの事例を取り上げたい。彼の話は，わたしに横須賀基地で出会った性生活で悩む海軍兵士，ブラウンを思い出させた。すこし冗長になるがフレッドの性生活について紹介する。

　軍属であるフレッド（60代後半・白人）は，本土出身の妻，麻衣（30代前半）と2005年に結婚している。2人には子供はいない。彼は，これまで誰にも話したことのない，麻衣との性生活についての悩みを話してくれた。彼は，性関係のことで悩んでいた。彼自身がスキンシップを重要視しているため，性生活がない生活はとても苦痛だった。結婚生活2年の間に，セックスは2回だけである。麻衣からは，性交渉が好きではないといわれた。また，フレッドによると，彼の性器が大きすぎて彼女が受け入れられないことも問題だ。こんな個人的なことは誰にも話したことがないと彼は語る。時には，麻衣は性交渉をもちたいというが，そこにはもうケミストリーはない。悲しいと彼は嘆く。

> もし，自分が10歳若ければ，彼女とは結婚しなかった。でも，僕らには平和な生活がある。喧嘩はない。この意味では，素晴らしい人生だ。完璧というのはありえない。問題は，僕と彼女自身の問題であって，決して文化〔の問題〕ではない。僕らは，これについて話し合っていない。でも，話し合うべきだと思う。彼女は，僕がだれか素敵な女性が見つかったのかと聞いてくる。沖縄に異動してきてから，2回のセックスだけである。キスもない。彼女のキスの仕方が嫌いだ。僕は，彼女に舌を使ったりしてもっと情熱的なキスをしてほしかった。彼女にどのくらい経験があるのか知らない。彼女のことについて話すのはとても不快である。これまで，一度も日本人の女性たちとこんな問題はなかった。（2007年8月27日収録）

　彼は，インタビューが終わった後，筆者に強くハグをしてきた。彼の抱える深刻な夫婦関係の問題を聞いたばかりの筆者は，彼のハグの意味の深さや思いを考えると，彼にどうやってハグを返せばよいのかと戸惑ってしまった。だが，インタビューが終わって，筆者にこの問題について打ち明けることができて良かったといわれ，筆者は救われた気持ちになった。こうしてアメリカ人男性と日本人女性との間にある性生活について，さらなる研究をすることの重要性を再確認した。

このような悩みをもつ男性は多い。これまで米軍関係者との交際や結婚には性的な描写が過剰なまでになされてきたが，実際の結婚生活ではまったく逆の状況であることが分かる。日本人同士やアメリカ人同士の夫婦と同様に，彼らも悩み苦しんでいるのである。

## 7.7. 性生活から見える夫婦の抱える2つの問題

　ここでセックスレスの原因や解決法を探ることはできない。ただ，日本人女性と米軍兵士とのセックスレスの問題の背後には，異なる文化的背景と米軍兵士との結婚生活の特殊性という2つの問題をめぐる夫婦の葛藤が見える。

　前述したように，日本人女性は，子供が生まれると子供を中心とした結婚生活に自然と移行する傾向がある。それは，彼女の母親を見て育ち，彼女の中に文化的背景として組み込まれている。ただ，アメリカ人の夫はそういった環境で育っていないため取り残されてしまう。彼には，母子関係を強調する妻の文化的背景が理解できない。彼女も，夫婦の絆を最優先する彼の文化的背景を理解していない。沖縄の女性の場合は，周りに家族がいることもあって子供中心の生活が本土出身の女性よりも強まる傾向にある。

　米軍兵士であるという職業から，彼らの多くは妻と一時期離れて暮らすことがある。米軍兵士の生活は不規則であるし，派兵もあり非常にストレスのかかる職業である。不在中彼女にすべての責任を負わせることに対する苛立ちや不満もある。そういう複雑な思いで暮らす軍人家族にとって，性生活は時には大きな試練となるのである。

　個人によって解決法は異なると思われるが，文化的背景と米軍兵士特有の生活という2点の理解からはじめることが，こうした問題への解決につながるのかもしれない。とはいえ，フレッドが指摘していたように，これは個々の夫婦それぞれの問題でもあることも指摘しておきたい。

　以上のように，沖縄の女性がもつ家族との強い結びつきは，結婚した後も継続される。それは，アメリカ人男性にとっては，結婚の障害になることを指摘した。

　米軍兵士との結婚によって妻たちにはじめて軍隊とのつながりができる。夫が派兵されるという事実によって米軍兵士と結婚した事実や，その重さをはじめて

実感する妻の姿もあった。また米軍兵士と結婚していても，沖縄の女性と本土出身女性との間には相違があることも分かった。

　子供の言語，子育てや学校の問題は，夫婦にとって大きな問題であった。アメリカでの生活では，夫婦ともにアジア人女性への偏見や差別と直面した。また，性生活の問題については夫から重要な問題として挙げられた。

# 第3部

# 米軍と沖縄社会の間で揺れ動く夫婦

キャンプ・ハンセン前に広がる歓楽街入り口

第3部では，米軍兵士と日本人女性との結婚を沖縄の地域社会の文脈で位置づけ，そこで見られる葛藤や衝突に注目する。それは，当事者の置かれた状況やその結婚の特殊性を描き出すことにつながる。

　第7章では，米軍が起こした事件や事故に対する夫や妻たちの思いについて述べる。基地問題は，彼らにとってより身近で複雑な大きな問題である。それは，彼らが米軍基地と地域社会の双方を生きていて，よくその状況を理解することができるからである。

　第8章では，頻繁な異動が伴う米軍兵士の生活に着目し，異動に関する男女の思いを描く。沖縄の地域社会の中で親密な家族や友人関係を営む沖縄の女性にとっては，沖縄を離れることは大きな決断を要する。女性の選択には，夫との関係や，女性と両親の年齢なども影響している。一方，沖縄の女性と結婚した退役軍人は，妻の沖縄への思い，妻の仕事（基地内従業員）や子供の将来などを真剣に考えた上で，就職や住居地の選択の決断をしている。

　第9章では，沖縄の女性と米軍兵士との離婚の問題を取り上げ，家庭内暴力や男女の置かれた特殊な状況を描く。除隊すると，男性は軍隊との関係が途切れるためその支援を受けることができず，非常に孤独な生活を送る。また，母娘の親密な関係やセックスレスの問題が男性側の離婚から浮かび上がる。離婚した後も子供のために沖縄に残る男性の姿からは，妻子を遺棄する冷酷な米軍兵士像とは異なった側面が見出される。

　第10章では，米軍兵士と結婚した女性たちが形成するネットワークに注目する。沖縄では，米軍兵士や軍属と結婚した日本人妻を対象にJapanese Wives Club（JWC）というクラブがある。また，創価学会インターナショナル（SGI）の信仰や活動を通じて，沖縄だけではなく世界中にネットワークを形成している妻もいた。しかし，組織内では妻同士の衝突や，組織に属することによる問題など，妻たちのネットワーク形成にまつわるいくつかの問題も認められる。

第7章

# 米軍基地と地元の反基地運動との狭間にて

　沖縄の基地問題は，米軍兵士と結婚した沖縄の女性とその夫にとってより身近で複雑な大きな問題である。彼らは，地元と基地内の双方の状況に通じているため，簡単に態度決定することは難しい。

　以下，米軍が起こした事故や犯罪などに関する米軍関係者である夫やその妻たちの思いについて述べたい。妻たちの基地問題への思いや米海兵隊のヘリコプター墜落事故への意見，アメリカ人夫たちが考える反基地運動への考えの3点について順に論じたい。

## *1* 妻たちの基地問題への思い

　本節では，妻たちが米軍基地の有無をめぐって，どのような思いを抱いているのか述べたい。その際に，(1)基地擁護派の意見，特に基地による経済効果との関係，(2)曖昧な意見，(3)基地反対派，に分けて考察したい。

### (1) 基地擁護派

　基地擁護派の多くは，その理由として基地による経済的効果や基地内従業員雇用を挙げている。妻自身自らが基地内従業員の場合は，その思いはさらに複雑となる。

　本土出身の美由紀 (30代前半) は基地擁護派である。

　　基地賛成派だもん。事件が起きたとき，日本の警察が入れないとか容疑者が捕まっ

たときに大変なこととか，沖縄の問題ではなく国の問題として考えている。沖縄から基地がなくなったら食っていけない。基地に従事している人はおいしい。軍雇用になったら自慢になる。軍雇（ぐんこ：軍雇用員の略で日本人基地内従業員を指す）は，給料が高いし，沖縄は全国平均〔賃金〕の70パーセントしかないじゃない。沖縄の地元企業と比べたら〔条件がいい〕。就職するにも〔なにも〕ない。基地がなくなったらもっと駄目になる。外貨もここではおちないし，外食産業もはやらなくなるし。アメリカ人がいるから。なんで反対反対いうのかは分からない。ジュゴン[1)]とかはあるけど。ジュゴンや騒音について迷惑をこうむっている人がいうのは分かるけど。全面撤去とか。改善してほしい点を言えばいいのに。（2006年1月8日収録）

本土出身の啓子（30代前半）は，基地内従業員は，沖縄の人（米軍関係者と結婚していない女性）が優先されていると述べ，基地内雇用の需要の意義を指摘している。

沖縄では〔反対運動を〕ニュースで毎日やっているのにびっくりした。基地反対の人と賛成の人がいてもいいと思うけど。なんの産業があるのだろうか。もし，そう思うんだったら，基地返還だったら，基地内で働いている人を全部解雇したらいい。軍人にはアパートを貸さないとか，ドルを使わせないようにするべきだと思う。……沖縄の自給で600円ちょっと。でも，基地の中はすごく恵まれている。沖縄の場合は，基地の中で働くのは〔GSを除くと〕沖縄の人が優先。沖縄の奥さんでも，〔軍関係者と結婚すると〕名前がアメリカの名前に変わってしまっているから〔MLCとして雇用されない〕。友達が働くときも，沖縄の人を最初にとるから難しいと言われた。また，名前がアメリカの名前だからと，ことごとく面接を落ちた。ある意味，軍人ってアメリカに帰ると低所得者だけど，日本にいる間は，生活は保証されているから〔優先順位は低い〕。（2006年3月1日収録）

基地内で働く妻の場合は，彼女自身の仕事場でもある基地には深い思いが見える。そんな沖縄出身の綾子（30代後半）は複雑な思いを抱いている。綾子は基地による経済効果についても指摘している。一方で綾子は米軍だけではなく，すべての軍隊は必要ないと考えている。綾子は経済効果という現実的な視点からは基地擁護派であるが，信念に従えば軍隊は必要ないという矛盾する立場にある。この点で（2）の曖昧な意見とも重なる。

沖縄県の離島出身の洋子（20代後半）も基地内で働いている。彼女は，基地擁

---

1) 普天間飛行場の代替施設建設予定地である名護市辺野古沖に生息するとされている。環境保護の視点から基地反対運動が繰り広げられている。

護派であるといい切る。彼女の夫は，普天間飛行場に所属する海兵隊員である。

> 自分はやっぱり仕事のこともあるし旦那のこともあるし，正直反対している人に対して反対。米軍がいるから駄目ではない。普天間飛行場の場合は危険があるけど。基地反対基地反対っていうけど基地内従業員だけじゃないですし。ジャスコだって売り上げが減るし。〔基地〕周辺にいるすべての人も。……日本人だっていろんな問題があるのに扱いが違う。実際に〔基地の存続をめぐって〕投票とかできたらどうなるのかなと思う。半々だと思う。基地がなくなれば旦那も〔沖縄に〕いれなくなるし。生活がもっともっと大変になるし。ちゃんとやってるさ。……沖縄もナイチャー（本土出身者）も増えてきて，ナイチャーもいろんな事件を起こすさ。でも，罪の重さが一緒でも扱いが違う。みんな〔基地の経済効果を〕分かっているのかな。普天間〔飛行場〕もうちの旦那がリタイア〔退役〕するまでは置いておいてほしい。（2007年1月27日収録）

基地がなくなると彼女の夫も沖縄に住むことができなくなり，また基地で働く彼女は職を失う。洋子は，夫が退役するまで普天間飛行場を残してほしいと願う。彼女の基地問題に対する思いは，彼女自身の生活と密着しており，まさに沖縄の米軍基地と住民との複雑な状況を示している。前述した綾子と異なり，洋子の場合には経済的な基地との結びつきを強調する。

一方，本土出身の公子（30代後半）のように，「一度，基地に依存した経済につかってしまうと，それを断ち切るのは辛いのではないか」と指摘し，沖縄の現在の生活水準を以前のように戻すのは不可能ではないかと現実的な視点から基地の存続の必要性を指摘する声もあった。

### (2) 曖昧な意見

沖縄の海を守っていきたいという環境問題に関わる意見や，米軍兵士という職業への理解から基地反対運動について複雑な思いを抱く妻もいる。基地反対運動について語る際に，妻たちは辺野古での基地反対運動や米軍ヘリ墜落事故に言及する[2]。以下では後者について紹介する。

沖縄出身の和子（20代後半）は，沖縄国際大学を卒業した。後述するが沖縄国際大学の敷地内に海兵隊基地所属のヘリコプターが墜落して大きな問題となった。だが，卒業生である彼女は，一概に基地反対とはいえないという。

---

2) 基地反対運動については第1章を参照。

わたしは、学生時代の頃から思っていたんですけど、おきこく〔沖縄国際大学〕なので基地の近くじゃないですか。反対運動も見るし、授業でもあるし。でも、一概に反対とはいえない。わたし自身も英語を習いに基地に行っていたし、働いている人もいるし、土地を貸してお金をもらっている〔人もいる〕し。奥さん同士の会話でもそういう感じででてきます。夫は自分だったら反対すると。〔夫は〕沖縄には基地がないほうがいいんじゃないかといっていました。(2007年7月2日収録)

本土出身の直子（30代前半）は、基地内住宅に住んでいる。彼女の家は、基地内住宅の端のフェンス近くの場所にある。彼女は、日本人として複雑な思いを語る。

反対するのも分かるけど、でも経済を考えると無理です。でも、こんな〔基地の〕はじっこに住みたくなかった。道路沿いから見えるところに住みたくなかった。なんか日本人としていたたまれないと思いませんか。基地内から見て向こう側は道も狭くって家も小さくて。〔基地内は〕古くても一応広い庭もあって駐車場もあるし。この道の広さもありえないでしょう。できれば〔もっと基地の〕中に住みたかった。(2006年8月3日収録)

米軍兵士である夫をもつ妻は、軍人という職業の辛さや大変さもよく理解している。また、同時に米軍兵士である父親をもつ子供たちの気持ちから、基地反対運動について複雑な思いを抱く妻もいた。

(3) **基地反対派**

夫が基地関係者であっても基地反対の立場をとり、基地反対運動に参加する妻にも出会った。沖縄出身の順子（50代後半）は、基地の外で働いている。彼女の夫は、以前は嘉手納基地で軍属として働いていた。現在は退職している。彼が、基地内で仕事をしていた頃から彼女は基地反対運動に参加している。夫もそれを承知していた。しかし、嘉手納基地包囲には行けなかったと彼女は語る。嘉手納基地包囲とは、本土復帰を機に嘉手納基地沿いのフェンスに並んで手をつなぎ、基地反対を訴える抗議運動である。それは、夫が嘉手納基地内で働いているという思いからだった。

むこう〔夫〕は、軍で働いていますよね。わたしは、基地反対でしょう。でも、嘉手納基地包囲だけは、行ききれなかった。やっぱり行けなかった。自分の旦那も働いているし、リタイア〔退職〕しているのでその後は〔行けるけど。基地包囲の

写真29　普天間代替施設移設反対を訴える

写真30　普天間飛行場の辺野古移設反対

対象は〕普天間しかないから。普天間には行きはするけど。入社してからずっと，その考えだから。……基地がない平和をめざすのがわたしの考え方。……彼が働いているときは嘉手納の包囲には行けなかった。(2007年10月8日収録)

　彼女の会社の同僚は，順子が米軍関係者と結婚したことは知っているが，特に何もいわない。だが，もし彼が軍属でなく軍人であったら彼とは結婚しなかった。友達にはなれても，それ以上はない。
　しかし，そうはいっても，交際中にも米軍基地をめぐって意見が衝突することがあった。

彼とはぜんぜん意見があわない。もうこの話はしない。最初から。軍属という自体が……。交際するときには葛藤はあった。軍人じゃないけど。軍人を紹介されたこともあったけど，軍人だったので深くいこうとは思わなかった。基地反対という気持ちは強かった。あなたが軍人だったら結婚しなかったと彼〔夫〕に言った。そしたら，わたし個人が好きだったからと言ってくれた。わたし個人が好きだったから。今でも，自分は自分の意見を尊重するし，わたしのことも尊重してくれる。ミーティングがあったら，エイエイオー〔順子と夫との間で基地反対運動を指す〕に行ってくるねとか。(2007年10月8日収録)

　夫が軍属として基地内で働いていたとき，彼女の車はYナンバーであった。その当時，彼女はYナンバーの車で会社にも行っていた。だが，基地反対運動の会合には他の部署からもいろいろな立場の人が参加するためYナンバーの車は使わなかった。それは，さまざまな人が会合に来るからという彼女の配慮からであった。順子は，職場での忘年会にも夫と一緒に参加した。労働組合からは，本人と基地は関係ないからといわれた。友達や基地にすごく反対している人も結婚相手は関係ないといってくれた。基地を反対しながらも，車はYナンバーであるという点は，実際には大きく矛盾する。だが，この矛盾に，基地擁護派や反対派に関わらず，軍人・軍属と結婚している女性の多くが直面している。沖縄出身で反戦反基地の環境で育った彼女たちが，米軍関係者と結婚することや基地内従業員となることは，彼女の人生で大きな葛藤を抱えることを意味するのである。

## 2　米軍ヘリ墜落事故と妻の見解

　戦後から現在まで米軍や米軍関係者が引き起こした事故や犯罪は，数多く挙げられるが，そのいくつかは沖縄の地域社会に大きな影響を与え，それは現在でも地元住民の心に鮮明に焼きついている。これらの米軍による事故や犯罪のうち，2004年8月に起こった沖縄国際大学への海兵隊普天間飛行場所属のCH-53Dヘリコプター墜落事故を取り上げたい。この事故は，米軍用機が沖縄の民間地である大学構内に墜落するという事故であったが，この事故が露呈したのは米軍基地と地元住民との対立だけではなく，その事故の裏で普天間飛行場所属の海兵隊員

と結婚している娘をもつ沖縄の母親の心配する姿などが認められた。この事故は，米軍兵士と結婚している沖縄の女性にも大きな波紋を投げかけた。

## 妻たちの米海兵隊ヘリコプター墜落事故への意見

　米軍関係者と結婚した女性たちの意見は米軍に対しての怒りと同情とに大きく分かれる。だが，沖縄出身で海兵隊員と結婚している妻たちの中には，両方の立場を理解できるという女性もいた。

　宮古島出身の夏江（30代前半）は，沖縄国際大学の卒業生である。夫（30代前半）のマイケルは，普天間飛行場所属の海兵隊員である。彼女は，墜落事件に関する米軍の沖縄への態度について強く批判している。

> この前のヘリコプターのときに，〔夫から〕しょうがないじゃないっといわれたときは，ぶちっときました。そのとき，自分の子供が行っている学校に落ちても仕方ないで，それでOKなのと。〔夫は〕そうはいってない。いったじゃない。それで討論会ですよ。わたしは沖縄で生まれ育って，敗戦の写真とかそういう当時の写真とか平和学習とかで見ているから。旦那の仕事は戦争。でも，わたしのバックグラウンドは，戦争はこういうものなんだよ，してはいけないんだよというもの。（2005年10月8日収録）

　彼女は，海外にいる米軍の姿勢についても次のように批判している。

> あの，海外にきて，土地を使わせてもらっている意識があんたらにない。自衛隊がアメリカに演習に行って，アメリカのどこかで墜落しました。調査も何もアメリカに与えないで，自分たちでやったらどう思うのっと。海外にいてきちっとその国に誠心誠意を払って行動するのが人間じゃないの。あなたたちのみんながみんなそうだとは言わないけれど，マリーンに入ったときに徹底的に教えられるんですよ。マリーンは何でもできるみたいな。洗脳がすごいんで。"Marine is number 1. America is number 1"〔海兵隊がナンバー1，アメリカがナンバー1〕。戦争に一度も負けたことがない。そういうふうな精神じゃ，ここではやっていけないよ。（2005年10月8日収録）

　また，彼女は沖縄出身者として，次のようにいう。

> 沖縄の人として，平和の運動はそれは最低限理解してほしい。軍自体はもう戦争

のためだし，みんな平和維持っていうけど，要は，〔兵隊は〕戦争をやる人，あんたたちの仕事は戦争なんだから。それがどんな結果をもたらすのか考えたことはあるの？　結局これまで戦争に勝って，勝ってきたばかりの国だから，敗戦の人たちの気持ちは分からないし，そういう授業を受けているわけではないから。わたしからしてみれば，ひめゆりの塔に行って来い，南部の戦跡を見て来いといった。今まで軍の統治下で，良い面も悪い面も知っているけど，あなたたちにいわれているのは，マナーがなっていない，それをどうにかしないとねっ，といっています。（2005 年 10 月 8 日収録）

彼女は，ヘリコプター墜落の事故を受けて，アメリカ人たちからも日本に事故の現場検証をする権限がないのかと聞かれた[3]。このように不思議に思っている人は，まだ関心をもって事故について考えてくれていると彼女はいう。だが，関心がない人には何をいっても分からないと彼女は述べる。

彼女がこの事故に際して最も嬉しかったのは，事故が落ちてすぐに母親から電話がかかってきて，夫のマイケルが大丈夫なのかと連絡があったことだという。

一番うれしかったは，母たちがヘリコプターが落ちたとき，夫は大丈夫なのかと聞いてきた。落ちたのを責めるのではなく，大丈夫なのか，ときた。〔夫の安否を確認すると〕あー，よかった。次に，「あんたのとこよ。」そこから，くるんですよ。沖縄の人は。「あんたたちのとこよ。どうにかしなさいよ。」（2005 年 10 月 8 日収録）

彼女の話は，沖縄の人として，米軍基地が起こした事故であるが，家族の一員である娘の夫の身の安全はとても心配になる。同時にまた米軍基地が原因で県民に被害が及んだということで批判しなければならない。これは，沖縄の人が米軍基地に持つ複雑な感情の 1 つの側面である。

京子（20 代後半）も沖縄国際大学の卒業生である。夫（30 代後半）のギルバートは海兵隊員である。彼女は，米軍が沖縄県側に事故の現場検証をさせなかったことや，若い米軍兵士が日本の報道のカメラに向かって手を振り，沖縄県民の反感をかったことについて批判する。しかし，個人がやったことを米軍全体の行為とする視点について批判している。彼女は，夫から米軍兵士がどのような任務を背

---

3) 基地外における米軍航空機堕落事故の対応については，「日本国内における合衆国軍隊の使用する施設・区域外での合衆国軍用航空機事故に関するガイドライン」（http://www.mofa.go.jp/mofaj/area/vsa/sta/pdfs/jiko.pdf，2012 年 2 月 11 日閲覧）によって規定されている。

負って毎日仕事をしているのか聞いているため，報道番組のような捉え方は避けている。

　もし，これが日本の自衛隊だったら，ここまでいったのかなと思う。他の国の人がやっているから分からないということで，嫌嫌という気持ちになっている。夫から軍人がどんなことをやっているのか知っているから，〔わたしは〕そういう気持ちではない。でも，みんな分からないから，頭が交錯しているんじゃないかな。結婚する前と気持ちが違ってきた。沖縄の基地のありかたは，世界が平和になったとき〔に変わる〕。沖縄に米軍があるから，中国から日本は守られているじゃないですか。そういう世界情勢を考えたら，あそこまで反対するべきなのかなと思う。でも，自分の中での課題は，沖縄で米軍と共存するというのは，どうやっていくのかな〔ということ〕。たとえば，米軍基地が北部から中部までだけになれば住民は守られているじゃないですか。でも，〔今は〕基地が点々としているから，交通事故が起こるようにアクシデントが起こるじゃないですか。点々としたらね。（2005年4月28日収録）

綾子（30代後半）は，基地内で働いており，事故が起こった際に彼女は職務の一環として現場に行っている。夫のトニー（30代後半）は元海兵隊員である。彼女は，沖縄出身者として沖縄の怒りも分かれば，米軍の姿勢も理解できる。彼女の気持ちは複雑である。

　ヘリコプターが落ちたときは，現場に行かされた。こういうことがあると，みなさんが怒るのも無理ないな。本当に学生がいなくて良かったと思った。門のすぐ横だったし。死亡者がでなかったので，不幸中の幸いだなと思った。でも，重大なことだなと思った。アメリカ軍は謝らないですよね。なんていうんだろう。謝っているんだけど，やっぱり沖縄の人たちは納得しないですよね。アメリカという国は常に上でないと駄目。上から見ている。アメリカという国は日本に対してもそうだけど，上から立場的に見ている。そういう体制を壊せない。（2005年4月20日収録）

以上のように，沖縄出身の妻たちは複雑で繊細な思いを抱いている。またそれは，一般的に沖縄で見られるマスコミ報道による米軍や日本政府への一方的な批判には見られない。このような思いこそが，沖縄の米軍基地をめぐる基地と地域住民との状況を語っているのではないだろうか。

## 3 アメリカ人夫から見た基地反対運動

　沖縄の女性と結婚しているアメリカ人夫も，妻同様にさまざまな思いで基地反対運動を見つめている。夫たちの沖縄の基地問題に対する姿勢には，妻が沖縄出身であることに由来する意見も聞かれたことに注目したい。
　以下，夫たちが基地反対運動や運動に関する問題について，5つの点から述べたい。それらは，(1) 沖縄への同情的意見，(2) 基地反対運動への批判，(3) 権利の1つとして認識，(4) 無関心，(5) 妻が基地反対運動をするアメリカ人夫の思い，である。

### (1) 沖縄への同情的意見

　リチャード（30代後半・白人）の意見は同情的であった。彼は，沖縄の人は抗議運動をする権利があると述べる。

> 基地反対運動についてたくさんの意見がある。基本的に，沖縄の人は痛めつけられている。日本人とアメリカ人は沖縄の人を殺した。義理の祖父も，沖縄戦で亡くなった。現在でも沖縄の人は痛めつけられている。それでも沖縄の人は優しい。沖縄米兵少女暴行事件が起こったときに，アメリカ人であることをあれほど嫌だと思ったことはなかった。もし，沖縄の人と日本人が暴力的であれば，米軍は撤退すると思う。沖縄の人は抗議運動をする権利がある。（2007年9月6日収録）

### (2) 基地反対運動への批判

　年間多くの基地反対運動が行われている中，基地内フェスティバルなどの際に基地が公開される。基地には家族連れで多くの沖縄の人が訪れ，アメリカの食事や雰囲気を楽しむ。基地反対運動に見る彼らの姿と基地内フェスティバルを楽しむ彼らの姿を見て，不信に思う夫がいる。ロバート（40代前半・白人）は，次のように述べる。「アメリカ人は，いつも悪者だ。多くの沖縄の人が基地反対運動をする。だが，彼らの多くが基地内フェスティバルに参加している。それを見るとイライラする」。彼は，沖縄の人に見られるこうした矛盾に腹をたてている。

### (3) 権利の1つとして認識

リチャードのように同情的ではないが，抗議運動を権利の1つと認める姿勢は，ルービン，スコット，ロドニーの3者から聞かれた。また，彼自身が同様な状況であれば沖縄の人と同様に基地反対運動に参加するという夫3名（フレッド，ピーター，ケビン）がいた。

### (4) 無関心

ジョージは基地反対運動には興味がない。基地反対運動を起こしても何も変わらないと考えているからだ。

大多数の夫からは基地反対運動について反対や賛成といった明確な意見は聞かれなかった。彼らの意見は大きく2つに分かれる。1つは，基地反対運動の参加者や運動の矛先についてである。グレッグ（40代前半・白人）によると，基地反対運動に実際に参加しているのは沖縄の人ではなく本土からの人が多い（テリー：40代後半・白人やブライアン：20代後半・白人）。また，ヘンリーのように沖縄の基地反対運動の矛先は，アメリカ人ではなく日本政府に向けて行なっていると指摘する男性もいた。

2つ目は，沖縄に基地が存在する理由についてである。エリックは，多くの沖縄の人が基地内で働いているといった経済的な点を考えるべきだと指摘する。フランクは，米軍基地が沖縄にある歴史的な背景を考えるべきであるという。

以上の意見は，妻が基地反対運動の参加者ではない夫の意見であった。では，妻が基地反対運動に参加しているとしたらどうだろうか。

### (5) 妻が基地反対運動をするアメリカ人夫

前述したが，順子（50代後半）は，基地反対派であり，抗議運動にも参加している。彼女の夫，マーク（60代後半・白人）は，基地について彼女とは正反対の意見をもつ。彼は基地擁護派である。彼によると，妻は，反アメリカ人ではなく，反基地・反警察である。つまり，権力に対して抗議をしている。マークと順子は，基地反対運動に「エイエイオー」と名前をつけている。彼は，結婚前から彼女が基地反対運動に参加していることは知っていた。彼は，お互いに異なる意見をもっていたとしても，お互いの意見を尊重しなければならないという。彼女に自分を尊重してほしければ，彼女の意見を尊重しなければならない。結婚する前

から，彼女の基地に対する意見を受け入れなければならないことは分かっていた。マークは，沖縄の報道は偏っていると指摘する。一方を知りたければ，両方を知らなければならないと彼は考えている。彼は，誰かと一緒に生活することは妥協であり，ギブ・アンド・テイクだと語る。

　以上のようなアメリカ人夫の意見は，沖縄の女性と結婚していない基地関係者が基地反対運動について抱く思いとは異なる。基地に関わる一般のアメリカ人は，米軍基地が沖縄の人に多くの雇用を与えていたり，抑止力になっていたりするのに，なぜ基地反対運動をするのか分からない。そもそもこういった基地反対運動について興味さえももたない。こうした一般の基地関係者の態度と比較すると，沖縄出身の妻をもつ夫は，沖縄で頻繁に行なわれる基地反対運動や基地への報道についてよく熟知し，沖縄の状況について理解しているといえる。あるいは，沖縄の妻やその家族が身近にいるために，基地の問題や基地反対運動について考えざるをえない状況にいる。マークが，「一方を知りたければ，両方を知らなければならない」というように，沖縄の妻をもつ夫たちは沖縄での基地反対運動について，沖縄（日本）とアメリカ双方の立場から相対的に考える姿が認められる。つまり，沖縄出身の女性と結婚し，沖縄社会の中で家族生活を営むからこそ，彼らは米軍関係者が一般的に考える沖縄の基地問題への意識とは大きく異なり，沖縄とアメリカ（米軍）の両方の視点から考えることができるのである。

　以上のように，基地関係者と結婚した沖縄の女性にとっても，その夫にとっても，基地問題はより身近で重要であった。地元と基地の状況を理解しているからこそ，彼らの立場は複雑であった。また，基地問題の片隅で，簡単に批判の対象となる沖縄在住の本土出身者の存在もあった。こういった状況こそ，沖縄の米軍基地をめぐる基地と地域住民との状況をまさに語っているとも言える。

# 第8章

# 異動をめぐる夫婦の思い
── 沖縄における退役軍人の生活を中心に ──

　米軍兵士は，数年ごとに異動する。本章では，沖縄の女性の移動をめぐる葛藤と，退役軍人の沖縄での就職や住居地の問題を取り上げる。また，沖縄出身者へ向けられた批判的な視点や，沖縄で妻子を捨ててアメリカに帰国する冷酷な米軍兵士像の再考察を試みる。

## *1*　異動をめぐる沖縄女性たちの葛藤

　沖縄の女性は，一般に夫が軍人として最低20年間勤め，退役軍人となることを望んでいる。退役後は，沖縄の基地内で軍属として働き，沖縄で退職するのが理想である。退役軍人を望む理由は，米軍兵士であるかぎり，基地のある沖縄へ異動して帰ってくる可能性があることや，一般のアメリカ人と比較すると安定した収入や，現役中であれ退役後であれ，軍隊から充実した補償が受けられることである。退役軍人になるためには，最低20年間の頻繁な異動が伴う米軍兵士の生活を営まなければならない。しかし，夫に退役軍人になることを望む一方で，沖縄の女性は沖縄を離れることを躊躇する。

### 1.1. 沖縄女性を沖縄に引き止める理由

　沖縄の女性を沖縄に引き止める理由について以下の4点，すなわち，(1) 家族関係の強さ (母親への依存)，(2) 交友関係の強さ，(3) 労働力としての重要性，(4) シングル・マザーへの偏見が少ないことを挙げることができる。また，最後に横

須賀米海軍基地の妻との比較から，沖縄女性を沖縄に引き止める理由についてさらに考えてみたい。

### (1) 家族関係の強さ（母親への依存）

沖縄の女性は，夫がアメリカへ異動しても，沖縄に滞在し別居生活を続ける傾向が強い。彼女たちは，夫の任務地が再び沖縄になるのを待つ。これは，母親や沖縄の家族・親族との絆の強さを示している。同時に，軍人や軍隊がなくても沖縄の家族システムの中で結婚・家族生活を営んでいけることを示唆している。それは，沖縄の家族のつながりを母体としたネットワークが存在することを意味する。

### (2) 交友関係の強さ

沖縄で生まれ育った沖縄の女性には，同級生や友人などの親密な交友関係をもとにしたネットワークが存在する。それは，家族関係と同じくらい強い関係があるため，夫と移動する必要性を感じない。

### (3) 労働力としての重要性

沖縄では，家族で家計や家業を支えることが多く，娘は，婚出後も家族の労働力の一部である。特に妻の実家が自営業を行なっている場合は，その傾向が強い。家業を支える沖縄の女性は，沖縄を離れることに躊躇する気持ちが強い。

### (4) シングル・マザーへの偏見が少ないこと

本土出身の妻に関しては，夫がアメリカなどの異動先に単身赴任し，妻と別居生活を送る事例に，筆者は出会ったことがない。日本本土では，父親がいないことでシングル・マザーに見え，社会的に肩身の狭い思いをする。しかし，沖縄ではシングル・マザーであることや離婚することに対する社会的プレッシャーは本土ほど感じられない。家族や親族の中で少なくとも1人は，米軍兵士と結婚し，離婚してアメリカから戻ってきているという話もある。沖縄出身者同志の結婚でも，離婚してシングル・マザーで子供を育てるということは珍しいことではない。また，そういった環境下にある女性を助けるような家族システムも成り立っている。

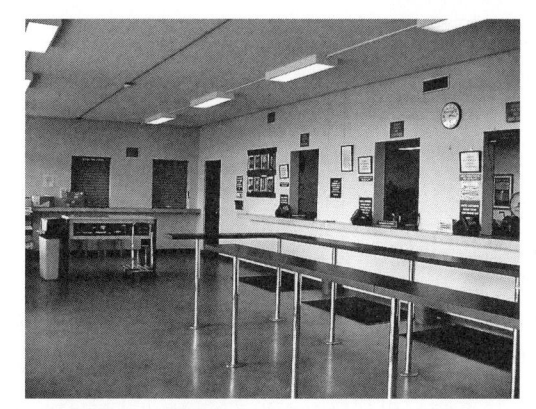

写真31　郵便局（キャンプ・フォスター）

(5) **横須賀米海軍基地との比較**

　横須賀米海軍基地で見られた横須賀の妻たちは，沖縄出身の妻のように両親や家族システムが横須賀に必ずしもあるわけではない。そうなると家族から離れ横須賀に夫と2人で住まざるをえない。そのため，沖縄出身の妻よりは軍隊と密接な関わりをもって生活をしていたように思う[1]。また，横須賀の妻たちは，軍人の妻であるという意識も強かった。沖縄の妻たちは，米軍基地に依存するというよりは，沖縄の社会や家族の中で軍人との結婚生活を維持しているともいえる。

　しかし，すべての沖縄出身妻が必ずしも沖縄に執着して，夫ともに移動しないというわけではない。そこには夫の異動をめぐる沖縄の女性たちの個々の立場があり，それぞれが悩みながらも選択している。これらの選択は，夫との関係や，女性と両親の年齢なども影響を与えており，簡単に図式化できるわけではない。

　沖縄出身者の態度を批判する本土出身妻たちには，夫とともに移動したり，異動をめぐり悩む沖縄女性の存在が見えていない。これは，沖縄の女性への偏見とも言える。いくつかの例外を除いて，お互いに偏見をもって見ていることが分かる。

---

1) 横須賀については［宮西2003］を参照。

## 1.2. 異動をめぐる沖縄女性たちの思い

異動をめぐる沖縄の女性たちの思いについて，以下4つの事例から紹介したい。すなわち，(1) 沖縄に残った妻，(2) 迷う妻，(3) 移動を決めた妻，(4) 両親の老後の問題に悩む妻，である。

### (1) 沖縄に残った妻

沖縄出身の泉（30代後半）は，基地内で働きながら，1人で12歳と7歳になる2人の息子を沖縄で育てている。夫，ジャックは，海兵隊を除隊し沖縄で結婚生活を10年間送り，3年前に出身地のミシガン州に戻っており，2人は別居生活をしている。

沖縄での10年間の結婚生活で，ジャックはとび職に就いていたが，飲酒やオンライン・ゲームにはまり，家庭内暴力へと発展した。別居して2年後に，泉は息子2人を連れてジャックに会いに行っている。彼からアメリカに来て一緒に住んでほしいといわれているが，どれほど彼の言葉を信用してよいのか分からない。アメリカでの子供の学校についても心配である。最近は，彼からの連絡が滞っており，不安が増している。

彼女は結婚したときに，ジャックと一緒にアメリカに移動しなかったことを後悔している。それは，泉にとって最大の後悔だという。泉によると，沖縄の女性が沖縄に執着する理由は家族だ。そして，男性は，生まれ育った場所で生活して家族を支えるべきであると指摘する。

> 家族じゃないですか。沖縄の人は，たぶん内地〔本土〕の人と比べると家族の絆も強いし，喧嘩はするけど絆が強い。そこまで経済状態も裕福ではない。軍人の旦那さんから沖縄の奥さんの家族がサポートを受けている友達もいるし。お母さんとかお父さんの家賃を払っているとか。結構，最近の軍人さんって裕福じゃないですか。昔に比べたら。わたしなんか本当に貧乏だったから，親にあげるお金なんてと思ったけど。今の人は，そういう部分もあって行ききれない。そういう人が多い。自分もそうだったし。〔親を〕連れて行けばといわれたけど，連れて行けない。扶養家族の一員として親を連れて行くことはできるけど，それはできなかった。そのときは家庭も心配だったし，しばらく沖縄にいたいと。なんで思ったのかな。でも，それはすっごい間違いをおかしたと思う。本当に。この人の10年間は，わたしの間違いで無駄にしてしまったという申し訳ない気分で〔一杯〕。たぶん彼

を憎むというのはおかど違いかもしれない。彼は沖縄にわたしのために来てくれたけど，10年が無駄になった。彼の口から，10年が無駄になったと聞いたときに，そうなんだと思った。なんか，ふっと思って，この人は何のために来ているのか。意味のある人生を送れない。沖縄にいたい，家族と離れたくないという気持ちは分かるんですよ。でも，わたしは一生帰ってこれないわけじゃなかったな。行ってしまったら，10年，20年帰ってこれないというわけじゃないのに。なんで，かたくなに行かなかったのかなと。ものすごい後悔の面があります。一度は行くべき。それで駄目だったら，帰ってくればいい。とてもいい仕事を〔沖縄に〕もっているのなら別だけど，一緒に行くべきだと思う。男の人は，男の人の生まれた場所に行くべきだと思う。それは実感した。女性はできるけど，男性は難しいと思う。女性のほうが柔軟でとけこめると思います。男性はある程度仕事で自信をつけて家庭を支えることが大事。(2007年4月23日収録)

　泉は，ジャックが軍人であるほうが沖縄での結婚生活は円滑であっただろうという。米軍兵士の世界には，軍規や階級などによるしがらみがあり，時には，戦争に送り出される可能性もある。それでも，沖縄で一般の民間人として働くよりも安定した給料がもらえる。また，アメリカ社会での就職の難しさにもふれ，何か特別な能力や資格がないかぎりアメリカ社会での就職は困難であると指摘する。泉は，アメリカに行かなかったことを強く後悔している。

(2) **迷う女性**
　沖縄県離島出身の洋子（20代後半）は，夫の仕事や異動について現実的に考えている。洋子は，基地内従業員である。夫のアンソニーは30代前半の海兵隊員（下士官，E5）で，5歳になる息子がいる。
　洋子は，交際期間中からアンソニーには異動の時機が来た場合，彼1人で行くように伝えている。だが，アンソニーは洋子も息子も一緒についてきてほしい。基地内従業員として沖縄で退職をすることを決断している洋子にとっては，基地内の仕事をやめてまでアンソニーの転勤についていく価値は見出せない。だからといって，洋子は簡単に夫に除隊して沖縄で軍属になるようにともいえない。軍属になることがいかに困難であるのかを彼女は心得ているのである。

　　PCS〔異動〕のときも1人で行ってねといっている。2年とか。旦那には交際しているときからいっていた。仕事もやめる気はないしといった。アメリカに行ってもこのくらいの仕事ならあるよと〔夫は〕いうけど，自分にとっては将来沖縄に

戻って生活するとき，年金や保険などを考えて〔しまう〕。兵隊は自分からは続けてとは言えない。奥さんでも。でも，続けているとリタイアメント〔退役についての補償〕とかあるし。今は，すごく基地の中で仕事を見つけるのは難しい。もし軍隊をやめるとなかなかSOFA〔基地内〕の仕事がもらえないから。もとマリーンで日本人と結婚していて，いずれはSOFAになれると思っている。本当に待っている人は待っている。もし，うちの旦那もGS〔軍属〕になっても，〔雇用契約を〕更新更新だから将来性はない。未来はない。お隣さんがGSで，おうちがあっても，コントラクト〔契約〕でアメリカに行かなければならなくなった。（2007年1月27日収録）

洋子は，退役軍人やその家族への補償は，除隊してしまうと支給されないことも知っている。他方で，退役するまで最低20年の間軍人にとどまるかぎり，危険地域に派遣され，最悪の場合には戦死するという恐れがある。

旦那にはリタイア〔退役〕してほしい。最後まで。PCS〔異動〕になったらわたしはここにいるつもり。本人は連れて行きたいといっている。でも，最近はメールとかインターネットがあるし，会おうと思えば年に1回来るか行くかで年に2，3回会えれば。でも，それはそれでどうにかしていこうねと考えている。でも，正直ついてきてほしいみたい。自分のわがままっていうとわがままなんだけど。あっちに行くメリット？　もし離婚したら……。ここにいるのは将来のため。……だからそういう人と話をしたい。軍雇用員〔基地内日本人従業員〕で旦那さんが軍人でアメリカに行くかいかないのか悩んでいる人と話がしたい。自分は〔行かなくて〕いいんだけど，問題は子供。ダディ〔父親〕がいなかったら寂しいかなと思う。（2007年1月27日収録）

洋子は，息子の学校で，夫がイラクに派兵されて目を泣きはらしている妻たちを見ると心配になる。基地内に仕事をもち，沖縄に住み続けたいと願う洋子であるが，子供の父親に対する気持ちを考えると，夫とともに異動するべきなのか悩む。また，そういう悩みを話し合える同じ境遇の妻を求めている。

### (3) 移動を決めた妻

沖縄出身の京子（20代後半）は，洋子とは逆に夫の退役後はアメリカに住むとすでに決断している。夫のギルバートは30代後半の海兵隊員（下士官，E-6）である。京子は，沖縄に滞在している間は，できるだけ母親や家族と会う時間をもつようにしている。

お母さんが2週間に1回くる。与那原〔本島南部にある京子の出身地〕にわたしが行ったり。沖縄にいるのは，彼が軍人であるときだからチャンスは与えたい。最後はアメリカに帰るので。母親は頻繁に来てくれる。彼がここに住むということはないので。退役まで8年。38歳で終わり。18歳で入ったので。(2005年4月28日収録)

　京子が沖縄を離れる決断ができた理由について考えてみたい。京子は，沖縄出身で自宅から沖縄県内の大学に通い，結婚してはじめて自宅を出た。これは，本土出身者の妻が批判する沖縄で見られる典型的な姿である。

　京子は，大学時代にギルバートに出会い，大学卒業後に妊娠が発覚した。卒業後，すぐに結婚しアメリカに移動する。アメリカでの3年間の生活を送り，沖縄に戻り現在に至る。

　京子が他の沖縄出身妻と異なるのは，夫婦中心の結婚生活を営んでいる点である[2]。沖縄の行事の参加についても，家族が夫を喜んで行事に招待しないのであれば，京子も行事には参加しないと断言する。夫をたてるべきだと彼女は語る。インタビューでは，日本人女性たちは，夫よりも実家や母親との関係を優先する結婚生活を送っていた。その意味で，京子は沖縄出身者であるが，前述した図式や沖縄の女性という枠に収まりきらない結婚生活を営んでいると指摘できる。

### (4) 両親の老後の問題に悩む妻

　沖縄出身の正代（50代後半）は，軍属の夫（60代後半），ティモシーと結婚している。彼女は，沖縄とアメリカを行ったり来たりする生活が理想であったので，アメリカ人との結婚は彼女にとって魅力的であった。だが，彼女自身の親の老後の問題がでてきた。また，前夫との間にできた子供たちが結婚して孫ができ，彼女の意識も変わってきた。

　　両親が，体が悪くて，子供たちに子供ができて。それで沖縄を離れたくないなと

---

[2] 宮古島出身の多恵（60代前半）も，京子同様に夫婦中心の結婚生活を営んでいる。多恵と夫，チャールズ（60代前半）は，彼の退役から現在まで20年間沖縄に住んでいる。多恵は，夫の現役時代はともに移動していた。本島中部に持ち家もある多恵だが，沖縄にこれから一生住むつもりはなく，彼がアメリカに帰るといえば一緒に行くという。その理由の1つは，1人息子に何十年も墓守をさせたくないと述べる。また，20年間も沖縄に住んでくれた夫への感謝もある。多恵は，沖縄を離れることについて次のように述べる。「未練はないですよ。彼がにかっと笑うので。わたしは，家があって全部あるけれど，一番大事であるのはあなただと〔いうとき〕。そしたら彼は笑っている。照れて笑っている」。

思う。でも，責任は果たしたし，親の看護と孫の保育で沖縄にいるのかなと。彼もわたし自身も迷っている。今は父の手術の後だし。弟はあんまり頼りにならない。みんな忙しい。わたしと一番下の妹が親の面倒を見ている。わたしが今アメリカに移ると言うと不安にかられる。母は，あんたの幸せを考えたらxxxさん〔夫〕と一緒についていくのが一番いいよと。父は，アメリカに行ったらもっといい仕事ができるはずよと，それだけしかいわない。うちの家族は，あなたのためだったら，自分をギブイン〔譲歩〕するんですよね。国際結婚は辛いですね。でも，本土の人と結婚してもそうかもね。そういうところが辛いですね。（2007年11月20日収録）

　正代の事例は，沖縄を離れたいと思っていても，年齢とともに両親の老後の問題など彼女が置かれた立場が変化し，沖縄を離れたくても離れられないという状況を示している。このように，沖縄の女性が異動について行なう決断は，彼女の置かれている状況が影響する。

　妻が沖縄を離れる決断をする際に，経済的な要因も重要である。前述した基地内従業員である沖縄出身の貴代（30代前半）は，基地内の専門職の仕事をやめ，アメリカに異動している夫のもとへ行くことを決断している。夫が将校ではなく下士官であれば，彼女は沖縄に残ることを選択したかもしれない。あるいは，簡単には基地内の仕事を離れる決断をできなかったかもしれない。つまり沖縄出身かどうかだけで，沖縄を離れるかどうかの行動が決まるのではなく，それぞれの置かれた状況の中で悩みながら，異動の決断を下しているのである。


## 2　退役軍人の沖縄での生活

　本節では，退役軍人の就職と住居地をめぐる問題を取り上げ，退役軍人の沖縄での生活を考察する。さらに，米軍の雇用支援制度を取り上げ，基地内の雇用の問題にもふれる。

　沖縄出身の女性と結婚した退役軍人が，沖縄で退役後の生活を送る姿は，沖縄の日常的な光景である。退役する年齢は平均40歳前後[3]と若く，就学年齢の子供をもつ男性も多く，退役後に再就職しなければならないことは必須である。

---

3)　退役するためには最低20年間軍に勤めなければならないが，階級によっては20年以上で退役することも可能である。そのため，20年で退役する軍人（下士官）であれば退役時は40代前後であるが，中には30年で退役する者もいる。

退役後の住居地や老後を過ごす永住地の決断は複雑である［Strange 1984: 220］。20年間以上も軍人として軍隊の中で生活していた男性にとって，民間社会での新しい生活や就職は大きなストレスとなる[4]。これまで階級と規律の中で生きてきた20年とは，まったく異なる環境で生きることを意味する[5]。退役は，軍人だけではなく，夫婦にとってもストレスとなる。これまで軍務のため離れて生活することが多かった夫婦が，夫の退役によってはじめて毎日を一緒に過ごすことになる。それは，夫婦にとって新しい結婚生活を再構築することを意味する［Strange 1984: 220-221］。

## 2.1. 米軍の雇用支援制度

退役軍人には，2つの就職先の可能性がある。1つは，英語教師などの沖縄の民間社会の中での就職である。しかし，臨時職員であることも多く，経済的に不安定である。失業率が高い沖縄の社会で，日本語ができない外国人が仕事を見つけるのは厳しい。

そこで，もう1つの可能性，すなわち基地内で働く軍属の道を模索するが，現在，軍属になるには，必要条件として日米地位協定の身分をもつものと限定されている職種も多い。そのため，退役して日米地位協定上の身分をもたない退役軍人（除隊者も）が基地内で就職先を見つけるのは非常に難しい。

既婚者の軍人を軍隊に残留させるためには，軍人の配偶者への雇用環境を整えることが不可欠である[6]。同時に，軍隊を除隊・退役した後の生活を保証しなければ，軍人の入隊は望めない。そのため，軍隊は，さまざまな支援を行なってきた。軍人配偶者雇用優遇制度（Military Spouse Preference: MSP）や，ベテラン雇用優遇制度（Veterans Preference: VP）もその支援の一環である。

多くの米軍兵士の配偶者たちがMSPを利用して基地内で就職先を見つけてい

---

[4] Wolpertも，退役の際に退役軍人が経験するストレスや問題について述べている。また，軍隊の退役をめぐるプログラムやその歴史についての記述もある［Wolpert 2000］。

[5] こういったストレスを軽減させ，退役軍人が円滑に民間社会になじむように支援しているのが前述したPersonal Services Center（PSC）である。PSCは退役軍人に退役前の手引き（Pre-Retirement Brief）を提供している。

[6] 陸軍における軍人の配偶者の雇用問題を研究したSchwartzら［1991］によると，軍人の配偶者が満足のいく仕事を見つけると，配偶者は夫の軍隊でのキャリアを支援し，軍に残る可能性が高くなると指摘している。同様な視点は，［Russo et al. 2000］の研究でも見られた。

る[7]。軍人妻と退役軍人は，軍属の職をめぐり競合する立場にある。だが，両者の置かれた立場は大きく異なる。現在，基地内の雇用では，軍人妻が最優先されている[8]。さらに，軍人妻は軍人の配偶者としてすでに日米地位協定上の身分をもつが，退役軍人にはそれがない点も不利である。夫が赴任中のみ沖縄に滞在する軍人妻とは異なり，沖縄の女性と結婚し沖縄を基盤にして生活する退役軍人にとって基地内での就職は生活がかかっている。基地内の学校に子供を通わせたい退役軍人にとって，就職への圧力はさらに強い。

## 2.2. 退役軍人の就職への思い

コネチカット州出身のリチャード（30代後半）は，空軍の退役軍人である。現在，海兵隊基地の軍属（コントラクター）として働き，彼の退役後の第2の人生を沖縄で送っている。彼には，沖縄出身の30代後半の妻，優衣と，11歳と9歳になる娘がいて，本島中部の北谷町に住んでいる。リチャードは，沖縄ではなく本土の三沢空軍基地や北海道で働きたかった。しかし，妻の優衣が沖縄を希望した。

> 本土での就職先があった。だが，それは妻にとっては十分ではなかった。本当は三沢や北海道などの本土に住みたかった。家族生活も楽だから。……日本人女性は本当に強い。今になって分かった。妻が日本人女性について教えてくれた。……妻には，いつも沖縄に戻り，どんな仕事でもするといってきた。家族のためにPX〔基地内デパート〕で働くなど何でもすると〔いってきた〕。しかし，PXでの職を得ることは難しいことが分かった。これらの仕事は，軍人の配偶者のための仕事だから。カミサリー〔基地内の食料品店〕や階級の下の仕事に就くことさえも難しい。そのため，たくさんのアメリカ人が基地の外の工事現場やバーで働いている。（2007年9月6日収録）

---

7) 軍人妻の多くが基地内で仕事を見つけるが，軍人夫の異動に妻も従うため，配偶者の雇用は入れ替わりが激しいことが特徴である。軍人妻への短期間の就職先を与えるという点では意味があるが，沖縄の女性と結婚し沖縄を基盤にして生活するベテランの視点から見ると，短期間滞在者である軍人妻に優遇された環境は理解しがたいものである。Wolpertら〔2000: 43〕は，軍人の配偶者は，軍人とともに頻繁に移動するため，雇用主は軍人の配偶者を信頼できないと指摘している。
8) 以前は，職種によって優先順位があった。NAFの職種は軍人妻が優先され，GSの職種は退役軍人が優先される傾向にあったが，現在は職種を問わず軍人妻が優先される傾向がある。ただし，第1章で述べたようにMLCの基地内従業員の日本人女性が米軍兵士との結婚後にMLCの職を離れるとMLCの職には就くことができない。その意味では，すべての軍人妻が基地内の就職において最優先されるわけではない。

写真32　辺野古ハーリー大会に参加する海兵隊員

　リチャードは，前述した軍人配偶者雇用優遇制度に不満をもっている。彼は，軍人妻ではなく，退役軍人や有能な人間であれば，仕事を得られるようにすべきだと訴える。仕事が見つからないと苛立ち，結婚生活に支障をきたす。これらの問題については，第9章で取り上げたい。
　ポール（40代後半・先住民）も退役軍人であるが，安定した仕事が見つかっていない。沖縄出身の妻，真央との間に3人の息子，10歳，5歳と17ヵ月がいる。就学年齢の子供をもつポールにとって，退役後の就職先を見つけるのは不可欠である。英語を忘れてかけている子供を基地内の学校に通わせるためにも，基地内の仕事に就きたい。ポールは，彼の出身地であるノース・キャロライナ州で退役したかったが，真央のために沖縄で退役した。だが，妻の真央はポールに次のように告げた。

　　妻がいうのには，仕事を探すためにアメリカに帰るべきだ，と。あなたの仕事は，あなたの仕事。もし，あなたがアメリカに帰らなければならないのなら，帰っていいよ。でも，わたしと子供たちはここにいるからと。でも，彼女は，アメリカで仕事が見つからなかったら，沖縄に戻ってきてとはいわなかった。彼女が自分のことをどう思っているのか分からない。彼女には家族の支援ネットワークがあ

る。家族からわたしは離れることはできない。(2007 年 11 月 15 日収録)

　家族と離れることのできないポールに残された道は，沖縄で軍属の仕事を見つけることだけだが，状況は非常に厳しい。懸命にポールが就職活動をしている間，真央はポールには告げず母親から 30 万を借りて新車を購入する。真央の家族は，彼の家から数分のところに住んでおり，多くの時間を両親や姉妹と過ごす。彼は，夫婦と子供という単位で家族生活を送りたいが，彼女は親戚や実家を含む拡大家族の中で生活を送る。彼の結婚生活は，前述したようにアメリカ人男性が不満や困惑している沖縄の家族の姿そのものである。彼は沖縄で仕事を見つけ，真央や子供を守るために懸命である。真央には，沖縄で退役して，仕事も見つからず孤独な状態に陥っているポールの立場や気持ちがどれほど伝わっているのだろうか。

## 2.3. 退役後の居住地の選択肢

　ここでは沖縄出身女性と結婚した退役軍人男性の居住地の選択肢とその理由について考察する。なお，正確には退役軍人ではないが，軍属として基地内で働く除隊した男性も含まれている。

　居住地の選択肢には，沖縄，夫の実家やアメリカ国内，沖縄とアメリカ以外の夫婦が希望する場所の 3 つである。沖縄とアメリカの両方に住居をもつことも可能であるが経済的には困難である[9]。

### (1) 沖縄

　沖縄を選択する理由は 3 つある。1 つ目は，沖縄に住むことは妻の家族，親戚や友人からの支援があり心強い。2 つ目は，現役軍人の頃にすでに沖縄に住んだ経験があり，彼ら自身も沖縄やその環境に慣れ親しんでいる。3 つ目は，基地へのアクセスの便利さである[10]。国からの補償を受けるためには，基地が住居地の

---

[9] エリック (60 代前半・白人) は，沖縄とグアムの両方に住居をもっていたが，健康問題のため沖縄に妻の早紀子とともに戻ってきた。沖縄とグアムを行き来する生活をしばらくはしていたが，2 つの住居を保持するのは経済的に大変であるため，グアムに住むことを選択した。

[10] Snyder も，退役軍人にとって基地が近くにあるかどうかが，居住地を決める際に重要になると指摘している [Snyder 1994: 587-588]。

近郊に存在することが必須となる。ただし，沖縄を選択した場合，アメリカ国内に限定されている補償もあるため不利である。4つ目は，沖縄の治安の良さである。これら以外に，退役後に沖縄に良い就職先が見つかったので沖縄を住居地に決める場合も少ないながらが認められた。

(2) **夫の実家やアメリカ国内**

夫側の家族，親族や友人の支援を得られやすく，また生まれ育った土地であるため親しみがあるなどの理由から，実家やアメリカ国内を選ぶ。後者の場合は，州によって収める税金や生活費が異なるため，そういった経済的な要因を考慮してどこに住むかを決める場合もありえる。ただし，アメリカの中西部や南部などであると，アジア人女性や彼女との結婚に対する偏見が強いという理由から回避される可能性も高い[11]。

(3) **沖縄とアメリカ国内以外**

筆者自身は直接聞いたことがないが，退役軍人が多く住むためフィリピンなどを住居地として選択する可能性がなくはないであろう。

## 2.4. 退役後の住居地をめぐる夫の思い

夫たちは納得済みで住居地を選択しているわけではない。そこには，夫たちの錯綜する思いがある。以下，居住地をめぐる夫たちの思いを3例紹介する。

テリー（40代後半・白人）は，海兵隊員（下士官，E-9）である。彼は，沖縄を退役後の住居地として決断した。彼は，次のように沖縄での退役を説明する。

> 妻は，自分の軍人としてのキャリアのために，いつもわたしと一緒について来てくれた。だから，わたしはここまでやってくることができた。彼女のおかげである。後悔することはない。(2007年3月18日収録)

---

11) Druss [1965: 225] も，同様の指摘をしている。退役後に多くの軍人の出身地でもあるアメリカの中西部や南部などの小さな町へ移り住むことは，このような夫婦にとっては好奇と差別の眼にさらされることが多い。そのため，これらの夫婦の多くは，雇用機会に関係なく慣れ親しんだ軍隊の施設を利用し，また同じ国出身の妻たちのネットワークを維持するためにも軍隊のコミュニティの周りに住まなければならなくなる。

彼のこれまでの軍人としてのキャリアを支援してくれた妻の節子への感謝の気持ちからである。

現役の海軍軍人（下士官，E-7）であるロドニー（30代後半・白人）は，退役後の住居地を沖縄にするかアメリカにするかで迷っている。妻の詩織は沖縄出身で基地内従業員である。MLCとして働く詩織の仕事について聞くと，ロドニーの顔は曇る。

> そうなんだ。沖縄を離れて彼女が同じ仕事（MLC）になれたらと思うんだけど。だけど，それは無理だから。彼女に働いてほしいと思うけれど，彼女はMLCとしてのキャリアを重ねることに興味がない。MLCの仕事に戻れたらいいんだけど。（2007年3月5日収録）

ロドニーは，退役後の彼自身の仕事や子供たちの大学のことを考えるとアメリカがいいと思うが，同時に，詩織が基地内で働いている（MLC）という事実が彼をさらに悩ませる。基地内の職は非常に競争率が高く，一度やめると将来基地内の職に就ける保証はない。ロドニーに出会う前から詩織はMLCとして働いている。軍人であるロドニーと結婚した後でMLCの職を離れると，二度とMLCにはなれないことをロドニーは理解している[12]。

退役軍人であるリチャードは，妻優衣のために沖縄に戻り，就職先も沖縄で見つけた。沖縄でおそらく老後を過ごすであろうとリチャードはいう。彼は，本島中部の北谷町のアパートに住んでいるが，居住地について次のように感じている。

> イライラする。優衣にとっては，沖縄だけでは不十分。彼女にとっては，沖縄で，それも北谷に住まなければならない。読谷村はどうかと聞くと，彼女は子供を学校におくるのには，読谷村は，彼女にとっては遠すぎるという。だけど，読谷村は田舎だから土地も安い。家も購入することができる。北谷はとても高い。（2007年9月6日収録）

リチャードは，犠牲という言葉を使い退役後の生活について語る。アメリカにいる彼の家族は，リチャードたちが沖縄に住むことによって，孫たちの顔が見ることができない。リチャードは，幸せではないといっているのではないと強調し

---

12) MLCの詳細については，第1章で述べた。

ていた。しかし，住居地や就職先の選択など退役後の生活について彼が不満や苛立ちを感じていることが分かる。

最後に，ロバート（40代前半・白人）は，元海兵隊員で現在軍属として基地内で働いている。彼は，良い条件の仕事があればいつでもアメリカに戻ると決断している。妻が沖縄に残るといってアメリカ行きに反対した場合は，離婚してでも沖縄を出たいと考えている。離婚すると子供がいなくて寂しい思いをするかもしれないが，沖縄に縛りつけられるのは嫌だという。

> アメリカに帰りたいと思う。子供も妻も一緒に連れて行きたい。……沖縄の生活はストレスを感じるが，安全面ではアメリカよりはいい。しかし，子供にとっての将来はアメリカのほうがいい。妻は，アメリカに行くことを承諾した。結婚前に，彼女に次のようにいった。結婚してアメリカに住むこともある。もし，アメリカに住みたくないのであれば，結婚しない。だから，今アメリカに行かないのならそう言ってくれと。彼女は，アメリカに行くといった。だけど，いうのは簡単だけど，実行するのは難しい。本当にその時が来て，彼女が何を感じるのか分からない。彼女が沖縄に留まりたいのであれば，離婚する。日本人女性と結婚しているアメリカ人男性は，妻が沖縄にいたいので沖縄に一緒にいることが多い。わたしはそれはしない。すでに，彼女にいってある。子供たちと離れることはつらい。だけど，沖縄に縛りつけられたくない。多くのアメリカ人男性は，沖縄出身の妻が沖縄にいたいから沖縄にいる。沖縄の女性はわがままだ。（2006年12月7日収録）

以上のように，夫は居住地の選択をめぐってさまざまの思いを抱いている。沖縄出身の妻のために沖縄に住むことを決断している場合でも，そこには結婚や家族生活をめぐる繊細な考慮が夫によってなされていることに注目したい。沖縄に執着する沖縄出身者を非難する本土出身者の声もあった。だが，沖縄出身だからではなく，そこには夫たちの存在や影響もあることを忘れてはならない。そして，アメリカに戻るとしても，その背後にはさまざまな要因があることも明らかとなった。

沖縄出身の妻は，夫との関係，彼女の年齢や両親や家族の状況などの要因に影響されながら，沖縄を離れるかどうかを考えている。それは，本土出身妻が想定するような単純な沖縄の女性像とは異なるものであった。

夫たちもまた，退役後の居住地について，妻の思い，妻の仕事や子供の将来な

どを真剣に考え，難しい決断を強いられていることが分かる。ここにも妻子を残してアメリカに帰るといった冷酷な軍人夫像とは異なる夫の実態が認められる。本章では，異動をめぐる夫婦の思いを取り上げ，沖縄出身女性や米軍兵士へのステレオタイプについて検討した。

# 第9章

# 離　婚

　本章では，沖縄の女性と米軍兵士との離婚の問題を中心に，家庭内暴力や除隊した後の沖縄の生活など，夫婦が直面する離婚にまつわる問題について述べる。ただし，離婚という結果や家庭内暴力という視点のみから捉えるのではなく，その暴力や離婚の裏にある男女が置かれた特殊な状況に注目したい。また，米軍が提供する家族支援制度は，これらの問題にどのように関わっているのかという点にもふれる。

　そこで，本章はまず，沖縄における米軍兵士との離婚と子供についての状況と，離婚に対する米軍の家族支援制度について述べる。次に，3年間にも及ぶ別居生活を送る泉と除隊した元海兵隊員ジェイムズの沖縄の女性との2度の結婚と離婚の事例を取り上げて考察する。

## 1　在沖米軍兵士との離婚とその子供にまつわる問題

　一般に，米軍兵士との離婚率は，民間アメリカ人同士の結婚よりも高いと言われる[1]。さらに，米軍兵士とアジア人女性との離婚率は，80パーセントにも及ぶ[2]。この統計の出所は不明であるが，基地内では一般にアジア人女性との離婚

---

[1] 長期間の派兵による家族との別離や，戦闘体験によるPTSD（Post-Traumanic Stress Disorder: 心的外傷後ストレス障害）などが米軍兵士の離婚の原因といわれる。http://www.armytimes.com/news/2008/12/gns_divorcerates_120308w/（2011年3月3日を閲覧）を参照。

[2] エンローも，米軍兵士とアジア諸国出身の女性との離婚率の高さを指摘している［エンロー1997: 69］。

率が高いことが知られている[3]。

本調査では，離婚している女性や寡婦を含め50名の女性のインフォーマント中[4]，離婚経験の女性は，現在結婚（再婚，再再婚）している女性も入れると9名（18%）いる。日本人女性と結婚した22名のアメリカ人男性のうち，離婚経験者は，5名（22%）である。そのうち1名は，沖縄の女性と2回の離婚をしている。

沖縄で米軍兵士との結婚，離婚や「無国籍児」をめぐる問題について相談を行なってきたのが，国際福祉相談所（International Social Assistance Okinawa: ISAO）[5]である。

「無国籍児」の問題とは，1980年代に注目を集めた社会問題である。当時の日本の国籍法は父系優先主義をとっていた。つまり，父親が日本国籍を保持していなければ，子供は日本国籍を与えられないのである。一方，米国国籍法では，出生地主義をとる。ただし，米国外で子供が生まれた場合には，その親が「合衆国及び海外属領に通算10年以上，そのうち少なくとも14歳から継続して5年間滞在する」という要件を満たさなければ，生まれた子供に米国籍を与えることができない。この要件に当てはまらない父親であった場合には，日本は父系血統主義をとるため，子供が無国籍児となったのである。こうした問題は，米軍基地を抱える沖縄から多く問題提起が行なわれ，1985年に国籍法は改正され，父母両系主義となった。これにより母親が日本国籍をもつのであれば外国籍の父親であっても子供は日本国籍を取得できるようになった［澤岻2000:15］。同相談所が閉鎖されてからは，［財団法人］おきなわ女性財団の「てぃるる相談室」の国際女性相談が，米軍兵士との結婚やその子供たちについての問題を引き続き扱っている。

復帰前に沖縄県内の公的機関によって，米軍兵士と沖縄の女性との間に生まれた子供についての調査が実施されている[6]。最近では2000年におきなわ女性財団が行なった調査がある。これによると，米軍兵士との結婚や離婚には以下のよう

---

3) 基地内で発行されている新聞である *Okinawa Marine*（1982年12月3日）の記事，"Culture big factor in marriage"（文化，結婚の大きな要因）でも，異なる文化的背景をもつ2人の結婚は80パーセントから90パーセントの割合で離婚に至ると書かれている。
4) 内訳は，46名が現在結婚している。2名が離婚者，2名が寡婦である。
5) 詳細は後述する。
6) 1955年には，すでに軍人によって遺棄された子供や母親についての調査が琉球政府文教局によって行なわれている。それによると，実父母に養育されているのはわずか1割，母親のみに育てられているのが半数，祖父母，叔父叔母などに養育されている子供たちが約3割だった［澤岻2000: 10-11］。沖縄の女性と軍人との間に生まれた子供についての県内調査も［澤岻2000: 10-12］を参照。

な相談が寄せられた。すなわち，国外にいる夫から裁判離婚の書類が送られたがどうすべきか，消息不明の夫や国外にいる夫との離婚についてどうすべきか，生活費を入れないなど夫の生活態度の問題や家庭内暴力などについてどのように対処すべきか，といった相談である［おきなわ財団 2000: 61］。また，同じ調査の中で，未婚の母子からの相談として，結婚を前提にして交際していたが男性が帰国してしまい子供の認知もしてもらえないという声が聞かれた。子供の教育に関連しては，男性の消息が不明で養育費ももらえないなどの事例もある［おきなわ財団 2000: 65］。

このように米軍兵士と沖縄の女性との結婚には，男性側の父親あるいは夫としての不誠実な態度が認められる。したがって，前章で疑問視した妻子を捨てて帰国する冷酷な米軍兵士像がまったく間違っていないことを示唆しているように見える。だが，女性側からの相談や声は多く聞かれているが，男性側の離婚についての意見はこれまで注目されることもなく，彼らの声は無視されてきたのも事実である。さらに，これらの調査では，沖縄に赴任してきた現役の米軍兵士が調査の主な対象であるが，沖縄に赴任し沖縄の女性と結婚し，除隊後沖縄社会の中で妻や子供を守るために必死で生きている元米軍兵士たちの状況は全く把握されていないのも問題である[7]。

## 2　離婚に対する米軍の家族支援制度

　米軍は，米軍兵士との離婚や結婚生活に見られる問題に対処するために家族支援制度を設立している。基地内には2つの施設が設けられている。1つは，ファミリー・アドヴァカシー（Family Advocacy）に所属するカウンセラーたちによる支援がある。アドヴァカシーは，海兵隊福利厚生施設（MCCS）の海兵隊家族支援課（Marine and Family Services Branch）に属する組織である。事務所は，キャンプ・フォスター内にあり，パーソナル・サービス・センター（PSC）の真横のビルの2

---

7)　日本は，2011年5月にハーグ条約に加盟した。ハーグ条約とは，国際結婚が破綻した場合などに，相手の承認を得ずに国外に連れ出された子供を，これまでいた国に迅速に返還させることを定めた条約である。日本のハーグ条約加盟により，離婚による子供をめぐる問題は複雑化している。この点については今後さらなる調査が必要である。

階に位置する。24名（2008年6月）のアメリカ人従業員が働いており，資格をもつカウンセラーたちが，夫婦間のコミュニケーションの方法やストレスへの対処方法などを教える。家庭内暴力について取り扱うソーシャル・ワーカーもいる。カウンセリングは匿名で行なわれる。

　カウンセリングを含め基地の施設全般を積極的に利用している日本人妻は少ない[8]。沖縄出身の雅美のように基地内のカウンセリングを受けて，夫婦間のコミュニケーションの方法を学び離婚をしのいだ妻もいたが，一般に日本人妻たちは基地内のカウンセリングやファミリー・アドヴァカシーを利用することについて積極的ではない。そこには，やはり英語という外国語で，自分の結婚や家族生活の問題や心情を話すことへの強い拒否反応があると考えられる。

　その他の基地内での支援として，従軍牧師によるクラスやカウンセリングも設けられている。家庭内暴力を起こした場合には，従軍牧師とファミリー・アドヴァカシーのカウンセラーと接見することが義務づけられている。厳密には支援とはいいがたいが，離婚に関する法的な事項についてはキャンプ・フォスター内の法務支援課（LSSS）[9]も利用できる。また，家庭内暴力などについては憲兵隊も関係してくる。ただし，基地内の施設は，軍人・軍属とその扶養家族のみが対象であるため，離婚後や結婚前などは利用できない。

　基地外の関連施設としては，1958年11月に設立され1993年3月に閉鎖されるまでおよそ35年にわたって活動してきた国際福祉相談所（ISAO）[10]が，軍人・軍属と日本人女性との交際や結婚に見られる問題やその子供たちに関係する問題などの相談を担ってきた。1984年に父系主義から父母両系主義へと国籍法を改正されるきっかけを作ったのは，この国際福祉相談所であった。

　国際福祉相談者が閉鎖された後，現在こうした問題を取り扱っている「てぃる る相談所」（以下てぃるる）は，那覇市にある沖縄県男女共同参画センター内で，女性相談室を設け国際女性相談として外国人との結婚や離婚などのさまざまな相

---

8)　第6章を参照。
9)　詳しくは第2章を参照。
10)　国際福祉相談所（ISAO）は，スイスに本部をもつ国際社会福祉事業団（International Social Service: ISS）の沖縄の事務所として，1958年に設立された国際社会事業団沖縄代表部（ISS OKINAWA）を，そのはじまりとする。国際社会事業団沖縄代表部は，国際養子縁組や「混血児」の問題に取り組んできたが，設立当初から女性や家族の問題も取り扱ってきた。1972年に，その名称を国際福祉沖縄事務所（ISO）と変更し，その後，国際福祉相談所（ISAO）と改名された。島本幸子（編）『創立25周年記念誌』（1983年）を参照。

談に応じている。後で述べる泉も「てぃるる」に相談をしていた。また，「てぃるる」以外には，軍人・軍属との結婚や法律に詳しい弁護士への相談も可能である。

## 3 沖縄女性にとっての離婚

　日本人を含めアジア人女性が米軍兵士の夫から家庭内暴力を受けることが多いということは米軍基地内でよく耳にする。日本人妻は，家庭内暴力を受けているにもかかわらず，その事実を隠してしまう傾向がある［Clark 2007: 49］[11]。夫の降格の心配や，夫からのさらなる暴力を恐れて黙ってしまうからである[12]。また，すでに指摘した言語の問題に加え，結婚や家族生活の中での私的な問題を公的な機関に出すことを恥であると捉える文化的な側面も関係している。

　ここでは単に離婚という結果を家庭内暴力という観点のみから捉えるのではなく，その暴力の裏にある女性と男性の心情や彼らが置かれた苦しい状況に注目したい。それらこそが沖縄における米軍兵士と沖縄の女性との結婚生活を理解する上で重要な側面であるからである。

### 泉

　沖縄出身の泉（30代後半）は，元海兵隊員の夫，ジャックから家庭内暴力を受けたのち，3年間の別居生活を送っている。家庭内暴力を受け，別居生活をしながら離婚するのか，あるいは夫との結婚生活をアメリカでもう一度やり直すのか，子供の将来はどうなるのかと決断に悩む妻の姿を記述したい。以下，(1)沖縄での結婚生活，(2)現在の生活，(3)除隊者との離婚をめぐる支援制度に分けて検討する。

---

11) Clerk[2007]は，アジア人女性が家庭内暴力を報告することを拒む理由を，彼女たちがそれを恥だと捉えているからだと指摘している。
12) 沖縄出身の知恵（40代前半）も，元夫である海兵隊員のビクターから受けていた家庭内暴力の事実を憲兵隊に伝えることができなかった。その後，何度も関係部署の担当者から聞かれて，やっと暴力の事実を認めていた。知恵によると，元夫のことが心配になり何もいえなかった。

## (1) 沖縄での結婚生活

泉は，海兵隊基地内で働く基地内従業員である。12歳と7歳になる2人の息子を1人で育てている。養育費などは一切ジャックから受け取っていないが，結婚は継続している。

泉は，那覇出身で外国人と接することなく生活をしてきた。高校に通いはじめて「ハーフ」の子供を見た泉は，アメリカ人と結婚して可愛い「ハーフ」の子を産むといった憧れの象徴としてアメリカ人を見ていた。

泉がジャックと出会ったのは，「クラブ・マンハッタン」であった。このクラブは，沖縄市の中の町にあり，白人が集まる当時人気の出会いの場であった。彼女が22歳，彼が20歳であった。半年後には結婚の話が出て，1993年に結婚する。

当時，海兵隊員（下士官，E-3）であったジャックは，除隊をして沖縄で結婚生活をはじめる。ジャックはとび職人として働きはじめた。だが，ある時からジャックの仕事への意欲がなくなった。そこから彼の様子が一変する。

結婚当初は，彼女はジャックとともにアパートを借りて基地外に住んでいた。だが，家賃が払えなくなり，泉の父親の家に住まわせてもらっていた。しかし，彼は仕事をやめて朝から晩まで酒を飲み，パソコンの前でオンライン・ゲームをはじめるようになった。彼は，昼間は寝て，酒やたばこがきれると買いにいくという生活を送った。

そんな中，泉は海兵隊基地内の仕事が決まった。彼は，彼女が海兵隊員と出かけているなどの噂に振り回され，彼女の携帯電話の通話履歴を詮索するようになった。そして，それはしまいには家庭内暴力へと発展する。ジャックの暴力は，言葉からはじまった。彼女を罵る。つぎに，ガラスを割るなどの破壊行為に及んだ。口論になって1回殴られると，後は同じだと彼女は言う。痛いなどの感覚はなくなり，青あざだらけになってもその瞬間は痛くなかった。

ジャックは，元海兵隊員で体が大きいため，喧嘩がはじまると誰も止められなかった。ジャックは，彼女が海兵隊員と浮気をしていると思い込んでいた。彼女の仕事は，2つのシフトが組まれており，早いシフトならば朝の4時30分に家を出なければならない。仕事は，5時30分からはじめる。だが，ジャックは寝ている彼女の頬を殴り彼女を叩き起こす。頬を殴られながらも彼女は出勤する。同僚からは何かあったのかと聞かれたが，彼女は同僚と話しても何の解決にもならないと思い家庭内暴力について語ることができなかった。

写真33　海兵隊員専用食堂メスホール内部

　「てぃるる」の相談員の女性に相談したところ，離婚を勧められた。子供のことについて相談すると，ジャックに託すようにいわれる。相談員からは，沖縄での生活には子供がいないほうがスムーズに事が進むことや，ジャックは子供を育てることで責任感からまともな生活をはじめるであろうという助言であった。しかし，泉は子供を手放すことはできなかった。

　当時，長男は小学校1年生で，両親の喧嘩を見ていつも泣いていた。ジャックからは，子供を譲るのであれば，アメリカに帰ってもいいといわれていた。離婚話まで出たが，親権の欄を記入することができず，泉は離婚届を提出できなかった。

　ジャックは，彼女の職場や携帯電話に執拗に電話をしてくるようになる。精神的にも経済的にも困窮し，水商売をしなければならないのかと思っていた矢先にジャックが急にアメリカに帰ると言いだした。それからは1度もジャックは沖縄に帰ってきていない。

　ジャックがいなくなり，泉は，精神的な解放感をあじわった。だが，別居して2年たった頃，ジャックからアメリカに子供と一緒に来るように連絡がある。そして，2006年に2年ぶりにジャックに会いにアメリカに行く。泉は，2週間ジャックと子供と一緒にアメリカで生活をした。長男が成長している姿を見たジャックの顔を忘れることができないと泉は語る。ジャックは，後悔しており，以前と比べるとだいぶ変わったなと彼女は感じた。

## (2) 泉の現在の生活

現在，泉と息子2人は，泉の父親と一緒に生活している。父親もジャック同様に酒乱気味で，酒を飲むと彼女の首を絞めようとしたり，刃物を出して喧嘩となる。父親は子供たちの前で，彼女がアメリカ人好きでどうしようもない女だという。父親からも彼女は暴力を受けているが，翌日には父親は忘れている。父親からは，いつか殺してやるともいわれる。喧嘩になると長男が止めに入る。長男が直面しているのは，泉自身が幼少期の頃両親の夫婦喧嘩を泣きながら聞いた状況と同じである。子供たちに同じことをさせていることに彼女は心を痛めているが現状は全く変わらない。

別居生活を送りながら，泉は，子供の学校や子供たちの将来について悩んでいる。子供たちは日本の学校に行っているため英語ができない[13]。ジャックは日本語ができるため，電話では日本語で子供たちと会話をしている。しかし，しだいにジャックも日本語を忘れていくであろう。そうなると父親との会話ができなくなる。

彼女の基地内での仕事の給料は，沖縄社会で一般に思われているほど十分ではないと彼女は言う[14]。彼女自身，大学に行きたいと考えているが，子供の養育費のため難しい。そうなると基地内ではキャリア・アップを狙うことは困難である。そこで彼女は，基地での仕事をやめてアメリカに行ったほうがいいのかと悩む。

ジャックから子供たちの養育費を受け取ったことのない泉は，彼の誠意についても疑問をもっており，彼を信頼してよいのか悩む。アメリカに行って生活がうまくいかなくなり，アメリカで路頭に迷うという心配もしている。

彼女は，親権をジャックに渡してもよいと思っている。父親が息子を育てたほうがいいのではないかという。母親は，ときどき子供たちに会いにいくといったかたちをとろうかと考えている。子供が成長してから子供たちにそのほうが感謝されるのではないか。彼女は，子供たちと一緒にアメリカに行くのが理想だが，

---

13) 繰り返すが，夫が軍隊を除隊や退役をしてしまうと基地内の学校に子供を通わせることはできない。現役の軍人であっても，彼の勤務地が沖縄でなければ基地内の学校には通わせることはできない。軍人の夫だけアメリカにおり，妻と子供だけで沖縄に戻ってくると子供は沖縄の民間の学校に通うことになる。だが，言葉の問題やいじめから沖縄社会に適応できずに悩むことも多い。

14) 基地外の雇用条件と比較すると，基地内の仕事ははるかに安定した給料と福利厚生が整った環境であるため，沖縄では羨望のまなざしで見られることが多い。しかし，同じ基地内の仕事といっても，多様であることは知られていない。

もしものことがあったときに沖縄での生活ができるようにしておくために仕事を保持しておきたい。子供がアメリカ社会になじめず沖縄に戻ってくるかもしれないという彼女の気持ちも察せられるが，彼女自身がアメリカでの生活やジャックとの新たな生活に不安を抱いていることがよく分かる。しかし，子供が完全に沖縄社会になじんでしまい，アメリカでの生活に適応できなくなる前に決断しなければならない。

### (3) 除隊者の妻への支援

　ジャックは，除隊しているため軍隊からの家族支援制度を受けることができなかった。ジャックの同僚の妻，瑞江は，泉同様に夫の浮気や暴力に悩んでいた。そこで米軍基地内のカウンセラーに相談することによって，彼女の場合はうまくまとまったという。瑞江の夫は現役の米軍兵士であるため，軍隊からの支援が十分に受けられる。だが，ジャックのように除隊してしまうと軍隊からの支援を受けることができない。泉の行き場は軍隊にはない。彼女に残された手段は，「ているる」しかなかった。だが，軍隊の施設ではないため，支援の範囲には限界がある。

　泉の夫との別居生活から，夫が米軍兵士であるのか，一般の民間人であるのかによって大きな差があるのが見えてくる。ここでいう民間人とは，基地に関係をもたず，つまり日米地位協定の身分をもたない外国人登録をしている外国人のことを意味する。泉は，除隊された夫から家庭内暴力を受けていたが，軍隊からは何の援助も受けることはできなかった。民間人である泉の夫は，軍隊からの制裁を恐れることなく生活をしていた。多くの問題を抱え，その問題を相談も解決もできずに辛い思いをしているのは，現役の米軍兵士と結婚している女性ではなく，除隊して軍隊と縁が切れた元米軍兵士の日本人妻かもしれない[15]。

　後者の悩みが表面化することは少ない。彼女たちの悩みや問題を解決する場所がほとんどないのである。軍隊という制度に結婚生活がどのように関わっているかで女性が得られる支援は大きく異なる。

　泉の夫ジャックは，妻子を捨てて本国に帰る無責任なアメリカ人夫像に当てはまるとも言える。だが，一方でこういったアメリカ人像からは見えてこなかっ

---

15) 退役軍人の場合は，除隊者とは異なり，現役時代とほぼ変わらず米軍との関係を継続している。退役軍人と除隊者の違いなどの詳細は第1章を参照。

た，除隊後夫が経験する沖縄での辛い生活も認められる。そこには，一概に妻子を捨てて本国に帰る米軍兵士という表現には収まりきらない妻や家族への思いがある。そして，別居生活をしていてもまだその思いは続いている。

## 4 アメリカ人男性にとっての離婚

　インタビューから明らかになったのは，除隊しても沖縄に残るアメリカ人男性たちの姿である。以下，除隊後の結婚生活や離婚を経験したジェイムズを取り上げ，彼の離婚と子供との関係について記述する。その際に，泉の夫の事例でもあったように，沖縄の女性との結婚生活や離婚において除隊し沖縄で生活することの意味についても考察する。また，ジェイムズの2回の結婚の離婚原因となった，沖縄の女性とその母親との親密な関係や，セックスレスの問題にも注目する。ジェイムズの事例から，離婚しても沖縄に住み続ける彼の息子に対する強い愛情が見える。

### ジェイムズ

　海兵隊を除隊したジェイムズ（30代後半・白人）は，現在軍属として基地内で働いている。彼は，除隊後は日米地位協定の身分を失い，民間人として沖縄に住んだ経験をもつ。沖縄の女性と2度結婚し，2度離婚し，現在は独身である。子供は，最初の妻との間に2人の息子，15歳と11歳と，2人目の妻との間に5歳の1人息子がいる。ジェイムズの2度の結婚と離婚生活について，(1) 沖縄の赴任から結婚まで，(2) 美緒との結婚生活，(3) 幸恵との出会い，(4) 幸恵との結婚生活，最後に，(5) 息子との大切な時間，の5つに分けて述べる。

#### (1) 沖縄の赴任から結婚まで

　ジェイムズは，1989年に沖縄に海兵隊員（下士官）として赴任してきた。同年に，最初の妻美緒と出会い，1990年から同棲をはじめた。1991年に最初の息子が生まれる。前述したように米軍兵士との海外の結婚には多くの書類提出と時間が必要となる。そこで，彼は海兵隊を除隊することを決断する。これがジェイムズの

人生にとっての大きな転機であった。言葉や文化も違う沖縄の社会に1人で飛び込み，妻と子供を養うという厳しい選択を自ら下したのである。

### (2) 美緒との結婚生活

1992年に除隊し，沖縄で2人は結婚する。彼は日本人配偶者ビザ[16]をもらい外国人として日本での生活をはじめる。2人とも23歳であった。2人の生活は，本島の中部の美緒の実家からはじまる。その生活は，ジェイムズが想像していたものとはまったく違っていた。美緒の実家には，美緒の両親，美緒の妹4人が住んでいた。妹のうち2人が子供連れであった。そこに，ジェイムズと美緒が加わった。トイレは1つしかなかった。広い空間やプライバシーを必要とするアメリカ人のジェイムズにとって非常に不快だった。

義理の父親の紹介で建設業の仕事に就く。職場では，沖縄の方言しか通じなかった。毎晩，仕事が終わると従業員と泡盛を飲んだ。次の日は，朝6時から働く。仕事は厳しく3ヵ月間しかもたなかった。

ジェイムズは，沖縄の求人雑誌を見て，引越し業者で働きはじめる。1日に12時間から14時間毎日休まずに働いた。その後，沖縄のガソリン・スタンドで働く。2人目の息子が生まれる頃には，しだいに方言を習得し，沖縄の社会に溶け込んだ。ジェイムズは美緒の父親から認められようと必死に日本語や沖縄の文化を勉強した。

美緒の実家を離れ，美緒と2人で生活をはじめた。新居は，美緒の実家から歩いて数分のところにある。美緒は，子供をつれて実家にいりびたり，彼は独りだった。しだいに，性生活にも問題がでてくる。2人の間には争いが絶えず，1997年クリスマスの12月25日の朝に，美緒は子供を連れて家をでてしまう。そして1998年に離婚を迎えた。

### (3) 幸恵との出会い

離婚の後，ジェイムズは通訳や引越し業者の仕事をするが，怪我のため仕事をやめる。そして，1998年から沖縄のカラオケ・バーで働きはじめる。当時の住まいは，カラオケ・バーのすぐ横にあるラブ・ホテルであった。離婚後家から追

---

16) ジェイムズは，除隊したためにビザを取得している。詳細は第1章を参照。

い出された彼は行き場所がなかったのである。

　離婚した次の年，1999 年に，ジェイムズは友人の紹介で 2 人目の妻幸恵と出会う。彼は当時 29 歳，彼女は 21 歳であった。幸恵は，琉球大学英文科の 3 年生だった。幸恵は毎日のようにラブ・ホテルに寝泊まりしていた彼に会いにきた。

　ジェイムズは，美緒との結婚で取得した配偶者ビザの期限が 6 ヵ月しか残っていないことに気がつく。そこで，彼は，基地内の仕事の面接を受け，2000 年にやっと軍属として基地内の仕事に就く。これにより，彼は，日米地位協定の身分を得て日本滞在が可能となるだけではなく，基地内に自由に出入りできるようになった。1992 年に除隊して沖縄に戻ってきてから 8 年の月日が流れた。2 人の子供の父親になり，ジェイムズの人生が大きく変わった。

(4)　幸恵との結婚生活

　2001 年に結婚した幸恵との間に息子クリスが産まれると，2 人はラブ・ホテルを出て沖縄県中部にあるアパートで生活をはじめた。幸恵は非常に子煩悩な女性であった。ジェイムズは，月に 2 回は最初の結婚でできた息子 2 人とクリスと一緒に遊ばせることができた。また，時には新居に 2 人の息子も泊り，本当の家族のようで幸せだったと当時をふりかえる。

　そのうち最初の結婚と同様の問題が浮上する。すなわち，幸恵が頻繁に実家に帰り両親と親密な関係を維持しているという問題である。義理の母親が週に 3，4 回も家に訪れ，幸恵も頻繁に実家を訪れていた。美緒と同様に幸恵との間にも性生活がなくなる。そして，2005 年に幸恵とも離婚を迎えた。1989 年に沖縄に配属されたジェイムズは，35 歳になり 16 年の月日が流れた。

(5)　息子との大切な時間

　美緒が拒否したため，ジェイムズは美緒との子供にはもう会っていない。そのため，現在，幸恵との間にできた 5 歳になるクリスのみ，毎週土曜日の夜から日曜日にかけて一緒に時間を過ごす。ジェイムズは，土曜の夕方に幸恵の携帯電話を使ってかかってくるクリスからの電話を心待ちにしている。ジェイムズは，クリスのためにアメリカ風の朝食を作り，公園で一緒に遊ぶなど限られた時間の中で父親としての責任を果たそうとする。

　ジェイムズは，クリスだけではなく幸恵の両親との関係も維持している。たと

えば，エイサーなどの練習では幸恵の両親も孫の姿を見によく練習場に現れる。そこには一緒にエイサーの練習をする元妻幸恵の姿も見える。このように離婚しても沖縄では，元妻やその家族との関係が続くことが多い[17]。

ここに認められるのは，子供との時間を大事に思う1人の男性の姿である。そこには，離婚したとはいえ自分の愛する子供のために沖縄を選択し，沖縄に住み続ける父親としての男性がいた。

## 5　3つの問題

以下，離婚に見られる男女が抱える問題点や状況などの離婚や夫婦仲の不和の原因となる問題を簡単に指摘しておきたい。その際に，以下3つに大きく分けて述べる。(1)結婚全般に見られる問題，(2)沖縄出身女性との結婚に関する問題，(3)軍人という職業に関する問題。

(1)　結婚全般に見られる問題

結婚全般に見られる問題を，相手への過大な期待と子育てと性生活の2点から述べる。

相手に対する期待が大きすぎると失望感も大きい。米軍兵士と日本人女性との結婚は，概してお互いに異なる期待を抱え，若くして結婚している夫婦が多い。泉は，アメリカ人との「ハーフ」の子供に興味をもち，アメリカ人に対して憧れの気持ちが強かったと述べていた。

子育ての問題に関して，沖縄出身の妻が子供中心の生活になり，夫との性生活がもてないという深刻な問題も夫側から聞かれた。

(2)　沖縄出身女性との結婚に関する問題

沖縄出身の女性との結婚に関する問題として，まず娘と母親との間で見られる親密な関係が，夫婦を中心とした結婚生活を理想とするアメリカ人との結婚に大

---

[17] ロバートも沖縄の女性と離婚して，現在再婚して子供が2人いる。前妻が，この子供たちのベビーシッターをときどきするという。そして，現在の妻と前妻は友人である。前妻との関係は近いのである。

きな障害となる点を指摘することができる。

つぎに夫婦で過ごす時間の少なさを挙げることができる。最初の問題とも関係するのだが，沖縄の妻の友人関係は非常に広く，結婚してもその友人関係は独身時代と変わらず継続されることが多い。このため，夫と過ごす時間が少なくなるだけでなく，なにか問題が生じても夫婦2人で解決することを避けて，自分の家族や友人のもとへ逃げてしまう[18]。しかし，夫は相談する相手もいなくて取り残されてしまう。

夫婦の距離ができることは，セックスレスの問題ともいえる。米軍兵士は，長期間で派兵されることもあり夫婦の時間が限られる状況にあることを考えれば，実家中心の生活スタイルは好ましいことでは決してない。ただ，夫が派兵などで家族と長期間にわたる別離が多いことを考えると，実家が近くにあることの利点は大きい。

最後に，沖縄（日本）とアメリカの文化をめぐる夫婦間のかけひきがある。沖縄（日本）かアメリカ，どちらの文化を基盤にして結婚生活を送るのかという緊張関係が離婚や夫婦仲の不和をもたらすことがある。ロドニーが子供のしつけについて懸念していたように，子供をめぐる問題も根深い。

(3) 軍人という職業に関する問題

軍人という職業に関する問題について2点指摘しておく。

まず，妊娠と異動がストレスの要因になるという点である。妊娠を契機に結婚すると，たとえ赴任期間を延長できたとしても，夫婦双方に多くのストレスをもたらす。米軍兵士が若く仕事のストレスも多いなか，妊娠から結婚へと進んでいる。こうして，その後の結婚生活に多くのストレスを抱えることになる。

次に軍人のキャリア選択の難しさである。昇進したり無事に退役を迎えるためには異動命令を受ける必要がある。しかし，これに妻が従わないと，夫は別居して軍人としてキャリア・アップをめざすか，家族生活を優先して軍人としてのキャリアを諦めるかという選択に直面する。後者を選び，除隊すると沖縄での就職は非常に困難となり，軍隊との関係も切れて妻やその家族に依存することになる。これがストレスや葛藤の原因となり，結婚生活自体が破たんしてしまう。

---

18) 第3章ですでに指摘したが，玉城は，結婚生活に見られる問題解決を親・兄弟等に求めることが容易にできる沖縄の家族の特徴を「無境界家族」と呼んでいた［玉城 1986: 66］。

以上から，米軍兵士と結婚した沖縄女性にとって必要なのは，軍隊への理解を深め，軍隊と密接な関係を築くことに努力を惜しまないという姿勢である。一方，夫に必要なのは，妻が抱く沖縄への思いや文化的な背景を理解し，軍隊と家族という2つの世界で相反する役割を柔軟に演じ立ち振る舞うことである。

# 第10章
# 軍人妻たちのネットワーク形成

　米軍兵士と結婚した女性たちにとって，夫だけが軍隊と彼女たちを結びつける存在ではない。軍人妻たちに特化した組織がいくつか存在する。軍隊を主な母体とした伝統的な組織として一般によく知られているのは，「将校の妻の会」である。しかし，現代の軍人妻たちの世界は，基地内だけに留まるわけではない。インターネットを媒介して米軍兵士と結婚した女性たちの会は世界中に作られている。沖縄では，軍人・軍属と結婚した日本人妻を対象に「日本人妻の会」というクラブがある。また，軍人妻だけにとどまらないが，基地関係者にとって重要な組織の1つに創価学会インターナショナル (SGI) がある。SGI を通じて彼女たちは沖縄だけではなく世界中にネットワークを形成している。

　以下，これらの組織での活動に見られる，米軍兵士と結婚した女性たちが織り成すネットワークについて記述する。また，そのネットワーク形成において妻同士の衝突や組織に属することによって生じる問題などについても考察する。

## *1*　軍人妻による組織

　軍人妻によって形成された組織は，公的なものや個人的なものまでその形態は多様である。本節では，日本人軍人妻たちによって軍隊の外に形成された日本人妻の会を取り上げ，妻たちのネットワーク形成に着目する。その際に，軍隊内に設立された将校の妻のみが加入できる将校の妻の会との比較も行ない，日本人妻たち独自の生活について述べる。

## 1.1. 将校の妻の会

　軍人妻による組織には，夫の所属する部隊や艦隊単位の公的なものから私的なものまで多岐に及ぶ。軍隊のコミュニティ内で，軍人妻による組織で最もよく知られている存在は，「将校の妻の会」[1]（以下 OWC）である[2]。OWC は，将校の夫を持つ妻によって各軍で形成された軍人妻の組織である[3]。第 1 章で，将校の妻たちは OWC に入ってボランティア活動をすることが期待され，理想の軍人妻像を呈示することが求められることを指摘した。伝統的な軍人妻を輩出してきた組織である OWC だが，今日妻自身が変化してきているのも事実である。

　夫が将校である本土出身の聡子（40 代前半）は，韓国で陸軍の OWC に入って活動をしていた。だが，沖縄では OWC の会員である日本人妻に会ったことはないと言う。将校は，大学卒であることから年齢を重ねて入隊するため，海外基地に勤務になる前に結婚している。現地の女性と結婚する確率が低いのである。また，将校は昔ほどではないがアメリカ人の女性と結婚する傾向がある。この結果，OWC に外国人妻が少ないのであろう。

　一般的に，OWC について良いイメージをもっている人は少ない。それは，OWC に入会できるのは将校の妻であるということから，妻でありながらも，軍隊同様の階級制度に基づく組織からである。日本人妻だけではなくアメリカ人妻や夫たちからも批判的に見られている。

　しかしながら，アメリカで生活するときには，OWC のように部隊を基盤に形成される軍人妻のコミュニティが非常に重要になる。これらのコミュニティを通じてアメリカでの生活に順応していくことができるからである。

---

1)　原語は Officers' Wives Club である。
2)　ここでは詳しくは取り上げないが沖縄には米国婦人福祉協会（American Women Welfare Association: AWWA）という軍人妻の組織も存在する。米国婦人福祉協会は，在沖米軍の将校と下士官の軍人妻から構成されている。具体的には，陸軍軍人妻の会，沖縄下士官妻の会，嘉手納将校妻の会，海軍将校の妻の会と海兵隊将校の妻の会の合計 5 つの軍人妻の会の会員で構成されている。その歴史は，1950 年代に遡り，1952 年に琉米福祉協議会として設立された。当時は，日本人妻とアメリカ人妻の双方が参加していた。その後，1972 年の沖縄復帰により，アメリカ人軍人妻たちは，米国婦人福祉協会を設立した。軍人妻が運営する基地内の土産店とリサイクルショップでの収益やボランティア活動を元に，基地内だけではなく，老人ホームなどの沖縄の地域社会への寄付を通じて，沖縄の地域住民の健康や福祉にも貢献している。
3)　下士官の妻からなる組織もある。沖縄下士官妻の会（Okinawa Enlisted Wives Club）もその 1 つである。

## 1.2. 日本人妻の会

沖縄にいる日本人妻たちは，2004年に日本人妻の会[4]（以下JWC）という組織を設立した。これは軍隊とは関係なく沖縄に住む軍人・軍属の妻たちによるインターネットを媒介にして設立した組織である。以下，(1) JWCの設立と活動内容，(2) その利点，(3) 限界と問題点，(4) 組織に属するゆえの葛藤，(5) JWCへの入会を拒む妻，(6) キリンの会，について順次述べることにしたい。

### (1) JWCの設立と活動内容

JWCは，沖縄出身の海兵隊員の妻が2004年5月にインターネット上で設立した[5]。JWCの初代会長の女性は，基地内でもボランティアなどを行なう日本人妻たちのために積極的に活動していた女性であった。JWC発足時には，基地内の英字新聞（*Island Market*）[6]でJWCへの入会を日本人妻たちに呼びかけた。

現在，JWCは3人の会長（2006年9月から就任）で運営されている[7]。現在の会員数は，61名（イベントのみに参加してくれる女性が4名いる）[8]である。会員の条件は，軍人・軍属と結婚している沖縄在住の日本人女性である。インターネットから会員の申し込みを行なう。2008年3月からは，インターネットのソーシャル・ネットワーキング・システムであるミクシィ（mixi）にJWCのホームページ[9]を移動した。

以前は，会員になるためには，JWCの会員ルールに署名し，年間600円の会員費を支払うことになっていた。会員ルールには，常識やマナーに従って会員と接することや他の会員を中傷しないなどの10のルールが書かれている。活動内

---

4) 英語はJapanese Wives Clubである。
5) 現在，彼女は夫の異動で沖縄を離れている。
6) *Island Market*は，現在基地内の新聞の1つ *Japan Update* の前身である。基地内外の沖縄の情報を英語で発信している。海兵隊基地内には，*Japan Update* の他に，米海兵隊の情報を中心とした海兵隊基地統合報道部の編集する *Okinawa Marine* が無料で配布される。その他にも海兵隊だけではなく，4軍内で *Stars and Stripes* が販売されている。
7) 活動内容は初代会長の頃より減った。その理由は嘉手納空軍基地のFamily Readiness Center（海兵隊内のPSCにあたり，家族支援を行なうセンター）や海兵隊基地のキャンプ・フォスターのMarine Corps Family Team Buildingによる日本人配偶者向けのさまざまなセミナーが開催されるようになったからである。
8) 会員数が一時期100人を超えている頃もあった。
9) http://mixi.jp/view_community.pl?id=3128219（2012年2月22日閲覧）を参照。

容[10]は，月1回のランチ会，キリンの会（夫が派兵などで不在の妻同士が夕方から集まる会合），スペイン語のクラスやアメリカの行事（クリスマスなど）にあわせて会合が開かれている。また，インターネットの掲示板に困っていたり情報がほしい場合に書き込むと会員から返事が送られてくる。

2007年4月から会費は徴収されなくなった。会員の多くが夫の転勤に伴い沖縄を離れてしまう。このため，年会費を徴収するのではなく，イベントごとにイベントに参加した会員のみが参加費を支払う方が公平であるといった会員の意見を採用した。また，現在では会員ルールも撤廃され，インターネット上でイベントを告知して，参加したい会員が参加するというかたちをとり，以前に比べると簡略化されている。

### (2) JWCの利点

JWCの主な利点としては，軍人・軍属の夫をもつ日本人妻同士が日本語で語りあう場所があるという点である。夫の階級に関係なく会員になることができる。それが，前述した夫が将校でなければならないといった夫の階級に根ざしたOWCとの大きな違いである。また，日本人妻の夫たちによるとOWCの妻たちはクラブなどに出かけることがあるという。それに対してJWCの活動は，居酒屋などで妻同士が語り合うことが多いため，夫も安心して活動を見守ることができる。

具体的なJWCの利点としては，妻同士が情報交換やネットワークを広げることができる。困ったときなど会員同士の相互扶助の役割もある。沖縄出身の妻には，すでに沖縄に家族・親族・友人などのネットワークがある。だが，軍隊に関係する事柄についての支援を妻の家族や親族から得ることは難しい。

会員の主な入会理由は，交友関係の充実や情報交換，相互扶助である[11]。特に，本土出身の女性には家族や友人のネットワークが沖縄にないため，こういったグループは友人をつくる良い機会となっている。また，彼女たちは，軍隊だけでなく，より一般の情報をJWCの活動を通じて交換しようとしている。

---

10) 初代会長の頃は，軍隊に関するセミナー，英会話クラス，スペイン語クラス，料理教室をはじめさまざまなイベントが行なわれていた。

11) Rosenberg [1989] は，妻たちの友人関係の重要さを指摘していた。軍人妻たちの友人は同じ階級の夫をもつ妻が多く，階級をまたがる関係は非常にめずらしい。友人関係は重要な生活の一部である。友人のできない妻は，孤独や孤立感を感じて軍の生活に怒りを覚えるという。

本土出身の聡子（40代前半）は，沖縄に異動になりすぐに JWC に入会した。聡子は，基地の外にある米軍関係者が密集して住む住宅地の一角に住む[12]。沖縄に引っ越した当初は友人をつくるために JWC が非常に役に立った。また，小さな子供がいる女性にとっては，子供を連れて JWC の会合に参加することが可能であるため，JWC の会合はありがたい存在でもある。

### (3) JWC の限界と問題点

JWC の問題点として，専業主婦以外の妻は，会合に参加することが難しいという点がある。JWC の多くの会員が専業主婦であることもあり，JWC のクラスや会合は平日の午後に行なわれることが多い。そのため，仕事をもっている妻は参加できない。

参加する会員が同じ顔ぶれになると，JWC 内に小グループが出来てしまう。そうすると新しく入ってきた会員や毎回参加できない会員にとっては心地の良い環境ではなくなってしまう。こうした JWC の限界を感じた妻の中には JWC よりも海兵隊が妻たちに提供する Japanese Spouses' Orientation (JSO)[13] のほうが情報を得られると指摘する者もいる。ここに JWC が提供する情報源や情報量の限界が見える。日本人妻とではなく，アメリカ人軍人妻と話したほうが情報は得られると主張する日本人妻もいる。

### (4) 組織に属するゆえの葛藤

JWC への参加は，沖縄の海兵隊基地という小さなコミュニティ内の，さらに小さな日本人妻というグループに入ることを意味する。これらのグループでは当然衝突や葛藤が生じる。

本土出身の美由紀（30代前半）は，JSO にも参加し，JWC の会員でもある。日本人軍人妻の世界は，人の噂ばかりであると批判していた。美由紀は JWC に入会したことを後悔している。

> 人間がうざい。JWC もつっこまなかったらよかったと思う。こんなめんどくさいこと。ぬけたらぬけたらで何といわれるのか分からない。こっちは何にも知らず

---

12) 基地の外には，米軍関係者が密集する住宅地がある。たとえば，本島中部の北谷町砂辺には多くの米軍関係者向けの住宅がある。これらの住宅は，「外人住宅」とも呼ばれる。
13) JSO の詳細は，第2章を参照。

に勉強したくて入ったんだけど，たまたま知り合った人を通じて，JWCに何にもその人のことを知らずに入った。そしたら，JWCのミーティングでその人が来ていなかったから，その人の悪口になっていた。えっ，わたしこの人と仲良くしているんだけど。めんどくせーと。……行くのがめんどくさくなっていた。でも，情報がないのは怖いし，旦那もいないし。自分が必要なものだけもらって，申し訳ないけど，あとはそのまま。女が集まると怖い。……失敗したなと思う。ちょっと後悔している。……みんながグローバル，グローバルとか，みんなが国際結婚，国際結婚というわりには，すごい狭いなかで生きている。ミリタリーの中で。(2005年12月28日収録)

彼女は，JWCの活動に関わったことで人間関係が複雑になって困っている。派兵で夫がいない美由紀にとっては，情報源としてJWCを失うことは辛い。だが，彼女は入会を後悔している。国際結婚は，グローバルな世界への入口だといわれるが，本当は軍隊の中の非常に狭い世界で生きていることを自覚している。美由紀は，複雑な人間関係の世界のいざこざに巻き込まれないために，適度な距離を保ち，自分の趣味や1人で楽しめる術をたくさんもつように努力している。

### (5) JWCへの入会を拒む妻

JWCへの入会を拒む妻もいる。沖縄出身の亜樹（30代後半）は軍属の夫をもつ。彼女は基地内従業員でもある。彼女がJWCへの入会を拒む理由は，JWCの会員たちへの厳しい批判にある。亜樹は，JWCの会員たちは米軍兵士と結婚することによって軍隊から得られる特権（IDカードや住居手当てなど）を受けて良かったと思っていると指摘する。彼女は，そういった一員にはなることを強く否定する。彼女がJWCのような相互扶助を目的とした組織に入会する必要を感じないのは，彼女自身が多くの情報を得られる特権的立場にあるからでもある。彼女は，専門職に就く基地内従業員である。また，アメリカの大学院で修士号をとっているため，英語の問題はない。何か疑問があれば基地の関係者に直接問い合わせることもできる。亜樹は，JWCの入会を拒否できる立場にあるのである。これに対し，多くのJWCの会員は専業主婦で英語に自信がないことも多く，軍隊との間に距離がある。どうしても必要な情報はJWCに頼らざるをえないのである。

(6) キリンの会

　前述したように「キリンの会」とは，夫が派兵などで不在の妻たちが集まる会合である。首を長くして夫の帰りを待つということで「キリンの会」と呼ばれる。夕方から居酒屋などで会員が集まる。筆者も2006年5月26日に参加した。場所は，本島中部のうるま市にある海兵隊基地キャンプ・コートニー近くの居酒屋であった。19時からはじまり，参加者は筆者を含め4人であった。

　参加した妻の1人，愛が夫との問題について話しはじめた。離婚の話を夫から出されていることに参加者全員が驚く。筆者は，愛とインタビューで5ヵ月ほど前に会って話を聞いていた。その時は，結婚生活に問題などまったく感じなかった。彼女の現在の状況は非常に深刻だった。しばらくして愛はトイレに立った。彼女は泣いていたのかもしれないと思った。いつも元気だった彼女の気持ちを考えると苦しくなった。店を出たのは21時30分頃になっていた。

　このように妻たちは，キリンの会を通じてお互いの悩みを打ち明け互いに支えあっていることが明らかとなった。

## 2　創価学会インターナショナル

　宗教の存在は，結婚生活の中で大きな役目を果たす。宗教を通じて妻同士や多くの人とのネットワークを形成することもできる。第6章で述べたように，大多数の女性は無宗教（74％）であった[14]。50名の調査対象のうち，5名（10％）が創価学会インターナショナルの会員である。以下，世界中にネットワークを広げている創価学会インターナショナル（Soka Gakkai International: SGI）について取り上げる。

　他の宗教と比較すると，キリスト教は，沖縄の祖先崇拝との間には最も高い断絶性・異質性が見られる。だが，受容という点については，西洋文化を背景にしているキリスト教は格好良いものとされ，軍政下に置かれた影響もあってか沖縄社会ではそれなりの地位を有している。それに対して，新宗教の社会的評価は高くない［洗 1978: 294］[15]。

---

14）女性の宗教の詳しい内訳については，第6章と表6-1を参照。
15）沖縄のキリスト教の研究として池上［1991］がある。米軍関係者の中には，基地の外にある教会に通

しかし，軍人と結婚した女性に創価学会の会員がいることが調査で明らかとなった。これは，横須賀米海軍基地でも見られたことである[16]。軍隊コミュニティでは，日本人妻たちだけではなく，その夫たちも創価学会の会員である。彼らは，基地内外で活動を行なっている。多くの場合，妻が創価学会の会員で夫を折伏（破折屈伏）し，会合を開く。また，SGIは世界192カ国にあるため，軍人がどこの基地に異動になったとしても，SGIからの支援を受けることができる。SGIに入ることにより，妻たちは軍隊の提供するサービスに頼ることなく，より独立した生活を送ることができる。沖縄を離れ，自分の家族や親族から遠のくことに不安を覚えるのが一般的だが，SGIの妻たちは故郷を離れることに対して躊躇はなかった。筆者は，彼女たちの活動にも何回か参加させてもらった。そこには，熱心に題目（南無妙法蓮華経）を唱える妻の傍には，さらに熱心に題目を唱えるアメリカ人夫たちの姿があった。

以下，(1) SGIの概略と組織，(2) SGIの学会員活動については，フィールド・ノートを元に筆者自身のSGIの会合への参加の様子を記述する。さらに，学会員の妻とのインタビューから得られた情報により，(3) 妻たちの入会の動機と利点，(4) 沖縄の文化と創価学会，(5) 夫の反応や夫との葛藤について述べたい。

### 2.1. SGIの概略と組織

創価学会の仏教の核心は，個人の成仏を通して世界平和を実現するという目標にある。SGIは，1975年1月26日にグアム島に創価学会を信仰する世界51カ国の代表が参加し，「第1回世界平和会議」を開催したことから発足した複合的な国際機関である［ハモンド＆マハチェク 2000: 256］。SGIのウェブサイトによると，2005年11月1日現在で，192カ国にSGIのメンバーが活動している[17]。SGIを構成する諸集団は，支部，地区や年齢，性別などによって細かく分かれている。

アメリカのSGIは，1950年代に米軍兵士と結婚した日本人妻たちとともに，アメリカに到来した［ハモンド＆マハチェク 2000: 43］[18]。日本でも，米軍基地や基

---

う者も少なくない。そこでは，日本人妻の姿も見られる。
16) 宮西［2003］を参照。
17) 各地域の詳細や地域ごとの信者数は，http://www.sgi.org/about/around_the_world/directory/membership.html（2012年2月12日閲覧）を参照。
18) アメリカSGIの詳細は［ハモンド＆マハチェク 2000］を参照。

地周辺ではSGIの会合が開かれている。

　沖縄のSGIは，英語と日本語が使用できるため，米軍関係者の妻やその夫の信者で構成されている。沖縄のSGIの組織は，県，本部，支部，地区，ブロックに分かれる。そして，それぞれの会員は住居地によってどの地区に属するかが決定する。たとえば，嘉手納以北は，ワールド地区にあたる。ほかに創価地区やさん地区などがある。後述する座談会は地区単位で参加することになる。35歳くらいまでの女性は，ヤング・ミセスの会に参加する。これは，すべての地区の該当する年齢の会員が参加する。

## 2.2. SGIの学会員活動

　通常，会員たちの活動は，朝の勤行からはじまる。本尊の前に座り題目をあげる。題目をあげる時間は人それぞれである。それぞれの予定にあわせて1日に何度か題目を唱える。1日に合計1時間から3時間くらいである。長いときには5時間に及ぶこともある。夜の題目をあげて1日が終わる。

　ヤング・ミセスの会が月に1回開催されている。また，支部や地区でミーティングが行なわれる。題目をあげる唱題会が月に1度，御書講義の日が週に1度，座談会が月に1度行なわれる。

　本部から月末に翌月の予定が通知される。その予定は，支部のリーダーによる協議会で渡され，その情報が地区部長へ，さらに会員へとまわされていく。また，月ごとの予定は会員同士で集まり決定する。アメリカ人男性用のミーティングや御書勉強会もある。その他にもメンバーの家庭訪問なども行なわれる。

　投函というシステムによって，学会員が新しい場所に引っ越したということが通知される。そのため，どこに移動しても学会員は会員同士でコンタクトがとれるようになっている。

　以下，フィールド・ノートを元に筆者が参加したSGIの会合やSGIとのメンバーのやりとりについて記述する。

(1) ヤング・ミセスの会合（2006年6月22日）

　筆者がはじめてSGIのミーティングに参加することになったのは，文子とのインタビューがきっかけであった。沖縄出身の文子（30代前半）は，筆者をヤン

グ・ミセスの会合に招きいれてくれた。このミーティングは，35歳以下の女性を対象に，1ヵ月に1回実施される日本語による会合である。場所は，海兵隊基地キャンプ・フォスターからほど近い国道330号線からすこし山手側に入った1軒家で行なわれた。婦人部に属している女性の家である。彼女の夫はアフリカ系アメリカ人男性である。参加者は11名の女性と5名の子供だった。部屋の真ん中には大きな本尊が置かれていた。11時になり会合がはじまった。

　本尊の前に，1人の日本人女性が座り，女性たちは「南妙法蓮華経」と繰り返し唱えた。本尊の前に座った女性は，このヤング・ミセスの責任者で美香[19]（30代後半）という。約20分間の題目の後，美香は本尊の扉を閉めた。電動式だった。蝋燭をかたどったライトも自動で消えた。

　次に，参加者の自己紹介が続く。最初は，美香からはじまり，司会者の知美[20]（沖縄出身・30代後半），文子の順であった。筆者も自己紹介をして，すべての日本人妻たちの自己紹介が終了した。

　教本の1節を，知美が日本語で読み，続いて「ハーフ」に見える女性が英語で読む。次に，子供たちのためのダンスが披露される。文子が絵本を英語で読み聞かせる。

　筆者の隣に座っていた年配の女性が創価学会の雑誌の中の記事を説明し，自らのSGIの体験を語りはじめた。彼女の体験は以下の通りである。ある日，彼女は1人のアメリカ人男性に出会った。その男性は，非常に身なりが汚れていたが，彼女は丁寧に世話をしてあげた。彼から素性を聞かれ，SGI Buddhist（SGIの仏教徒）だと答える。その男性は，彼の妻はSGIが嫌いだという。しかし，それでも彼女は彼の世話を続けたという。彼女は話が終わると会合を後にした。

　彼女が去った後は，文子が筆者の隣に移る。1枚の記事が配られた。記事には，1965年にポルトガルを訪問したSGIの会長池田大作の手記が掲載されていた。その記事を妻たちが順番に1節ずつ読む。

　その後，会員たちのそれぞれのSGIについての体験談が続く。ある女性は，カンザス州に夫と移動して，うつ病になった話をする。しかし，カンザス州にいる会員たちに助けられた。次に文子が，パニック障害になった経験を話し，信仰に助けられたと告白する。参加者は，それぞれが，いかに信仰が大事なのかを語

---

19) 美香は本土出身である。彼女は後に筆者のインタビューを受けてくれた。
20) 知美も，筆者のインタビューを受けてくれた。

写真34　カミサリー(キャンプ・フォスター)

る。最後に筆者の今日の感想を聞いて会合は終了した。その後，昼食をとった。会合が終わったのは12時30分であった。会合が終了すると，会員同士が，お互いの結婚生活を話し，問題を抱えている女性を会員が励ましている姿が見られた。

(2)　**座談会 (2006年6月23日)**

　前述したヤング・ミセスの会は日本語による会合である。月に1度英語で行なわれる会合は，座談会と呼ばれる。これは，各自の住居地によって参加する場所が決まる。筆者が参加したのは，さんと呼ばれる地区である。文子とキャンプ・フォスターのカミサリー(基地内の食品店)の駐車場で待ち合わせをした。筆者は彼女の車に同乗させてもらった。座談会は，本島中部の宜野湾市にあるアメリカ人男性，ハンクと沖縄女性の夫婦の1軒家で開かれた。ハンクは，さん地区の部長である。

　本尊の近くには，ハンクの他にも2人のアメリカ人男性が座っていた。Mr. Sと会員から慕われるこの白人男性は，1966年にSGIに入会している。彼は，海兵隊の退役軍人である。19時からミーティングははじまった。部屋に入りきらないほどの人であった。子供も入れると20名近かった。ヤング・ミセスで出会った女性の姿も見られた。英語で行なわれるためアメリカ人男性の姿が多く見られた。また，彼らの妻らしき日本人女性の姿もあった。

　ヤング・ミセスの会と同様に，ハンクが本尊の前に座り全員で約15分間題目をあげる。英語なまりの発音で，「ナンミョウホウレンゲーキョウ」(南妙法蓮華

経)の声が響いた。次に参加者は自己紹介をした。筆者が最初に自己紹介をした。参加者の中には若いアメリカ人男性もいた。1人は元海兵隊員で，2人は現役の海兵隊員であった。その内1人は，イラクへの派兵から帰還したばかりの海兵隊員であった。2人は20代後半に見えた。

文子がパニック障害との闘いとSGIでの自らの体験談を英語で話した。最後に，Mr.Sが，『ジャパン・タイムズ』の記事を引用しながら世界平和について話して，座談会は終わった。座談会終了後も会員同士会話は続いた。

### (3) SGIの基地内での葬儀（2007年5月27日）

SGIは，メンバーが亡くなった際に団結する。ある時SGIのメンバーであるアメリカ人男性が亡くなった。彼は，退役した海軍将校で沖縄の女性と結婚していた。彼の葬儀は，米海軍病院のキャンプ・レスター内の教会で行なわれた。

葬儀は，11時30分からはじまった。教会にはすでに多くの人がいた。筆者は入口で記帳をしてから入った。教会にはたくさんのSGIのメンバーが来ていた。ほとんどの会員はSGIのミーティングで会ったことがあった。

祭壇には創価学会の位牌があった。司会は，SGIの座談会を自宅で行なっていたハンクだった。池田会長やアメリカのSGIの代表者からも電報が届いていた。4つの場所が焼香のために用意されており，親族から順番にあげていく。焼香と同時にSGIのメンバーによる「南妙法蓮華経」の題目がはじまった。基地内の教会に「南妙法蓮華経」と響き渡るのはすこし奇妙だった。SGIの会員たちの題目を聞きなれていない，隣に座っていたアメリカ人女性は，"I'm scared."（怖い）と筆者にもらした。彼女に焼香のやりかたを教え，一緒に列に並んだ。

SGIの関係者が挨拶をする。続いて，海軍の従軍牧師が挨拶をする。亡くなったSGIの会員の息子が涙しながら挨拶をした。それから，棺桶のふたが開けられて，親族のみが花を捧げる。葬儀が終わった後，外で彼を見送った。SGIのメンバーが最後まで会員を助け合う姿が印象的であった。

### 2.3. 妻たちの入会の動機と利点

妻たちの入会の動機はさまざまであるが，すでに両親が学会員であったということが妻たちの動機づけの一部であること多い。妻たちは，会員ではあったが積

極的に活動をしているわけではなかった。それがある日，会員として活動を開始することになる。名簿から別の学会員が彼女の家を訪ねてきて，あらためて入会を促すということもある。また，すでに子供の頃から両親や家族全員で信心してきている女性もいる。

軍人妻や米軍関係者の日本人妻にとってSGIの会員になる最も大きな利点は，世界にまたがるネットワークや援助を，日本人から日本語で受けられるということである。たとえば，夫の転勤で沖縄からドイツに行くことになった軍人妻がいる。そうすると沖縄のSGI支部からドイツのSGI支部に連絡をして，ドイツにいる日本人の会員が彼女の家を訪ねてくれるのである。そして，彼女はドイツのSGIの会合に参加し，ドイツでの新たな生活を順調に開始することができる。また，創価学会の組織は，非常に細かく分かれているため，会員の1人1人にまで情報や支援が行き渡るようになっている。

## 2.4. SGIをめぐる葛藤

インタビューからSGIの会員は，祖先崇拝に基づく沖縄の行事にも臨機応変に対応し参加していることが分かった。たとえば，前述した清明祭と呼ばれる旧暦3月に行なわれる祖先供養の行事にも会員たちは参加する。祖先崇拝を信仰する沖縄の人は「ウートート」（手を合わせて拝む）をする。だが，会員たちは手を合わせ拝みはするが，「南無妙法蓮華経」と心の中で拝むという。沖縄の祖先崇拝では，祖先を供養しないと現在生きている人になにか問題が起きるという考えである。創価学会は霊などの存在を信じていない。生きている人がどう生きるかというほうが重要であると考える。創価学会に入会すると祖先崇拝の行事に参加できなくなると思われているが，創価学会のお経の中には祖先を敬う部分があり，1日に2度勤行しているので，一般の沖縄の人以上に祖先を敬っていると学会員は考える。

必ず沖縄の台所にあるとされる火の神（ヒヌカン）を学会員はもたない。また，沖縄の民間の巫女であるユタも利用しない。

筆者は日本側の創価学会の会合（2007年5月17日）にも参加したことがある。会合が行われた家は，長男であったため仏壇の中には，トートーメ（位牌）と創価学会の本尊が置いてあった。この家では，祖先崇拝の根幹である男系による位

牌継承を続けながらも，創価学会の会員でもあった。前述したようにトートーメを継承できるのは長男であるため，アメリカ人男性と結婚したSGIの会員である沖縄の女性の場合は，トートーメが家にあることはない。会員が長男の場合はトートーメと創価学会の本尊が一緒に置いてある。仏壇と創価学会の本尊の両方を置く家もある。創価学会の会員によると，法事などの家族や親族の行事にはできるだけ参加するという。信仰は異なるが，会員たちは家族のつながりを大事にしていると考えられる。

　SGIへの入会は，時には夫や家族との間に亀裂を生むこともある。夫が，他宗教を信仰している場合は深刻である。文子（30代前半）はSGIの会員である。彼女の夫，ホゼはカトリック信者であった。ホゼが，沖縄を離れている間に，文子はSGIの活動を本格的に開始していた。このため沖縄へ戻ってきたホゼは文子の激変ぶりに驚くことになる。これまではホゼとの生活に影響がでないように活動していた文子であったが，一旦活動に専念すると文子は家を空けることも多くなる。ホゼは，文子の信仰する宗教を調べて勉強してくれる。だが，ホゼは，彼女が会合で家をあけるのが寂しい。文子は，ホゼと同じ信仰を選択しなければならないのかと思うと非常に苦しい。彼女は，ホゼが信仰するカトリックやその背景についても学んだ。結局は，理屈では分かり合えないという。だが，彼女は違いを乗り越え，その人自身を受け入れることを学んだ。

　カトリック信者であるホゼは，彼自身の信仰を曲げることはないが，彼女の信仰についても尊重している。彼女への誕生日プレゼントは，すべてSGI関係である。母の日には，大きなSGIの仏壇をプレゼントした。このようにして異なる宗教でありながら，お互いの違いを認め合い，新たな関係を築いていく夫婦もいる。

　SGIでよく見られるのは，SGIの会員である日本人妻が夫を折伏して会員にするという事例である。アメリカ人はキリスト教徒が多いが，熱心に信仰活動をしている人はほとんどいないとSGI会員はいう。神を信じているが教会には行かない。結婚したいならSGIに改宗するのが条件だという日本人の独身SGI女性会員もいる。


　本章では3つの事例を考察した。OWCに参加する日本人妻は少数である。他方，妻たちは，JWCを通じて情報やネットワークを形成しながらも，軍隊という非

常に狭く希薄な人間関係の中で生きていることが分かった。

　創価学会インターナショナル（SGI）に加入し，世界中の会員たちとネットワークを形成している妻もいた。日本人妻信者にとってネットワーク形成の源であることが分かった。SGIには，アメリカ人会員もおり，JWCのように日本人妻と限定されないため，軍隊に関する問題などが生じた場合に会員による援助が受けられる。また，米軍と同様に世界中にSGIの支部があるため，夫とともにどこへ移動してもSGIの支部がある。これは日本人妻にとって非常に心強い。

　SGIは，JWCやOWCと異なり，軍隊や沖縄の地域社会を超えた人間関係を生み出している。これによって妻たちは世界につながっている。そういう意味では，SGIは軍隊と地域社会という枠組みを揺るがすような新たな人間関係を創出できる場を，日本人軍人妻たちに提供しているといえる。

# 終　章

　本書で筆者は，海兵隊基地内でのフィールドワークに基づき，米軍兵士と沖縄女性との結婚生活における葛藤や対立について，男女双方の視点から考察した。その際に，米軍基地を社会・文化的な文脈から捉え，そこで生きる人々の経験を基地内外から記述・分析した。それにより，軍隊と地域社会との間に形成される重層的な関係（第1部）や，米軍兵士と沖縄女性との交際や結婚生活に見られる軍隊と沖縄との間にある緊張関係や，その間で揺れ動く男女の姿を明らかにした（第2部と第3部）。以下，本書のこれまでの議論をまとめておきたい。

　第1部では，米軍と沖縄社会との接触の場を考察した。その際，米海兵隊を中心とした軍隊の世界や米軍の家族支援制度を記述するとともに，普天間飛行場の移転予定地である辺野古を取り上げ，海上ヘリポートの建設をめぐる基地反対運動に着目した。基地反対運動が行なわれる一方で，キャンプ・シュワブの海兵隊員たちは辺野古の地域の行事に参加し，地域住民と交流する姿が見られた。本書では，彼らと地域住民との交流を描くとともに，後者のジレンマを指摘した。

　第2部と第3部では，米軍兵士と日本人女性との交際や結婚をめぐる問題を記述した。日本人女性は，これまで軍人や軍隊の犠牲者，あるいは性的な視点から捉えられてきた。だが，性的な欲望から交際していたわけではない。米軍兵士と日本人女性との交際には，克服していかなければならないさまざまな現実的な問題もあった。

　米軍兵士との交際期間中に，米軍兵士の赴任期間の問題が生じる。そのため，米軍兵士との交際を重ねた女性は，軍人の残された赴任期間について出会った当初に聞くなど，対処方法を取っていた。ここに，受身ではない自由恋愛を楽しむ女性の姿を認めることができる。

結婚生活では，軍隊と沖縄とが衝突する。つまり，米軍兵士という異動の多い生活と，沖縄の地域社会に根ざした文化とがぶつかる。沖縄には，家族に見られる血縁や地縁に基づく親密な関係がある。特に母親と娘との関係が結婚に強く影響する。夫婦一対というアメリカ人が一般的に理想とする結婚生活と，沖縄の濃密な家族・友人関係が結婚生活の障害になる。沖縄の女性は，夫婦の結婚生活よりも，実家の家族や友人との時間を優先する。このような実家中心の結婚生活は，横須賀米海軍基地での調査では見られなかった。その意味で，これは沖縄における米軍兵士と沖縄出身の女性との結婚に特徴的な姿であると考えられる。

　米軍兵士の異動にまつわる問題は，結婚生活ではさらに深刻となり夫婦を悩ませる。特に，子供がいる場合は深刻である。一方，同様の問題は本土出身女性には見られなかった。その意味で，本土の女性が米軍兵士の生活スタイルと衝突することは，沖縄の女性ほど多くはないといえる。

　軍隊と沖縄との衝突は，除隊や退役軍人の生活拠点の選択にも影響を与える。沖縄社会での米軍兵士との結婚は，好ましいものとは考えられていない。米軍関係者による事件・事故が起きた場合には，沖縄の女性もその夫も複雑な心境になる。同じことは基地反対運動についてもあてはまる。彼女たちは，米軍と沖縄の双方の立場を理解できるからである。

　しかし，妻たちは，沖縄の家族や親族の世界に引きこもっているわけではない。SGIなど沖縄を越えて世界中に広がっているネットワークに参加していた。

　本書は，軍隊という新しい研究対象を人類学の対象として位置づけることで，今まで見えてこなかった基地と地域社会の双方から，そこに見られる米軍兵士と日本人女性との結婚生活を考察した。

　以下，本書の意義について先行研究との関連から述べたい。具体的には，1) 米軍基地の存在を視野に入れた沖縄研究，2) 国際結婚研究，3) 軍人妻研究の3領域である。

　米軍基地に関する現在的な沖縄研究の数は少ない。沖縄の米軍基地に関する沖縄研究の多くは，政治・経済的視点から論じられてきた。その意味で，本書は，新しい沖縄研究への現代的な視点をもたらしたといえる。沖縄の広く親密な家族によるつながりが，米軍兵士との結婚では夫婦の間で緊張関係をもたらすという指摘は，これまでの研究とは別の角度から沖縄の家族や社会の特徴を明らかにした。

本書は，当事者にインタビューをすることで，性的関心から米軍兵士と交際・結婚するという日本人女性像や，妻子を捨てて本国に帰るという冷酷な米軍兵士像の是正へとつながった。その際に，女性だけではなく，男性からの視点も取り入れることによって，従来の女性に偏った考察を是正することに努めた。そこに見えてきたのは女性と同じように苦悩し，ときに挫折する米軍兵士の姿である。しかし，これによって，米軍基地が沖縄という地域社会に及ぼす圧倒的な権力関係と政治・経済的な影響を無視してもいいわけではない。これに関しては，第9章で取り上げた泉の苦悩を思い出してほしい。

　国際結婚研究の多くは，結婚や家族生活に見られる異文化における問題や実践，国籍やエスニシティからの視点に偏っていた傾向があった。また，妻に研究が集中し，夫の存在が見えてこなかった。さらに，研究は結婚生活に集中しており，離婚や別居生活などの結婚の否定的な側面を考察する視点は少ない。外国人である夫（あるいは妻の）の職業の差異や特徴と結婚生活との関係は考慮されていなかった。

　米軍兵士の結婚と家族生活は，夫の職業である軍隊を基盤にしてなりたっていた。そのため，本書では，夫婦間の異文化理解をめぐる問題のみを取り上げるのではなく，その背後にある軍隊や米軍兵士の生活と結婚との間にある緊張関係に注目することにより，その結婚や家族生活をより具体的に記述するという手法を示したといえる。

　また，国際結婚研究が対象とする日本で生活する一般の外国人と米軍関係者の間にある差異を指摘し，後者の日本における生活スタイルの違い，そしてそれによる結婚や家族生活への影響についても指摘することができた。これにより，日本人女性と米軍関係者以外との国際結婚に関する研究と，日本人女性と米軍関係者との国際結婚に関する研究との差異を明確にすることができた。

　外国人軍人妻研究をはじめ，これまでの軍人妻研究は，軍人妻たちの主体的な活動や生は無視されていた。また，外国人軍人妻個人の生活や生活する地域の特徴についても，注目されてこなかった。

　筆者は，外国人軍人妻についての先行研究の問題として4つの点について考察の不十分さを指摘した。それらは，1）外国人妻たちの多様性，2）結婚生活の否定的な側面，3）軍隊と結婚・家族生活への影響，4）男性側の視点についてである。これらは国際結婚研究一般の問題とも重なるが，以下に検討しておく。

本書は，外国人軍人妻である沖縄の女性の地域性に着目することにより，軍隊と沖縄の地域社会に根付いた生活スタイルとの衝突を明らかにした。それは，これまでの一枚岩的な外国人軍人妻たちへの記述への批判につながった。また，妻が沖縄出身であるか，本土出身であるか，沖縄出身でも，本島の南部や離島出身か基地周辺地域の中部出身などの，地域の中にある妻個人の出身地にも注目した。

Forgash [2004] の研究は，軍隊や軍人特有の生活が結婚に与える影響を考慮しておらず，妻の出身地域の特徴のみに偏った考察であった。そのため，本書では，米軍兵士との結婚の土台となる，軍隊や米軍兵士の生活の特徴に注目し，軍隊と沖縄社会や家族との間にある緊張関係や問題点を明らかにした。また，沖縄の米軍兵士との結婚を本土での米軍兵士との結婚を比較することによって，沖縄における米軍兵士との結婚の特質を照らし出すことができた。つまり，本書は，これまでの軍隊や軍隊内での妻の位置づけ，あるいは外国人軍人妻の出身地や国の特徴など，一方に偏った研究とは異なり，軍隊と地域社会の双方の視点から考察することができた。さらに今まで無視されてきた男性の意見を記述・分析も行なった。

最後に，広く人類学との関係で本書を位置づけておきたい。人類学は，その対象を周縁的なものに求めてきた。このため，米軍のように，日本人にとっては他者ではあるが，弱者ではない存在を研究対象としては捉えてこなかった。

軍人という弱者とは考えにくい存在と結婚した女性は当然弱者とはみなされない。反対に「裏切り者」と捉えられる。本書は，彼女たちを取り上げることで，ステレオタイプな女性像や軍人像の再考を迫った。しかし，軍人と結婚した日本人女性は，軍隊の中では外国人でありかつ女性であるという点から周辺的存在である。

沖縄に住む日本人妻たちは米軍基地をめぐるアメリカ・日本・沖縄という枠組みの中で，さらに困難な状況にあったといえる。本土出身の女性たちは，性的に放縦な女性だという偏見にさらされてきた。沖縄出身の女性たちは，両親をはじめとする沖縄の人々による米軍や米軍兵士への批判に苦しんできた。

このような弱者を見出し，彼女たちが直面する困難を男性の視点や地域社会の文脈を無視することなく考察することこそ，グローバル化の現代社会における新たな人類学の可能性を提示しているのではないだろうか。そうした可能性を探ろうとした研究として本書を位置づけたい。

# 参考文献

Adams, Abigail E. 1997 The Military Academy: Metaphors of Family for Pedagogy and Public Life. In Laurie Weinstein and Christie C. White (eds.), *Wives and Warriors: Women and the Military in the United States and Canada*. Westport: Bergin & Garvey, pp. 63-77.

Ames, Christopher A. 2007 *Mired in History: Victimhood, Memory, and Ambivalence in Okinawa Prefecture, Japan*. Ph. D. dissertation submitted to University of Michigan.

Angst, Linda Irene 2001 *In a Dark Time: Community, Memory, and the Making of Ethnic Selves in Okinawa Women's Narratives*. Ph. D. dissertation submitted to Yale University.

Bell, D. Bruce and Robert B. Ladeluca 1988 Origins of Volunteer Support for Army Family Programs. *MINERVA: Quarterly Report on Women and the Military* 6 (3): 26-43.

Biddle, Joan I. 2000 Introduction. *MINERVA: Quarterly Report on Women and the Military* 18 (1): 3-6.

Brancaforte, Daniela Beatrix Maria 2000 *Camouflaged Identities and Army Wives: Narratives of Self and Place on the Margins of the U.S. Military Family*. Ph. D. dissertation submitted to Princeton University.

Breger, Rosemary and Rosannna Hill (eds.) 1998 *Cross-Cultural Marriage: Identity and Choice*. Oxford: Berg.（『異文化結婚 ── 境界を越える試み』吉田正紀監訳, 新泉社）

Brewer, Brooke Lilla 1982 *International Marriage: American Men Who Marry Korean Women*. Ph. D. dissertation submitted to Syracuse University.

Brown, Richard J. 1993 Military Family Service Centers: Their Preventive and Interventive Functions. In Florence W. Kaslow (ed.), *The Military Family in Peace and War*. New York: Springer Publishing Company, pp. 163-172.

Clark, James M. 2007 *Behind the Fence: Examining Domestic Violence Attitudes and Behaviors Between Military and Civilian Wives*. Ph. D. dissertation submitted to Capella University.

Cline, Lydia Sloan 1998 *Today's Military Wife: Meeting the Challenges of Service Life* (4th edition). Mechanicsburg: Stackpole Books.

Constable, Nicole 2003 *Romance on a Global Stage: Pen Pals, Virtual Ethnography, and "Mail Order" Marriages*. California: University of California Press.

Coser, Lewis A. 1974 *Greedy Institution: Patterns of Undivided Commitment*. New York: Free Press.

Cottrell, Anne Baker 1978 Mixed Children: Some Observations and Speculations. In Edna J. Hunter and D. Nice (eds.), *Children of Military Families: A Part and Yet Apart*. Washington, D.C.: U.S. Government Printing Office, pp. 61–81.

—————— 1990 Cross-National Marriages: A Review of the Literature. *Journal of Comparative Family Studies* 21(2): 151–169.

Druss, Richard G. 1965 Foreign Marriages in the Military. *Psychiatry Quarterly* 39(2): 220–226.

Durand, Doris B. 2000 Role of the Senior Military Wife-Then and Now. In James A. Martin, Leora N. Rosen, and Linette R. Sparacino (eds.), *The Military Family: A Practice Guide for Human Service Providers*. Westport: Praeger. pp. 73–86.

Enloe, Cynthia 1983 *Does Khaki Become You? The Militarization of Women's Lives*. Boston: South End Press.

—————— 2000 *Maneuvers: The International Politics of Militarizing Women's Lives*. Berkeley: University of California Press.

Forgash, Rebecca 2004 *Military Transnational Marriage in Okinawa: Intimacy across Boundaries of Nation, Race and Class*. Ph. D. dissertation submitted to the University of Arizona.

Garrett, Sheryal and Sue Hoppin 2009 *A Family's Guide to the Military for Dummies*. Hoboken NJ: Wiley Publishing.

Guarnizo, Luis E. and Michael P. Smith. 1998 The Locations of Transnationalism. In Michael P. Smith and Luis E. Guarnizo (eds.), *Transnationalism from Below*. New Brunswick: Transaction Publishers, pp. 3–24.

Harrell, Margaret C. 2004 Subject, Audience, and Voice. In Pamela R. Frese and Margaret C. Harrell (eds.), *Anthropology and the United States Military: Coming Age in the Twenty-First Century*. New York: Palgrave Macmillan, pp. 1–14.

Harrison, Deborah and Lucie Laliberte 1997 Gender, the Military, and Military Family Support. In Laurie Weinstein and Christie C. White (eds.), *Wives and Warriors: Women and the Military in the United States and Canada*. Westport: Bergin & Garvey, pp. 36–53.

Hong, Sawon 1982 Another Look at Marriages between Korean Women and American Servicemen. *Korea Journal* 22(5): 21–30.

Hunter, Edna J. 1982 *Families of Under the Flag: A Review of Military Family Literature*, New York: Praeger.

Hunter, Edna J., Sharon J. Rose and J. Bradley Hamlin. 1978. Women in the Military: An Annotated Biography. *Armed Forces and Society* 4(4): 695–716.

Inoue, Masamichi S. 2007 *Okinawa and the U.S. Military: Identity Making in the Age of Globalization*. New York: Columbia University Press.

Jensin, Peter S., Ronel L. Lewis and Stephen N. Xenakis 1986 The Military Family in Review: Context, Risk and Prevention. *Journal of the American Academy of Child and Adolescent Psychiatry* 25(2): 225–234.

Jeong, Gyung Ja and Walter R. Schumm 1990 Family Satisfaction in Korean/American Marriages: An Exploratory Study of the Perceptions of Korean Wives. *Journal of Comparative Family Studies* 21(3): 325–336.

Kelsky, Karen 2006 *Women on the Verger: Japanese Women, Western Dreams*. NC: Duke University Press.

Keyso, Ruth Ann 2000 *Women of Okinawa: Nine Voices from a Garrison Island*. New York: Cornell University Press.

Kim, Bok-Lim CC. 1977 Asian Wives of U.S. Servicemen: Women in Shadows. *Amerasia* 4(1): 91–115.

Kobayashi, Chika (Okinawa Index) (ed.) 2009 *Okinawa Island Guide* (Separate Volume). Okinawa: Okinawa Index.

Kohen, Janet A. 1984 The Military Career is a Family Affair. *Journal of Family Issues* 5(3): 401–418.

Kupshella, Diana L. 1993 Social Policy and Planning and Legislative Considerations. In Kaslow, Florence W. (ed.), *The Military Family in Peace and War*. New York: Springer Publishing Compane, pp. 214–250.

Lee, Daniel Booduc 1980 *Military Transcultural Marriages: A Study of Marital Adjustment Between American Husbands and Korean-Born Spouses*. Ph. D. dissertation submitted to the University of Utah.

Lehr, Doreen M. 1996 Do Real Women Wear Uniforms?: Invisibility and the Consequences for the U.S. Military Wife. *MINERVA: Quarterly Report on Women and the Military* 16(3/4): 29–44.

Lieberman, E. James 1971 American Families and the Vietnam War. *Journal of Marriage and the Family* 33(4): 709–721.

Ma, Karen 1996 *The Modern Madame Butterfly*. Tokyo and Rutland: Charles E. Tuttle Co.

Marriott, Barbara 1997 The Social Networks of Naval Officers' Wives: Their Composition and Function. In Laurie Weinstein and Christie C. White (eds.), *Wives and Warriors: Women and the Military in the United States and Canada*. Westport: Bergin & Garvey, pp. 19–33.

Martin, James A. and Peggy McClure 2000 Today's Active Duty Family: The Evolving Challenges of Military Family Life. In James A. Martin, Leora N. Rosen and Linette R. Sparacino (eds.), *The*

*Military Family: A Practice Guide for Human Service Providers*. Westport: Praeger, pp. 3–23.

Maxwell, W. P. 1949 Marriage Problems Brought to Army Chaplains. *Marriage and Family Living* 11(2): 52–53.

Michel, Christopher P. 2006 *The Military Advantage: A Comprehensive Guide to Your Military & Veterans Benefits*. New York: Simon and Schuster Paperbacks.

Moon, Katharine 1997 *Sex Among Allies: Military Prostitution in U.S.-Korea Relations*. New York: Columbia University Press.

Moore, Brenda L. 1991 African-American Women in the U.S. Military. *Armed Forces & Society* 17(3): 363–384.

Nakamatsu, Tomoko 2003 International Marriage through Introduction Agencies: Social and Legal Realities of "Asian" Wives of Japanese Men. In Nicole Piper and Mina Roces (eds.), *Wife or Worker?: Asian Women and Migration*. Maryland: Rowman and Littlefield, pp. 181–201.

―――― 2005 Complex Power and Diverse Responses: Transnational Marriage Migration and Women's Agency. In Lyn Parker (ed.), *The Agency of Women in Asia*. Singapore: Marchall Cavendish Academic, pp. 158–181.

Nice, D. Stephen 1978 The Androgynous Wife and the Military Child. In Edna J. Hunter and D. Nice (eds.), *Children of Military Families: A Part and Yet Apart*. Washington, D.C.: U.S. Government Printing Office, pp. 25–37.

―――― 1983 The Course of Depressive Affect in Navy during Family Separation. *Military Medicine* 148(4): 341–343.

Norwood, Ann E. (ed.) 1996 Those Left Behind: Military Families. In Robert J. Ursano and Ann E. Norwood (eds.), *Emotional Aftermath of the Persian Gulf War*. Washington, DC: American Psychiatric Press, pp. 227–249.

*Okinawa Yellow Page 2011 Edition*, 2011, Okinawa: Peace Phone Services CO.

Orthner, Dennis K. 1980 *Families in Blue: A Study of Married and Single Parent Families in the U.S. Air Force*. Greensboro: Family Development Press.

Orthner, Dennis K. and Gary L. Bowen 1982 *Families in Blue Phase II: Insights from Air Force Families in the Pacific*. Greensboro: Family Development Press.

O'Keefe, Ruth Ann, Melanie C. Eyre and David L. Smith 1984 Military Family Service Centers. In Florence W. Kaslow and Richard I. Ridenour (eds.), *The Military Family: Dynamics and Treatment*. New York: The Guilford Press, pp. 254–268.

Papanek, Hanna 1973 Men, Women, and Work: Reflections on the Two-Person Career. *American Journal of Sociology*, 78(4): 852–872.

Portes, Alehandro, Luis E. Guarnizo and Patricia Landolt 1999 The Study of Transnationalism: Pitfalls and Premise of an Emergent Research Field. *Ethnic and Racial Studies* 22(2): 217–237.

Prasso, Sheridan 2005 *The Asian Mystique: Dragon Ladies, Geisha Girls & Our Fantasies of the Exotic Orient*. New York: Public Affairs.

Pratt, Mary Louise 1992 *Imperial Eyes: Travel Writings and Transculturation*. London: Routledge.

Radasky, Robert M. 1987 *Ministry Models: Transcultural Counseling and Couples Programs*. Washington, D.C.: Department of the Navy, Office of the Chief of Naval Operations.

Reeves, Connie L. 1995 Dual Service and Single Parents: What about the Kids? *MINERVA: Quarterly Report on Women and the Military* 12 (3/4): 25–68.

Refsing, Kirsten 1998 Gender Identity and Gender Role Patterns in Cross-Cultural Marriages: The Japanese-Danish Case. In Rosemary Breger and Rosannna Hill (eds.), *Cross-Cultural Marriage: Identity and Choice*. Oxford: Berg, pp. 193–208.

Rosenberg, Florence R. 1989 The First Term Enlisted Man's Wife. *MINERVA: Quarterly Report on Women and the Military* 7(1): 47–51.

Russo, Theresa J., Lea M. Dougherty, and James A. Martin 2000 Military Spouse Employment Challenges and Opportunities. In James A. Martin, Leora N. Rosen and Linette R. Sparacino (eds.), *The Military Family: A Practice Guide for Human Service Providers*. Westport, CT: Praeger, pp. 87–102.

Schwabe, Mario R. and Florence W. Kaslow 1984 The Violence in the Military Family. In Florence W. Kaslow and Richard I. Ridenour (eds.), *The Military Family: Dynamics and Treatmen*. New York: The Guilford Press, pp. 125–146.

Schwartz, J. Brad, Lisa L. Wood, and Janet D. Griffith 1991 The Impact of Military Life on Spouse Labor Force Outcomes. *Armed Forces and Society* 17(3): 385–407.

Segal, Mady Wechsler 1988 The Military and the Family as Greedy Institutions. In Charles C. Moskos and Frank R. Wood (eds.), *The Military: More than Just a Job?* McLean: Pergamon-Brassey's International Defense Publishers, pp. 79–97.

Shea, Nancy 1954 (1941) *The Army Wife* (3rd revised edition). New York: Harper and Brothers Publishers.

Stafford, Elisabeth M. and Beth A. Grady 2003 Military Family Support: An Overview of the Challenges

Faced by Military Families and Ways Pediatricians Can Offer Support and Care. *Pediatric Annals* 32(2): 110–115.

Stander, V., P. McClure, T. Gilroy, J. Chmoko and J. Long 1998 *Military Marriage in the 1990s*. Scranton: Military Family Institute of Marywood University.

Starvidis, Laura Hall 1997 *Navy Spouse's Guide*. Annapolis, Maryland: Naval Institute Press.

Stone, Bonnie and Betty Alt 1990 *Uncle Sam's Brides: The World of Military Wives*. New York: Walker and Company.

Strange, Robert E. 1984 Retirement from the Service: The Individual and His Family. In Florence W. Kaslow and Richard I. Ridenour (eds.), *The Military Family: Dynamics and Treatment*. New York: The Guilford Press, pp. 217–225.

Snyder, William P. 1994 Military Retirees: A Portrait of the Community. *Armed Forces & Society* 20(4): 581–598.

Suzuki, Nobue 2005 Tripartite Desires: Filipina-Japanese Marriages and Fantasies of Transnational Traversal. In Nicole Constable (ed.), *Cross-Border Marriages: Gender and Mobility in Transnational Asia*. Philadelphia: University of Pennsylvania Press, pp. 124–144.

Takazato, Suzuyo 2000 Women in Okinawa: Continuing Struggle against the Violence of U.S. Military. *Women's Asia* 21(6): 35–38.

Tamura, Keiko 2001 *Michi's Memories: the Story of a Japanese War Bride*. Canbera: Pandanus Books.

Thomas, Patricia J. MS, and Marie D. Thomas 1993 Mothers in Uniform. In Kaslow, Florence W. (ed), *The Military Family in Peace and War*. New York: Springer Publishing Company. pp. 25–47.

Watanabe, Henry K. and Peter S. Jensen 2000 Young Children's Adaptation to a Military Lifestyle. In James A. Martin, Leora N. Rosen, and Linette R. Sparacino (eds.), *The Military Family: A Practice Guide for Human Service Providers*. Westport: Praeger, pp. 209–223.

Waters, Margie 1998 *An Ethnographic Study of Single, African American, Military Fathers' Role in Their Children's Development*. Ph. D. dissertation submitted to University of Caroline.

Webber, Lawrence J. and Katrina L. Webber 2008 *The Complete Idiot's Guide to Your Military and Veterans Benefits*. New York: Alpha Books.

Weinstein, Laurie 1997 Introduction. In Laurie Weinstein and Christie C. White (eds.), *Wives and Warriors: Women and the Military in the United States and Canada*. Westport: Bergin & Garvey, pp. XIII–XIX.

Weinstein, Laurie and Helen Mederer 1997 Blue Navy Blues: Submarine Officers and the Two-Person

Career. In Laurie Weinstein and Christie C. White (eds.), *Wives and Warriors: Women and the Military in the United States and Canada*. Westport: Bergin & Garvey, pp. 7-18.

Wertsch, Mary Edwards 1996 *Military Brats: Legacies of Childhood Inside the Fortress*, Putnam Valley: Aletheia Publications.

Wolpert, David S. 2000 Military Retirement and the Transition to Civilian Life. In James A. Martin, Leora N. Rosen and Linette R. Sparacino (eds.), *The Military Family: A Practical Guide for Human Service Providers*. Westport: Praeger, pp. 103-119.

Wood, Suzanne, Jacquelyn Scarville and Katharine S. Gravino 1995 Waiting Wives: Separation and Reunion among Army Wives. *Armed Forces & Society* 21(2): 217-236.

Yoo, Chul-In 1993 *Life History of Two Korean Women who Marry American GIs*. Ph. D. dissertation submitted to University of Illinois.

Yuh, Ji-Yeon 1999 *Immigrants on the Front Line: Korean Military Brides in America, 1950-1996*. Ph. D. dissertation submitted to University of Pennsylvania.

アパデュライ，アルジュ　2004（1996）『さまよえる近代 —— グローバル化の文化研究』（門田健一訳）平凡社。

石附馨　2002「ヤマトゥンチュ嫁試論 —— 現代沖縄の『生活者たち』を考えるために」『日本民俗学』231：67-96。

池上良正　1999「ユタ的宗教者の基本性格」『民間巫者信仰の研究』未来社，pp. 337-380。

─── 1991『悪霊と聖霊の舞台 —— 沖縄の民衆キリスト教に見る救済世界』どうぶつ社。

今中里枝 2002「女性イラストレーター＆ライター突撃体験ルポ！　沖縄［アメ女（米兵ナンパ待ち）］のちょっぴり切ない胸の内」『SPA!』8月27日 pp. 28-31。

江成常夫　1981『花嫁のアメリカ』講談社。

上里和美　1998『アメラジアン —— もうひとつの沖縄』かもがわ出版。

エンロー，シンシア　1997「女性の立場から見た外国軍事基地」『歴史地理教育』568：67-73。

太田好信　2001『トランスポジションの思想 —— 文化人類学の再想像』世界思想社。

大城将保　1985『混血児 —— 沖縄からの告発　国籍のない青春』国際情報社。

沖縄県知事公室基地対策課（編）2011『沖縄の米軍及び自衛隊基地（統計資料集）』（平成23年）沖縄県知事公室基地対策課。

沖縄県婦人団体協議会（編）1981『トートーメは女でも継げる』沖縄県婦人団体協議会。

沖縄国際大学文学部社会学科石原ゼミナール　1994『戦後コザにおける民衆生活と音楽文化』

榕樹書林.

おきなわ女性財団（編）2004（2001 初版）『日米結婚・離婚・子供のためのハンドブック —— 米軍基地から派生する女性の諸問題調査事業』沖縄県総務部知事公室男女共同企画室.

——— 2000『米軍基地から派生する女性の諸問題調査事業』（第 4 回米軍基地派生女性問題検討委員会：2003 年 3 月 20 日，委員会資料：報告書案）.

沖縄タイムス社（編）1996『50 年目の激動 —— 総集 沖縄・米軍基地問題』沖縄タイムス社.

小野沢あかね 2005「米軍統治下 A サインバーの変遷に関する一考察 —— 女性従業員の待遇を中心として」『琉球大学法文学部紀要 日本東洋文化論集』11：1-46.

——— 2006「戦後沖縄における A サインバー・ホステスのライフ・ヒストリー」『琉球大学法文学部紀要 日本東洋文化論集』12：207-238.

笠原政治 1989「沖縄の祖先祭祀 —— 祀る者と祀られる者」渡邊欣雄（編）『環中国海の民俗と文化 3 —— 祖先崇拝』凱風社，pp. 65-94.

鐘ケ江晴彦 2007「辺野古沖海上基地建設反対運動の経過と特質」『社会科学年報』41：103-123.

嘉本伊都子 1996「国際結婚をめぐる諸問題 ——『境界線』上の家族」『家族社会学研究』8：53-66.

——— 2001『国際結婚の誕生 ——「文明国日本」への道』新曜社.

——— 2008a『国際結婚論!? 歴史編』法律文化社.

——— 2008b『国際結婚論!? 現代編』法律文化社.

嘉陽義治 1986『A サイン制度とオフ・リミッツ —— 米国統治の民衆生活』沖縄国際大学文学部提出（卒業論文）.

狩俣信子 1991『米占領下における沖縄女性の人権についての一考察 —— 基地と布告，布令と女性の人権』琉球大学大学院法学研究科提出（修士論文）.

工藤正子 2008『越境の人類学 —— 在日パキスタン人ムスリム移民の妻たち』東京大学出版会.

コザ市（編）1974『コザ市史』コザ市.

小山騰 1995『国際結婚第一号 —— 明治人たちの雑婚事始』（講談社メチエ 63）講談社.

桜井德太郎 1973『沖縄のシャマニズム』弘文堂.

佐藤文香 2004『軍事組織とジェンダー —— 自衛隊の女性たち』慶応義塾大学出版会.

施利平 1999「国際結婚夫婦のコミュニケーションと相互理解」『長寿社会研究所・家庭問題研究所研究年報』5：99-113.

渋谷努　2005『国境を越える名誉と家族？　フランス在住モロッコ移民をめぐる「多現場」民族誌』東北大学出版会。

島袋まりあ　2000「沖縄発　黙っていては始まらない　6回　ハーフの叫び声　私たちはどこから来たのか」『週刊金曜日』7月7日 pp. 32-33。

島本幸子（編）1983『創立25周年記念誌』国際福祉相談所。

城田愛　2006『エイサーにみるオキナワンたちのアイデンティティ ── ハワイ沖縄系移民における「つながり」の創出』京都大学大学院人間・環境学研究科提出（博士論文）。

関恒樹　2007『海域世界の民族誌 ── フィリピン島嶼部における移動・生業・アイデンティティ』世界思想社。

洗健　1978「新宗教の受容」窪徳忠（編）『沖縄の外来宗教』弘文堂，pp. 293-318。

澤岻悦子　2000『オキナワ海を渡った米兵花嫁たち』高文研。

高里鈴代　1995「わたしの北京報告 ── 22人の女性の参加体験記」『女たちの21世紀』5：24。

─────　1996『沖縄の女たち ── 女性の人権と基地・軍隊』明石書店。

─────　2000「北京世界会議から5年沖縄の女性たち ── 今も続く軍隊の暴力との闘い」『女たちの21世紀』21：20-23。

竹下修子　1997「国際結婚カップルの結婚満足度」『ソシオロジ』42(1)：41-57。

─────　1998「国際結婚に対する社会の寛容度」『家族社会学研究』10(2)：71-82。

─────　2000『国際結婚の社会学』学文社。

─────　2004『国際結婚の諸相』学文社。

田中雅一　2004「軍隊と宗教 ── 米軍におけるチャプレン」田中（編）『人文学報　第90号　特集　アジアの軍隊の歴史・人類学的研究　社会・文化的文脈における軍隊』pp. 153-168。

田中雅一（編）2004『人文学報90号　特集　アジアの軍隊の歴史・人類学的研究　社会・文化的文脈における軍隊』京都大学人文科学研究所。

田中真砂子　1982「沖縄の女」綾部恒雄（編）『女の文化人類学』弘文堂，pp. 225-250。

─────　1986「沖縄の家族」原ひろこ（編）『家族の文化誌 ── さまざまなカタチと変化』弘文堂，pp. 239-264。

玉城隆雄　1986「『ユタ』と家族関係」『沖縄社会研究』1：64-70。

─────　1997「家族はどう変わったのか ── 近・現代家族を中心に」『沖縄県女性史研究』1：5-32。

堤未果　2008『ルポ貧困大国アメリカ』岩波新書。

天願真弓　1997「米軍の長期駐留下における女性への暴力 ── 沖縄・日本本土・韓国からの基地問題報告のまとめ」『女たちの21世紀』13：24-27.

床呂郁哉　1999『越境 ── スールー海域世界から』岩波書店.

仲山真知子　2001『底辺の女たち ── 基地の街に生きる』沖縄ひろ編集工房.

波平勇夫　1980「取り残された集団 ── 混血児のアイデンティティを考える」『青い海』6月号，pp. 21-30.

野中郁次郎　2007『アメリカ海兵隊 ── 非営利型組織の自己革新』中公新書.

新田文輝　1992『国際結婚とこどもたち』明石書店.

ハモンド・フィリップ，デヴィッド・マハチェク　2000『アメリカの創価学会 ── 適応と転機をめぐる社会学考察』(桑原淑江訳) 紀伊国屋書店.

林かおり・田村恵子・高津文美子　2002『戦争花嫁 ── 国境を越えた女たちの半世紀』芙蓉書房.

比嘉政夫　1987『女性優位と男系原理 ── 沖縄の民俗社会構造』凱風社.

福地曠昭　1980『沖縄の混血児と母たち』青い海出版.

古谷嘉章　2001『異種混淆性の近代と人類学 ── ラテンアメリカのコンタクト・ゾーンから』人文書院.

ホックシールド，アーリー　1990『セカンド・シフト ── アメリカ　共働き革命のいま』(田中和子訳) 朝日新聞社.

マーフィー重松，S.　2002『アメラジアンの子供たち ── 知られざるマイノリティ問題』集英社新書.

宮西香穂里　2003『ダブル・アウトサイダーを生きる ── 横須賀米海軍男性と結婚した日本人妻たちの生活誌とネットワーク形成』京都大学大学院人間・環境学研究科 (修士論文).

─── 2004a「軍隊は彼女の家族なのか？ ── 米軍人妻の実用的，制度的，生活誌的研究をめぐって」『人文学報』90：23-77.

─── 2004b「従軍する日本人妻 ── アメリカ海軍横須賀基地の事例から」『従軍のポリティクス』青弓社，pp. 191-214.

─── 2008「『トリプル・アウトサイダー』を生きる ── 横須賀米海軍男性と結婚した日本人妻たちの民族誌」『文化人類学』73(3)：332-353.

山下晋司他 (編) 1996『移動の民族誌』(岩波講座文化人類学 7) 岩波書店.

「よくわかる御願ハンドブック」編集部 (編) 2007『よくわかる御願ハンドブック ── ヒヌカン・トートーメー12ヶ月』ボーダーインク.

吉田健正　2005『戦争はペテンだ ── バトラー将軍にみる沖縄と日米地位協定』七つ森書館。
──────　2007『「軍事植民地」沖縄 ── 日本本土との「温度差」の正体』高文研。
吉田正紀　2001「国際結婚にみる異文化の交流と実践（1）── インドネシアに嫁いだ日本女性の事例から」『国際関係研究』（日本大学）22(1)：137-163。
──────　2003「国際結婚にみる異文化の交流と実践（2）── 三島市に生きるフィリピン女性家族の事例から」秋山正幸（編）『知の新視界 ── 脱領域的アプローチ』南雲堂, pp. 491-517。
琉球新報（編）1980『トートーメ考 ── 女が継いでなぜ悪い』琉球新報社。

事典

沖縄大百科辞典刊行事務局（編）1983『沖縄大百科事典』（上，中，下）沖縄タイムス社。
「沖縄を知る事典」編集委員会（編）2000『沖縄を知る事典』日外アソシエーツ。
渡邊欣雄，岡野宣勝，佐藤壮広，塩月亮子，宮下克也（編）2008『沖縄民俗辞典』吉川弘文館。

インターネット

等雄一郎　2007「国際平和支援活動（PSO）における民軍関係─CMO，CIMIC，CMCoord，ICRC ガイドライン─」『レファレンス』57(3)：pp. 28-42。（http://www.ndl.go.jp/jp/data/publication/refer/200703_674/067403.pdf，2012年2月14日閲覧）
米海軍横須賀基地総合人事部雇用課　『米海軍横須賀基地就職ガイド：平成15年度改訂1』http://hro.cnf.navy.mil/japanese1/shushoku_guide_071128.pdf

# 沖縄米軍基地関連の用語一覧

| | |
|---|---|
| AAFES: Army and Air Force Exchange System | 米軍基地内のデパート管理組織 |
| ACS: Army Community Service | 米陸軍家族支援センター |
| APF: Appropriated Fund | アメリカ議会承認資金（軍事費） |
| AVF: All Volunteer Force | 全志願制 |
| BEQ: Bachelor Enlisted Quarters | 独身下士官専用宿舎 |
| BHA: Basic Housing Allowance | 住宅手当て |
| BOQ: Bachelor Officers Quarters | 独身将校専用宿舎 |
| CAC: Common Access Card | キャック・カード（基地内端末のパソコンへのアクセス・カード兼米軍兵士や軍属の身分証明書） |
| CHRO: Civilian Human Resource Office | 人事部（GSと日本人従業員用） |
| CMO: Civil-Military Operations | 米軍の民軍作戦 |
| COLA: Cost of Living Allowance | 生活費調整手当て |
| CPAO: Consolidated Public Affairs Office | 統合報道部 |
| CREDO: Chaplain's Religious Enrichment Development Operation | 従軍牧師による宗教的強化発達プログラム |
| DEERS: Defense Enrollment Eligibility Reporting System | 米軍関係者の登録システム |
| DEP: dependent | 扶養家族 |
| DFAS: Defense Finance and Accounting Service | 国防総省職員（軍人・軍属や予備役）と契約社員の財務会計業務を行う機関 |
| DoDDS: Department of Defense Dependent School | 国防総省が運用する扶養家族のための学校 |
| FSC: Family Service (Support) Center | 家族支援センター |
| FRO: Family Readiness Officer | 家族支援担当官（軍人家族と海兵隊との仲介者） |
| GS: General Schedule | 軍属 |

IHA: Indirect Hire Agreement 諸機関労務契約（日本人基地内従業員）
IPAC: Installation Personnel Administration Center 米海兵隊人事管理課
ISAO: International Social Assistance Okinawa 沖縄国際福祉相談所
ISP: International Spouses' Program インターナショナル・スパウス・プログラム（JSOの前身）
JSO: Japanese Spouses' Orientation 日本人配偶者のためのオリエンテーション
JWC: Japanese Wives Club 日本人妻の会
KV: Key Volunteer 家族支援担当官（FROの前身）
L. I. N. K. S.: リンクス MCFTB主催の先輩軍人による軍人妻教育クラス
LQA: Living Quarters Allowance 海外住宅手当て（軍属用）
MAGTF: Marine Air-Ground Task Force 海兵空陸任部隊
MCCS: Marine Corps Community Service 米海兵隊福利厚生施設
MCFTB: Marine Corps Family Team Building 海兵隊ファミリー・チーム・ビルディング（米海兵隊の家族支援事務所）
MCIPAC: Marine Corps Pacific Installation 米海兵隊太平洋基地
MCX: Marine Corps Exchange 米海兵隊のデパート
MEB: Marine Expeditionary Brigade 海兵遠征旅団
MEF: Marine Expeditionary Force 海兵遠征軍
MEU: Marine Expeditionary Unit 海兵遠征隊
MGIB: Montgomery GI Bill モンゴメリー復員軍人擁護法
MLC: Master Labor Contract 基本労務契約（日本人基地内従業員）
MOS: Military Occupational Specialties 米軍兵士の職種
MSP: Military Spouse Preference 軍人配偶者雇用優遇制度
MWR: Moral Welfare and Recreation 福利厚生施設
NAF: Non-Appropriated Fund 議会未承認資金（独立採算機関）。NAFは，一般に議会未承認資金で雇用されたGS以外の軍属を指す。また，IHA日本人従業員も同資金で雇われる。
NEX: Navy Exchange 米海軍基地内のデパート

| | |
|---|---|
| OAC: Okinawa Area Coordinator | 沖縄地域調整官 |
| OCS: Officer Candidate School | 幹部候補生学校 |
| OHA: Overseas Housing Allowance | 海外住宅手当て（米軍兵士用） |
| ORSP: Operational Readiness Support Program | 沖縄での生活支援を行なうPSCによるプログラム（現 Family Programs and Resources） |
| OWC: Officers' Wives Club | 将校の妻の会 |
| PCS: Personal Change of Station | 異動 |
| PMO: Provost Marshal's Office | 憲兵隊 |
| PPP: Priority Placement Program | GS職員の勤務地を割り当てる米連邦政府によるプログラム |
| PREP: Prevention and Relationship Enhancement Program | 予防・関係強化プログラム |
| PSC: Personal Services Center | パーソナル・サービス・センター（米海兵隊の家族支援事務所） |
| PT: Physical Training | 身体訓練 |
| PX: Post Exchange | 米軍（陸軍と空軍）基地内のデパート |
| RECON: Reconnaissance | 米海兵隊偵察部隊 |
| ROTC: Reserve Officer Training Corps | 予備役将校訓練部隊 |
| SACC: Substance Abuse Counseling Center | 薬物やアルコール依存症へのカウンセリング提供する施設（現 Behavioral Health-Substance Abuse） |
| SACO: Special Action Committee on Okinawa | 沖縄に関する特別行動委員会 |
| SGLI: Serviceman's Group Life Insurance | 米軍兵士の生命保険 |
| SOFA: (U. S. -Japan) Status of Forces Agreement | 日米地位協定 |
| SGI: Soka Gakkai International | 創価学会インターナショナル |
| TAMP: Transition Assistance Management Program | 就労全般や米軍兵士の退役・除隊後の生活支援を行なうPSCによるプログラム |
| T. A.: Military Tuition Assistance | 米軍兵士を対象とした学費援助 |
| TSP: Thrift Savings Plan | 軍人と軍属のための貯蓄・投資プラン |
| USCAR: United States Civil Administration of the Ryukyu Islands | 琉球列島米国民政府 |

USO: United Service Organizations　　軍人やその家族の福利厚生を担う非営利団体
VA: Department of Veterans Affairs　　退役軍人省
VP: Veterans Preference　　ベテラン雇用優遇制度

## おわりに

　わたしの1日は，米海兵隊太平洋基地司令部のあるビルディング1と呼ばれる建物の一室で沖縄の地元新聞の英訳からはじまる。毎朝8時に，ビルディング1のすぐ横で行なわれる日米の国旗掲揚とそこで流れる日米の国歌を耳にする。本書で紹介した加奈子の言葉が頭をよぎる。

　　「もし夫がイラクに行き，人を殺さなければならなくなったとき，どうしてあげたらいいんだろう」

　加奈子のように，複雑な思いを抱えて生きる軍人妻や，調査で出会った沖縄で生活する米軍兵士，軍属やその家族の声が頭の中に溢れる。沖縄の「基地問題」を考えるということは，加奈子のような存在を認めることからはじまるのではないだろうか。それは，軍隊は独身男性からなる暴力的集団だという既存の軍隊への固定観念に対して疑問を抱くことでもある。それは，軍隊や米軍基地から遠く離れたヤマトゥンチュ（本土出身者）だけではなく，ウチナンチュ（沖縄出身者）にも必要なことではないだろうか。

　沖縄に軍隊の固定観念への再考を迫ることは，非常に困難なことかもしれない。それは，わたしの沖縄での調査が困難を極めたことが何より象徴している。本書で紹介した千佳の母親は，わたしが本土出身であると分かると，沖縄出身者を利用するだけだから，インタビューで嘘をつくように促していた。これは，基地問題に対する日本政府の沖縄への対応など，基地問題への不満や苛立ちがわたしに向けられたことを示していると思われる。しかし，時間はかかったが調査への理解を得られて，多くの方にインタビューを受けてもらうことができた。沖縄は，米軍基地との関係で本土とは異なる独自の歴史を歩んできた。わたしは，本書を通じて軍事や政治に偏らない米軍基地と沖縄の人々との関係を考察しようとした。そして，少しでも多くの人に，これまで十分に知られていない沖縄の現状を伝えたかったのである。

　10年以上たった現在でも忘れられない光景がある。2001年9月11日のアメリカ同時多発テロを受け，当時横須賀米海軍基地を母港としていた空母キティ・ホークがおよそ3か月の任務を終え帰還し，軍人家族が再会する瞬間である。

京都大学大学院人間・環境学研究科の修士課程に在籍する学生だったわたしは，横須賀米海軍基地内で米軍兵士と日本人女性との結婚に関する文化人類学調査に携わっていた。桟橋には，キティ・ホークの帰りを待つ人々が溢れていた。

キティ・ホークが視界に入った瞬間，大きなざわめきが起こった。キティ・ホークが徐々に桟橋に近づいてくる。着艦間近になると，群衆の声はさらに大きくなる。誰もが長い間待ち焦れていた兵士たちの姿を見つけようと必死である。

ついにキティ・ホークが着艦した。何か月も不安と戦いながら夫の帰りを待っていた軍人妻，そして家族を想いながら厳しい環境の中で軍務を果たしてきた米軍兵士が再会する瞬間，それは，軍人家族にとって決して忘れることのない感動的な瞬間である。筆者は，夢中でカメラのシャッターを押し，その瞬間をおさめようとした。不在時の孤独の日々や不安を語った日本人軍人妻たちの声が突然よみがえってきて，目頭が熱くなった。

だが，一歩基地の外に出ると，たった今基地内で目にした軍人家族の再会とは全く異なる日々の日常があった。ゲートの向こうで行われた基地内での軍人家族の再会や，基地内で生活する派兵された夫の帰りを1人で待つ日本人軍人妻に目を向ける人はいない。そもそも，米軍基地についてわたしたちは何も知らないのである。しかしながら，一方で米軍や米軍関係者への偏った報道が続いている。さらに軍人妻や軍人家族に関する研究すら日本には存在しない。この時の経験は，今日までの筆者の研究に大きな影響を与え，本書を執筆する原動力になった。

その後博士課程に進学し，アメリカのワシントンD.C.の議会図書館やバージニア州の軍人家族研究所に赴き，軍人家族に関する文献や調査書を読み漁った。

博士課程在学中には，プエルトリコで調査をする機会を得た。プエルトリコでは，米軍兵士とプエルトリコ人女性との結婚や，プエルトリコ本島東部にあるルーズベルト・ローズ米海軍基地撤去後の基地の街で調査を実施した。閑散とした基地の街を歩き，そこに住む人々にインタビューを重ね，米軍基地が及ぼす経済的な影響力を垣間見た。かつて米海軍基地があり，激しい基地反対運動が行なわれたプエルトリコのビエケス島にも足を運んだ。ビエケス島の人々から沖縄の米軍基地の現状について聞き，プエルトリコから帰国して1か月で嘉手納町に移住し沖縄での調査を開始した。これまで国内外の米軍基地所在地をめぐってきたが，2001年に横須賀から開始した調査が本書の執筆をもってやっと一段落しようとしている。

# おわりに

　本調査は，多くの人との出会いとご支援によって完成することができた。まず，京都大学人文科学研究所の田中雅一先生に，深甚なる感謝の気持ちを捧げたい。本書を書きあげることができたのは，田中先生によるご指導のおかげである。

　博士論文の執筆にあたってご指導いただいた京都大学大学院人間・環境学研究科文化人類学分野の故福井勝義先生，菅原和孝先生，山田孝子先生，京都大学東南アジア研究所の速水洋子先生と立教大学社会学部の松村圭一郎先生にも感謝の意を表したい。また，数々の貴重な助言をいただいたメリーランド大学の Dr. Christopher A. Ames にも深く感謝をしたい。

　米軍基地内での調査については，在沖米海兵隊基地とその関係者に，心より感謝の意を表したい。パーソナル・サービス・センター（以下PSC）のディレクターである Mr. Herbert "Bert" Corn には，PSCのボランティアとして受け入れていだき，多大な調査協力をしていただいた。ここに深く感謝を述べたい。また，海兵隊家族支援課長 Mr. William Linnehan にも，本調査への多大なご支援をいただいた。PSCの従業員の方々，特に，浦崎美智子さんと Mr. Jack Bosma に感謝の意を表したい。

　米海兵隊太平洋基地政務外交部（G-7）地域関係統括官のマルティネス香里さんには，海兵隊基地内での調査において多くの貴重な助言をいただいた。彼女との出会いがなければ，沖縄の海兵隊基地内での調査は実現しなかったであろう。海兵隊の日本人配偶者への家族支援の調査は，海兵隊ファミリー・チーム・ビルディング（MFTB）の高橋麻希さんのご支援による。また，在沖米海兵隊の各基地の渉外官の皆様には，地域社会と米軍基地との調査に多くのご協力をいただいた。ここに感謝を述べたい。

　調査へのご協力のみならず，公私にわたっても大変お世話になった，棚原香さん，夫 Mr. Steven Forjohn，澤岻かほるさん，夫 Mr. Jeffrey Heitchler と Mr. John Daskauskas に心から感謝の気持ちを捧げる。澤岻悦子さんからは，沖縄の米軍兵士との結婚に関する貴重な資料を提供していただいた。

　最後になったが，本調査にご協力いただいた日本人女性とアメリカ人男性に最大の感謝を示したい。すべての方のお名前を挙げることができず心苦しい限りであるが，これまで調査にご協力・ご支援いただいた方々に対して，深くお礼申し上げたい。

　なお，本研究のための現地調査と資料整理は，日本学術振興会の特別研究員

（2004年4月から2006年3月までDC，2006年4月から2009年3月年までPD）として行なった。プエルトリコでの調査に関しては，松下幸之助記念財団の研究助成（2003年度）を受けた。本書は，京都大学の平成23年度総長裁量経費 若手研究者に係る出版助成事業の助成を受けて出版された。また，本書の出版に最初に関心を抱いてくれた京都大学術出版会の佐伯かおる氏（当時），そして本書の編集に多大な時間を割いていただいた同出版会の國方栄二氏に深く感謝したい。

　最後に，2001年から今日まで米軍基地内での調査の良き理解者となり，本書の出版を心待ちにしてくれていた両親の宮西昭文，悦子，弟の健司と妻麻実に心より感謝の意を表したい。

宮西　香穂里

# 索　引

## [あ行]

アップル・タウン　99
アップル・ハウス　137
アメラジアン　12, 101　→国際児，混血児，ハーフ，無国籍児
　アメラジアン・スクール　201
アメ女　120, 143〜146, 148, 211
アメリカ議会承認資金（APF）　53, 54
アラバマ（州）　129, 157, 158, 168
育児　55, 87, 186, 198
異動　4, 9, 23, 30, 44, 45, 54〜56, 67, 70, 80, 83, 94, 95, 113, 115, 118〜121, 125〜132, 143〜150, 157, 166, 169, 170, 175, 176, 179, 186, 190〜192, 196, 200, 202, 210, 216, 220, 233〜245, 247, 248, 262〜267, 272
インターナショナル・スパウス・プログラム（ISP）　71
ウチナンチュ　147
浦添のてだこ祭り　95
運動会　→辺野古地区運動会
エイト・ビート　127, 137, 151, 157
エイフィース（米軍基地内デパートの管理施設）　36, 54
オーシャン・ブリーズ　151
『大きな輪』　91
沖縄
　沖縄下士官妻の会（Okinawa Enlisted Wives Club）　266
　沖縄クリスチャン・スクール　201
　沖縄研究　5, 11, 12, 282
　沖縄国際カーニバル　96
　沖縄国際大学　2, 61, 112, 114, 124, 136, 223, 224, 226〜228
　沖縄国際福祉相談所（ISAO）　77
　沖縄市　→コザ，センター通り，中の町
　　沖縄市国際交流協会　96
　沖縄全島エイサー大会　96
　沖縄地域調整官（OAC）　29, 31, 42, 43
　『沖縄での結婚ガイド』　316
　沖縄での生活支援を行うPSCによるブログ

　　ラム（ORSP）　67
　沖縄に関する特別行動委員会（SACO）　2
　沖縄の家族　8, 9, 23, 87, 88, 106, 125, 177, 179, 185〜188, 190, 234, 244, 262, 282
お盆（シチグワチ）　178
オリエンタル・ドール　160, 164, 165
オンリー　135, 142　→売春婦，バタフライ，パンパン

## [か行]

海外住宅手当（米軍兵士用）（OHA）　96
海外住宅手当（軍属用）（LQA）　55
階級　26, 32, 35, 38〜44, 47, 48, 52, 54, 55, 73, 94, 121, 127, 146, 168, 170, 171, 185, 191, 195, 237, 240〜242, 266, 268
海軍連邦信用組合　206
外交政策部（G-5）（現G-7）　14
外国人軍人妻研究　7, 283　→軍人妻研究
外出禁止令　42, 61
海兵遠征軍（MEF）　41, 42, 191
海兵遠征隊（MEU）　191
海兵遠征旅団（MEB）　191
海兵空陸任務部隊（MAGTF）　191
海兵隊　→米海兵隊，第3海兵遠征軍（Ⅲ MEF）
　海兵隊家族支援課（Marine and Family Services Branch）　251
　海兵隊創立記念日　191
　海兵隊ファミリー・チーム・ビルディング（MCFTB）　63, 67
海洋博公園サマーフェスティバル　95
家計　77, 79, 106, 124, 206, 207, 208, 234
下士官（Enlisted）　37, 39〜41, 45, 52, 65, 107, 114, 117, 119, 122, 124, 131, 146, 150, 151, 156, 164, 170, 237, 238, 240, 245, 246, 254, 258, 266
家族　1, 3, 5, 6, 8〜10, 12〜15, 22, 23, 35, 43〜54, 63〜67, 70, 73〜78, 80, 83, 90, 112〜114, 146, 158, 161, 162, 167, 172, 174, 177〜179, 180〜191, 202, 211, 212, 215, 217, 220, 228, 232〜240, 242〜247, 249, 251〜253, 257,

258, 260〜263, 277, 278　→沖縄の家族，なんくるなる家族，扶養家族，ミリタリー・ブラット，無境界家族
家族支援センター（FSC）　63〜65, 77, 78
家族支援制度　23, 26, 63〜65, 75, 77, 78, 83, 123, 132, 205, 249, 251, 257, 281
家族支援担当官（FRO）　14, 73
カチャーシー大会　95
葛藤　5, 6, 22, 23, 27, 56, 61, 85, 105, 106, 125, 129, 190, 192, 203, 217, 220, 226, 233, 262, 267, 269, 272, 277, 281
家庭内暴力　3, 9, 66, 164, 220, 236, 249, 251〜254, 257　→暴力
カミサリーcommissary　31, 35〜37, 116, 242, 275
環境問題　2, 57, 223
幹部候補生学校（OCS）　39
議会未承認資金（NAF）　53〜55, 242
北谷シーポートちゃたんカーニバル　95
基地　→キャンプ，在沖米海兵隊基地，横須賀米海軍基地
　基地の街　14, 15, 99, 135, 137, 157
　「基地・軍隊を許さない行動する女たちの会」　12
　基地反対派　221, 224, 231
　基地問題　2, 3, 11, 21, 23, 56, 57, 112, 114, 124, 210, 220, 221, 223, 230, 232　→環境問題，騒音問題，事件・事故，犯罪
　基地擁護派　104, 119, 221, 222, 226, 231
基本給表　170
基本労務契約（MLC）　3, 38, 56, 67, 242, 246
キャック・カード（CAC）　35
キャンプ
　キャンプ・キンザー　29, 125, 156, 157, 194
　キャンプ・コートニー　29, 30, 61, 94, 271
　キャンプ・シュワブ　13, 23, 26, 29, 41, 85, 94, 96, 98〜104, 122, 281
　キャンプ・ハンセン　29, 76, 82, 91, 94, 114, 119, 122, 127, 155, 156, 219
　キャンプ・バトラー　30, 31, 91
　キャンプ・フォスター　14, 22, 29〜32, 34〜37, 52, 66, 70, 76〜78, 80, 92, 94, 107, 117, 122, 129, 130, 137, 151, 154, 184, 201, 235, 251, 252, 267, 274, 275
　キャンプ・レスター　66, 77, 124, 125, 187, 276

給与等級　35, 39, 54
クラブ　→エイト・ビート，オーシャン・ブリーズ，グローブ・アンド・アンカー，ピラミッド，マンハッタン・マンハッタン
グリーン・ライン　34, 41
グローブ・アンド・アンカー　31, 37, 151
軍人妻　5〜8, 11, 14, 15, 22〜24, 26〜27, 43〜46, 70〜74, 80〜83, 113, 116, 119, 121, 126, 192, 193, 195, 206, 209〜212, 242〜243, 265, 266, 268, 269, 277, 279, 282〜284
軍人妻研究　6, 7, 11, 282, 283　→外国軍人妻研究
軍人と軍属のための貯蓄・投資プラン（TSP）　50, 208
軍人配偶者雇用優遇制度（MSP）　46, 241, 243
軍属（GS）　1, 2, 4, 6, 21, 27〜29, 35, 36, 48, 50, 52〜56, 66, 67, 127, 131, 136, 169, 172, 175, 191, 194, 195, 200, 206, 233, 237〜239, 241, 242, 244, 247, 252, 253, 258, 260, 265
結婚　1〜15, 21, 23, 28, 35, 40, 47, 51, 55, 56, 63, 70〜83, 87, 88, 90, 106, 114, 120, 127, 136, 144〜176, 185〜190, 192〜199, 203〜217, 225, 232, 234〜247, 249, 261〜263, 270, 281　→国際結婚，戦争花嫁，離婚，IDカード・マリッジ
　結婚前セミナー　14, 70, 73〜75, 77〜83, 167
ゲート
　ゲート1　31
　ゲート2　31, 135〜139, 143, 145, 147, 157, 158, 168
　ゲート2フェスタ　96
　ゲート3　31
　ゲート4　31
　ゲート5　31, 25
　ゲート6　31, 35, 36
　サージェント・メージャー・ゲート（Sergeant Major Gate）　31
　PXゲート　31, 37
言語　5, 15, 106, 126, 159, 197, 198, 200〜202, 218, 253
憲兵隊（PMO）　37
航空機騒音問題　2　→騒音問題
国際結婚　4, 5, 9〜11, 13, 28, 77〜79, 81, 118, 119, 121, 144, 146, 159, 173, 174, 197, 240, 251, 270, 282, 283　→結婚

国際結婚研究　5, 10, 11, 282, 283
国際児　3　→アメラジアン，混血児，ハーフ，無国籍児
国際社会福祉事業団 (ISS)　252
国際福祉相談所　77～79, 250, 252
国防総省運営扶養家族学校 (DoDDS)　31, 53, 200
国防総省職員と契約社員の財務会計業務機関 (DFAS)　48
コザ　58, 59, 135～137, 142, 151
　コザ暴動　58
コマンド・スポンサーシップ　80, 167
コミュニティ銀行 (Community Bank)　206
ゴールド・カード　41～43
婚姻要件具備証明書　167
混血児　252　→アメラジアン，国際児，ハーフ，無国籍児

## [さ行]

在沖米海兵隊基地　5, 27, 29, 61, 67, 94
再契約　40, 41
座談会　273, 275, 276
参与観察　14, 15, 75, 82, 96, 138
GS 職員の勤務地割り当てシステム (PPP)　54
　事件・事故　28, 282　→少女暴行事件
シチグワチ　→お盆
実用的研究　6
清明祭（シーミー）　178　→祖先崇拝
宗教　11, 70, 73, 83, 115, 116, 125, 181, 183, 271, 278　→従軍牧師，創価学会インターナショナル，祖先崇拝，ユタ
就労全般や米軍兵士の退役・除隊後の生活支援を行なう PSC によるプログラム (TAMP)　67
住宅手当て　→海外住宅手当て
准尉 (Warrant Officer)　39
将校 (Officers)　8, 32, 39, 41, 42, 45, 46, 52, 65, 71, 73, 122, 151, 160, 169～171, 199, 240, 265
　将校クラブ (Officers' Club)　151
　将校の妻の会 (OWC)　45, 266
少女暴行事件　2, 13, 59, 61, 230
渉外官　99, 100
諸機関労務契約 (IHA)　56
除隊　4, 28, 40, 41, 47, 49～53, 122, 130, 148, 155, 171, 172, 175, 183, 188, 200, 220, 236～238, 241, 244, 249, 251, 253, 254, 256～260, 262, 266, 268, 276, 282　→退役，不名誉除隊，名誉除隊
シマ　86, 87, 90
従軍牧師　8, 65, 70, 73, 76～83, 252, 276
　従軍牧師による宗教的強化発達プログラム (CREDO)　73
司令官交替式　192
心的外傷後ストレス障害 (PTSD)　249
人類学　→文化人類学
生活費調整手当て (COLA)　48, 55, 208
性生活　106, 126, 128, 129, 212～218, 259～261
制度的研究　6
セックスレス　217, 220, 258, 262
全志願制 (AVF)　64
戦争花嫁　3, 4, 7, 8, 11, 136, 158, 164
センター通り (BC ストリート)　136
騒音問題　2
創価学会インターナショナル (SGI)　24, 181, 220, 265, 271, 279
祖先崇拝　86～88, 90, 116, 125, 126, 177, 180, 181, 271, 277　→清明祭

## [た行]

退役　9, 15, 21, 23, 35, 36, 40, 41, 47, 49～53, 67, 79, 118～120, 124, 126～128, 131, 133, 157, 161～172, 183, 191, 192, 200, 201, 204, 215, 220, 223, 233, 238～247, 256, 257, 262, 275, 276, 282　→除隊
　退役軍人　15, 21, 23, 35, 36, 41, 47, 51～53, 79, 127, 128, 131, 167, 183, 201, 204, 215, 220, 233, 238, 240～246, 257, 275, 282
　退役軍人省 (VA)　50～53, 128
　退役式　192
第 3 海兵遠征軍 (III MEF)　29
ダブル・アウトサイダー　7, 8
出会い　11, 22, 23, 45, 82, 94, 105～107, 114, 117, 127, 133, 135～137, 143, 148～157, 168, 204, 212, 239, 254, 258, 259
トリプル・アウトサイダー　7
手当て　→海外住居手当て (OHA)，海外住宅手当 (LQA)
トートーメ　9, 87, 161, 162, 178, 277, 278
統合報道部 (CPAO)　91, 267

独身　23, 32, 35, 40, 63, 64, 66, 88, 135, 142, 143, 146, 149, 155, 158, 159, 168, 169, 205, 258, 262, 278
　独身の下士官専用宿舎（BEQ）　32
　独身の将校専用宿舎（BOQ）　32
トモダチ作戦　2
ドラゴン・レディ　160
トライケア（Tricare）　49
トリイ通信施設　206

[な行]

ナイチャー　210, 211, 223
中の町　59, 127, 129, 136, 137, 146, 151, 157, 254
名護　95
　名護の夏祭り　95
　名護の桜祭り　95
那覇　96
　那覇祭り　96
　那覇大綱引き　96
なんくるなる家族　88
日米安全保障条約　1, 57
日米合同委員会　28
日米地位協定（SOFA）　2, 4, 27, 28, 35, 52, 53, 56, 59〜61, 94, 130, 192, 194, 241, 242
「日本国内における合衆国軍隊の使用する施設・区域外での合衆国軍用航空機事故に関するガイドライン」　228
日本人妻の会（JWC）　24, 114, 115, 119, 121, 197, 265, 267
日本人配偶者のためのオリエンテーション（JSO）　14, 121, 269
妊娠　55, 82, 106, 115, 118, 121, 127〜130, 144, 149〜152, 155, 166, 168, 174, 176, 196, 207, 213, 239, 262
ネットワーク　22〜24, 70, 87, 220, 234, 243, 245, 265, 268, 271, 277〜279, 282
ノンフラタナイゼーション　75

[は行]

売春婦　→オンリー，パイパン，バタフライ　3, 8, 11, 135, 142, 160
バイリンガル　198, 200
ハーグ条約　251
はごろも祭り　95
パーソナル・サービス・センター（PSC）　14, 26, 30, 38, 63, 65, 66, 75, 79, 241, 251
バタフライ　135, 160　→オンリー，売春婦，パンパン
バディ　42
ハーニー　136, 142
ハーフ　100, 101, 142, 148, 161, 163, 173, 175, 199, 254, 261, 274　→アメラジアン，混血児，無国籍児
派兵　9, 32, 70, 116, 120, 121, 192, 195〜197, 202, 203, 205, 212, 214, 217, 238, 249, 262, 268, 270, 271, 276
ハーリー　95, 97, 243
犯罪　2, 12, 56, 57, 61, 103, 221, 226　→事件・事故
反戦反基地運動　56, 57, 59
パンパン　135　→オンリー，売春婦，バタフライ
ビアフェスト　96
ピースフルライブ・ロックフェスティバル　95
ピラミッド　137
ビルディング1　31
ファミリー・アドヴァカシー（Family Advocacy）　66, 251
フテンマ・ハウジング・ゲート　31
普天間飛行場（普天間基地）　2, 29, 30, 60, 61, 67, 94, 96, 105, 107, 117, 119, 120, 122〜124, 137, 151, 153, 222, 223, 225〜227, 281
ブート・キャンプ　38, 40, 122, 143
不名誉除隊　41, 130　→除隊，名誉除隊
扶養家族（DEP）　43
文化人類学　5, 6, 8〜11, 13, 15, 282, 284
米海軍基地内のデパート（NEX）　36
米海兵隊
　米海兵隊人事管理課（IPAC）　30, 80, 167
　米海兵隊のデパート（MCX）　36
　米海兵隊ヘリコプター墜落事故　227　→事件・事故
　米海兵隊太平洋基地（MCIPAC）　30, 31, 43
　米海兵隊偵察部隊（RECON）　31, 97
　米海兵隊福利厚生施設（MCCS）　30
米軍
　米軍関係者の登録システム（DEERS）　167
　米軍（陸軍と空軍）基地内のデパート（PX）

索引 309

31, 36, 37, 54, 116, 147, 194, 205, 242
米軍兵士の職種（MOS）　40
米軍兵士の生命保険（SGLI）　49
米軍用地　2, 59, 60
米軍の民事作戦（CMO）　90, 91
米国夫人福祉教会（American Women Welfare Association）　266
米陸軍
　米陸軍家族支援センター（ACS）　64
　米陸軍士官学校（United States Military Academy）　122
ヘイルズ・フェアウェル　191
ベテラン（veteran）　41, 46, 47, 49～53, 74, 128, 193, 241, 242
　ベテラン雇用優遇制度（VP）　241
辺野古　2, 13, 22, 23, 26, 60, 61, 85, 90, 96～100, 102～104, 222, 223, 225, 243, 281
　辺野古区民運動会　96, 99
暴力　3, 5, 6, 9, 11, 12, 57, 58, 61, 66, 164, 220, 230, 236, 249, 251～254, 256, 257　→家庭内暴力
法務支援課（LSSS）　38, 80, 167, 252
本部役務大隊（H & S Battalion）　37

[ま行]

マダム・バタフライ神話　160
マンハッタン・マンハッタン　137
ミリタリー・ブラット　45　→家族
民間人男性夫（Mr. Mom）　6
民族誌的研究　6
無境界家族　87, 262
無国籍児　4, 12, 76, 250　→アメラジアン，国際児，混血児，ハーフ
名誉除隊　41, 53, 130　→除隊，不名誉除隊
モンゴメリー復員軍人擁護法（MGIB）　49, 50
門中　86～88, 177, 178

[や行]

八重岳桜祭り　95
薬物・アルコール依存症カウンセリング事務所（SACC）　2
ヤマトゥンチュ　209
ユタ　87, 118, 181, 183～185, 277

ゆり祭り　95
良き隣人活動　90, 92
横須賀米海軍基地　4, 80, 158, 212, 235, 272, 282
予備役将校訓練部隊（ROTC）　39
予防・関係強化プログラム（PREP）　73, 80, 81

[ら行]

離婚　3, 7, 9, 10, 12, 15, 23, 35, 76, 81, 88, 118, 130, 132, 149, 153～155, 158, 162, 188, 200, 213, 214, 220, 234, 238, 247, 249～253, 255, 258～262, 271, 283
リバティ・カード　41～43
琉球列島米国民政府（USCAR）　58, 98
リンクス（L.I.N.K.S.）　191
レッド・カード　41, 42

[アルファベット]

Aサインバー　136　→クラブ
AAFES (Army and Air Force Exchange System)　→エイフィース
ACS (Army Community Center)　→米陸軍家族支援センター
Alt, B.（人名）　8, 164, 165, 193
APF (Appropriate Fund)　→アメリカ議会承認資金
AVF (All Volunteer Force)　→全志願制
BEQ (Bachelor Enlisted Quarters)　→独身の下士官専用宿舎
Behavioral Health-Family Advocacy　66
Behavioral Health-Substance Abuse　66
BHA (Basic Housing Allowance)　→住宅手当て
BOQ (Bachelor Officers Quarters)　→独身の将校専用宿舎
Brancaforte　7, 8, 44, 46
CAC (Common Access card)　→キャック・カード
CHRO (Civilian Human Resource Office)　38
CMO: Civil-Military Operations　→米軍の民事作戦
COLA (Cost of Living Allowance)　→生活費調整手当て
Colors　33, 192
CPAO (Consolidated Public Affairs Office)　統合報道部
CREDO (Chaplain's Religious Enrichment

# 310 索引

Development Operation) →従軍牧師による宗教的強化発達プログラム
Captain Radasky（人名）　73, 76, 77
Constable, N.（人名）　159, 160, 164
DEERS (Defense Enrollment Eligibility Reporting System) →米軍関係者の登録システム
DEP (dependent) →扶養家族
Department of Veterans Affairs →退役軍人省
DFAS (Defense Finance Accounting Service) →国防総省職員と契約社員の財務会計業務機関
Dining In 191
DoDDS (Department of Defense Dependent School) →国防総省運営扶養家族学校
Enloe, C.（人名）　44, 45, 64
Family Programs and Resources 67
Family Readiness 73, 74, 267
FRO (Family Readiness Officer) →家族支援担当官
Forgash, R.（人名）　8, 9, 12, 15, 71, 81, 284
FSC (Family Service/Support Center) →家族支援センター
JSO (Japanese Spouses' Orientation) →日本人配偶者のためのオリエンテーション
JWC (Japanese Wives Club) →日本人妻の会
GS (General Schedule) 38, 53～55, 67, 191, 222, 238, 242 →軍属
Headquarters and Services Battalion (H & S Battalion) →本部役務大隊
ID カード・マリッジ 144, 194 →結婚, 国際結婚
IHA (Indirect Hire Agreement) →諸機関労務契約
IPAC (Installation Personnel Administration Center) →米海兵隊人事管理課
Inoue, M.（人名）　13, 98, 99, 103, 104
ISS (International Social Service) →国際社会福祉事業団
ISAO (International Social Assistance Okinawa) →沖縄国際福祉相談所
ISP (International Spouse Program) →インターナショナル・スパウス・プログラム
*Island Market* 267
*Japan Update* 267
JRC (Joint Reception Center) 37
KV (Key Volunteer) →家族支援担当官（後に FRO に名称変更）

L.I.N.K.S. →リンクス
LSSS (Legal Service Support Sections) →法務支援課
LQA (Living Quarters Allowance) →海外住宅手当て（軍属用）（LQA）
MAGTF (Marine Air-Ground Task Force) →海兵空陸任務部隊
MCCS (Marine Corps Community Center) →米海兵隊福利厚生部
MCFTB (Marine Corps Family Team Building) 14, 23, 63, 79, 191, 267 →海兵隊ファミリー・チーム・ビルディング
MCIPAC (Marine Corps Installation Pacific) →米海兵隊太平洋基地
Marine and Family Services Branch 251
MCX (Marine Corp Exchange) →米海兵隊のデパート
MEB (Marine Expeditionary Brigade) →海兵遠征旅団
MEF (Marine Expeditionary Force) →海兵遠征軍
Mess Night 191
MEU (Marine Expeditionary Unit) →海兵遠征隊
MGIB (Montgomery GI Bill) →モンゴメリー復員軍人擁護法
MLC (Master Labor Contract) →基本労務契約
Military Tuition Assistance 50
MOS (Military Occupational Specialists) →米軍兵士の職種
MSP (Military Spouse Preference) →軍人配偶者雇用優遇制度
MWR (Moral Welfare and Recreation) →米海兵隊福利厚生施設
NAF (Non-Appropriated Fund) →議会未承認資金
NEX (Navy Exchange) →米海軍基地内のデパート
OAC (Okinawa Area Coordinator) →沖縄地域調整官
OCS (Officer Candidate School) →幹部候補生学校
Officers' Club →将校クラブ
*Okinawa Marine* 34, 42, 66, 76, 250, 267
ORSP (Operational Readiness Support Program) →沖縄での生活支援を行なう PSC によるプログラム
OWC (Officers' Wives Club) →将校の妻の会

Pentagon Federal Credit Union　206
Personal & Professional Development-Education and Career Service　66
Personal Services Center (PSC)　→パーソナル・サービス・センター
PMO (Provost Marshal's Office)　→憲兵隊
PPP (Priority Placement Program)　→ GS 職員の勤務地割り当てシステム　54
PREP (Prevention and Relationship Enhancement Program)　予防・関係強化プログラム　73, 80, 81
PTSD (Post-Traumatic Stress Disorder)　→心的外傷後ストレス障害
PX (Post Exchange)　→米軍 (陸軍と空軍) 基地内のデパート
QOL (Quality of Living)　74
RECON (Reconnaissance)　→米海兵隊偵察部隊
Recruiter　50
ROTC (Reserve Officer Training Corps)　→予備役将校訓練部隊　39
S-1　167
S-2　167
S-3　167
S-4　167
SACC (Substance Abuse Counseling Center)　→薬物・アルコール依存症カウンセリング事務所
SACO (Special Action Committee on Okinawa)　→沖縄に関する特別行動委員会

SGI (Soka Gakkai International)　→創価学会インターナショナル
SGLI (Servicemen's Group life Insurance)　→米軍兵士の生命保険　49
Semper Fi　38
SOFA (Japan-U.S. Status of Forces Agreement)　→日米地位協定
Spouses' Learning Series (SLS)　70
Stone, B.（人名）　8, 164, 165, 193
T.A. (Military Tuition Assistance)　50, 53
TAMP (Transition Assistance Management Program)　67　→就労全般や米軍兵士の退役・除隊後の生活支援を行なう PSC によるプログラム
Tricare　→トライケア
TSP (Thrift Savings Plan)　→軍人と軍属のための貯蓄・投資プラン
Two-Person Career　46
USCAR (U.S. Civil Administration of the Ryukyu Islands)　→琉球列島米国民政府
USO (United Service Organizations)　76, 77, 122, 155, 156
VA (Department of Veterans Affairs)　→退役軍人省
VA Home Loan　128
VP (Veterans Preference)　→ベテラン雇用優遇制度
ウェッティング・ダウン（Wetting Down）　191
Y ナンバー　28, 52, 192, 193, 226

[著者紹介]

宮西　香穂里（みやにし　かおり）

京都大学大学院人間・環境学研究科博士後期課程修了。博士（人間・環境学）
専攻は文化人類学。京都大学東南アジア研究所研究員・学術振興会特別研究員（PD）を経て現在，メリーランド大学アジア校（University of Maryland University College Asia）非常勤講師。在日米軍沖縄調整事務所（Okinawa Area Field Office, USFJ）で政務調査分析官として勤務。

主な業績

「軍隊は彼女の家族なのか？　米軍人妻の実用的，制度的，生活誌的研究をめぐって」『人文学報』2004年，90号，「従軍する日本人妻 ── アメリカ海軍横須賀基地の事例から」『従軍のポリティクス』青弓社，2004年，「「トリプル・アウトサイダー」を生きる ── 横須賀米海軍男性と結婚した日本人女性たちの民族誌」『文化人類学』2008年，73巻3号，「越境で生きようとする日本人女性たち ── 米軍基地をめぐるつきあい関係」『コンタクト・ゾーンの人文学1 Problematique / 問題系』晃陽書房，2011年ほか。

---

（プリミエ・コレクション　22）
沖縄軍人妻の研究　　　　　　　　　　© Kaori Miyanishi 2012

2012年11月10日　初版第一刷発行

　　　　　　著　者　　宮西香穂里
　　　　　　発行人　　檜山爲次郎
発行所　　京都大学学術出版会
　　　　　京都市左京区吉田近衛町69番地
　　　　　京都大学吉田南構内（〒606-8315）
　　　　　電　話（075）761-6182
　　　　　ＦＡＸ（075）761-6190
　　　　　ＵＲＬ　http://www.kyoto-up.or.jp
　　　　　振　替　01000-8-64677

ISBN 978-4-87698-237-0　　印刷・製本　㈱クイックス
　　　　　　　　　　　　　装幀　鷺草デザイン事務所
Printed in Japan　　　　　定価はカバーに表示してあります

本書のコピー，スキャン，デジタル化等の無断複製は著作権法上での例外を除き禁じられています。本書を代行業者等の第三者に依頼してスキャンやデジタル化することは，たとえ個人や家庭内での利用でも著作権法違反です。